KB200438

하용조 강해서 전집 11

마태복음 4

십자가
하늘 문을 연 천국 열쇠

(13-20장)

하용조 강해서 전집 11

마태복음 4

십자가
하늘 문을 연 천국 열쇠
(13-20장)

지은이 | 하용조
초판 발행 | 2012. 8. 1
개정판 발행 | 2021. 7. 21
등록번호 | 제1988-000080호
등록된 곳 | 서울특별시 용산구 서빙고로 65길 38
발행처 | 사단법인 두란노서원
영업부 | 2078-3352   FAX | 080-749-3705
출판부 | 2078-3331

책값은 뒤표지에 있습니다.
ISBN 978-89-531-3512-3 04230

독자의 의견을 기다립니다.
tpress@duranno.com   www.duranno.com

하용조 강해서 전집 11

마태복음 4

십자가

하늘 문을 연 천국 열쇠

(13-20장)

두란노

예수 그리스도를 만나고,
천국 백성의 삶을 살기를 바랍니다

강해 설교에 대한 확신을 가진 후 본격적으로 설교의 감격과 축복을 나누게 된 것은 마태복음 강해를 시작하면서입니다. 그동안 온누리교회 성도들과 함께 주일 강단을 통하여 말씀의 능력과 축복의 실제가 무엇인지 경험했습니다.

참된 설교는 하나님의 말씀을 성령의 도우심으로 강해하여 그 시대 하나님의 백성에게 전달해 천국 백성의 삶을 살게 하는 데 있다고 생각합니다. 또 한 가지, 설교란 예수님이 하신 것처럼 알아듣기 쉬워야 하며, 적용이 실제적이어야 하며, 위로부터 오는 참된 능력이 있어야 한다고 생각합니다. 이번에 출간되는 마태복음 강해는 이런 점에 유의했다고 볼 수 있습니다.

이 강해집을 통하여 우리는 아브라함과 다윗의 자손이요 동시에 성령으로 잉태된 임마누엘이신 예수 그리스도를 만나게 될 것입니다. 예수 그리스도는 실로 온 인류의 메시아요 왕이며 우리의 구세주입니다. 이 영광스러운 왕과 동행하는 삶이 바로 그리스도인의 삶이요 마태복음 강해에서 보여 주는 삶입니다.

저에게 강해 설교에 대한 도전과 용기를 주신 분들을 잊을 수 없습니다.

첫째는, 10년 동안 강해 설교를 가르쳐 주신 데니스 레인 목사님입니다. 둘째는, 캠벨 모건과 마틴 로이드 존스 목사님의 강해 설교집을 통해 받은 은혜를 고백하고 싶습니다. 셋째는, 존 스토트, 존 맥아더, 그리고 짐 그레이엄 목사님의 강해 설교를 말하고 싶습니다. 특별히 강해 설교와 성령의 기름 부으심에 대한 짐 그레이엄의 통찰력은 저에게 또 하나의 빛이었습니다. 넷째는, 온누리교회 성도들과 특별히 제 아내입니다. 언제나 나의 설교에 대한 결정적인 비판자요 동시에 격려자는 제 아내였습니다. 마지막으로, 이 책이 나오도록 도와주신 두란노서원 식구들에게 감사를 드립니다.

차례

4부

참 목자로 오신 그리스도

마태복음 17:1-18:35

5부

천국 열쇠를 주신 그리스도

마태복음 19:1-20:34

1부

천국의 시작, 예수 그리스도

마태복음 13:1- 58

천국은 방황하는 인간이 궁극적으로 도달해야 할
최대의 이상향이자 영원한 안식처입니다.
예수님이 왜 부활하셨습니까? 천국을 우리에게 주시기 위해서였습니다.
천국은 예수님과 하나님이 통치하시는 영원한 생명의 신세계입니다.
예수님이 세상에 오신 목적은 우리를 천국으로 인도하기 위해서입니다.

1

천국의
주파수를 맞춰라

마태복음 13:1-9

이 지상에서 가장 아름답고 영원한 메시지가 있다면 그것은 천국에 관한 메시지일 것입니다. 천국은 방황하는 인간이 궁극적으로 도달해야 할 최대의 이상향이자 영원한 안식처입니다. 천국보다 더 좋은 것이 어디 있겠습니까? 인간이 가진 말 중에 '천국'이란 말보다 더 좋은 말이 어디 있겠습니까? 우리가 천국에 간다는 사실을 상상해 보십시오. 또 우리가 천국을 소유하고 있다는 이 엄청난 사실을 상상해 보십시오.

예수님이 세상에 오셔서 최초로 설교하신 말씀은 "회개하라 천국이 가까이 왔느니라"(마 4:17)입니다. 예수님의 길을 미리 준비했던 세례 요한의 최초의 메시지도 "회개하라 천국이 가까이 왔느니라"(마 3:2)입니다. 마태복음 4장에서는 예수님의 3대 사역을, 천국 복음을 전파하시고, 천국 말씀을 가르치시고, 모든 병과 귀신을 쫓아내며 치료하신 사역으로 정리했습니다. 마태복음 5-7장의 산상설교는 천국 백성이 어떻게 살아야 하는지를 알려 주는 대헌장입니다. 주기도문에서 가장 중요한 기도는 "뜻이 하늘에서 이루어진 것같이 땅에서도 이루어지이다"(마 6:10)입니다. 천국이 이 땅에 이루어지게 해 달라는 기도입니다.

예수님이 왜 십자가에 못 박혀 돌아가셨습니까? 천국을 우리에게 주시기 위해서였습니다. 예수님이 왜 부활하셨습니까? 천국을 우리에게 주시기 위해서였습니다. 마태복음 12장까지는 예수님이 박해를 받고, 반대를 받게 된 사실을 기록하고 있습니다. 그런데 13장에 들어오면서 놀랍게도 예수님은 천국에 관해서 집중적으로 말씀하십니다. 그래서 13장을 '천국 대헌장'이라고 말하기도 합니다.

죽음에 대한 공포

천국은 그리스도인이라면 날마다 마음속에서 꿈꾸고, 생각하고, 사모하고, 기다리고, 환상을 그리고, 느끼며 살아야 합니다. 그런데 놀랍게도 많은 예수 믿는 사람들이 아침에 눈을 뜨면 천국은 까맣게 잊어버리고 하루를 시작합니다. 그저 세상에서 열심히 삽니다. 교회 와서도 주일학교 교사 하고, 성가대하고, 일에 바빠서 천국을 생각하지 못합니다.

교인들이 그 정도인데 세상 사람이 천국을 생각할 수 있겠습니까? 오히려 죽음을 더 많이 묵상합니다. 대부분의 사람들은 죽음에 대한 두려움과 불안이 있습니다. 그래서 사람들은 본능적으로 장례식에 오래 머무는 것을 싫어합니다. 당연히 무덤 옆에 사는 것도 싫어합니다. 사람들은 이 세상을 지옥이라고 말합니다. 세상 사는 것이 지긋지긋하며 허무하다고 말합니다. 그런데 놀랍게도 그

지긋지긋하며 허무하고 지옥 같은 세상을 얼마나 악착같이 사는지 모릅니다. 다른 사람을 짓밟아 가면서까지 독하게 살아갑니다. 왜 그럴까요? 죽음이 싫기 때문입니다. 좀 더 정확하게 말한다면 죽음 이후가 불안하기 때문입니다. 사람들은 죽는 것을 불행이라고 생각합니다. 죽는 것을 저주라고 생각합니다. 왜 사람들이 죽음을 축복과 영광으로 생각하지 않는지 모르겠습니다.

사실 천국이 있는 사람에게 죽음이란 축복과 영광입니다. 그러나 대부분의 사람들은 이 문제가 너무나 생소해서 죽음을 저주라고 생각합니다. 어떤 사람을 보면 죽음 이후에는 천국이 아니라 지옥이 기다리고 있을 것이라는 불길한 생각에 사로잡혀 있습니다. 죽음은 영혼의 끝이며, 죽음 이후는 영원한 허무의 실현이라고 믿는 사람도 있습니다. 그래서 죽음의 신이 자기에게 찾아오는 것을 몹시 불안해하고 두려워합니다.

지금 이 순간에 맛보는 천국

그러나 반대로 죽음을 축복으로 생각하는 사람도 있습니다. 예를 들면 사도 바울 같은 사람입니다. 디모데후서를 보면 바울은 자신이 죽을 것을 직감합니다. 그는 "나는 선한 싸움을 싸우고 나의 달려갈 길을 마치고"(딤후 4:7)라고 하면서, "죽음 이후에는 의의 면류관이 나를 기다린다"고 했습니다. 이것이 사도 바울의 죽음관이었습니다. 죽을 무렵에 바울의 마음은 밝은 천국에 자기를 위한 의의 면류관이 기다리고 있다는 생각으로 가득 찼습니다.

천국은 예수님과 하나님이 통치하시는 영원한 생명의 신세계입니다. 예수님이 세상에 오신 목적은 우리를 천국으로 인도하기 위해서입니다. 그래서 요한복음 14장 1-3절에서 예수님은 이렇게 말씀하셨습니다.

"너희는 마음에 근심하지 말라 하나님을 믿으니 또 나를 믿으라 내 아버지 집에 거할 곳이 많도다 그렇지 않으면 너희에게 일렀으리라 내가 너희를 위하여 거처를 예비하러 가노니 가서 너희를 위하여 거처를 예비하면 내가 다시 와서 너희를 내게로 영접하여 나 있는 곳에 너희도 있게 하리라."

천국! 이 천국은 죽은 다음에야 갈 수 있는 곳이 아니라, 예수 그리스도를 영접한 사람은 지금 이 순간에도 느낄 수 있고, 맛볼 수 있고, 소유할 수 있습니다. 죽음 이후는 불안이 아닙니다. 죽음 이후는 영원한 끝이 아닙니다. 죽음 이후는 천국입니다. 이것을 믿는 자들은 죽음이 저주가 아니라 축복이요, 끝이 아니라 영원의 시작임을 확실히 알게 됩니다. 나의 사랑하는 사람들이 지금 천국에 있습니다. 천국은 멀리 있는 것이 아니라 내 마음에 있기 때문에 먼저 하나님 나라로 가신 분들은 예수님과 함께 지금 우리 마음 속에 살아 있습니다.

예수님의 말씀 사역의 다양성

그러면 천국은 도대체 어떤 곳입니까? 천국은 무엇을 하는 곳입니까? 이것은 우리 모두의 굉장한 관심사입니다. 그래서 예수님은 13장에서 천국에 대해 자세히 설명해 주고 계십니다.

> 그날 예수께서 집에서 나가사 바닷가에 앉으시매 큰 무리가 그에게로 모여 들거늘 예수께서 배에 올라가 앉으시고 온 무리는 해변에서 있더니 예수께서 비유로 여러 가지를 그들에게 말씀하여 이르시되(마 13:1-3).

이 부분에서 서론적으로 생각할 것은 예수님의 말씀 사역의 다양성입니다. 산상설교를 하실 때 예수님은 산에 올라가셔서 말씀하셨습니다. 그런데 이번에는 바닷가에서 설교하십니다. 형식이 없습니다. 예수님은 그런 면에서 참으로 멋있고 매력적이십니다. 예수님이 배에 타시고 배를 육지에서 조금 떨어지게 합니다. 배처럼 좋은 설교 강단이 어디 있을까요? 이처럼 완벽한 예배당이 어디 있을까요? 예수님은 배에 앉아서 말씀하십니다. 사람들은 물결이 잔잔한 바닷가에 서서 예수님의 말씀을 듣습니다. 그 뒤에는 산천초목과 밭들도 있습니다.

예수님이 설교하기 위한 특별한 장소가 없었습니다. 모든 장소가 다 의미 있습니다. 어떤 때는 산에서, 어떤 때는 바닷가에서, 어떤 때는 회당에서, 어떤 때는 가정집에서 말씀하십니다. 예수님이 계신 곳이 다 교회입니다. 예수님이 계신 곳은 초막이나 궁궐이나 다 의미 있습니다.

도시의 크고 웅장한 교회에도, 시골의 지붕 없는 단칸짜리 교회에도 예수님은 계십니다. 상가 빌딩이나 아파트에도 예배 드리는 곳이면 어디든 계십니다. 서울에만 계신 것이 아니고 감비아에도 계십니다. 여기서 우리는 예수님의 말씀 사역의 다양성을 볼 수 있습니다. 중요한 것은 장소가 아니라 말씀입니다.

인간의 언어로 규정할 수 없는 천국

다음에서 예수님은 일곱 가지 비유로 천국을 설명해 주십니다. 흥미로운 사실은 기독교의 전부라 할 수 있는 이 엄청난 '천국'을 설명하실 때 예수님이 비유로 설명하셨다는 것입니다. 직접 말씀하셔도 되는데 왜 비유로 설명하셨을까요? 여기에 굉장히 중요한 의미가 내포되어 있습니다. 사도행전 2장 2절 이하를 보면 오순절 날 성령이 임한 사건을 누가가 이렇게 기록하고 있습니다.

홀연히 하늘로부터 급하고 강한 바람 같은 소리가 있어 그들이 앉은 온 집에 가득하며 마치 불의 혀처럼 갈라지는 것들이 그들에게 보여 각 사람 위에 하나씩 임하여 있더니 (행 2:2-3).

성령님은 너무나 위대하신 하나님 자신이기 때문에 '무엇이다' 라고 설명할 수가 없습니다. 그래서 '무엇 무엇 같다'고 설명하셨습니다. 진리가 너무나 위대하고 클 때는 '무엇이다'라고 설명하지 못합니다. "무엇 무엇 같다, 무엇과 무엇을 비교해 볼 때 이렇다"라고 설명할 수밖에 없습니다. 요한계시록을 보면 수많은 상징 언어가 있는데, 상징 언어를 사용한 이유는 하나님의 비밀들을 인간의 언어로 규정할 수 없기 때문입니다.

천국도 마찬가지입니다. 천국은 우리 집 안방이 아닙니다. 인간의 개념으로는 설명할 수 없을 정도로 어마어마하기 때문에 비유로 설명하셨습니다. 비유로 설명할 수밖에 없다는 사실이 천국의 첫 번째 특징입니다. 그런데 천국을 왔다 갔다 한다는 사람들이 있습니다. 우리는 그들을 조심하고 경계해야 합니다. 왜냐하면 예수님도 천국을 비유로 설명하셨는데, 어찌 자신이 천국을 왔다 갔다 한다고 확신할 수 있다는 말입니까? 물론 그들에게 그런 독특한 경험이 부분적으로 있을 수는 있습니다. 그러나 그들의 언행으로 보면 자신들을 예수님보다 더 높인 것으로 해석할 수밖에 없습니다. 요한계시록에 사용된 모든 상징 언어가 왜 그렇게 기록되어 있는지 우리는 이해해야 합니다.

어떤 분이 천국에 갔다 온 내용을 간증 테이프로 들은 적이 있습니다. 듣기에는 그럴 듯하나 아주 허무맹랑한 내용이었습니다. 잡다한 여러 가지 상상력을 총동원하여 계시록을 가상 소설처럼 만들었습니다. 입신하였다는 다른 여러 테이프도 들어 보았으나 신앙 양심과 성경에 비춰 볼 때 도저히 용납할 수 없었습니다.

사도 바울도 삼천층 체험을 말할 때 아주 조심스럽게 간증했습니다. 자신이 셋째 하늘에 갔다 왔다는 사실을 그가 체험하고 난 지 12년도 더 지나서야, 그것도 자기의 사도직이 공격을 받았을 때 할 수 없이 간증한 것입니다. "너희들이 신비를 말하느냐? 그렇다면 나도 할 말이 있다"고 말입니다. 이 간증을 하면서 바울은 서두에 "무익하나마 부득불 내가 이 말을 한다. 내가 삼천층에 갔다 왔다"라고 했습니다. 그런 신비한 일이 있을 수도 있습니다. 그러나 사도 바울은 그런 말을 하는 것이 무익하다고 했습니다. 이것이 사도 바울의 입장이었습니다.

천국을 담은 지상의 이야기

예수님이 천국을 비유로 설명하신 또 한 가지 이유는 쉽게 이해하게 하기 위해서입니다. 천국은 인간이 한 번도 경험해 보지 못한 세계입니다. 그래서 예수님은 인간이 가장 잘 이해할 수 있는 실제 생활을 비유로 들어서 천국을 가르쳐 주셨습니다.

13장에서 예수님은 천국을 일곱 가지로 비유하셨습니다. 씨 뿌리는 비유, 가라지 비유, 겨자씨 비유, 누룩 비유, 감춘 보화 비유, 진주 비유, 그물 비유입니다. 천국을 농사짓는 데 비유한 것이 네

가지, 장사하는 데 비유한 것이 두 가지, 고기 잡는 데 비유한 것이 한 가지입니다. 이 비유들은 비록 못 배운 사람이라 할지라도 당시 사람이면 누구나 익숙히 잘 알고 있는 내용들입니다. 그래서 비유는 천국의 의미를 담은 지상의 이야기라고 했습니다. 이것은 우리가 천국을 오해하지 않게 하기 위한 예수님의 방법이기도 합니다.

또한 예수님은 우리가 알고 이해하는 모든 사건을 더욱더 구체적으로 확신하게 하려고 비유를 사용하셨습니다.

제자들이 예수께 나아와 이르되 어찌하여 그들에게 비유로 말씀하시나이까 대답하여 이르시되 천국의 비밀을 아는 것이 너희에게는 허락되었으나 그들에게는 아니되었나니(마 13:10-11).

여기서 예수님은 천국의 비밀이 감추어지는 이유를 설명해 주십니다. 이때 조심해야 할 것이 있는데, 이 말씀을 잘못 해석하면 천국을 어떤 사람, 즉 택하지 않은 사람들에게 감추기 위해서 비유로 말씀하셨다고 오해할 수 있습니다.

그러나 본문의 뜻을 자세히 보면 감추기 위해서 비유를 쓰신 것이 아닙니다. 오히려 "무릇 있는 자는 받아 넉넉하게 되되 없는 자는 그 있는 것도 빼앗기리라"(마 13:12)는 말씀처럼 넉넉하게 되는 데 비유의 목적이 있습니다. 비유는 어떤 사람에게는 감추기 위해서 사용되기도 했지만, 그것이 본뜻이 아닙니다. 사랑하는 제자들에게, 있는 자들에게, 천국 백성에게 이 천국을 좀 더 분명하게 체험하고 확신하게 하기 위해 사용한 것입니다.

"내가 진실로 너희에게 이르노니 많은 선지자와 의인이 너희가 보는 것들을 보고자 하여도 보지 못하였고 너희가 듣는 것들을 듣고자 하여도 듣지 못하였느니라"(마 13:17)고 말씀하셨습니다. 또한 "그러나 너희 눈은 봄으로, 너희 귀는 들음으로 복이 있도다"(마 13:16)라고 하셨습니다. 이는 예수님이 비유로 천국을 말씀하실 때, 보는 것보다도, 듣는 것보다도 더 확실하게 천국이 깨달아진다는 것입니다. "천국은 이런 것이다"라고 말하는 것은 천국을 축소하는 것입니다. 그러나 예수님이 말씀해 주시는 비유를 우리가 깨달음으로써 천국을 깊이 이해하게 됩니다.

감추인 비밀

예수께서 이 모든 것을 무리에게 비유로 말씀하시고 비유가 아니면 아무것도 말씀하지 아니하셨으니 이는 선지자를 통하여 말씀하신 바 내가 입을 열어 비유로 말하고 창세부터 감추인 것들을 드러내리라 함을 이루려 하심이라(마 13:34-35).

성경의 비밀은 하나님 나라에 있습니다. 비유는 이 하나님 나라의 비밀을 캐내는 데 목적이 있습니다. 예수님은 천국을 이 땅에 이루시기 위해 오신 분입니다. 예수님 자신이 천국입니다. 예수님을 깨닫는 자가 천국을 깨닫는 자요, 예수님을 믿는 자가 천국을 소유하는 자요, 예수님을 모시는 자가 천국을 이루는 자입니다. 천국은 예수님과 함께 우리 마음속에 있습니다. 에베소서를 보면 "그 뜻의 비밀을 우리에게 알리신 것이요 그의 기뻐하심을 따라 그리스도 안에서 때가 찬 경륜을 위하여 예정하신 것이니 하늘에 있는 것이나 땅에 있는 것이 다 그리스도 안에서 통일되게 하려 하심이라"(엡 1:9-10)고 하였습니다.

그것은 비밀입니다. 그것은 경륜이요 예정입니다. 참된 비밀은 천국에 있고, 그 천국의 비밀은 예수 그리스도 안에 있습니다. 지금 예수님이 하시는 비유란 바로 예수님 자신을 계시하는 내용입니다. 그래서 예수님은 비유로 말씀하실 수밖에 없었던 것입니다.

사람들이 천국에 대해서 헛소리를 많이 듣는 이유는 천국이 없기 때문입니다. 천국이 날마다 내 마음속에서 느껴지지 않기 때문에 이상한 것에 현혹되는 것입니다. 날마다 천국을 사는 사람들은 예수님과 함께 천국이 이미 자기 안에 있습니다. 예수님이 농사짓는 일, 고기 잡는 일, 장사하는 일을 통해서 천국의 비밀을 가르쳐 주셨다는 것은 자연의 모든 질서와 환경, 우리 주위의 일상생활을 통해서 천국의 진리를 알 수 있다는 뜻입니다. 그러므로 자연의 모든 현상에서 영적 진리를 찾아보는 축복이 있어야 합니다. 하루 종일 일만 하고 피곤한 몸으로 잠이 든다면 그것은 죽음입니다. 그러나 아침에 깊은 잠에서 깨어나 나뭇잎 하나, 흐르는 바람, 하늘의 별, 그 모든 것에서 주님을 느낀다면 그것이 바로 천국입니다.

천국은 죽으면 오는 세계가 아니라, 지금 이 순간 우리가 누려야 하며 적용해야 할 세계입니다. 그러므로 우리는 천국을 우리 안에서 구체적으로 느끼고, 적용하고 나의 것으로 삼아야 할 것입니다.

●

2

문제는
씨가 아니라 밭이다

마태복음 13:3-8

●

마태복음 13장에 소개된 천국 비유 가운데 첫 번째는 씨 뿌리는 비유입니다. 천국이란 어떤 것입니까? 8절에서 예수님이 천국을 간단하고 쉽게 설명해 주셨습니다. 천국이란 씨가 옥토에 떨어져서 백 배, 육십 배, 삼십 배의 결실을 맺는 것과 같다고 말씀하셨습니다. 이 말씀은 농부가 씨를 뿌리는 모습을 상상해 보면 쉽게 이해됩니다. 봄이 되면 농부는 기름진 땅에 정성 들여 씨를 심습니다. 심을 때는 분명히 하나의 씨입니다. 눈에 보일까 말까 하는 보잘것없는 씨입니다. 그런데 이 씨앗이 햇빛과 공기, 물을 공급받으면서 자라기 시작하여 파란 싹이 틉니다. 그리고 싹이 자라서 줄기가 되고, 가을에는 탐스러운 열매를 주렁주렁 맺기 시작합니다. 보잘것없고 연약한 씨 하나가 변하여 혹은 백 개, 혹은 육십 개, 혹은 삼십 개 이상의 열매를 맺었다는 것입니다. 바로 이것이 천국에 대한 가장 중요한 설명입니다.

천국은 천국 말씀을 깨닫는 자에게만 열린다

천국은 구원받을 수 없는 인간이 상상 못할 하나님의 생명과 신비, 축복을 경험하고 그것을 실제로 누리는 것입니다. 전혀 하나님을 느껴보지 못했던 사람, 영적 세계를 경험해 보지 못했던 사람이 천국 말씀을 받아들이고 이해하고 깨달으면서, 이러한 세계가 그의 마음속에 이루어집니다. 그러므로 천국은 어떤 장소 이상의 것이며, 우리가 개념으로 이해하는 것보다 더 크고 높은 것입니다. 육신을 입은 우리는 이것을 다 이해할 수 없습니다. 그래서 예수님은 씨 뿌리는 비유를 말씀하시고 나서 해석해 주신 것입니다.

그런즉 씨 뿌리는 비유를 들으라(마 13:18).

이 얼마나 권위 있고 확신에 찬 선포입니까? 예수님은 너무도 확신 있게, 엄청난 하늘의 권위를 가지고 천국 비유를 선포하고 계십니다. 예수님이 말씀하신 것을 살펴보면, 천국은 천국 말씀과 깊은 관계가 있다는 것을 발견하게 됩니다. 예수님은 천국을 푸른 초원에 강물이 흐르고 흰 옷 입은 천사들이 춤을 추는 곳으로 설명하시지 않았습니다. 천국 말씀과 관계있는 곳, 즉 천국 말씀을 잘 이해하고 받아들일 때 깨달아지고 느껴지고 보여지는 곳으로 설명하셨습니다. 그래서 예수님은 비유를 말씀하시고 나서 다음과 같이 말씀하십니다.

귀 있는 자는 들으라(마 13:9).

천국의 비밀을 아는 것이 너희에게는 허락되었으나 그들에게는 아
니되었나니(마 13:11).

천국은 모든 사람에게 다 보이고 느껴지는 것이 아닙니다. 천국
의 말씀을 깨닫고 이해하는 사람에게 천국이 열리기 시작합니다.
물론 요한복음 14장을 보면 예수님이 "내 아버지 집에 거할 곳이
많도다" 하시고, "내가 너희를 위하여 거처를 예비하러 가노니 가
서 너희를 위하여 거처를 예비하면 내가 다시 와서 너희를 내게로
영접하여 나 있는 곳에 너희도 있게 하리라"(요 14:2-3)고 하셨습
니다. 그러므로 천국은 어떤 막연한 것이 아니라 분명히 장소적 의
미가 있습니다. 그러나 우리가 생각하는 것 같은 그런 개념은 아닙
니다. 그래서 예수님이 비유로 말씀해 주신 것입니다.

네 종류의 밭

씨 뿌리는 자가 씨를 뿌리는데, 네 가지 종류의 밭이 있습니다.

첫째는, 씨가 길가에 뿌려진 경우입니다. 흙은 원래 부드럽고 고
운 것입니다. 처음부터 단단한 흙은 없습니다. 아주 부드러운 흙으
로 된 길이라도 그 위를 사람들이 밟고 다니고 마차가 다니고 오랜
세월이 지나면 단단한 돌 같은 길이 되고 맙니다. 사람들은 어렸을
때에는 마음이 참 부드럽습니다. 그런데 세월이 지나 죄를 짓고 잡

다한 지식과 경험을 쌓으면서 강퍅해지기 시작합니다. 그래서 전도는 어렸을 때 하는 것이 좋습니다. 순진하고 마음이 부드러울 때 복음을 전하면 아주 잘 들어갑니다. 전도하기 어려운 사람들은 늙은 사람들입니다. 산전수전 다 겪고 아주 강퍅해진 사람들에게는 복음의 씨앗이 잘 들어가지 않습니다. 예수님이 비유하신 길가가 바로 이렇습니다. 일부러 길가에 뿌린 것은 아닙니다. 씨를 뿌렸는데 길가에 떨어진 것입니다. 그런데 그 땅이 얼마나 굳고 단단하던지 씨가 들어갈 수 없습니다. 그래서 밖으로 드러난 씨를 새들이 발견하고 먹어 버렸다는 것입니다.

둘째는, 씨가 흙이 얕은 돌밭에 떨어진 경우입니다. 이 밭은 얼른 보면 부드러운 흙 같은데 조금만 파면 밑에 돌이 많습니다. 흙이 깊지 않습니다. 씨를 뿌리자 흙은 씨를 받아들여 뿌리를 내리려고 하지만 밑에 있는 돌 때문에 깊이 내리지 못합니다. 싹은 쉽게 나왔지만 뿌리가 깊지 못해서 결국 그날 떠오르는 작열한 태양 앞에 말라 버립니다.

셋째는, 씨가 가시떨기 위에 떨어진 경우입니다. 이 경우에 땅은 별 문제가 없습니다. 흙도 좋고 돌도 없습니다. 씨는 뿌리를 잘 내리면서 성장합니다. 그러나 그 주위에 억센 가시나무들이 땅 위를 점령하고 있습니다. 씨가 줄기를 뻗치고 위로 올라가려고 하지만 가시덤불 때문에 결국은 죽어 버렸다는 것입니다.

넷째는, 씨가 옥토에 뿌려진 경우입니다. 농사짓기에 좋도록 미리 가꾸어 놓은 땅입니다. 밑에 돌이 없습니다. 옥토에 있는 흙은 비가 오면 물을 빨아들이는 것처럼 아주 쉽고 부드럽게 씨를 받아들입니다. 씨가 뿌려졌습니다. 파란 싹이 텄습니다. 얼마 후 줄기가 돋기 시작합니다. 잘 자라서 후에 백 배, 육십 배, 삼십 배의 열매를 맺게 되었습니다.

대체 이런 것이 천국과 무슨 관계가 있을까요? 제자들도 이해할 수가 없어서 자꾸 질문하는 것을 볼 수 있습니다. 이에 대한 예수님의 대답은 이렇습니다.

천국의 비밀을 아는 것이 너희에게는 허락되었으나 그들에게는 아니되었나니(마 13:11).

그러고 나서 예수님은 천국의 비밀이 허락된 제자들에게 해석해 주겠다고 하시면서 친히 비유를 설명하십니다.

길가에 뿌려진 씨앗

아무나 천국 말씀을 듣고 깨닫지 못할 때는 악한 자가 와서 그 마음에 뿌려진 것을 빼앗나니 이는 곧 길가에 뿌려진 자요(마 13:19).

여기서 주의할 것은 '길가에 뿌려진 자'라는 말입니다. 또 '돌밭에 뿌려졌다'는 것도 마찬가지입니다. 비유를 잘못 해석하면 씨 뿌리는 자가 실수한 것으로 생각하기 쉬운데, 그것이 아닙니다. 뿌리는 사람은 똑같이 씨를 뿌립니다. 똑같은 환경, 똑같은 조건, 똑같은 장소에서 말씀이 선포되었습니다.

　'길가에 뿌려진 자'는 똑같은 상황과 여건에서 하나님 말씀을 들었는데 그 말씀을 듣고도 거부하고 무관심하고 깨닫지를 못하는 상태의 사람을 의미합니다. 교회에 나오는 사람 중에도 예배 시간 내내 찬송을 잘 부르다가 설교 때에만 조는 사람이 있습니다. 그리고 설교가 끝나면 잠을 깹니다. 어떤 사람은 교회에 부지런히 나오고 봉사도 잘합니다. 청소도 잘합니다. 그런데 은혜받을 때에만 사라집니다. 말씀이 선포되었습니다. 그 말씀이 나에게 부딪쳐 왔는데 내가 그것과 아무 상관이 없습니다. 말씀은 말씀이고 나는 나입니다. 목사님의 설교를 들으면서도 '저 사람, 말재주가 있다. 말 잘한다'고 생각합니다. 이것이 바로 길가에 뿌리운 자입니다. 이런 사람은 아무리 교회에 잘 나오고 봉사를 많이 하고 그리스도인 집안에서 태어났다고 할지라도 절대로 천국을 느낄 수 없습니다. 하나님도 느낄 수 없습니다. 교회 분위기는 느낄 수 있을지 모릅니다. 그러나 진정한 천국을 경험하지는 못합니다. 왜냐하면 말씀이 자기 안에 들어오지 않았기 때문입니다.

　이런 사람은 어떻게 해야 합니까? 마음이 굳어져 버리고 닫힌 사람, 아무리 설교하고 성경을 가르치고 기도해 줘도 길가처럼 굳어져 단단한 그 마음을 뚫고 들어갈 길이 없는 사람은 인정사정없이 두드려 부셔야 합니다. 그렇지 않으면 그 강퍅하고 교만한 마음을 깨뜨릴 수 없습니다.

그러면 마음이 너무 굳어서 길가에 말씀을 그대로 두면 어떤 일이 생깁니까? 새가 지나가다가 먹어 버린다고 했습니다. 예수님은 이 새를 악한 자라고 하셨습니다. 사탄입니다. 말씀이 나에게 왔지만 내가 말씀을 이해하고 깨닫고 겸손하게 받아들여서 내 안에 뿌리를 내리지 않으면 새가 와서 먹어 버린다는 것입니다. 이것은 무엇을 뜻합니까? 시간상으로 급하다는 것입니다. '오늘 괜찮으니까, 내일도 괜찮겠지. 일 년은 더 살 수 있겠지'라고 생각하는 것은 위험한 생각입니다. 사람이 하는 위대한 착각이 있는데, 자기는 죽지 않을 것이라는 착각입니다. 자기는 교통사고 안 날 것이라는 착각입니다. 자기에게는 위기가 오지 않을 것이라는 착각입니다.

여기서 우리는 시간의 위급성을 깨닫게 됩니다. 빨리 신속하게 깨어져야 합니다. 깨어져서 말씀이 마음 안에 들어오도록 만들어야 합니다. 천국 말씀이 내 마음에 들어오지 않으면 결코 천국이 느껴지지 않고, 깨달아지지도 않고, 천국을 내 것으로 만들 수도 없습니다.

돌밭에 뿌려진 씨앗

두 번째로, 돌밭에 뿌려진 경우를 보겠습니다.

> 돌밭에 뿌려졌다는 것은 말씀을 듣고 즉시 기쁨으로 받되 그 속에 뿌리가 없어 잠시 견디다가 말씀으로 말미암아 환난이나 박해가 일어날 때에는 곧 넘어지는 자요(마 13:20-21).

천국 말씀을 받기는 받았습니다. '길가'처럼 강퍅한 사람은 아닙니다. 교회에도 나오고 부흥회에도 참석하고 설교도 잘 듣습니다. 그러나 이 사람의 마음속에는 돌밭 같은 것이 있어서 씨가 뿌리를 내리려고 할 때 내릴 수가 없습니다. 이는 믿음의 기초가 약한 사람, 믿음의 뿌리가 없는 사람을 뜻합니다. 성경에 따르면 이런 사람은 쉽게 복음을 받아들이고 영접한다고 했습니다. 쉽게 은혜를 받습니다. 그러나 좌절도 쉽게 합니다. 쉽게 포기해 버리는 사람입니다.

이 사람의 신앙은 천박하고 감정적인 신앙입니다. 이 사람은 변덕이 심합니다. 은혜받을 때에는 "할렐루야" 하며 자기 혼자 예수 믿는 것 같습니다. 그러나 다음날은 전혀 다른 사람이 되어 의심하는, 신앙의 기복이 큰 사람입니다. 눈물을 흘리고 주님 앞에 나아오다가 순식간에 불신자의 모습으로 변합니다. 그리고 또 회개합니다. 자꾸만 신앙이 왔다 갔다 하고 아주 불안한 상태입니다. 이는 말씀의 기초가 없고, 감정적이고, 말씀에 뿌리를 내리지 못했기 때문에 나타나는 현상입니다. 이런 사람은 예수 믿고 말씀으로 은혜를 받았다가 그 말씀 때문에 환난과 박해가 오면 신앙을 헌신짝처럼 버립니다. 물론 이 경우는 첫 번째 경우보다 예수 믿는 분위기는 되어 있습니다. 그러나 천국을 전혀 경험해 보지 못하고, 하나님의 말씀의 깊이에 도달해 보지 못한 사람입니다. 겉보기에는 예수 잘 믿는 것처럼 보이고 다른 사람들도 그렇게 보지만, 실제로 그 사람 안에는 아무것도 없는 맹탕입니다. 교회 안에는 길가와 같은 불신앙의 소유자들도 많지만 돌밭처럼 감정적이고 순간적인 신앙의 사람들도 많습니다.

가시떨기에 뿌려진 씨앗

가시떨기에 뿌려졌다는 것은 말씀을 들으나 세상의 염려와 재물의 유혹에 말씀이 막혀 결실하지 못하는 자요(마 13:22).

세 번째 비유인 가시떨기와 같은 사람도 똑같이 천국의 말씀을 받았습니다. 땅도 좋고, 뿌리도 잘 내려서 이제 싹이 터서 줄기를 힘차게 뻗어 내리려고 하는데, 문제는 기운이 센 가시떨기 나무 속에 갇혀 있다는 것입니다.

예수님은 이것을 세상의 근심과 걱정으로 해석하셨습니다. 이 세상에는 걱정 없이 살 수 없는 사람이 있습니다. 걱정을 하도 많이 해서 걱정이 없으면 오히려 불안해합니다. 편안하면 불안합니다. 예수님이 말씀하시기를 "너희가 염려함으로 키를 한 자나 자라게 할 수 있느냐? 염려함으로 머리털 하나를 희고 검게 할 수 있느냐?"고 하셨습니다. 그러나 인간은 항상 걱정하며 삽니다. 그리고 또 하나는 유혹입니다. 예수님을 잘 믿어 보려는데 재물의 유혹이 자기의 신앙 위에 가시떨기처럼 덮여 있습니다. 그래서 자라나려다가 좌절하기를 반복하고 결국은 열매를 맺지 못합니다.

특히 가시떨기의 사람은 어렸을 때부터 그리스도인의 가정에서 자란 사람이 많습니다. 예수 믿는 집안에서 태어나 거듭나지 못하고 항상 말씀의 영양실조 속에서 신앙의 빈곤과 빈혈의 삶을 사는 사람입니다. 그는 근심과 걱정과 유혹의 가시떨기에 엉켜서 이러지도 저러지도 못합니다. 이는 몰라서가 아니라 알면서도 못하는 경우입니다. 이런 사람에게 진정한 천국은 경험되지도, 보이지도 않습니다.

좋은 땅에 뿌려진 씨앗

네 번째로 진정한 천국을 맛보고 천국을 소유하는 경우를 예수님이 소개하고 계십니다.

좋은 땅에 뿌려졌다는 것은 말씀을 듣고 깨닫는 자니 결실하여 어떤 것은 백 배, 어떤 것은 육십 배, 어떤 것은 삼십 배가 되느니라 하시더라(마 13:23).

이 경우는 씨가 잘 준비된 옥토에 뿌려져서 정상적으로 성장하는 것을 의미합니다. 천국 말씀을 듣고 그 말씀을 어린아이처럼 좋아하고 흡수하며 그 말씀을 잘 깨달아서 자기 것으로 삼는 사람입니다.

이 사람은 어떤 특별한 행동을 한 것이 아닙니다. 그저 천국 말씀을 잘 받아들였습니다. 그런데 이 사람에게 조용한 기적이 일어나기 시작합니다. 말씀이 내 안에 스며들기 시작할 때 천국의 능력, 천국의 기쁨, 천국의 모든 것이 내 안에서 역사합니다. 그렇게 미웠던 사람이 미워지지 않습니다. 용서할 수 없었던 사람이 용서가 됩니다. 모든 사람에게 분노하고 모든 사람을 정죄했던 사람이 자기의 죄라고 말하기 시작합니다. 자기 몸이 부서지는 것을 경험합니다. 자기의 가치관과 사고방식이 변하는 것을 느낍니다. 옛날에는 눈물이 없었던 사람이 눈물이 나기 시작합니다. 무엇인가 내 안에서 변화가 일어나고 있는 것을 느낍니다. 귀신이 내 안에서 떠나는 것을 경험합니다. 내 마음이 가난해지고 온유해지고 겸손해지고 하나님을 생각하게 되고 내 삶이 하나하나 정리되는 것을 느낍니다. 이것이 변화입니다. 이것이 바로 백 배, 육십 배, 삼십 배의 열매를 맺었다는 의미입니다. 하나님의 말씀이 나의 폐부까지 찌르고, 나를 산산이 깨뜨려 바꿔 버리는 것을 자기도 모르는 사이에 느끼게 되는 것입니다.

다른 사람들이 그를 보고 얼굴이 변했다고 말합니다. 이상해졌다고 합니다. 그런데 말씀이 자기 안에 깊숙이 들어오면서부터 이런 변화가 일어나기 시작한 것입니다. 천국을 살기 시작하는 것입니다. 이 사람은 천국 같지 않은 상황에서 천국을 만드는 사람입니다.

예수님은 이것으로 천국에 대한 설명을 끝내셨습니다. 천국은 천국 말씀을 듣고 이해하고 깨닫는 사람이 백 배, 육십 배, 삼십 배의 열매를 맺는 것과 같다고 했습니다. 예수 믿는 사람은 최하가 삼십 배는 변한다고 생각하면 참 기쁜 일입니다. 과연 우리는 얼마나 변했습니까? 10년 전과 지금은 어떻습니까? 우리는 과연 시간마다 변하고 날마다 변하는 사람입니까?

천국 비유에서 얻는 깨달음

우리는 천국 비유를 통하여 세 가지를 깨닫게 됩니다.

첫째, 천국 말씀은 누구에게나 똑같이 뿌려졌다는 것입니다. 일부러 길가나 돌밭이나 옥토에 뿌린 것이 아닙니다. 똑같이 천국 말씀을 뿌렸는데 길가와 같은 사람은 이렇게, 돌밭과 같은 사람은 저렇게, 각각 다르게 반응한 것뿐입니다. 여기서 우리가 배워야 할 교훈과 책임은 복음이 누구에게나 뿌려져야 한다는 것입니다. 복음을 듣지 못해서 천국을 소유할 수 없다면 그것은 우리의 책임입니다. 우리는 가정에, 직장에, 사회에, 민족과 역사에 복음을 뿌려야만 하는 사명이 있습니다. 예수님은 모든 족속으로 제자를 삼으라고 말씀하셨습니다.

둘째, 말씀이 모든 사람에게 선포되었다고 모든 사람이 다 겸손하게 받아들이는 것이 아니라는 사실입니다. 각자의 마음 상태에 따라서 말씀을 받아들이는 것이 다릅니다. 모두가 옥토라면 얼마나 좋겠습니까? 모두가 다 준비된 마음이라면 얼마나 좋겠습니까? 그러나 성경은 그렇지 않다는 것을 보여 줍니다. 여기에도 우리의 책임이 있습니다. 나 자신을 부수어 달라고 기도해야 합니다. 교만은 자기 자신이 제일 잘 압니다. "주여, 나 자신을 깨어 주시옵소서. 내가 나를 깰 수 없으니 길가같이 단단한 내 마음을 부숴 주시옵소서"라고 간구해야 합니다.

겉보기에는 예수 잘 믿는 것 같은 사람이 있습니다. 그러나 속을 보면 돌밭이 가득 차 있습니다. 이런 사람들은 다 개간되어야 합니다. "주여, 나를 깨어 주시고 부숴 주시고 이 돌멩이들을 제거하여 주시옵소서"라고 기도해야 합니다. 가시덤불이 있는 사람은 성령의 불로 지지고 태워버려야 합니다. "주여, 나의 염려와 근심과 쾌락의 유혹, 재물의 유혹을 모두 불태워 주시옵소서. 내가 자라는 데 방해되지 않도록, 하나님을 향하여 내 영혼이 잘 자라도록 도와주시옵소서"라고 간구해야 합니다. 말씀을 들었다고 모든 사람이 다 깨닫는 것은 아닙니다. 지금 우리는 철저히 뒤집어져야 합니다. 깨어져야 합니다. 불태워져야 합니다. 이런 결단 없이는 열매도 없습니다. 이런 결단 없이는 축복된 삶이 있을 수 없습니다. 변하지 않는데, 아무리 기도하면 뭐합니까? 아무리 교회에 잘 나오면 뭐합니까? 결단해야 합니다.

셋째, 말씀을 바로 깨닫게 될 때 비로소 우리는 천국에 눈뜨게 되고 천국의 기적과 능력을 체험하게 됩니다. 그 천국은 죽어서 맛보는 것이 아니라 지금 이 자리에서부터 누리는 것이며, 경험하게 되는 것입니다. 천국은 막연한 어떤 개념이 아닙니다. 실제로 있습니다.

천국 말씀을 깨닫는다는 뜻은 무엇입니까? 말씀이신 예수 그리스도를 의미합니다. 예수 그리스도를 깊이 이해할 때, 예수 그리스도를 영접할 때, 그분의 삶과 죽음과 모든 것을 받아들일 때 우리는 천국의 주인이신 예수님과 함께 천국을 실제로 경험하게 될 것입니다.

예수님과 함께 있으면 지옥도 천국으로 변합니다. 예수님과 함께 있으면 어떤 실패와 좌절도 승리와 성공으로 바뀝니다. 지금 이 순간 영원한 생수와 말씀이신 예수 그리스도가 우리를 지배할 수 있게 되길 바랍니다.

3

가라지의 최후는
불태움이다

마태복음 13:24-30, 36-43

천국은 어떤 완제품과 같은 상품으로, 선물로 주어지는 것이 아닙니다. 천국은 말씀의 씨앗으로 옵니다. 우리는 씨 뿌리는 비유에서 천국의 놀라운 독특성을 배웠습니다. 천국이 사람에게 뿌려졌는데 마음의 상황에 따라서, 계속 발전하여 하나님의 세계에까지 완성되어 갈 수도 있고, 도중에 꺾일 수도 있다는 것입니다. 천국이 내 마음속에서 시작되었다가 새가 먹어 버린다든지, 바람에 넘어진다든지, 유혹과 근심으로 열매를 맺지 못하는 수도 있다는 것이 씨 뿌리는 비유에서 알게 된 천국의 비밀입니다.

씨가 옥토에 떨어졌을 때 씨앗은 잘 자라서 열매를 맺게 됩니다. 천국은 삼십 배, 육십 배 혹은 백 배, 즉 상상할 수 없는 세계로 확장됩니다. 어느 누구도 이 천국을 다 경험한 사람은 없습니다. 천국은 계속 자라고 있기 때문입니다.

천국은 가라지와 함께 자란다

그런데 씨가 옥토에 떨어져 자라고 열매를 맺으면 다 된 것일까요? 예수님은 그렇지 않다고 말씀하십니다. 여기서 우리는 가라지 비유를 만나게 됩니다. 천국에 대한 예수님의 두 번째 비유는 가라지 비유입니다.

> 예수께서 그들 앞에 또 비유를 들어 이르시되 천국은 좋은 씨를 제
> 밭에 뿌린 사람과 같으니 사람들이 잘 때에 그 원수가 와서 곡식 가
> 운데 가라지를 덧뿌리고 갔더니 싹이 나고 결실할 때에 가라지도
> 보이거늘(마 13:24-26).

먼저 '천국은 좋은 씨를 제 밭에 뿌린 사람과 같으니'라고 결론
적으로 정의 내렸습니다. 그러면 이것으로 모든 문제가 다 해결된
것입니까? 아닙니다. 예기치 못한 일이 생겼습니다. 가라지가 자
라고 있다는 사실입니다. 이것이 천국의 현실입니다. 천국은 가라
지와 함께 자란다는 것이 두 번째 비유의 요점입니다.

사실 세상의 모든 문제가 그렇게 간단하지는 않습니다. 예수 믿
고 구원받았으면 만사형통입니까? 만사형통일 수도 있지만 아닐
수도 있습니다. 예수 믿으면 모든 사람이 다 건강합니까? 아닙니
다. 병드는 사람도 있습니다. 예수 믿으면 죽지 않습니까? 믿어도
죽습니다. 예수님은 천국을 단순한 환상의 세계로 보여 주시지 않
습니다. 천국 옆에 가라지가 있다는 사실을 가르쳐 주십니다. 우
리는 착하고 의로운 사람이 시련과 박해 속에 살고, 악하고 불의
한 사람은 권력과 부와 명예를 움켜쥐고 잘사는 경우를 종종 목격
합니다. "하나님, 어떻게 이럴 수가 있습니까? 오래 살아야 할 사

람은 빨리 죽고, 빨리 죽어야 할 사람은 오래 사니 이게 웬일입니까? 주님, 저 사람을 보면 어찌 하나님이 살아 계시다고 말할 수 있겠습니까? 기도하는 신실한 하나님의 사람이 더 심한 고난을 겪는 것은 무엇 때문입니까?" 이런 의문을 품지 않을 수가 없습니다.

우리가 사는 이 세상에는 선만 있지 않습니다. 악이 공존합니다. 악한 세력은 어디에나 숨어 있습니다. 교회 안에도, 우리 가정 안에도, 우리 자신 안에도, 이 민족 안에도 있습니다. 정의만이 항상 승리하는 것은 아닙니다. 악이 더 강력하게 역사할 수 있는 것이 현실이요, 우리가 목격하는 삶입니다. 천국이 자라고 있는데 그 옆에 가라지가 함께 자라는 것이 천국의 현실입니다. 악이 다 제거된 상태, 모든 불의의 세력이 다 떠난 것이 천국이 아닙니다.

사탄의 본질

대답하여 이르시되 좋은 씨를 뿌리는 이는 인자요 밭은 세상이요 좋은 씨는 천국의 아들들이요 가라지는 악한 자의 아들들이요 가라지를 뿌린 원수는 마귀요(마 13:37-39).

예수님이 가라지 비유를 설명하시면서 세상에는 천국의 아들들과 마귀의 아들들이 공존하고 있다는 사실을 가르쳐 주십니다. 이것을 좀 더 성경적으로 표현한다면 '이 세상은 예수님과 마귀가 싸우는 전쟁터'라고 설명할 수 있습니다. 우리는 여기서 사탄의 역할 가운데 두 가지를 배우게 됩니다.

첫째, 마귀는 가라지를 밤에 몰래 뿌립니다. 이것이 마귀가 하는 일입니다. 마귀는 파괴자요 살인자요 거짓말쟁이입니다. 마귀는 고발하는 자며 중상 모략하는 자입니다. 마귀의 궁극적인 목적은 하나님의 아들들이 나타나는 것을 막는 것입니다. 그들을 죽이고 파괴하는 것입니다. 도적이 오는 것은 도적질하고 죽이기 위해서라고 성경은 말합니다. 예수님이 심은 씨앗을 하나님의 아들들이 자라지 못하게 방해합니다. 바로 천국을 방해하는 세력입니다. 천국은 방해하는 세력 속에서 자라납니다. 마귀는 가라지를 심어 놓았습니다. 모든 사람이 잠자는 밤에 마귀가 몰래 역사했습니다. 마귀에게 억압된 사람들은 무슨 일이든지 밤에 합니다. 밤에 나쁜 짓을 많이 합니다.

둘째, 마귀는 언제나 진리와 비슷한 것을 심습니다. 마귀의 방법은 모방입니다. 알곡과 비슷한 가라지를 뿌립니다. 성경의 배경을 연구해 볼 때 놀라운 것은, 가라지는 싹이 나고 줄기가 자라서 열매를 맺을 때까지 구분이 안 된다는 사실입니다. 씨의 모습도, 줄기의 모습도 잘 구분할 수가 없습니다. 이것이 마귀의 모습입니다. 마귀는 언제나 양의 가죽을 쓴 이리입니다. 천국의 아들들과 비슷한 모습을 하고 비슷한 행동과 말을 합니다. 마귀가 얼마나 신앙적인지, 기도도 잘하고 봉사도 잘합니다. 예수 믿는 척을 아주 잘합니다. 지능지수가 낮은 마귀는 '나는 마귀다' 하면서 나타납니다. 까만 망토를 입고 이빨을 드러내고 나타나는 마귀는 아무도 무서워하지 않습니다.

하지만 제대로 된 마귀는 결코 그렇게 나타나지 않습니다. 가장 신앙적이고 매력적이고 그럴듯하게 나타납니다. 그러나 그 내용을 보면 칼날과 발톱이 숨어 있고 무서운 이빨을 갈고 있습니다. 우리는 그럴듯한 사람을 조심해야 합니다. 때가 되면 마귀는 양의 가죽을 벗을 것입니다. 때가 되면 날카로운 발톱과 이빨을 내어 놓을 것입니다. 그리고 인정사정없이 양을 찍어 버릴 것입니다. 이것이 마귀의 본질입니다.

마귀를 분별하는 힘

그러면 이러한 현실에 부딪쳤을 때 어떻게 해야 합니까? 가라지가 내 옆에서 자라고 있을 때, 가라지가 사회 속에서 자라고 있을 때 우리 그리스도인은 어떻게 해야 합니까?

집 주인의 종들이 와서 말하되 주여 밭에 좋은 씨를 뿌리지 아니하였나이까 그런데 가라지가 어디서 생겼나이까(마 13:27).

가라지가 대체 어디서 생겼습니까? 하룻밤 자고 났더니 원치 않는 것이 자라고 있는데 어떻게 하면 좋습니까? 문제가 생겼을 때는 먼저 그 원인을 규명해야 합니다. 사탄이 나도 모르는 사이에 들어왔습니다. 사탄이 들어가지 않는 곳은 지상에 한 곳도 없습니다. 교회에도 사탄은 들어옵니다. 우리가 선한 일을 하고 기도하고 나면 곧 마귀가 달라붙습니다. 그리고 신앙을 교란시킵니다. 가라지가 내 주위에 자라고 있는 것입니다. 마귀는 우리에게 기도하지 말고 생각하라고 속삭입니다. 기도가 곧 생각이라고 혼돈시킵니다. 은혜를 율법으로 바꿉니다. 이것이 마귀가 하는 일입니다. 은혜롭게 살던 삶을 종교적인 율법에 얽매이게 만듭니다. 무엇인가 이해할 수 없는 일들이 내 안에서 생기게 됩니다. 자기도 모르게 소망이 절망으로, 축복이 저주로, 성공이 실패로 바뀝니다. 잘하자고 시작했는데, 결과가 나쁩니다. 이때 우리는 내가 왜 이렇게 되었는지, 내 마음에 왜 사탄의 마음이 심어졌는지, 그 원인을 규명해야 합니다.

주인이 이르되 원수가 이렇게 하였구나 종들이 말하되 그러면 우리가 가서 이것을 뽑기를 원하시나이까(마 13:28).

예수님은 '원수가 이렇게 하였구나' 하고 말씀하셨습니다. 우리는 마귀의 정체를 늘 영적으로 분별해야 합니다. 사람의 겉만 보지 말고, 배후에 숨어서 음흉하게 미소 짓고 괴롭히고 파괴하고 결국 죽이려 하는 사탄의 검은 세력을 볼 수 있어야 합니다. "마귀가 나를 이렇게 변화시켰구나. 마귀가 내 마음을 이렇게 바꾸었구나" 하는 것을 알아야 합니다. 가끔 평소에 그렇게 좋았던 사람이 하루 아침에 마귀처럼 변할 때가 있습니다. 그 배후를 보아야 합니다. 누가 가라지를 심었습니까? 예수님은 원수가 그렇게 했다고 말씀 하셨습니다. 이때 사람들은 이런 반응을 보입니다. "당장 가서 뿌리째 뽑아 버릴까요?" 마귀를 발견하면 우리는 이렇게 하기가 쉽습니다. 예수님의 제자들 가운데에도 "예수님, 하늘의 불을 내려서 당장 멸하게 해 버릴까요?"라고 한 사람이 있었습니다. 그러나 예수님은 당장 뽑으라고 하시지 않았습니다.

지상에 악이 존재하는 이유

주인이 이르되 가만 두라 가라지를 뽑다가 곡식까지 뽑을까 염려하노라 둘 다 추수 때까지 함께 자라게 두라(마 13:29-30).

지상에 악이 존재하는 이유를 예수님은 이렇게 설명해 주셨습니다. "역사 속에 악이 왜 존재하는가? 하나님이 살아 계시다면 이 세상의 악을 순식간에 다 멸해 버리면 될 것이 아닌가? 소돔과 고

모라처럼 싹 쓸어버리면 될 것 아닌가? 왜 하나님은 악을 보고만 계시는가? 혹 하나님은 졸고 계신 것이 아닌가?"라고 사람들은 생각합니다.

예수님은 '둘 다 추수 때까지 함께 자라게 두라'고 하셨습니다. 왜 그렇게 하셨을까요? 왜 예수님은 가라지를 뽑지 말라고 하셨을까요? 이때 깊은 영적 통찰력이 필요합니다. 마귀를 단순하게 생각하면 안 됩니다. 가라지는 처음에는 알곡처럼 보입니다. 구분이 안 됩니다. 그러나 이 가라지가 알곡과 구별되어 보일 때는 이미 가라지의 뿌리가 알곡의 뿌리와 뒤엉켜 있을 때입니다. 정체가 드러날 때는 이미 그 뿌리를 알곡의 뿌리 속에 깊이 넣고 있을 때입니다. 이때 가라지를 뽑으면 알곡마저 뽑히기 때문에 예수님은 가라지를 그냥 두라고 하신 것입니다.

예수님은 고통이 있고, 악이 득세하고, 불의가 판치는 것을 보면서도 가라지를 뽑다가 알곡을 뽑을까 봐 그냥 두라고 말씀하십니다. 하나님은 열 개의 가라지보다 한 개의 알곡을 더 귀하게 여기십니다. 하나님은 우리를 너무나 사랑하십니다. "하나님, 오늘 당신의 공의가 임하셔서 모든 불의와 죄악을 태워버리시옵소서"라고 하면 우리가 먼저 불타게 됩니다. 이미 우리는 마귀의 유혹에 말려들어 있기 때문에 자칫 잘못하면 우리도 심판을 면하지 못합니다. 그러므로 주님은 악이 있는 것을 알면서도 그대로 놓아두게 하신 것입니다.

여기에 또 한 가지 사탄의 교활함이 있습니다. 알곡을 빨아먹고 사는 것이 가라지입니다. 가라지는 철저하게 기생충적인 삶을 삽니다. 그리스도인을 빨아먹고 사는 것이 마귀의 세력입니다. 우리가 어쩔 수 없이 남에게 신세를 지고 살 때도 있겠지만, 신세를 오래 지는 것은 좋지 않습니다. 이유는 사탄적인 삶에 젖어들기 쉽기 때문입니다.

하나님은 악을 멸할 능력이 없어서 멸하지 않는 것이 아니라 우리를 사랑하시기 때문에 잠깐 보류하시는 것입니다. "아멘, 주 예수여 오시옵소서." 주님이 당장 오시면 얼마나 좋겠습니까? 그러나 준비가 다 되어 있습니까? 지금 주님이 오시면 큰일 날 성도들이 너무나 많습니다. 끊어야 할 것을 아직 끊지 못하고 있는 사람, 이것이 죄인 줄 알면서도 계속하고 있는 사람을 어떻게 해야 합니까? 주님이 늦게 오시는 것을 안 온다고 착각하지 마십시오. 주님은 도적같이 오신다고 하셨습니다. 그러나 지금 안 오시는 것은 우리를 사랑하시기 때문입니다. 우리가 빨리 회개하고 돌아오기를 원해서 지체하시는 것입니다.

이런 의미에서 지상의 악을 제거하는 유일한 방법은 우리가 의롭고 깨끗하게 사는 것입니다. 그러면 악은 하나님이 더 빨리 깨끗하게 제거해 주십니다. 그러나 우리가 악 속에서 악과 더불어 산다면 하나님이 악을 심판하실 때 갈등을 느끼시고 고민하실 것입니다. "가만두라 가라지를 뽑다가 곡식까지 뽑을까 염려하노라."

역사의 마지막 때에 임하는 심판

그러면 예수님은 무작정 기다리시는 분입니까? 아닙니다. 때가 있습니다.

둘 다 추수 때까지 함께 자라게 두라 추수 때에 내가 추수꾼들에게 말하기를 가라지는 먼저 거두어 불사르게 단으로 묶고 곡식은 모아 내 곳간에 넣으라 하리라(마 13:30).

39절에서 예수님은 '추수 때는 세상 끝이요 추수꾼은 천사들이니'라고 해석해 주셨습니다. '악은 영원히 존재하지 않는다. 반드시 종말의 때가 있다'는 것입니다. 이 세상은 영원하지 않다는 것을 우리는 꼭 기억해야 합니다. 반드시 주님이 오시는 종말의 때, 심판의 때가 있습니다. 개인적인 종말의 때는 내가 죽는 때요, 역사의 종말은 주님이 오시는 때입니다. 그때 악은 완전히 심판을 받게 됩니다. 하나님은 천사들을 사용하셔서 역사의 중요한 심판을 하십니다. 가라지를 뽑아서 불사르게 단으로 묶는다고 하셨습니다. 주님은 우리로 하여금 이러한 사실을 이해하고 깨닫고 기다리게 하셨습니다. 그러면 가라지의 최후, 사탄의 아들들의 최후는 어떻게 됩니까?

인자가 그 천사들을 보내리니 그들이 그 나라에서 모든 넘어지게 하는 것과 또 불법을 행하는 자들을 거두어 내어 풀무 불에 던져 넣으리니 거기서 울며 이를 갈게 되리라(마 13:41-42).

성경은 여러 곳에서 이런 말을 반복하고 있습니다. 역사의 마지막 때에 대심판이 있을 것입니다. 그때 마귀의 아들들은 영원히 꺼지지 않는 풀무불에 던져져서 울며 이를 갊이 있을 것입니다. 이것이 불법, 사탄의 아들들의 최후입니다. 지옥이란 막연한 개념이 아니라 실재하는 사실임을 우리는 믿어야 합니다.

지옥을 모르는 사람들이 자살합니다. 사람들이 지옥을 안다면 예수님을 믿지 않고는 견딜 수가 없을 것입니다. 마귀는 우리에게 지옥의 실재를 잘 보여 주지 않을 것입니다. 그것을 보면 지옥에 갈 사람은 아무도 없기 때문입니다. 지옥은 이렇게 무서운 곳입니다. 영원히 꺼지지 않는 불속에서 영원한 고통을 느끼는 곳입니다.

그때에 의인들은 자기 아버지 나라에서 해와 같이 빛나리라 귀 있는 자는 들으라(마 13:43).

하나님의 아들들의 최종적인 모습이 이러합니다. 천국을 경험한 사람은 없지만 우리 안에 천국이 시작되었습니다. 천국은 방해하는 세력 속에서 자랍니다. 그러나 방해하는 세력 때문에 열매를 못 맺는 법은 없습니다. 길가나 돌밭이나 가시덤불에서는 열매를 맺지 못합니다. 옥토에서 열매를 맺습니다. 옥토에는 가라지가 있지만 그래도 열매는 맺습니다. 천국은 방해하는 세력에 둘러싸여 있습니다. 그러나 그 속에서 삼십 배, 육십 배, 백 배의 열매를 맺게 된다는 것입니다.

우리의 마음속에 날마다 천국이 이루어지기 바랍니다. 천국이 자라는 것을 실감하기 바랍니다. 그리고 천국이 자라는 가운데 방해하는 세력이 물밀듯이 밀려온다 할지라도 두려워하지 말아야 합니다. 왜냐하면 예수님은 이미 마귀를 이기셨기 때문입니다. 우리는 주님과 함께 날마다 천국을 이루어 나가야 할 것입니다.

4

겨자씨만 한 믿음이
천국을 열매 맺는다

마태복음 13:31-32

천국에 대한 세 번째 비유는 겨자씨에 관한 비유입니다. 예수님은 천국은 사람이 자기 밭에 갖다 심은 겨자씨 한 알과 같다고 하셨습니다. 천국은 지극히 작은 데서 시작되어 성장하고 변화합니다.

우리에게 임하는 세 가지 천국

신약에서 주신 예수님의 말씀을 종합해 보면 천국은 대개 세 가지로 우리에게 임한다는 것을 알 수 있습니다.

첫째, 천국은 앞으로 이루어질 것이 아니라 이미 이루어졌다는 사실입니다. 예수 그리스도를 영접한 후에, 예수님이 내 심령에 들어오신 후에, 하나님의 말씀이 내 영혼에 뿌려지는 그 순간에 이미 천국은 시작되었습니다. 천국은 죽어서 가는 곳이 아니라 이 땅에서부터 내 안에 시작되었습니다. 스스로 그것을 느낄 수도 있고, 전혀 느끼지 못할 수도 있지만, 여하튼 천국은 이미 내 안에서 시작되었습니다. 이미 사망에서 생명으로 옮겨졌습니다.

둘째, 천국은 이미 이루어졌을 뿐 아니라 현재 내 안에서 이루어져 가고 있습니다. 이것은 현재적인 천국입니다. 아무리 죄악과 불법이 가득 차고 그 안에서 내가 고통을 당한다 해도, 내 안에 시작된 천국은 누구도 빼앗을 수 없이 나의 현재의 삶을 통해 이루어지고 있습니다. 천국은 우리의 믿음과 삶을 통해 체험됩니다. 천국은 느껴지고 만져지는 것입니다.

셋째, 천국은 그날에 완성됩니다. 천국의 완성이 어떤 것인지 우리는 모릅니다. 그러나 성경에 천국은 영광 가운데서 그날에 완전히 이루어진다고 했습니다. 그래서 하나님의 사람, 하나님의 백성은 그날에 천국에서 해처럼 빛나는 삶을 살게 될 것입니다.

이 내용을 정리해 보면 천국은 이미 시작되었고 지금 내 안에서 자라고 있습니다. 그러나 천국을 다 아는 사람은 없습니다. 천국의 그림은 이미 시작되었는데, 그 그림의 끝을 아는 사람은 없습니다. 그러나 그것은 장차 이루어질 것입니다. 그러므로 진정으로 천국을 이해하는 사람은 현재의 천국을 맛보고, 현재의 천국을 누리는 사람입니다.

겨자씨 비유의 핵심

이제 겨자씨의 비유를 살펴보겠습니다. 어떤 사람이 자기 밭에 지극히 작은 겨자씨 하나를 심었습니다. 그런데 이 씨가 자라나 놀랍게도 나무가 되었습니다. 나무가 되어서 가지가 넓게 퍼지니 많은 새가 와서 깃들이게 되었습니다. 이것이 천국입니다.

사실은 겨자씨가 모든 씨 중에서 가장 작은 것은 아닙니다. 그러나 예수님 당시에 겨자씨는 가장 작은 것을 상징하는 씨앗이었습니다. 그래서 그 당시 사람들이 작은 것을 비유할 때는 겨자씨와 같다고 표현했습니다. 예수님도 마태복음에서 "진실로 너희에게 이르노니 만일 너희에게 믿음이 겨자씨 한 알 만큼만 있어도 이 산을 명하여 여기서 저기로 옮겨지라 하면 옮겨질 것이요 또 너희가 못할 것이 없으리라"(마 17:20)고 말씀하셨습니다. 여기서 예수님은 세상에서 가장 작은 믿음을 가리켜 겨자씨와 같은 믿음이라고 하신 것입니다. 그런데 본문 말씀을 보니, 지극히 작은 겨자씨 한 알이 자라면 큰 나무가 된다고 했습니다. 겨자나무의 높이는 사람이 말에 탔을 때의 높이보다 조금 더 높은 정도라고 합니다. 겨자씨는 보통 약 3.7미터 내지 4미터 높이로 자라는데, 거기에는 많은 새가 깃들 수 있습니다.

그러면 이 겨자씨 비유의 요점은 무엇입니까? 하나님 나라는 갑자기 크지 않는다는 것입니다. 천국은 신비의 나라가 아니라는 것입니다. 또한 천국은 지극히 작은 것에서 시작되지만 그 끝은 아무도 상상할 수 없다는 것입니다. 에스겔서를 보면 "공중의 모든 새가 그 큰 가지에 깃들이며 들의 모든 짐승이 그 가는 가지 밑에 새끼를 낳으며 모든 큰 나라가 그 그늘 아래에 거주하였느니라"(겔 31:6)는 말씀이 나옵니다. 이는 하나님 나라가 지극히 작게 시작되었지만 결국 모든 열방이 모여들 수 있는 나라를 이룬다는 것을 보여 줍니다. 동시에 하나님 나라의 상징인 지상의 교회가 지극히 작게 시작되었지만 나중에는 전 세계에 충만하게 퍼지는 것을 설명해 주고 있습니다. 이것이 겨자씨 비유의 핵심입니다.

위대한 것은 작은 데서 시작된다

"지극히 작은 데서 시작되어 상상할 수 없이 큰 것을 이룬다, 그리고 큰 것을 이룬 그 속에 많은 새들이 깃들인다"는 말씀에서 우리는 몇 가지 진리를 배우게 됩니다.

첫 번째로, 하나님의 나라는 작게 시작해서 크게 거둔다는 것입니다. 지극히 작게 시작해서 엄청나게 크게 거두어들인다는 진리입니다. 그런데 사람들은 위대함에 대해 이상한 환상에 사로잡혀 있습니다. 어떤 사람은 "인류를 사랑한다. 인류를 위해서다"라고 말합니다. 그러나 인류를 사랑한다는 사람이 자기 옆에 있는 가족은 사랑하지 못합니다. 자기 옆에 있는 가족도 사랑하지 못하면서 민중을 사랑한다고 떠듭니다. 교회를 사랑한다고 합니다. 이것은 착각입니다. 가장 위대한 것은 큰 데서 시작되는 것이 아니라 작은 데서부터 시작됩니다.

예수님은 지극히 작은 일에 충성하는 자가 큰 일도 한다고 강조하셨습니다. 우리는 눈에 보이지 않는 것, 사람들이 신경 쓰지 않는 것, 자존심 상하는 일들을 해야 합니다. 그런 의미에서 큰 교회는 섬기기 쉽지만, 작은 교회는 섬기기 어렵다고 합니다. 도시 교회는 섬기기 쉽습니다. 인기 있는 곳에서는 설교가 쉽고, 전도가 쉽습니다. 하지만 사람도 없는 광야에서 전도하기는 고독하고 힘든 일입니다.

예수님은 지극히 작은 곳에 계십니다. 많은 사람 가운데가 아니라 아무도 없는 외로운 곳에 계십니다. 이것이 예수님의 생각이요, 방법입니다. 예수님은 한 과부의 엽전 두 닢을 축복해 주셨습니다. 그러나 황금 소리를 쩌렁쩌렁 내는 사람에게는 전혀 관심이 없으셨습니다. 보통 사람들은 지위가 높고 세상적으로 훌륭한 사람, 외적으로 크고 화려하고 좋은 것을 높게 평가합니다. 그러나 천국의 세계는 그렇지 않습니다. 예수님은 또 "작은 자 중 하나에게 냉수 한 그릇이라도 주는 자"(마 10:42)는 나에게 한 것과 같다고 하셨습니다. 세상에서 아무도 돌보지 않고 관심 갖지 않는 작은 자에게 냉수 한 그릇을 대접하는 것이 곧 예수님에게 한 것과 같다고 하셨습니다. 여기에 진정한 천국의 의미가 있습니다.

예수님은 마구간에서 태어나셨습니다. 예수님의 출발은 지극히 작은 고을 유대 땅 베들레헴이었습니다. 화려하고 인기 있는 장소에서 태어나시지 않았습니다. 지극히 험한 곳에서 태어나 가장 이름 없는 갈릴리에서 자라신 예수님, 역사는 이 예수 그리스도로부터 시작됩니다. 예수님의 열두 제자를 보면 학벌도 지위도 없는 어부들이었고, 숫자도 많지 않았습니다. 그러나 예수님은 자신의 공생애 전부를 이들에게 쏟으셨습니다. 예수님은 오천 명, 만 명 모이는 민중 속에 계시지 않았습니다. 고관들과 같이 있지도 않았습니다. 예수님은 창녀와 같이 계셨고, 죄인들, 세리들과 함께 계셨습니다.

우리는 학교도 일류 학교, 직장도 누구나 인정하는 데로 들어가려고 합니다. 의미 있는 것에 시간을 바치지, 시시한 데에는 시간을 바치지 않습니다. 얼마나 우리가 천국과 거리가 먼 삶을 살고 있습니까? 그래서 내 마음에 천국이 없습니다. 가난하고 병들고 천대받고 잊혀진 사람에 대한 관심에서부터 천국은 이루어집니다.

초대교회가 처음 시작되었을 때 얼마나 미미했습니까? 백이십 명으로 시작된 초대교회 교인들은 박해 속에서 이리저리 도망다녔고 감옥에 갇혔고 사자에게 먹혔습니다. 그러나 모진 학대와 고난을 받으면서 초대교회는 잡초처럼 자라났습니다. 삼천 명이 모였습니다. 남자만 오천 명이 되었습니다. 허다한 무리는 셀 수 없을 정도였습니다. 이것이 바로 천국의 방법입니다. 예수님과 아무상관없는 이 땅에도 백 년 전에 복음이 들어와서 서울 장안에 얼마나 많은 교회가 세워졌으며, 그 교회 안에서 얼마나 많은 성도가예배를 드리고 있습니까? 성도들이 예배드리고 말씀을 들음으로역사가 변하고 개인이 변하고 사회가 변합니다.

우리가 얼마나 성장할지 아무도 모릅니다. 우리는 상상할 수 없는 생애를 살게 될 것입니다. 나 같은 두뇌 조건과 나 같은 건강과나 같은 여건을 가진 사람이 상상할 수 없는 생애를 살 수 있는 능력이 바로 천국입니다. 가끔 우리는 50대, 60대에 자신이 어떻게 변화되었을까를 생각해 봅니다. 그것은 나의 인간적인 기대가 아니라 예수님에 대한 기대입니다. 천국은 바로 이런 것입니다. 욥기 8장 7절에 보면 "네 시작은 미약하였으나 네 나중은 심히 창대하리라"고 말하고 있습니다. 우리는 작은 일을 한다고 한탄하지 말아야 합니다. 자기에게 작은 일이 맡겨졌다고 자신을 무시한다고 생각하지 말아야 합니다. 작은 일을 맡는 순간에 천국을 맛볼 수 있는 기회를 얻은 것입니다. 지극히 작은 일을 맡은 사람에게 천국의 기적이 일어나기 시작합니다.

천국은 꾸준히 자라는 것

두 번째로 겨자씨 비유에서 배우는 것은 천국은 조용히 그러나 끊임없이 자란다는 사실입니다. 천국은 결코 갑자기 자라지 않습니다. 어떤 사람은 오늘 갑자기 방언을 받고 기가 막힌 은혜를 받으면 그 다음날 천사가 된 줄 압니다. 천만의 말씀입니다. 믿음은 그렇게 자라는 것이 아닙니다. 하나님의 말씀은 보이지 않게 계속적으로 내 안에서 역사합니다. 예수님이 키가 자라고 지혜가 자라셨듯이 우리가 신령한 사람으로 변해 갑니다. 하나님의 말씀이 우리 안에 있기만 하면 눈에 보이지 않지만 우리는 끊임없이 변화하고 성장합니다.

그러므로 그리스도인은 과거에 집착하지 않습니다. 결코 우리는 어제의 사람이 아니며, 과거의 사람이 아닙니다. 오늘이 중요하고, 자라는 것이 중요합니다. 허물을 벗듯이 날마다 옛사람과 과거를 벗어 버리고 새롭게 태어나는 것입니다. 독수리가 창공을 날아가는 것처럼 하늘을 향하여 새롭게 뻗어 나가는 것입니다.

　비록 과거에 우리가 무슨 죄를 지었다 할지라도, 무슨 허물이 있었고 무슨 상처가 있었다 할지라도 중요하지 않습니다. 그것을 벗어 버리면 되는 것입니다. 옷을 벗어 버리듯이 그 허물을 벗는 것입니다. 과거에는 그것이 중요했습니다. 그것이 우리의 옷이었습니다. 그러나 벗어 버리는 것입니다. 새로 태어나는 것입니다. 예수님의 형상을 닮기까지 우리는 변할 것입니다. 하나님의 온전함과 같이 우리는 온전해질 것입니다. 하나님의 거룩하심과 같이 우리도 거룩해질 것입니다. 성장과 변화, 이것이 바로 우리가 겨자씨 비유에서 보게 되는 것입니다. 눈에 보이지 않는 성장, 그러나 하루도 쉬지 않는 변화, 바로 그것입니다.

　그러면 성장과 변화의 가장 중요한 원동력은 무엇입니까? 생명입니다. 겨자씨 안에 있는 것은 생명입니다. 천국은 성장과 변화를 일으키는 생명이 있습니다. 생명은 죽음을 삼키고, 없는 것을 있게 합니다. 생명이 있는 곳에는 어떤 절망과 어둠도 있을 수 없습니다. 우리 안에 예수님의 생명이 있습니까? 예수님의 생명이 자라고 있습니까? 그렇습니다. 우리 안에는 예수님의 생명이 자라고 있습니다. 눈에 보이지는 않지만, 어떤 때는 느껴지지 않지만, 끊임없이 꾸준히 자라고 있습니다. 그래서 숲을 이루게 됩니다.

아펜젤러와 언더우드, 그들은 백 년 전에 이 땅에 찾아와 씨를 뿌렸습니다. 그리고 백 년 후에 이처럼 상상할 수 없는 열매가 맺어졌습니다. 농촌과 어촌에 복음을 들고 찾아가는 전도자, 오지에 가 있는 선교사는 지극히 작은 사람, 유명하지 않은 사람, 투자의 가치조차 없어 보이는 사람을 위해 평생을 바치고 뼈를 그곳에 묻습니다. 허드슨 테일러의 헌신이 중국을 변화시켰고, 윌리엄 캐리의 헌신이 인도를 변화시켰습니다. C. T. 스터드를 기억하십니까? 리빙스턴을 기억하십니까? 이들이 있었기 때문에 아프리카에 복음이 들어갔습니다.

어느 날 우리는 죽을 것입니다. 그때에 천국에서 만날 열매들을 생각해 보십시오. 온 인종이, 지구상에 태어났던 모든 인류가 구름 떼처럼 모여 서서 주님에게 경배와 찬양과 영광을 돌릴 것입니다. 그 장면을 상상해 보십시오. "이러므로 우리에게 구름같이 둘러싼 허다한 증인들이 있으니"(히 12:1)라는 말씀은 바로 이런 것을 묘사하는 말씀입니다.

한 알의 밀이 땅에 떨어져 죽으면 많은 열매를 맺습니다. 우리는 변해야 합니다. 성장해야 합니다. 예수님의 생명이 우리 안에서 자라야 합니다. 만약 내 안에서 생명이 자라지 않았다면 우리의 마음은 가시밭과 같을지도 모릅니다. 돌밭이나 길가와 같을지도 모릅니다. 그러나 생명이 자라고 있다면 그 마음은 옥토일 것입니다. 천국은 쑥쑥 자라지 않습니다. 눈에 보이게 화려하게 자라지 않습니다. 천국은 언제나 조용히 자랍니다. 식물을 보십시오. 낮에 태양을 흠뻑 받아서 밤에 조용히 자랍니다. 성장과 변화란 매일 매일 조금씩 그러나 변함없이 이루어집니다.

한꺼번에 변하지 않는 자신에 대해 실망하지 말아야 합니다. 눈에 띄는 변화가 없다고 해서 변화하지 않는다고 단정해서는 안 됩니다. 내가 지금 교회에 나와 있는 것도 큰 변화입니다. 말씀을 듣고 있다는 사실도 놀라운 일입니다. 화려한 것을 찾다가 가장 화려하지 않은 것을 찾게 될 것입니다. 가장 유명한 것을 사모하다가 가장 유명하지 않아도 되는 것을 자랑으로 여길 때가 올 것입니다.

이제 우리는 돈으로 모든 가치를 계산하는 것이 아니라 돈으로 계산할 수 없는 가치를 깨닫게 될 것이고, 세상에서 조롱하는 것을 위해서 생애를 바치는 사람으로 변할지도 모릅니다. 이것이 천국이 자라고 있다는 증거이기 때문입니다. 천국에는 언제나 풍성한 열매가 있습니다. 씨앗과는 비교할 수 없는 많은 열매입니다. 커다랗게 자란 나무에서 생명이 잉태되고 새들이 깃들입니다. 이것이 예수님이 설명하신 천국입니다. 작은 것에 관심을 가져야 합니다. 작은 것을 심어야 합니다. 그러나 결코 작다고 절망하지 말아야 합니다. 천국은 그곳에서부터 시작합니다.

○

5

누룩으로
은혜의 빵을 만들라

마태복음 13:33

○

그리스도인은 세상을 변화시킨다

천국에 대한 네 번째 비유는 누룩의 비유입니다. 예수님은 천국이 마치 한 여자가 가루 서 말 속에 갖다 넣어 전부 부풀게 한 누룩과 같다는 비유를 하셨습니다. 이 비유에서 천국의 또 다른 모습을 발견하게 됩니다. 그러면 누룩 비유의 의미는 무엇입니까?

첫째, 천국은 거듭난 사람들을 통해서 세상을 변화시킨다는 것입니다. 겨자씨 비유에서는 지극히 작은 하나의 씨가 큰 나무로 자란다고 했는데, 그것은 겨자씨 자체가 성장하는 것입니다. 누룩과 겨자씨의 비유는 아주 비슷합니다. 작은 씨를 심었는데 큰 나무가 되었다, 지극히 작은 누룩으로 반죽하였는데 크게 부풀었다는 점입니다. 그러나 중요한 차이점이 있습니다. 겨자씨는 다른 무엇을 변화시킨 것이 아니라 그 자체가 성장한 반면, 누룩은 다른 것을 변화시켰다는 것입니다. 이것이 누룩 비유의 요점입니다.

가루 서 말은 보통 가정에서 빵 만드는 데 쓰는 평균 분량입니다. 꽤 많은 양입니다. 주부가 맛있고 부푼 빵을 만들기 위해서는 미리 반죽을 조금 떼서 누룩을 넣어 보관해 둡니다. 다음에 새로 반죽할 때 그것을 넣고 반죽하는 것입니다. 큰 밀가루 반죽에다 누룩이 든 작은 반죽을 섞어 반죽하면 반죽이 아주 부드럽고 곱게 부풀어 오릅니다. 이 부풀어 오른 반죽을 구워서 먹는 것입니다.

그러면 누룩이 밀가루 반죽을 변화시켰다는 것은 무슨 뜻입니까? 천국은 그 자체가 변화될 뿐 아니라 주위도, 세계도 변화시킨다는 것입니다. 이 변화시키는 힘은 마치 전염병과 같습니다. 누가복음 12장 1절에서 예수님이 제자들에게 바리새인들의 누룩, 곧 외식을 조심하라고 하셨습니다. 예수님은 "바리새인들의 외식주의는 누룩처럼 전염성이 강한 것이다. 그들의 외식이 신앙의 이름으로 상대방을 다 외식주의, 형식주의로 바꾸어 버린다"고 하셨습니다. 고린도전서 5장 6절에서는 "너희가 자랑하는 것이 옳지 아니하도다 적은 누룩이 온 덩어리에 퍼지는 것을 알지 못하느냐"고 하셨습니다. 여기서 예수님은 잘못된 생각, 악한 세력이 순식간에 온 세계를 변화시켜 버린다는 것을 누룩의 전염성에 비유하여 설명하셨습니다.

물론 이 두 가지 경우에는 부정적인 의미로 사용되었지만 누룩의 원뜻은 순식간에 강력하게 상대방을 변화시킨다는 것입니다. 소량의 누룩이 밀가루 반죽 전부를 순식간에 변화시키는 것처럼, 천국을 소유한 소수의 그리스도인은 그가 살고 있는 세상을 변화시키고 새롭게 하는 능력이 있다는 것입니다. 그리스도인은 자기가 변할 뿐만 아니라 그가 살고 있는 세상을 변화시킵니다.

그런즉 누구든지 그리스도 안에 있으면 새로운 피조물이라 이전 것은 지나갔으니 보라 새것이 되었도다(고후 5:17).

예수 그리스도를 믿게 되면 먼저 우리의 성품이 변하게 됩니다. 못된 성품, 사탄에 억압된 성품이 변하기 시작합니다. 예수 믿고 성격이 변하지 않으면 다 가짜입니다. 옛날 모습 그대로 있다면 예수 믿는 사람이 아닙니다. 예수 믿으면 반드시 성품이 변하기 시작합니다. 뿐만 아니라 가치관의 변화가 옵니다. 사물을 보는 시각이 달라집니다. 돈을 보는 시각, 성공을 보는 시각이 달라집니다. 선과 악에 대한 기준이 달라집니다. 그는 이제 새롭게 태어났습니다. 초등학교 교과서나 가정의 전통, 사회의 전통에서 배웠던 가치관에서 떠납니다. 세속적인 가치관에서 떠나 성경의 가치관을 갖기 시작합니다. 예수님처럼 생각하고, 예수님과 같은 마음을 갖고, 예수님과 같은 행동을 합니다. 거룩해지기 시작합니다. 상상할 수 없는 사람으로 변신합니다.

그런데 그것으로 끝이 아닙니다. 천국을 진정으로 소유한 사람은 자기가 하나님의 아들이 되어 구원을 소유하며 천국의 삶을 누릴 뿐만 아니라 자신도 모르는 사이에 세상을 변화시킵니다. 예수님은 "너희는 세상의 빛이요 소금이라"고 말씀하셨습니다. 부패한 세상, 불의와 부정이 만연한 이 세상에서 그리스도인은 비록 소수며 아무 힘없는 존재일지라도 그 자체가 소금입니다. 소금은 소리 지르지 않습니다. 가만히 있음으로 주위를 변화시킵니다. 이것이 사회 개혁에 대한 그리스도인의 원리입니다.

옥스퍼드 대학에 성자처럼 산 한 여성이 있었습니다. 그녀는 26세에 죽었는데 기도로 살았던 여성이었습니다. 존 스튜어트 목사님의 글에 의하면, 이 여성이 지나가면 음담패설을 하던 대학생들이 침묵하고 주위 사람이 얼어붙을 정도로 경건해졌다고 합니다. 이 여성은 아무 말도 하지 않고 그냥 지나가는데도 얼마나 경건했던지, 얼마나 기도의 영이 컸던지 그녀가 있기만 해도 사람들이 감전된 것처럼 충격을 받았습니다. 그녀가 죽었을 때, 그녀의 주머니에서 수첩이 나왔는데 400여 명의 선교사 이름이 적혀 있었다고 합니다. 그녀를 무덤에 묻은 무덤지기는 자기가 수많은 사람을 무덤에 묻었지만 그녀를 묻을 때처럼 경건했던 적은 없었다고 고백했습니다. 그녀는 남에게 충고하거나 설교하지 않았습니다. 그녀의 삶이 주위를 변화시켰습니다. 그녀의 삶이 많은 사람에게 영적 충격을 준 것입니다.

그리스도인은 세상의 소금입니다. 우리는 누구에게 설교하기 위해서, 누구를 고치기 위해서 어떤 일을 하는 것이 아닙니다. 그리스도 안에서 자신이 풍성한 삶을 누리고 있을 때 그 영향력이 밖으로 퍼져 나가게 됩니다.

초대교회 소수의 그리스도인은 그들이 소유한 복음의 능력으로 로마를 뒤엎었습니다. 종교개혁 당시에 몇몇 사람들의 마음속에 불탔던 그 복음은 유럽 전체를 변화시켰습니다. 주님의 뜻대로 살기 위해 떠났던 청교도들, 새로운 국가를 세우기 위해서라기보다는 주님을 잘 섬기기 위해 떠났던 그들은 미국 사회를 변화시켰습니다. 우리는 한국 교회와 그리스도인이 세상을 향하여 담대히 문을 열고 뛰어 들어가야 하는 이유를 누룩의 비유에서 발견하게 됩니다.

오늘날 한국 교회와 그리스도인이 사회에서 과연 누룩과 같은 역할을 한다고 생각합니까? 아직 아닙니다. 어쩌면 우리는 누룩의 흉내를 내고 있는지도 모릅니다. 이 땅에 교회가 그렇게 많고 그리스도인이 그렇게 많지만 이 사회는 갈등과 부정부패가 너무나 많고 음탕하고 지옥 같은 모습을 하고 있습니다. 왜 그렇습니까? 그것은 그리스도인이 천국의 본질을 오해했거나 진정한 누룩의 모습을 갖추지 않았기 때문입니다. 나 혼자만 예수 믿고 천당 가면 되는 것이 아니요, 나만 축복 받고 건강하면 되는 것이 아닙니다. 우리가 살고 있는 이 세상을 변화시키지 않는다면 누룩의 역할을 감당하지 못하는 것입니다. 우리 교회 하나만이라도, 나 한 사람만이라도 세상에 나아가서 소금과 빛의 역할을 진정으로 감당한다면 분명히 한국 사회에 충격적인 변화를 일으키게 될 것입니다.

변화의 원동력은 말씀이다

둘째, 누룩이 갖는 내용과 의미입니다. 이렇게 작은 누룩이 밀가루 반죽 전체를 변화시키고 부풀게 하는 원동력은 무엇일까요? 번식하는 누룩의 능력입니다. 여기서 누룩의 능력이란 말씀의 능력이요 복음의 능력을 말합니다.

변화시키는 것은 우리가 아닙니다. 우리 안에 계시는 예수님입니다. 능력은 내가 아니라 내 안에 있는 말씀입니다. 그러니 껍데기 그리스도인, 즉 나만 성공하고, 건강하고, 축복받기만 바라는 사람이 교회에 구름 떼처럼 모여든다 해도 세상은 절대로 변하지 않습니다. 교회에 수많은 사람이 왔다 갔다 하고 몇 부에 걸쳐 예배를 드리지만, 전부 이기적이고 자기만 구원받고 복 받으면 된다고 여기는 사람들로 가득 차 있기 때문에 세상이 변하지 않는 것입니다.

누룩은 반죽된 밀가루에 접촉이 안 되면 소용이 없습니다. 누룩이 그대로 가만 있으면 아무 의미가 없습니다. 반죽된 밀가루 속에 스며들어가 접촉되어야만 그 누룩이 의미 있습니다. 이것이 참여입니다. 우리가 교회 안에서 "할렐루야, 아멘" 하고 아무리 외친들 무슨 소용이 있습니까? 교회는 세상 속으로 들어가서 부딪치고 만나고 깨어지고 부비고 나누어 주고 서로 공감대를 가져야 합니다. 물론 이 일이 쉽지는 않습니다. 이런 과정에서 여러 가지 어려움이 있고 손해를 보기도 합니다. 때로는 고통당하고 상처받으며 희생해야 하기 때문에 쉬운 일이 아닙니다. 그러나 세상을 변화시키는 일은 내가 하는 것이 아니라 내 안에 계신 예수 그리스도, 내 안에 있는 복음의 능력이 합니다.

그러면 복음의 능력과 예수님의 삶은 어떤 것입니까? 우리는 산상수훈에서 예수님이 말씀하신 그리스도인의 삶의 태도 여덟 가지를 공부했습니다. 우리가 세상에서 진실로 가난한 심정으로 살면 이 세상은 변합니다. 가난한 심정이란 겸손을 의미합니다. 우리가 이 세상에서 애통하는 삶을 살면 세상은 변합니다. 너의 잘못이라 하지 않고 나의 잘못이라 하면서 형제의 죄, 민족의 죄를 내 죄로 알고 애통하며 살면 세상은 변합니다. 특히 이 애통하는 삶이란 죄에 대한 애통을 말합니다. 온유한 삶, 즉 교만하지 않는 삶입니다. 의에 주리고 목마른 삶, 불의와 불법에 항거하는 삶을 의미합니다.

긍휼을 베풀 때 세상은 변합니다. 거짓이 없는 삶, 마음이 깨끗한 삶을 살 때 세상은 변합니다. 화평하게 하는 삶을 살 때 세상은 변합니다. 이 삶은 이기적이지 않습니다. 의를 위하여 박해받을 때 세상은 변합니다. 손해 보는 삶, 진리를 위하는 삶이 나에게 있을 때 세상은 변합니다. 이것이 없으면 울리는 꽹과리입니다. 울리는 꽹과리는 소리만 쳤지 변화를 일으키지 못합니다.

이러한 삶의 유형이 누룩입니다. 누룩의 능력은 복음의 능력입니다. 예수님의 삶은 이 여덟 가지 모습 속에 농축되어 있습니다. 우리는 남에게 설교할 필요가 없습니다. 개혁하자고 소리 지를 필요도 없습니다. 다른 사람이 사회 참여를 하지 않는다고 정죄할 필요도 없습니다. 그것은 그리스도인의 태도가 아닙니다. 우리가 먼저 그렇게 하면 됩니다.

이제 우리는 우리를 필요로 하는 모든 분야에 들어가야 합니다. 그 분야를 정성스럽게 섬겨야 합니다. 세상을 변화시키려면 지금과 같은 태도로는 안 됩니다. 태도를 바꾸어 모험적이고 도전적이어야 합니다. 상식을 벗어나야 합니다. 그렇지 않으면 그런 일들이 일어나기 어렵습니다. 우리는 너무나 많은 상식과 합리성 속에 살았고 너무나 많은 것을 타협하며 살아왔습니다. 그렇기 때문에 세상이 변하지 않았습니다. 세상을 변화시키려면 지금까지 살아왔던 우리의 태도를 바꾸어야 합니다. 헌금하는 태도, 시간을 바치는 태도, 사물을 보는 태도, 봉사하는 태도에서 구체적으로 변혁이 일어나지 않는 한 누룩이 될 수 없습니다.

복음은 결단을 요구합니다. 복음은 행동을 요구합니다. 누룩이 있으면 무슨 소용이 있습니까? 그것을 반죽된 밀가루 속에 집어넣어야 합니다. 섞여야만 합니다. 자기의 직업을 통해서든, 자기의 삶을 통해서든 무엇인가 대담한 결단이 없고 안일한 생각을 하고 있는 한 절대로 세상은 변하지 않습니다.

변화는 소리 없이 일어난다

셋째, 누룩이 퍼지는 방법에 대해서 묵상해 보겠습니다. 이것은

'변화는 소리 없이 일어난다'는 것을 말해 줍니다. 이는 겨자씨 비유와 아주 비슷합니다. 변화는 눈에 보이지 않게 일어납니다. 지극히 작은 데서부터 시작합니다.

한 의사가 소리 없이 어떤 지역에 가서 아무도 모르게 봉사합니다. 그런데 어느 순간 기적이 일어납니다. 어떤 사람이 자신의 시간을 떼어 내어 매일 어떤 지역을 찾아갑니다. 그들의 때 묻은 얼굴을 닦아 주고, 발을 씻어 주고, 옷을 입혀 주는 일들을 계속합니다. 그때 변화가 일어납니다. 누룩의 삶은 소리치고 선전하는 것이 아닙니다. 누룩은 조용히 소리 없이 변화를 일으킵니다. 그래서 사회 선교나 해외 선교를 할 때에는 소리를 지르거나 광고하고 나팔 부는 것을 조심해야 합니다. 눈에 띄는 것과 선전 효과만을 위해 일하는 것은 위기나 다름없습니다. 천국은 결코 과장이나 광고나 소문으로 생겨나는 것이 아니라 조용히, 그리고 은밀히 복음의 능력이 나타나는 것을 의미하기 때문입니다.

특별히 주의 일을 할 때는 큰 것, 위대한 것, 소문나는 것 등에 유혹을 받기 쉽습니다. 교인이 많이 모이는 교회, 헌금이 많은 교회를 사람들은 일단 성공했다고 생각합니다. 그 교인들이 어떻게 사느냐에는 관심이 없습니다. 그 교인들이 주일에 무엇을 하느냐에는 관심이 없습니다. 교인들 가운데 유명한 사람이 많고, 내로라는 사람이 많으면 그 교회를 대단하게 여깁니다. 그러는 가운데 교회는 사람들을 의지하기 시작합니다. 이것은 이미 교회가 썩었다는 것을 보여 주는 증거입니다. 하나님의 능력을 의지하지 못하고, 기도의 능력을 의지하지 못하고, 연약한 소수의 사람이 세상을 변화시킨다는 하나님의 방법을 의지하지 못한 채 우리도 모르는 사이에 그 사람의 돈과 명성과 능력을 의지하는 것입니다. 이런 것들은 우리가 얼마나 세속적인지를 잘 보여 줍니다.

예수님을 보십시오. 결코 그는 화려하거나 유명하거나 편한 것을 추구하는 분이 아니었습니다. 언제나 작은 것에 관심이 있었고, 허례허식이 없었고, 가난하고 소외된 잃어버린 영혼에 관심이 있으셨던 분이었습니다. 예수님은 건물이나 땅에 관심이 없으셨습니다. 사람에게 관심이 있었습니다. 그는 어떤 성공이나 성취를 위해 일하지 않으셨습니다. 그는 십자가에 죽기 위하여 세상에 오셨습니다. 그의 영광스러운 목표는 십자가에서 죽는 것이었습니다. 예수님은 항상 생각하셨습니다. "내가 떠나면 보혜사 성령이 오실 것이다", "너희는 마음에 근심하지 말라. 하나님을 믿으니 또 나를 믿으라. 내가 너희를 위하여 천국을 예비하러 갈 것이다"라고 하셨습니다. 예수님은 언제나 죽음을 생각하셨습니다. 그 죽음은 보통 죽음이 아니고 십자가에서 고통스럽게 죽어야 할 죽음이었습니다. 죽음을 생각하면서 삶을 사셨던 분이 예수 그리스도였습니다. 문제는 언제 어느 때 어떻게 죽느냐만 남았습니다.

그러면서 예수님은 모든 일을 하셨습니다. 그래서 아부할 필요도, 세속에 의지할 필요도 없었습니다. 그는 곧 떠날 분이었기 때문입니다. 그렇게 그는 33세의 나이에 생을 마감했습니다.

우리는 좀 더 잘살고, 좀 더 오래 살고, 좀 더 소유하려고 고민합니다. 그러나 예수님은 성공과 욕심이 아니라 포기와 비움을, 지배가 아니라 섬김을 실천하셨습니다. 우리가 예수 그리스도를 믿고 하나님의 자녀가 되고 천국을 소유하고 변화된 기쁨의 삶을 살기 원한다면, 조용히 세상을 향해 눈을 떠야 합니다. 그리고 모험과 결단을 해야 합니다. 그래야만 세상이 변할 수 있습니다.

또한 누룩의 비유를 정반대로 해석할 수도 있습니다. 그것은 성경의 여러 부분에도 나타나 있지만 누룩을 좋은 것이 아닌 나쁜 것으로 보는 관점입니다. 바리새인의 누룩처럼 악한 세력으로 볼 수도 있습니다. 천국은 우리가 조심하지 않으면 악한 세력에게 침노될 수 있다는 것으로 해석하는 학자들도 있습니다. 그것도 일리 있는 해석입니다. 악한 세력은 급속도로 퍼지기 때문에 우리가 경계하고 조심하지 않으면 악한 세력이 교회 안에서 판을 치게 됩니다. 그 세력을 누구로 보느냐에 따라서, 즉 사탄으로 보느냐, 하나님의 사람으로 보느냐에 따라서 그 결과는 달라질 수 있습니다. 둘 다 의미가 있습니다. 그러나 천국은 누룩과 같다는 말씀처럼 우리 생에 놀라운 변화가 일어나야 할 것입니다.

6

밭에 감춘
보물을 찾으라

마태복음 13:44

지금까지 우리는 네 번에 걸쳐서 천국에 관한 비유의 말씀을 들었습니다. 이 비유들을 통해 우리는 천국이 얼마나 오묘하며 깊고 놀라운 세계인가를 배웠습니다. 동시에 천국은 우리의 삶과 멀리 떨어져 있는 이상 세계가 아니라 현실과 밀접하게 연관되어 있으며, 우리 안에서부터 시작되어 역사와 세계와 우주에까지 확장되어 가는 것임을 보았습니다. 천국은 인간의 이성과 상식과 지혜를 뛰어넘는 그 무엇입니다. 로마서 11장 33절에서 사도 바울은 이런 고백을 했습니다.

"깊도다 하나님의 지혜와 지식의 풍성함이여, 그의 판단은 헤아리지 못할 것이며 그의 길은 찾지 못할 것이로다."

이처럼 천국은 무한합니다. 이제 우리는 다섯 번째 비유를 살펴볼 것입니다. 예수님은 "우리가 천국을 어떻게 소유할 수 있는가? 이 천국은 우리에게 어떻게 다가오는가? 그리고 이 천국을 어떻게 만날 수 있는가?"라는 질문에 대해 답해 주고 계십니다. 산상설교 말씀은 여덟 가지 축복의 말씀인데, 처음 네 가지와 나중 네 가지 말씀이 다른 각도로 설명됩니다. 이와 비슷하게 천국의 비유도 전반의 네 가지 비유는 천국의 본질에 관한 말씀이고, 후반의 네 가지 비유는 천국에 들어가는 방법, 천국의 임재에 대한 말씀입니다.

주인 없는 보물

> 천국은 마치 밭에 감추인 보화와 같으니 사람이 이를 발견한 후 숨
> 겨 두고 기뻐하며 돌아가서 자기의 소유를 다 팔아 그 밭을 사느니
> 라(마 13:44).

우리가 이 짧은 비유를 이해하려면 2천 년 전, 당시 배경을 알
아야 합니다. 당시는 재물과 보물을 관리하는 방법이 오늘날과
달랐습니다. 은행이나 금고가 없었기 때문에 항아리에 넣어 땅에
다 묻어 두었습니다. 전쟁이 나거나 난리를 당할 때에도 이 방법
이 재물을 가장 잘 보관할 수 있는 안전한 방법이었습니다. 마태
복음 25장의 달란트 비유에서 한 달란트를 받은 사람이 그것을 땅
에 묻었다고 했는데, 이는 잘 보관하기 위해서였습니다.

그런데 문제는 전쟁이나 난리가 났을 경우입니다. 이런 경우에
는 주인이 죽을 수도 있고 살던 지역에서 쫓겨날 수도 있습니다.
그러면 아무도 보물이 있는 곳을 알지 못한 채 보물은 땅에 묻혀
버리고 맙니다. 또 땅에 보물을 묻어 둔 주인이 구두쇠여서 부인이
나 자식에게도 가르쳐 주지 않고 있다가 갑자기 죽어 버리면 그 보
물은 영원히 땅에 묻히고 맙니다. 이런 일들이 그 당시에는 종종
있었다고 합니다.

백 년이 지나고 2백년, 3백년이 지나면서 땅 주인이 여러 차례

바뀌게 됩니다. 그리고 어느 날 농사를 짓던 농부의 곡괭이에 무엇이 걸려서 파 보았더니 보물단지가 나옵니다. 당시 관례에 의하면 주인 없는 보물은 찾는 자가 임자였습니다. 만약 자기 땅이 아니고 남의 땅을 빌려서 농사할 경우에 보물이 발견되면 땅 주인이 반을 가지고 발견한 사람이 반을 갖게 되어 있습니다. 그런데 이 농부는 주인과 나누어 가질 마음이 없었습니다. 이것은 결코 죄가 되거나 양심의 가책을 느낄 일이 아닙니다. 발견한 사람이 임자이기 때문입니다. 그래서 이 사람은 그 보물을 땅에 그대로 숨겨 두고 돌아와서 자기 재산을 다 팔아서 그 밭을 샀다는 것이 성경의 내용입니다.

감추어진 천국

이 비유는 천국을 어떻게 소유하는가에 관해 말하고 있습니다. 천국이 마치 밭에 감추인 보화와 같다는 말씀은, 어떤 사람에게는 천국이 발견되지 않았다는 뜻입니다. 주일이면 똑같이 교회에 나옵니다. 똑같은 시간에, 똑같은 장소에서, 똑같은 하나님의 말씀을 듣습니다. 이때 어떤 사람에게는 하나님의 말씀이 꿀 송이처럼 답니다. 말씀을 들을수록 영혼이 춤을 추고 기뻐하고 감격합니다. 그런데 어떤 사람에게는 자장가로 들립니다. 이처럼 천국이 밭에 감추어진 보화와 같다는 것은 어떤 사람에게는 천국이 전혀 느껴지지도 않고 이해되지도 않고 만져지지도 않는다는 뜻입니다. 그 사람에게 천국은 감추어진 것입니다.

예수 그리스도가 우리를 위해서 십자가에 못 박혀 죽으시고 삼일 만에 부활하셔서 지금의 성령을 통하여 우리와 함께하십니다. 주님은 우리 가운데 계십니다. 그러나 그 천국을 전혀 느낄 수가 없다면, 감추어진 보화와 같은 것입니다. 천국이 느껴지지도 보이지도 않고 예수 그리스도가 체험되지도 않는 사람의 인생을 가리켜 '절망'이라고 말합니다. 모든 것이 의미가 없습니다. 어둠뿐입니다.

그 안에 생명이 있었으니 이 생명은 사람들의 빛이라 빛이 어둠에 비치되 어둠이 깨닫지 못하더라(요 1:4-5).

천국이 주어졌지만 천국은 그 사람에게 감추어진 보화일 뿐입니다. 요한복음에서 "자기 땅에 오매 자기 백성이 영접하지 아니하였으나"(요 1:11)라고 하신 말씀과 같습니다.

빛이신 예수님, 생명이신 예수님의 기쁜 소식이 있는데 그것과는 아무 상관없이 살아가는 사람들이 이 세상에는 너무나 많습니다. 과거에 우리도 그런 사람 중의 하나였습니다. 그런데 어느 날 우연히 감추어진 보화가 농부에게 발견된 것입니다. 이 농부는 보화를 캐내려고 백 년 묵은 산삼을 캐듯이 여러 산을 헤매고 다닌 사람이 아닙니다. 똑같이 지루하게 반복되는 일상 생활 속에서 농사를 짓고 있었는데, 전혀 예기치 못하게 괭이에 보화가 걸린 것입니다. 이처럼 천국을 어느 날 우연히 발견하는 것이 천국에 접근하는 하나의 방법이 됩니다.

그러나 값진 진주를 찾아다니는 장사꾼의 비유에서 또 한 가지 방법을 볼 수 있습니다. 이는 앞의 방법과 전혀 다릅니다. 산전수전 다 겪으면서 값진 진주를 스스로 구하는 것입니다. 불교에도 빠져 보고, 철학도 해보고, 산에도 가보는 등 구도자적인 삶을 살다가 갖가지 역경의 파고를 거치면서 드디어 예수 그리스도를 발견하는 경우입니다. 우연히 천국이 발견되었든, 애쓰고 수고하고 고생해서 천국이 발견되었든 천국이 발견된 사실은 귀하고 축복된 사건입니다. 여기서는 천국이 우연히 발견된 경우를 생각해 보겠습니다.

우연히 발견한 천국

베들레헴 부근에 양 치는 목자들이 있었습니다. 어느 날 밤 그들은 산에서 양들을 보호하고 있었습니다. 갑자기 천사가 나타났고 다음과 같은 음성이 들렸습니다.

오늘 다윗의 동네에 너희를 위하여 구주가 나셨으니 곧 그리스도

주시니라(눅 2:11).

목자들은 깜짝 놀랐습니다. 그들은 천사를 기다리고 있었던 것이 아닙니다. 그런데 갑자기 천사가 나타나고 음성이 들렸습니다. 그들에게는 이 사건이 큰 충격이고 두려움이었습니다. 그러나 그날 밤 사건 때문에 그들은 마구간에서 태어나신 아기 예수 그리스도를 온 인류 가운데 처음으로 방문하게 되었습니다.

요한복음 4장에는 수치스러운 삶을 살았던 한 여자가 나옵니다. 모든 사람에게 거절을 당하고 비웃음을 받던 한 여자, 그녀는 남편을 다섯이나 거친 여자였습니다. 그녀는 사람을 만나기가 싫어서 아무도 오지 않는 정오에 우물가에 물을 길러 나왔습니다. 날마다 반복되는 무의미한 삶의 연속이었습니다. 그녀는 그곳에 예수님을 만나러 온 것이 아니었습니다. 그런데 예수님이 바로 그 자리에 계셨습니다. 예기치 못한 우연한 만남이었습니다.

그러나 그 만남을 통해서 이 여자는 영원히 목마르지 않는 샘물을 발견하게 되었고, 그토록 기다리던 참 메시아를 만나게 되었습니다. 그 여자의 생애에 놀라운 전환점이 생긴 것입니다. 이 여자는 물동이를 던져두고 자기를 거절하는 동네를 향해 뛰어갑니다. "내가 메시아를 만났다!"라고 외치면서 말입니다. 그녀는 순식간에 위대한 전도자로 바뀌었습니다.

예수를 박해하고 예수 믿는 사람들을 죽이고 싶어 하던 한 사람이 있었습니다. 그는 사울이라는 청년이었습니다. 그는 예수 믿는 사람들을 체포하여 죽이려고 다메섹이라는 곳으로 가고 있었습니다. 그때 홀연히 빛이 나타났습니다. 그는 무릎을 꿇었습니다. "주여, 당신은 누구십니까?", "나는 네가 박해하는 예수라!" 사울은 그곳에서 예수님을 만났습니다. 예수 믿는 사람들을 박해하러 가다가 예수님을 만난 것입니다. 그 이후 그의 생애는 완전히 달라졌습니다.

구약을 보면, 아브라함이 어느 날 정오에 갑자기 천사들의 방문을 받게 됩니다. 그들을 잘 대접해 주다가 아브라함은 자기 몸에서 약속의 자식이 태어날 것을 확인받게 됩니다. 이처럼 우리 생애 한가운데, 눈물과 고통과 절망의 한가운데 예수님이 예기치 않게 찾아오실 수 있습니다. 그리고 우리를 만나 주시고 우리 인생의 껍질을 벗겨 주십니다. 놀라운 감격의 생애가 시작되는 순간입니다.

매일 반복되는 생활의 연속성 속에서, 권태로운 삶의 반복 속에서, 나는 준비하지도 않았고 특별한 행동도 하지 않았는데 예수님이 우리를 찾아오십니다. 이 얼마나 놀라운 은혜요, 감격이요, 축복입니까? 천국이란 이렇게 오는 것이라고 성경은 말합니다. 예기치도 않았던 때에, 기대하지도 않은 때에 천국은 우연히 찾아옵니다.

하나님의 계획으로 만난 천국 보화

우리에게는 주님의 찾아오심이 우연처럼 느껴지지만 하나님에게는 결코 우연이 아닙니다. 2천 년 동안 기다리던 하나님의 섭리입니다. 우리는 우연히 발견된 것처럼 느꼈을지 모르지만 하나님은 오래오래 준비하시고 기다리셨습니다. "너희가 나를 사랑하지 않았을 때에도 나는 너희를 사랑하였고 너희가 나를 찾지 않았을 때에도 나는 너희를 찾았고 너희가 알지 못하던 때에도 나는 이미 준비하고 있었다"라고 하신 하나님의 손길이었습니다.

우연히 한 여자가 예수 믿는 가정의 남자를 사랑하게 되었습니다. 그래서 예수 믿는 집에 시집을 가게 되었습니다. 그것이 그렇게 축복의 기회가 될 줄 누가 알았겠습니까? 그 집에 들어가서 할 수 없이 교회 따라다니고 예배드리다가 구원을 받았습니다. 어떤 사람이 직장에 들어갔습니다. 사장이 예수 믿는 사람이었습니다. 그런데 월요일마다 직장 예배를 드리는지라 어쩔 수 없이 코가 꿰여 따라갔습니다. 그런데 그것이 그 사람에게 천국을 발견하는 계기가 될 줄 누가 알았겠습니까? 그것이 한순간에 그 사람의 생애를 변화시킨 것입니다. 그에게는 우연이었지만 하나님 편에서는 계획이었고 준비였고 그를 사랑하시는 섭리였습니다.

천국은 이렇게 옵니다. 내가 찾아서 만나는 것이 아니라 어느 순간에 주어집니다. 나는 나의 인생길을 의미 없이 지나갔으나 하나님은 나를 의미 있게 만져 주셨고, 나는 우연히 행동했으나 하나님에게는 필연적이었습니다. 그래서 주님을 만나게 된 것입니다. 친구 따라 우연히 놀러가 보았더니 수련회였습니다. 떠나올 때는 내 인생을 찾고 나의 영혼을 찾았다고 고백하며 돌아오게 됩니다. 이 얼마나 놀랍고 감격스러운 축복의 사건입니까?

아내가 귀찮게 온갖 잔소리를 하면서 예수 믿자고 했을 때 거절하고 미워하고 욕했는데, 십 년 만에 교회에 와 보니 놀라운 보화가 기다리고 있었습니다. 그 아내를 만나서 내가 이렇게 구원받을지 누가 알았겠습니까? 이것이 바로 밭에 감추인 보화의 비유가 말하는 의미입니다.

그리스도를 발견한 사람

보물을 발견한 농부는 그것을 그대로 숨겨 두고 기뻐하며 돌아왔습니다. 남의 땅을 빌려서 농사짓는 신세였던 그가 엄청난 보물을 발견한 것입니다. 그 순간은 빚쟁이도 무섭지 않습니다. 무시하고 조롱하던 사람들이 더 이상 두렵지 않습니다. 이제 그에게는 보화가 있기 때문입니다. 천국을 발견한 사람은 이와 같습니다.

오랫동안 무의미하게 교회에 다녔습니다. 예수 믿는 집안에서 태어나 모태에서부터 예수 믿기 시작했습니다. 유아 세례를 받고 아무 의미 없이 교회 다니는데, 찬송가도 잘 부르고 성경도 많이 압니다. 하지만 그에게는 구원의 기쁨과 감격이 없습니다.

그런데 어느 날 세상이 뒤집히는 것 같습니다. 살아 역사하시는 그리스도를 만난 것입니다. '참 구주, 나의 왕, 나의 하나님'을 만난 것입니다. 하나님을 '아바 아버지'라 부르게 되었습니다. 보물을 발견한 것과 같은 기쁨이 강물처럼 흐르기 시작합니다. 모든 것이 새롭고, 모든 것이 신기하고, 모든 것이 기적 같습니다. 미래가 없던 그에게 미래가 생겼습니다. 삶의 의미가 없던 그에게 삶의 의미가 생겼습니다. 이제는 그 누가 아무리 모욕해도 웃고 살 수 있게 되었습니다. 사람이 바뀐 것입니다.

이런 체험을 했던 믿음의 사람이 있습니다. 그가 바로 사도 바울입니다. 그의 고백을 들어보겠습니다.

내 주 그리스도 예수를 아는 지식이 가장 고상하기 때문이라 내가 그를 위하여 모든 것을 잃어버리고 배설물로 여김은 그리스도를 얻고 그 안에서 발견되려 함이니(빌 3:8-9).

그가 그리스도를 만났기 때문에 이런 고백을 할 수 있었습니다. 숨겨진 보물을 발견한 농부는 그 다음날 자기 소유를 모두 팔아서 밭을 샀습니다. 예수 그리스도를 발견한 사람, 천국을 발견한 사람은 세상적인 소유에 무관심해집니다. 그렇게 아끼고 사랑했던 것들을 포기하기 시작합니다. 태양을 발견한 사람은 더 이상 촛불을 켜고 싶어 하지 않습니다. 위대한 것을 경험한 사람, 하나님을 만난 사람은 세상에 대한 모든 미련이 사라지기 시작합니다. 이 농부는 그날 자기 재산을 정리했습니다. 모두 팔아 버렸습니다.

우리는 십자가 외에는 자랑할 것이 없습니다. 그리스도를 아는 것 외에는 모든 것이 배설물입니다. 영원한 가치를 위해서 상대적인 가치를 포기해야 합니다. 더 이상 가져야 할 이유도 없고 더 이상 아껴야 할 이유도 없습니다. 천국을 발견한 사람에게는 희생이라는 대가를 치르는 것이 당연합니다. 억지로 희생하지 않습니다. 봉사가 어렵지 않습니다. 왜 희생이 어렵습니까? 보화를 발견하지 못했기 때문입니다. 지상의 것보다, 나보다 더 크신 분을 만난 경험이 없기 때문에 희생하기가 두려운 것입니다.

보물을 발견한 사람은 모든 것을 다 팔아서 영원한 것을 삽니다. 농부는 재산을 다 팔아서 밭을 샀습니다. 이유는 밭 속에 숨겨진 보물 때문입니다. 보물만 사는 것이 아니라 밭을 사야 합니다. 우리는 여기서 예수 그리스도 때문에 불필요한 일들을 감수해야 한다는 것을 배우게 됩니다.

우리가 천국을 소유하기 위해서는 여러 가지 불필요한 인간 관계 속에 들어가기도 하고 조직 속에 있기도 해야 합니다. 교회 안에도 여러 조직이 있습니다. 우리는 그 조직과 구역에 속해야 합니다. 그런 것들이 다 밭이고, 우리에게 필요합니다. 내가 원하는 것만 해서야 되겠습니까? 싫어하는 조직 속에도 들어가야 합니다. 보물을 사기 위해서는 밭을 사야만 합니다.

과연 우리는 천국을 발견했습니까? 예수 그리스도를 발견했습니까? 예수 그리스도를 발견하고, 너무나 감격하여 미친 사람처럼 뛰고 잠 못 이룬 밤이 있었습니까? "오, 주님!" 하면서 소리쳐 본 적이 있습니까? 주님을 위해서 모든 것을 희생하고 포기해 본 적이 있습니까? 우리는 영원한 것을 위해 그 대가를 치러야 합니다. 우리는 잠깐 세상에 살다가 죽을 것입니다. 그 다음에는 우리에게 영원이 기다리고 있습니다. 세상은 잠깐입니다. 없어질 것, 썩어질 것을 위해서 우리는 왜 이렇게 열심히 사는 것입니까? 영원한 가치를 위해 살아야 합니다. 영원한 것을 위해 희생해야 합니다.

7

가진 것을 다 팔아
값진 진주를 사라

마태복음 13:45-46

성경은 천국이 어떤 전문 진주 장사가 진주를 구하러 다니다가 값진 진주 하나를 발견하여 모든 것을 다 팔아 그것을 산 것과 같다고 말씀합니다. 감추인 보화의 비유와 값진 진주 하나의 비유는 쌍둥이 비유라 불릴 만큼 유사점이 많습니다. 둘 다 세상에서 지극히 귀한 것, 지극히 소중한 것을 발견하여 기뻐하였고, 자기의 모든 것을 아낌없이 다 팔아서 그것을 샀다는 내용입니다.

그러나 이 두 비유는 몇 가지 다른 점도 있습니다. 감추인 보화의 비유는 발견하게 된 과정이 전혀 예기치 못했다는 것입니다. 매일 반복되는 삶의 연속 속에서 생각지도 않게 밭에서 보화가 발견된 것입니다. 그러나 값진 진주 하나의 비유는 우연히 발견한 것이 아니라 진주 장사가 진주를 구하려고 이곳 저곳을 다니다가 발견하게 된 것입니다.

또한 숨겨진 보화의 비유에서 보화는 단순히 재물, 즉 부의 가치의 의미가 있는 데 비해, 진주의 비유에서 진주는 부의 가치보다 더 높은 가치, 즉 돈으로는 계산할 수 없는 완벽하고 지고한 예술적 가치를 가리키고 있습니다. 감추인 보화에서는 보화가 복수 개념이지만 진주의 비유에서는 오직 하나의 진주입니다. 완전하고 큰, 지상에서 가장 값진 진주 하나라는 것이 다른 점입니다.

고대 세계에서의 진주의 가치

이제 구체적으로 극히 값진 진주 하나와 천국의 관계를 생각해 보겠습니다.

> 또 천국은 마치 좋은 진주를 구하는 장사와 같으니 극히 값진 진주 하나를 발견하매 가서 자기의 소유를 다 팔아 그 진주를 사느니라 (마 13:45-46).

　이 비유를 이해하려면 고대 세계에서의 진주의 가치를 생각해 봐야 합니다. 당시 진주는 다른 보석보다도 뛰어난 가치가 있었습니다. 금이나 은, 다른 대부분의 보석은 인공적인 가공을 필요로 합니다. 금은 녹여서 순수한 금으로 만드는 과정이 필요합니다. 다이아몬드도 갈고 닦아 어떤 형태로든 만들어서 보석으로 완성시킵니다. 그러나 진주는 그 자체가 이미 완성품입니다. 더 이상 사람의 손이나 가공을 필요로 하지 않습니다. 절대 완벽한 미적 가치를 그 자체가 이미 지니고 있습니다. 신비스러운 원형의 모습이라든지, 종류와 각도에 따라 갖가지 영롱한 빛을 발하는 모습이라든지, 부드러운 촉감이라든지 하는 이 모든 것이 누구라도 한 번쯤 소유하고 싶은 충동을 느끼게 합니다. 자기의 목에 걸어 보고 싶다거나 사랑하는 사람의 목에 걸어 주고 싶은 마음이 들게끔 합니다.
　요즘처럼 인공으로 진주를 양식하던 시대가 아닌 그때에는 진주를 얻는다는 것이 정말 귀한 일이었습니다. 그래서 당시 사람들은 진주를 단순한 재물 이상의 예술적 가치를 지닌 보석으로 취급했습니다. 진주 장사꾼은 보통 진주를 사고팔면서 이익을 남기는 사람입니다. 그런데 본문 말씀은 절대적으로 완벽한 진주 하나를 만났을 때 그것을 팔아 이익을 남기려는 것보다 그 진주를 소유하고 싶어 한다는 것에 강조를 두고 있습니다.

천국을 소유한 사람의 기쁨과 감격

이 세상에 하나밖에 없는, 가장 아름다운 진주를 소유했다는 것은 몇 가지 의미가 있습니다. 첫째는, 진주를 소유한 사람에게 비교할 수 없는 기쁨과 만족감을 줍니다. 미술 수집가가 엄청난 대가를 지불하고 피카소나 렘브란트의 그림을 소유했다고 하면, 그 사람의 자부심과 만족감은 대단할 것입니다. 세상에서 가장 아름다운 진주를 가진 사람에게는 이런 만족감과 행복감, 기쁨이 있었습니다.

밭에 감추인 보화를 발견한 농부가 기쁨으로 숨겨 두고 돌아왔던 것처럼, 값진 진주를 발견한 사람은 상상할 수 없는 환희와 기쁨, 자기 생애의 큰 목적을 달성한 것 같은 감격을 가졌을 것입니다. 이것이 바로 천국을 발견한 사람이 가지는 만족감, 황홀감, 자부심, 설명할 수 없는 엄청난 기쁨입니다. 그는 천국을 발견하는 순간에 세상을 얻은 것 같았습니다. 천국을 발견하는 순간에 모든 것을 다 잃어버려도 좋을 만큼 그 마음 안에 기쁨이 샘솟았던 것입니다.

또한 하나밖에 없는 진주를 소유했다는 것은 왕이나 왕비가 된 것을 의미합니다. 값진 진주는 왕이나 왕비의 왕관 한가운데 박힐 수 있는 것입니다. 그런 의미에서 이 값진 진주는 그 사람의 신분과 위치를 나타내는 표시가 됩니다. 진주를 발견한 사람처럼 예수 그리스도를 발견한 사람, 천국을 발견한 사람은 자기 소속감과 신분을 분명히 할 수 있는 것입니다.

천국은 그 자체로 완벽하다

둘째로, 천국은 최고의 가치를 가진 하나의 값진 진주처럼 그 자체가 완전한 절대적 가치가 있다는 사실입니다. 앞의 여러 천국 비유에서 천국은 우리에게 완제품으로 주어지는 것이 아니라고 했습니다. 천국은 씨가 뿌려지는 것입니다. 하나님의 말씀, 천국 말씀이 뿌려져서 싹이 나고 자라 삼십 배, 육십 배, 백 배의 열매를 맺는 것입니다. 즉 천국은 성장하고 성숙하는 것이라고 했습니다. 동시에 천국은 가라지 비유에서처럼 사탄의 세력과 공존한다는 것을 배웠습니다. 그리고 천국은 겨자씨 비유처럼 지극히 작은 것에서 시작하여 상상할 수 없이 확장되는 것입니다. 뿐만 아니라 천국은 누룩의 비유처럼 우리 자신만 변화되는 것이 아니라 우리가 살고 있는 주위 환경을, 이 세상을 변화시키는 것이라고 했습니다.

그러나 값진 진주 비유에서 천국은 우리에게 있어서는 성장하고 발전하는 것이지만, 하나님에게 있어서는 이미 완성된 것이라는 사실을 배우게 됩니다. 하나님에게 있어서 천국은 더 이상 발전할 것이 없는 완전한 것입니다. 그러므로 우리 안에 이루어진 천국은 하나님의 나라가 이미 이루어진 그곳까지 자라갈 것입니다. 천국은 우리 안에서 자랍니다. 그리스도와 함께 성숙하며 확장되며 기적을 일으킵니다. 그러나 이 육신이 끝날 때, 우리가 세상을 떠날 때, 우리는 주님의 나라에 완전히 거하게 됩니다. 그처럼 완벽한 하나님의 나라인 천국이 있음을 우리는 알게 될 것입니다.

> 내 아버지 집에 거할 곳이 많도다 그렇지 않으면 너희에게 일렀으리라 내가 너희를 위하여 거처를 예비하러 가노니 가서 너희를 위하여 거처를 예비하면 내가 다시 와서 너희를 내게로 영접하여 나 있는 곳에 너희도 있게 하리라(요 14:2-3).

이 말씀을 보면 분명히 천국은 있습니다. 완전한 하나님의 나라가 있습니다. 그러나 우리에게 있어서 이 천국은 성장하고 성숙하며 발전하는 것입니다.

구하고 찾고 두드리라

셋째로, 천국을 소유하는 방법에 대해 배우게 됩니다. 밭에 감추인 보화의 비유처럼 천국은 기대하지 않았는데 우연히 발견되는 경우도 있습니다. 어느 날 우연히 교회 한 번 왔는데 놀랍게도 그리스도의 복음을 발견하고 깨닫게 되었습니다. 그는 고생 없이 주님을 만난 것입니다. 그런데 이 일은 우리에게는 우연인지 모르지만, 하나님에게는 필연입니다. 우리를 구원하기 위하여 2천 년 전에 십자가에서 돌아가신 주님은 지금까지 우리를 기다려 오셨습니다. 어찌됐든 우리는 하나님의 은혜로 아무 수고도, 대가도 치르지 않고 복음 안에 들어왔습니다.

그러나 진주의 비유는 정반대입니다. 진주 장사는 마음속에 항상 '내 생애에 세상에서 하나밖에 없는 가장 값진 진주를 만났으면 좋겠다'는 생각을 했을 것입니다. 그래서 이곳저곳 좋은 진주가 있다는 곳은 다 찾아다녔을 것입니다. 어떤 사람은 그리스도의 진리에 이르기 위하여 참으로 구도자적인 삶을 살며 진리에 이르기까지 온갖 고생을 합니다.

구하라 그리하면 너희에게 주실 것이요 찾으라 그리하면 찾아낼 것이요 문을 두드리라 그리하면 너희에게 열릴 것이니(마 7:7).

이 말씀은 구하고 찾고 두드리는, 적극적이고 창조적이고 생산적인 신앙의 한 속성을 보여 줍니다. 신앙은 예수 그리스도를 있는 그대로 믿는 것이며, 은혜로 받아들이는 것이지만 구하고 찾고 두드리는 적극적인 모습이 있습니다.

예수 그리스도를 만날 때까지 수없이 방황하며 구도자의 삶을 살아온 사람이 있습니다. 불교를 거치고, 온갖 철학과 종교를 거치고, 수많은 사상의 강을 건너서 휴머니즘을 추구합니다. 하나님이 없는 사람의 신이란 휴머니즘밖에 없습니다. 그런 사람들이 인간의 선을 만나기 위해 세월을 보내며, 돈을 쓰고, 고행합니다. 그러다가 허무감과 허탈감에 빠지게 됩니다. 그러던 어느 날 십자가에서 피 흘려 돌아가신 예수 그리스도의 은혜의 복음을 만나게 됩니다. 그는 지금까지의 사상의 편력과 방황을 회개하고 참 안식을 찾습니다.

교회 안에도 이렇게 방황하는 사람들이 있습니다. 이 교파, 저 교파, 이 기도원, 저 기도원, 이 부흥회 저 부흥회를 쫓아다니면서 율법 속에서 방황하다가 어느 날 예수 그리스도의 은혜의 복음을 발견한 사람의 신앙의 고통과 편력은 이루 말할 수 없습니다. 그렇게 찬송을 불러도, 그렇게 기도하여도, 그렇게 설교를 들어도 마음에 기쁨이 없었던 그가 어느 날 그리스도의 복음 앞에서, 그 많은 죄가 값없이 사해진다는 사실 앞에서, 영생이 나에게 주어진다는 엄청난 사실 앞에서 감격하고 눈물을 흘리는 것을 볼 수 있습니다.

천국은 이렇게 수고하고 애쓰고 찾고 두드리다가 드디어 만난 보석과도 같습니다. 우리는 우리의 진주를 찾기 위해, 우리의 영원한 구세주를 찾기 위해 얼마나 노력하고 애썼습니까? 교회에 몇 번 참석하고, 설교 몇 차례 들은 것으로 노력을 다했다고 생각합니까? 얼마나 진지하게 성경을 읽었으며, 얼마나 진지하게 무릎을 꿇고 하나님 만나기를 갈망했습니까?

주님은 "너희가 온 마음으로 나를 구하면 나를 찾을 것이요 나를 만나리라"(렘 29:13)고 말씀하셨습니다. 한두 번 교회 온 것으로 의무를 다했다고 생각해서는 안 됩니다. 찾아야 합니다. 두드려야 합니다. 구해야 합니다. 그러면 우리 주 예수 그리스도가 우리 앞에 보일 것입니다.

하나의 위대한 발견을 위해서 과학자들은 수만 번의 시험과 시행착오를 거칩니다. 그래서 드디어 새로운 것을 발견합니다. 기다림과 고통 없이는 아무것도 되지 않습니다. 그러므로 예수 그리스도를 만나기 위해서는 시간을 투자해야 합니다. 성경 한두 번 읽은 것으로 다 된 것이라고 생각하면 오산입니다. 선입관을 가지지 말고 어린아이와 같은 마음으로 주님 앞에 서면 누구든지 보배이신 예수님, 진주이신 예수 그리스도를 만나게 될 것입니다.

절대적 가치의 천국

넷째로, 천국은 무엇과도 바꿀 수 없는 절대적 가치가 있습니다.

성경을 보면 진주 장사가 가장 값비싼 진주 하나를 발견했을 때 모든 재물을 다 팔아 버렸다고 했습니다. 예수 그리스도를 믿는다는 것도 이와 같습니다. 세상에는 많은 진주가 있습니다. 그러나 가장 아름답고 완벽한, 최고의 가치를 지닌 진주는 하나뿐입니다.

어떤 사람은 구원의 감격과 기쁨을 얻기까지 실로 피나는 삶을 헤쳐 나옵니다. 죽을병에 걸려서 주님을 만나는 사람도 있습니다. 그는 죽을병에 걸려야만 예수님을 알 만큼 교만한 사람입니다. 어떤 사람은 사업의 실패로 인해, 또는 가정이나 개인의 심각한 문제에 직면하여 고난의 폭풍과 지진을 겪으면서 예수 그리스도를 만납니다. 예수 그리스도를 만났을 때는 모든 것을 잃어버린 때인지도 모릅니다. 건강할 때 주님을 못 만났다가 병들어 만나고, 돈 있을 때는 주님을 못 만났다가 돈을 다 잃어버리고 나서 주님을 만납니다. 젊었을 때는 세상을 위해 살다가 이제 늙어서 무덤에 들어갈 무렵에야 주님을 만납니다.

그렇지만 우리가 어떤 대가를 치르고 이 자리에 왔든지 간에 천국이 우리에게 발견되었다면, 예수 그리스도가 우리에게 발견되었다면, 어떤 고생도, 어떤 대가도 다 보상하고 남습니다. 내 생명을 다 바쳐서라도 얻어야 할 가치가 있는 것이 천국입니다. 그러므로 우리의 고생은 값진 것입니다. 우리가 다 잃어버렸다고 생각한 것은 결코 잃어버린 것이 아닙니다. 우리가 포기한 것은 결코 포기한 것이 아닙니다. 그리스도를 구주로 영접했다면, 영생과 구원을 진정으로 얻었다면, 그것을 위해 치른 대가와 희생은 아무것도 아닙니다.

주님은 "극히 값진 진주 하나"(마 13:46)라고 표현하셨습니다. 지상에서 최고의 가치를 지니신 분, 모든 진리 위에 뛰어난 진리이신 분, 모든 길 위에 길이신 분, 모든 생명의 근본이 되시는 분이 극히 값진 하나의 진주와 같은 분입니다. 우리가 진정으로 그리스도를 만났다면 그동안 우리가 의지하고 믿어 왔던 세상의 모든 상대적인 가치, 즉 물질이나 도덕, 철학, 이념들을 아낌없이 버리게 될 것입니다.

우리는 헌신하면서도 갈등을 느낄 때가 있습니다. 세상을 버릴까 말까 갈등합니다. 진주를 발견한 사람은 세상을 아낌없이 버렸습니다. 그 이유는 천국이기 때문입니다. 우리가 아직도 세상에 미련이 있는 것은 그리스도를 발견하지 않았기 때문입니다. 말이나 글로는 알겠는데 실제로 가슴에 와 닿지 않는 것입니다. 눈으로 목격하고 손으로 만진 바 되지 않았기에 아직도 세상을 포기하지 못하고 있는 것입니다.

정말 우리가 예수 그리스도를 발견했습니까? 그렇다면 우리 생애의 시시한 것들을 미련 없이 다 포기하십시오. 지금 이 순간 주님이 우리에게 묻고 계십니다. "왜 세상을 다시 돌아보는가? 왜 아직도 과거에 연연하는가?"라고 말입니다.

사도 바울은 "무엇이든지 내게 유익하던 것을 내가 그리스도를

위하여 다 해로 여길뿐더러 또한 모든 것을 해로 여김은 내 주 그
리스도 예수를 아는 지식이 가장 고상하기 때문이라 내가 그를 위
하여 모든 것을 잃어버리고 배설물로 여김은 그리스도를 얻고 그
안에서 발견되려 함이니"(빌 3:7-9)라고 했습니다. 우리도 이런 고
백을 하면서 세상을 살아가야 할 것입니다. 자식도 중요하고, 재물
도 중요합니다. 명예와 성공도 중요합니다. 그러나 이것은 그리스
도와 바꿀 수 있는 것이 아닙니다. 귀중하게 생각하는 모든 상대
적 가치를 바울처럼 포기하는 축복이 우리에게도 있어야 합니다.

천국을 얻을 수 있는 기회

값진 진주를 얻기 위해 진주 장사는 자기가 가진 모든 것을 팔아
진주를 샀다고 했습니다. 여기서 우리는 몇 가지 태도를 배우게 됩
니다.

첫 번째, 결단입니다. 결단 없이 선택은 없습니다. 결단하지 않
고서는 그리스도가 우리 마음에 들어오지 않습니다. 결단하면 자
유가 옵니다. 결단이 없으면 고민이 따릅니다. 자꾸 견주어 보고
계산하고 비교하게 됩니다. 그러면 진주를 못 삽니다. 우리는 예수
님을 영접하기로 결단해야 합니다. "주님, 나는 죄인입니다. 주님,
나는 주님을 나의 구주로 영접합니다. 주님을 내가 믿겠습니다."
우리는 "하나님을 선택하겠습니다"라고 결심해야 합니다.

두 번째, 포기입니다. 선택이란 포기입니다. 포기 없이는 선택도 없습니다. 포기하는 자에게 자유가 있습니다. 내가 사랑하는 한 여자를 택했다는 것은 지구상의 모든 여자를 포기했다는 뜻입니다. 한 남자를 택했다 함은 지상의 모든 남자에게 눈을 감겠다는 뜻입니다. 이것이 결혼서약입니다. 물론 내가 사랑하는 여자보다 더 좋은 여자, 더 똑똑한 여자가 있을 것입니다. 그러나 내가 선택한 한 여자를 위하여 다른 여자들을 다 포기하는 것입니다. 그것이 선택입니다. 신앙도 이와 똑같습니다. 우리는 기쁘게 포기해야 합니다. "할렐루야!" 하면서 술과 담배를 끊어야 합니다. 시시한 것을 소중한 것처럼 평생을 붙들고 사는 사람이 되어서는 안 됩니다. 명예, 지식, 쾌락이 무슨 소용이 있습니까? 그것이 우리를 행복하게 해줄 것 같지만, 죽을 때는 다 허수아비요 돌멩이에 불과합니다.

마지막으로 기회를 놓치지 말아야 합니다. 값진 진주는 오늘 놓치면 다시 기회가 오지 않습니다. 지금이 은혜받을 만한 때요, 구원의 날입니다. 오늘밖에 없습니다. 내일이면 늦습니다. 내일의 생명은 우리 것이 아니기 때문입니다. 그런데 영원히 살 것처럼 착각하고 잘못 사는 사람들이 얼마나 많은지 모릅니다.

결단해야 합니다. 포기해야 합니다. 기회를 놓치지 말아야 합니다. 그래서 하나밖에 없는 진주를 우리의 것으로 만들어야 합니다.

8

그물에 걸렸어도
다 취하는 것은 아니다

마태복음 13:47-50

마태복음 13장에는 천국에 관한 일곱 개의 비유가 나와 있습니다. 예수님은 그 비유들을 쉽게 말씀해 주셨지만, 내용을 분석해 보면 비유 전체가 조직적이고 완벽한 천국에 대한 그림을 그리고 있습니다. 예수님은 우리가 이해할 수 없고 경험할 수 없는 천국, 설명하기 가장 어려운 천국을 일상생활의 경험을 통해 가르쳐 주셨습니다.

여기에 놀라운 진리가 있습니다. 천국이 멀리 있는 환상의 세계, 저 세상 이야기가 아니라, 바로 내가 농사짓고 장사하고 고기 잡는 현실적이고 구체적인 삶 속에서부터 시작된다는 것입니다. 신앙에 눈을 뜨면 환상의 세계로 빠져드는 것이 아니라, 현실의 구체적인 삶에 신앙을 적용하기 시작합니다. 신앙은 이런 의미에서 실제적입니다. 신앙은 도피가 아니라 현실 참여입니다. 영적인 눈을 뜨고 보면 자연과 초자연은 하나라는 것을 깨닫게 됩니다. 그것은 구분되지 않습니다. 먹고 자고 직장에서 일하고 아기를 낳고 빨래하고 밥을 짓는 구체적인 삶의 현장에서 천국이 시작됩니다.

가장 어리석은 사람은 현실을 떠난, 현실을 버린 신앙생활을 하는 사람들입니다. 신앙은 현실과 실제에 뿌리를 둔 것이며, 천국은 거기에서부터 시작됩니다. 로마서 1장 20절에서 "창세로부터 그의 보이지 아니하는 것들 곧 그의 영원하신 능력과 신성이 그가 만드신 만물에 분명히 보여 알려졌나니"라고 했습니다. 우리는 비유의 말씀을 통해 바로 이 실제적인 천국 신앙을 가져야 합니다.

예수님 당시의 고기 잡는 법

일곱 개의 천국 비유 가운데 마지막인 일곱 번째 비유를 살펴보려합니다. 천국은 마치 어부가 고기를 잡기 위해 바다에 그물을 던지는 것과 같다는 비유를 통해, 천국은 어떻게 완성되며 어떻게 종말적으로 결론이 나는지 알 수 있습니다.

> 또 천국은 마치 바다에 치고 각종 물고기를 모으는 그물과 같으니 (마 13:47).

이 말씀을 이해하기 위해서는 고기잡이에 대한 당시 배경을 알아야 합니다. 요즈음 사람들은 취미로 낚시하지만 당시 갈릴리 호수 부근에 살던 사람들은 고기잡이가 실제 삶의 일부였습니다. 그래서 그들은 고기 잡는 방법을 익히 잘 알았습니다. 당시에는 그물로 고기 잡는 방법이 두 가지였습니다.

한 가지 방법은 마태복음 4장 18절에 나타난 것과 같습니다.
"갈릴리 해변에 다니시다가 두 형제 곧 베드로라 하는 시몬과 그의 형제 안드레가 바다에 그물 던지는 것을 보시니 그들은 어부라."

여기서 베드로와 안드레가 사용했던 그물은 손 그물이었습니다. 손으로 줄을 잡고 머리 위에서부터 그물을 던져 그물이 우산처럼 펴지게 해서 고기를 잡습니다. 그리고 잡은 후에는 다시 그물을 싸잡아 고기를 끌어 올립니다.

또 한 가지는 본문에 나온 것처럼 예인망 그물법 또는 후리질 방법이라고 하는데, 손 그물보다 훨씬 큰 그물을 바다나 호수에 던져서 여러 사람이나 배가 그물을 끌어들입니다. 이 방법으로 하면 고기를 대량으로 잡게 되고 여러 종류의 고기들을 한꺼번에 몰아 잡을 수 있습니다. 그래서 그 그물을 뭍에까지 끌어올려 좋은 고기와 나쁜 고기를 구분합니다.

하나님의 그물에 걸린 사람들

예수님은 왜 천국을 고기 잡는 그물에 비유하셨을까요? 이 그물로 고기 잡는 방법을 가만히 생각해 보면 거기서 놀라운 천국의 모습을 발견하게 됩니다.

첫째로 하나님이 자기 백성을 택하여 인도하시는 모습이 어부가 그물을 쳐서 물고기를 끌고 오는 것과 같습니다. 여기서 우리는 하나님의 적극적인 의지를 발견할 수 있습니다. 하나님은 자기의 백성을 찾으십니다. 하나님이 그물을 쳐서 자기 백성을 자기 품에 돌아오도록 인도하시는 것입니다. 여기에 하나님의 사랑이 있고 선택이 있습니다. 선택받지 않고 구원에 참여한 사람은 없습니다. 우리는 원하든 원하지 않든 하나님의 그물에 걸린 사람들입니다. 하나님의 그물에 걸린 사람들이 천국을 소유할 수 있습니다. 어떤 사람이 하나님에 대해 의심이 생기고, 갈등이 생겼다면 그 자체가 이미 하나님의 선택을 받았다는 증거입니다.

하나님은 우리를 사랑하는 데 적극적인 의지가 있으십니다. 방관적으로, 수동적으로 우리를 사랑하시는 것이 아닙니다. 하나님은 독생자 예수 그리스도를 십자가에 못 박혀 죽게 하시기까지 우리를 사랑하셨습니다. 하나님의 그물에 걸린 사람은 시간의 차이가 있을 뿐이지 하나님의 가슴에 안기게 되어 있습니다. 이것이 '천국은 그물을 던지는 것과 같다'는 말씀의 뜻입니다.

점점 죄어오는 역사의 그물

둘째로, 일단 그물에 걸려든 고기는 어부의 손에 잡히게 된다는 사실입니다. 고기가 그물에 걸리면 어부는 그 그물을 점점 죌 것입니다. 그리고 드디어 고기들이 어부의 손에 잡히게 됩니다. 이것은 무엇을 뜻합니까? 역사는 무한하고 영원한 것도 아니며 돌고 도는 윤회적인 것도 아니라는 뜻입니다. 역사란 역사의 주인이신 하나님에 의해 통치되고 죄여짐을 의미합니다.

그물 안에 있는 물고기는 더 이상 자기 마음대로 헤엄치지 못합니다. 그저 운명의 시간을 맞이하기 위해 기다릴 뿐입니다. 하나님은 역사의 줄을 움켜쥐고 자기의 때에 따라 그것을 잡아당기십니다. 누구든지 영원히 살 수 없으며, 무한하게 자기의 삶을 연장시킬 수 없습니다. 히브리서를 보면 "한번 죽는 것은 사람에게 정해진 것이요 그 후에는 심판이 있으리니"(히 9:27)라고 했습니다. 역사의 주관자가, 역사의 심판자가, 역사의 창조자가 자기의 역사를 죌 때 물고기는 운신의 폭이 적어집니다. 처음에는 마음대로 놉니다. 그러나 하나님이 그 사랑의 그물을 죄실 때 점점 운신의 폭이 줄어듭니다.

그물을 바다에서 끌어올리면 속에 있던 물고기들의 모습이 드러납니다. 큰 고기, 작은 고기, 쓸 만한 고기, 못 쓸 고기들이 다 드러나면서 물고기들이 마구 엎치락뒤치락하는 것을 발견하게 될 것입니다. 하나님의 역사의 손에 움켜쥘 때, 역사의 종말이 가까워질 때 세상에는 더욱더 고통과 고난이 많아짐과 동시에 선과 악이 분명히 드러나게 됩니다. 선인과 악인이 구별되기 시작합니다. 이것이 하나님의 방법입니다.

요즘 세상을 보십시오. 무엇이라고 설명할 수는 없지만 점점 더 하나님의 때가 가까이 옴을 느낍니다. 온갖 잡것들이 세상에서 소용돌이치는 것을 보게 됩니다. 운신의 폭이 점점 줄어드는 것을 우리는 느낍니다. 하나님의 역사의 손이 우리에게 임하고 있다는 것을 느낄 수 있습니다.

세계가 변하고 있습니다. 한국의 역사도 변하고 있습니다. 우리의 생애도 변하고 있습니다. '무언가 변하고 있는 이것이 단순한 우연인가? 하나님의 역사의 섭리인가?' 하고 생각하게 됩니다. 오늘 우리가 분명히 배우는 것은 역사의 주권자가 역사의 그물을 당기고 있을 때 이런 많은 변화가 일어납니다.

역사의 그물은 점점 죄어들고 있습니다. 옛날에 방탕하게 마음대로 살았던 사람들이 조금씩 변하는 것을 느끼는 사람이 있을 것입니다. 예전같이 술을 먹어도 술맛이 없고, 노름을 해도 별 재미가 없고, 모든 것이 다 시들해지고, 이젠 나이가 들어 무엇인가 변하는 것을 느끼게 될 것입니다.

피하지 못할 풀무불 심판

이제 어부가 그물을 뭍에까지 끌고 오면 어떻게 합니까? 역사의 심판자가 역사의 그물을 끌어당기면 그다음에 어떻게 하십니까? 이것이 바로 역사의 완성이요, 역사의 종말에 이루어질 현상입니다.

그물에 가득하매 물 가로 끌어 내고 앉아서 좋은 것은 그릇에 담고 못된 것은 내버리느니라(마 13:48).

이것은 가라지 비유에서 추수 때가 되면 농부가 알곡은 모아 곳간에 넣고 가라지는 영원히 꺼지지 않는 불에 넣는다는 것과 똑같은 내용입니다. 쓸 만한 물고기와 버릴 물고기를 구분하는 것, 이것이 심판 때 하나님이 하시는 일입니다. 이렇게 살다가 죽으면 그냥 끝나는 것이 아닙니다. 우리가 산 그대로 심판을 받습니다. 의인은 의로운 대로, 불의한 자는 불의한 대로 심판을 받을 것입니다. 구원받은 자에게는 구원받은 자의 심판이 있을 것이요 구원받지 못한 자에게는 구원받지 못한 자의 심판이 있을 것입니다.

세상 끝에도 이러하리라 천사들이 와서 의인 중에서 악인을 갈라 내어 풀무 불에 던져 넣으리니 거기서 울며 이를 갈리라(마 13:49-50).

이 말씀을 대할 때마다 두렵고 떨립니다. 사실이 아니었으면 좋겠습니다. 그러나 유감스럽게도 전부 사실입니다. 인정하고 싶지 않아도 이 말씀은 성경에 분명히 기록되어 있습니다.

그날에는 풀무불에 던져지고 울며 이를 갈 일이 있을 것이라 했습니다. 하나님은 그날에 의인 중에서 악인을 골라낸다고 하셨습니다. 이 말은 의인처럼 행사한 사람도 그날에는 하나님의 눈을 피할 길이 없을 것이라는 뜻입니다. 그래서 악인을 골라내는 것입니다. 예수를 오래 믿었고 거룩한 척한다고 해서 속지 않으십니다. 누구도 예외 없이 그날에는 심판을 받게 됩니다. 그날에는 돌이킬 시간이 없습니다. 그것이 역사의 끝이요 심판의 때입니다.

죽음을 거부하는 어리석은 사람이 있습니다. 죽음을 부정한다고 해서 우리와 죽음이 상관없는 것입니까? 아닙니다. 죽음이 싫고 두렵지만, 죽음을 인정하고 싶지 않지만, 죽음이 우리 안에 찾아오는 것은 현실입니다. 지혜로운 사람은 죽음을 인정하는 사람입니다. 특별히 죽음이 임박한 환자에게는 빨리 죽음을 알려 주어 준비하게 해야 합니다. 고통스럽고 어려워도 자기가 맞이할 죽음을 준비해야 합니다. 죽음을 준비한다는 말은 심판에 대비한다는 말입니다. 우리는 어느 날 죽는다는 사실을 항상 생각하며 살아야 합니다. 그것이 신앙입니다.

어느 경건한 그리스도인 할머니 한 분이 죽었다가 다시 살아나는 경험을 했습니다. 그분은 반신불수로 몸을 움직일 수 없었는데, 하나님의 특별한 은총으로 고침을 받았습니다. 그분은 집을 나서면서 대문에 손을 대고 다음과 같이 기도했다고 합니다. "하나님, 오늘이 내 생의 마지막이 될지도 모르겠습니다. 저녁에 집에 못 들어올지도 모릅니다. 오늘 하루도 주님의 뜻대로 살게 하여 주시옵소서. 주님에게 오늘 하루를 맡깁니다." 그리고 일을 마치고 집에 돌아오면 너무 감격스러워 다시 대문을 붙잡고 기도를 드렸습니다. "하나님, 오늘도 무사히 돌아왔습니다. 오늘 하루를 살게 해주시고 하루의 생명을 연장시켜 주셔서 감사합니다. 오늘 이 밤도 꿈속에까지라도 주님과 동행하게 해주시옵소서. 내일 아침 기쁘게 눈을 뜨게 해주시옵소서."

할머니는 매일 이렇게 기도하며 살았다고 합니다. 왜냐하면 할머니는 죽음을 통과해 봄으로써 삶이 내 것이 아니라는 사실을 깨달았기 때문입니다. 그렇습니다. 우리의 생명도, 우리의 젊음도, 우리의 지식도, 우리의 재주도, 우리의 재물도, 우리의 자녀도, 내가 지금 열심히 일하고 활동하고 있는 것도, 나의 명예도 내 것이 아닙니다. 하나님이 언제 거두어 가실지 모르는 것입니다.

중간 지대 없는 하나님의 심판대

과연 십 년 후에 우리는 어떻게 되어 있을까요? 누구도 알 수 없습니다. 나의 종말의 때, 역사의 종말의 때가 있고, 그 때에 내가 하나님의 심판대 앞에 선다는 사실을 본문 말씀이 가르쳐 주고 있습니다. 심판대에 서면 어떤 일이 일어나겠습니까? 양인지 염소인지, 알곡인지 가라지인지, 좋은 물고기인지 못된 물고기인지, 악한 종인지 착한 종인지, 지혜로운 처녀인지 미련한 처녀인지 판가름이 납니다.

하나님의 심판대에는 중간 지대가 없습니다. 거기에는 유보도 없습니다. 단 한 번뿐입니다. 하나님의 편이든지 마귀의 편이든지 둘 중 하나입니다. 거기에는 돌이킬 시간도, 회개할 시간도 없습니다. 악인은 풀무 불에 던져져 울며 이를 갈게 될 것입니다.

아직 기회가 있습니다. 당하고 나면 너무 아프고 너무 고통스러워 어쩔 수가 없습니다. 그러니 당하기 전에 준비해야 합니다. 오늘 우리가 하나님의 심판대 앞에 선다면 과연 하나님의 품에 안기리라는 확신이 있습니까? 예수 그리스도를 믿음으로 말미암아 하나님의 자녀 된 나는 기쁨과 영광의 면류관을 쓰게 될 것이라는 확신이 있습니까? 지금은 자다가 깰 때요, 은혜를 받을 때요, 구원의 날입니다. 시간이 있다고 낭비하지 말아야 합니다. 젊음이 있다고 낭비하지 말아야 합니다. 오늘 바로 결정하고 결단해야 합니다.

여러 종류의 사람들이 모인 교회

이 비유에는 우리의 교회 생활이나 신앙생활에 주는 유익한 교훈이 또 하나 있습니다. 어부가 그물을 쳤는데 그 안에 각종 물고기가 잡혔습니다. 어부는 자기가 원하는 좋은 물고기가 있었을 것입니다. 그는 그것을 잡으려고 그물을 쳤습니다. 그런데 원하는 물고기만 잡히지 않고 원하지 않는 물고기도 함께 잡혔습니다. 주인이 밭에 알곡을 뿌려놓고 보니 그 옆에 가라지가 자라고 있습니다. 밤에 몰래 사탄이 와서 뿌리고 간 것입니다. 알곡이 가라지와 함께 자라고 있는 것과 마찬가지로 이 그물 안에는 각종 물고기가 있는 것입니다.

어떤 사람은 교회를 완전한 천국으로 생각하고 교회에 이상적인 것을 요구합니다. 물론 교회는 그런 이상을 추구해야 합니다. 그러나 교회에는 여러 종류의 사람들이 모여 있습니다. 그렇다고 가라지나 못된 물고기가 중요한 것은 아닙니다. 하나님의 관심은 알곡이요, 좋은 물고기들입니다.

어떤 사람이 교회에 큰 실수를 범했습니다. 이때 교회에 대해 높은 이상을 가지고 있던 한 그리스도인이 화를 내며 정죄했습니다. "교회가 어찌 그럴 수가 있느냐? 어떻게 교회가 이런 죄를 용납하고 죄인을 용서할 수 있는가?" 이 사람은 견디지 못해 교회를 떠나 버리고 말았습니다. 그런데 또 다른 사람이 화를 내는 사람의 모습을 보면서 "아니, 저 사람이 그리스도인이라고? 용서할 줄도 모르고 화를 내는 저런 사람이 교회 지도자란 말인가?" 하며 실망해서 교회를 떠나 버렸습니다.

이 두 사람은 다 교회를 잘못 생각했습니다. 사람 보고 교회에 다닙니까, 예수님 보고 교회에 다닙니까? 제도를 보고 교회에 다닙니까, 성경을 보고 교회에 다닙니까? 교회는 인간이 모인 곳이기에 각종 물고기들이 있기 마련이요, 허물과 실수가 있기 마련입니다. 교회는 오염되지 않은 완벽한 이상적인 장소가 결코 아닙니다. 교회 안에는 의로운 사람도 있지만 죄인도 있고, 성숙한 사람도 있지만 미성숙한 사람도 있습니다. 그래서 교회에는 사랑이 필요하고 긍휼과 관용이 필요합니다.

어떤 형제가 술과 담배를 끊지 못한 채 교회에 나올 수 있습니다. 밤새 고스톱하고 교회 오는 분도 있습니다. 그러면 그 사람은 교회에 나와서는 안 됩니까? 아닙니다. 교회에 나와야 합니다. 오늘도 나쁜 습관을 끊지 못하고 잘못인 줄 알면서도 행하는 사람들이 있습니다. 마음 한구석에는 하나님을 믿고 싶고 변화하고 싶은 마음이 있지만 친구들 때문에, 환경 때문에 어쩔 수 없는 경우가 있습니다. 그러나 하나님을 향한 그 마음, 변하고 싶은 마음, 자존심 때문에 표현을 못 하고 있지만 그 마음이 중요합니다. 그런 마음이 있으면 반드시 변합니다.

인간의 부족함과 연약함과 실수가 있음에도 불구하고 하나님의 의를 이루어가는 것이 교회입니다. 교회는 넘어지고 또 넘어지고 또 넘어지지만 다시 한 번 용서받고 사랑받으면서 주님 앞에 나아와 변화 받는 장소입니다. 그러면서 하나님의 나라를 닮아가는 것입니다.

가라지 때문에 우리의 신앙이 손해 보는 일은 없어야 합니다. 누구 때문에 실족당하지 말아야 합니다. 사람이 중요한 것이 아니라 하나님이 중요합니다. 그러나 심판대 앞에까지 이 모습 이대로 가면 안 됩니다. 우리는 변해야 합니다. 주님은 우리를 택하셨습니다. 그물로 우리를 붙드셨습니다. 우리는 한 걸음, 한 걸음 하나님이 조이시는 역사의 그물 앞에 다가가게 될 것입니다. 그때까지 우리는 날마다 예수님처럼 변해야 합니다. 못된 성격도 바꾸고, 못된 습관도 버리고 주님을 닮아가야 합니다.

9

천국 곳간의
서기관이 돼라

마태복음 13:51-52

예수님은 이제 천국에 대한 일곱 가지 비유를 다 마치셨습니다. 그런데 51절을 보면 말씀을 마치시고 제자들에게 "이 모든 것을 깨달았느냐?"라고 질문하십니다. 예수님은 여러 말씀을 많이 하셨지만 이렇게 질문을 확인하시는 경우는 흔치 않습니다. 왜 이런 질문을 하셨을까요? 그것은 무엇보다도 천국이라는 주제가 중요하기 때문입니다.

만약 천국이라는 실제가 없다면 우리의 구원은 헛것입니다. 영생도 의미가 없습니다. 천국이 없다면 부활이 무슨 의미가 있겠습니까? 우리는 이 세상에 살기 때문에 세상을 실제라고 생각합니다. 그러나 이 세상은 잠깐입니다. 살아 있다는 것처럼 비현실적인 것이 없습니다. 우리가 이렇게 멀쩡하게 살아 있지만 죽으면 끝입니다. 실제는 현실이 아니라 천국입니다. 현실은 잠깐이지만 천국은 영원합니다. 그래서 예수님은 천국의 비유를 말씀하시고 나서 "너희들이 내가 말한 이 모든 것을 다 깨달았느냐?"고 물으신 것입니다.

특별히 예수님이 마태복음 13장에서 천국에 관한 말씀을 하실 때에는 몇 가지 세심한 배려를 하신 것을 알 수 있습니다.

첫째, 천국을 설명하실 때 직설법으로 하지 않고 비유로 설명하셨다는 것은 매우 특이합니다. 비유 중에서도 아주 실제적인, 일상적으로 누구든지 경험할 수 있는 생활 비유를 드셨습니다.

둘째, 일곱 가지 비유를 통해서 다양하게 천국을 보여 주셨다는 점입니다. 이것은 예수님의 생애를 한 복음서에만 기록하지 않고 마태, 마가, 누가, 요한복음을 통해 네 방향에서 입체적으로 볼 수 있도록 한 것과 비슷합니다. 천국을 한 면으로만 보는 것이 아니라 일곱 가지 면으로 볼 수 있도록 예수님이 배려하신 것입니다.

셋째, 예수님이 천국을 비유로 설명하실 수밖에 없었는데, 사람들이 오해할 소지가 너무 많기 때문에 제자들에게 직접 해석해 주셨습니다. 이것은 이런 뜻이고 저것은 저런 뜻이라고, 오해하지 않도록 차분히 설명해 주신 것을 볼 수 있습니다.

그리고 나서 예수님은 비유 전체를 종합적으로 이해하도록 질문하셨습니다. "이 모든 것을 깨달았느냐?" 그렇다면 우리는 천국을 어느 정도 이해하고 있습니까? 우리가 과거에 가졌던 천국에 대한 선입관을 버리고 예수님이 제시하시는 새로운 천국관을 이해했습니까? 예수님은 바로 이것을 묻고 계십니다.

천국을 깨닫는 사람

이러한 예수님의 질문 앞에 사람들은 '그러하오이다'라고 대답했습니다. '알았다'는 대답입니다. 예수님이 의도하신 모든 것을 제자들이 다 알았다고 보기는 어렵습니다. 그러나 예수님은 '알았다'는 그 말을 통해서 이제 더 놀라운 진리로 이끌어 가십니다. 그것이 바로 다음의 말씀입니다.

예수께서 이르시되 그러므로 천국의 제자 된 서기관마다 마치 새것과 옛것을 그 곳간에서 내오는 집주인과 같으니라(마 13:52).

이 말씀도 한 가지 비유인데, 일곱 가지 천국 비유를 결론짓는 말씀입니다. 천국을 통합적으로 생각해 볼 때 그것은 마치 천국의 제자 된 서기관이 곳간의 창고에서 물건을 내오는 것과 같다고 하셨습니다.

우리는 이 마지막 비유를 이해하기 위해 예수님이 사용하신 '천국의 제자 된 서기관'이라는 말을 살펴보아야 합니다. 예수님은 서기관들을 향해 야단치시고 저주하신 일이 있습니다. 특히 마태복음 23장에서는 '화 있을진저'라는 말을 무려 일곱 번이나 하십니다. 이 말은 '저주받을지어다'라는 뜻입니다. 그런데 예수님이 여기서는 서기관이라는 단어를 천국을 잘 이해한 사람에게 쓰고 계십니다. 그렇다면 먼저 서기관이 어떤 사람인가를 이해할 필요가 있습니다.

서기관이란 에스라 시대 때부터 내려온 사회 종교 계급입니다. 원래는 아주 귀한 하늘의 직책이었습니다. 하나님의 율법을 읽고 옮겨 쓰고 해설하는 사람으로, 오늘날로 말하면 말씀의 해석자요 말씀의 선포자와 같습니다. 예를 들면, 에스라가 그런 사람이었습니다. 서기관들은 하나님의 말씀과 구전을 잘 보존하고 해석하고 전달했습니다. 다시 말하면 율법의 문자적 해석의 전문가였습니다.

그런데 이 서기관들이 원래의 의미를 상실하고 위선적인 종교 사기꾼의 모습으로 전락해 갔습니다. 가장 종교적이고 하나님을 잘 믿는 것처럼 보였지만 뒤에서는 돈을 사랑하고 권력을 사랑했습니다. 하나님의 이름을 팔아서, 제도의 이름을 팔아서, 종교적으로 억압하고 사기를 쳐서 자기의 욕심을 만족시켰습니다. 그래서 예수님은 이들에게 '화 있을진저'라고 하신 것입니다. 그런데 예수님은 놀랍게도 이렇게 비판했던 서기관의 이름을 역설적으로 사용함으로써 본래의 뜻을 되찾고자 하셨습니다.

천국을 바로 깨닫는 사람은 천국의 제자 된 서기관과 같습니다. 이 사람만이 천국의 보화를 꺼내 올 수 있습니다. 이것이 안 되면 천국의 보화를 꺼내 올 수 없습니다. 이제까지 천국에 대한 여러 가지 비유를 들었습니다. 그러나 아무리 천국이 좋아도 자기와 상관이 없으면 아무런 의미가 없습니다. 아무리 그곳에 엄청난 축복이 있다 해도 그것을 꺼내 쓸 수 없다면 나와 상관없습니다. 그러므로 천국의 참된 백성이 되려면 먼저 천국의 제자 된 서기관이 되어야 합니다.

하나님의 무한한 창고

그러면 천국의 제자 된 서기관은 천국과 무슨 관계가 있습니까? 이 비유를 깨닫기 위해서는 그 배경을 이해해야 합니다. 비유의 배경은 동양 문화권에서 흔히 볼 수 있는 정경입니다. 농촌에서는 농사를 짓습니다. 농사를 지으면 그 농산물을 저장하는 곳간이 반드시 있게 마련입니다. 그 해에 농산물을 다 팔 수 없기 때문입니다. 그래서 곳간에 남은 농산물을 저장합니다. '집 주인'이란 말은 서양적인 개념으로는 잘 이해되지 않습니다. 동양적인, 가부장적인 제도에서의 집주인입니다. 요즘은 가부장적인 제도가 다 무너져서 가장의 권위가 많이 떨어졌지만 몇 십 년 전만 하더라도 가장은 거의 독재자로서 존재했습니다. 바로 이런 독재자, 가정의 지배자, 가정의 왕이 집 주인으로 묘사된 것입니다.

그런데 농가의 창고에는 농산물만 있는 것이 아닙니다. 거기에는 음식, 옷, 각종 농기구 등 생활에 필요한 모든 것들이 들어 있습니다. 도자기도 보관해 두고, 그림도 보관해 둡니다. 이것이 창고의 역할입니다. 시골 농가에 가면 그 사람이 얼마나 부자인가는 창고가 얼마나 큰가에 따라 결정됩니다. 그 창고에는 새것도 있고, 옛 것도 있습니다. 그런데 조심할 것은 옛 것은 나쁜 것이고, 새것은 좋은 것이라는 뜻이 아니라는 점입니다. 옛 것이 더 좋을 수도 있고, 새것이 더 좋을 수도 있습니다.

한 걸음 나아가 이 비유에서 더 재미있는 사실은 창고를 가진 집

주인이 가난할 경우에는 남에게 나누어 줄 것을 보유할 능력이 없다는 것입니다. 자기 쓸 것만 있을 뿐입니다. 그러나 부자인 경우는 다릅니다. 자기가 먹고 쓸 것 외에도 다른 사람에게 무한히 나누어 줄 수 있을 정도로 물건을 가지고 있습니다.

자, 이제 하늘의 창고를 생각해 봅시다. 천국은 일종의 커다란 창고입니다. 하나님의 무한한, 무진장한, 상상할 수 없는 모든 것으로 가득 차 있는 창고입니다. 이 창고에 있는 모든 것을 빼낼 수 있는 사람은 천국의 제자된 서기관입니다. 주인이 창고에서 옛 것과 새것을 빼내는 것처럼 천국의 제자 된 서기관, 진정으로 천국의 의미를 깨달은 사람은 하나님이 예비해 두신 신령한 축복들, 엄청난 하늘의 보화들을 실생활에서 많이 빼내어 쓸 수 있습니다. 이것이 본문 말씀이 설명하는 내용입니다.

큰 창고, 무한히 넘쳐흐를 듯이 어마어마하게 물건들이 쌓여 있는 창고를 생각해 보십시오. 오늘 먹으면 다 떨어질 쌀독이 아니라 퍼내도 퍼내도 끝이 없는 쌀독을 상상해 보십시오. 오늘 떡을 구우면 없어질 마지막 기름이 아니라 부어도 부어도 샘물처럼 솟아나는 엄청난 기름이 있는 기름독을 생각해 보십시오.

어떤 절대 권력을 가진 군주가 자기의 종들이나 가축들, 각종 보화나 무기들을 주고 싶은 사람에게 무제한적으로 주는 것, 그것이 바로 천국의 그림입니다. 상상할 수 없는 하늘의 무진장한 영적 보화, 축복, 영생과 구원과 신령한 것을 포함해서 모든 것이 하나님의 창고 안에 있습니다.

천국의 제자 된 서기관이 새것과 옛 것을 곳간에서 내어 온다고
했는데, 여기서 '내어 온다, 꺼내온다'는 말의 원어에는 '아낌없이
제한을 받지 않고 물건을 내어 던진다'라는 뜻이 내포되어 있습니
다. 퍼내도 퍼내도 끝이 없는 것이 하나님의 창고입니다. 그런 의
미에서 그리스도인이란, 또 천국의 제자 된 서기관이란 영적인 축
복을 꺼내어 쓰는 사람입니다.

천국은 엄청난 말씀의 보화다

서기관이 창고에서 새것과 옛 것을 마음대로 꺼내 쓴다고 했는데,
그러면 새것과 옛 것은 무엇을 의미합니까? 이것은 서기관이라는
단어와 연관지어 생각해 보면 그 뜻을 더 분명하게 알 수 있습니
다. 서기관은 어떤 사람입니까? 율법과 선지자의 모든 글과 교훈
에 관한 것을 지키고 그것을 복사하고 해석하고 선포하는 사람입
니다. 그들은 하나님의 말씀을 전심전력으로 연구합니다. 이것이
바로 옛 것에 해당하는 것으로 구약의 하나님 말씀입니다.

그러면 새것은 무엇입니까? 지금 그들이 예수 그리스도로부터 율
법에 대한 새로운 해석을 듣게 되었습니다. 천국에 대한 말씀을 듣
게 된 것입니다. 놀라운 것은 구약에는 천국에 대한 말이 별로 없다
는 사실입니다. 영생이라는 말을 쓰지 않고 있습니다. 예수님이 오

실 때부터 그 단어가 집중적으로 사용됩니다. 이것은 구약에는 성령이라는 말을 직접 쓰지 않았지만 예수님이 오신 이후부터 성령이 새롭게 이해되는 것과 마찬가지입니다. 구약에 천국이 없는 것이 아닙니다. 구약에 영생과 구원이 없었다는 것이 아닙니다. 그러나 율법이 복음으로 말미암아 새로워진 것처럼 이러한 새로운 율법의 해석과 적용이 이루어진 것입니다. 이것이 바로 새것입니다.

그래서 옛 것과 새것이 천국의 제자 된 서기관을 통하여 곳간에서 나오게 되는 것입니다. 이 엄청난 천국의 보화가 믿는 사람들을 통하여, 천국 백성을 통하여, 우리의 영적인 삶과 육적인 삶에 공급되는 것을 의미합니다. 결국 이 마지막 비유에서 우리가 깨닫는 것은 천국이란 엄청난 말씀의 보화라는 것입니다.

하나님의 은혜의 창고에는 끝없이 풍성한 말씀이 있습니다. 이것은 마치 집 주인이 필요에 따라 꺼내오듯이, 무한하고 풍성한 하나님의 생명의 말씀을 구약과 신약에서 퍼오는 것을 의미합니다. 거기에 영생이 있고, 구원이 있고, 기쁨이 있고, 만족이 있고, 기적이 있습니다.

주님은 "무엇을 먹을까 무엇을 마실까 무엇을 입을까 하지 말라 이는 다 이방인들이 구하는 것이라 … 너희는 먼저 그의 나라와 그의 의를 구하라 그리하면 이 모든 것을 너희에게 더하시리라"(마 6:31-33)고 하셨습니다. 하나님은 우리에게 일용할 양식을 주십니다. 먹고 입고 살 것을 주십니다. 걱정한다고 우리의 머리털이 검게 되지는 않습니다. 하나님은 우리의 육신의 모든 것을 다 채워 주십니다.

너희는 마음에 근심하지 말라 하나님을 믿으니 또 나를 믿으라 (요 14:1).

근심 걱정이 있는 사람에게 하나님은 안심과 위로를 주십니다. 이 말씀이 어디에 있습니까? 천국의 곳간에서 꺼내온 것입니다. 외롭고 고독한 사람들이여, 너무 염려하지 마십시오. 우리는 더 이상 외로울 필요도, 고독할 필요도 없습니다. 영원한 나의 친구 예수 그리스도가 계시기 때문입니다.

두려워하지 말며 놀라지 말라 네가 어디로 가든지 네 하나님 여호와가 너와 함께하느니라(수 1:9).

내가 너를 굳세게 하리라 참으로 너를 도와주리라 참으로 나의 의로운 오른손으로 너를 붙들리라(사 41:10).

이 말씀들이 모두 성경 안에 있습니다. 그런데 불행한 사람은 교회에 나오면서도 천국이 있는지 없는지 모르고 사는 사람들입니다. 교회에 나오면서도 근심 걱정과 온갖 짐을 지고 천국과 상관없이, 하나님과 상관없이 살아가는 사람이 있습니다. 기도는 기도일 뿐, 인간적인 고민을 놓지 못하고 날마다 고민에 빠져 사는 사람이 있습니다. 얼마나 불행한 사람인지 모릅니다.

하나님 나라에는 엄청난 것들이 있습니다. 우리의 모든 문제를 해결할 수 있는 풍성한 것들이 가득 차 있습니다. 우리는 이 천국의 곳간을 마음대로 들락날락할 수 있는 천국의 제자 된 서기관들입니다. 이것이 예수님의 마지막 비유의 말씀입니다.

삶에서 시작되는 천국

우리는 지금까지 일곱 가지 비유의 말씀을 들었습니다. 그리고 이 비유를 해석한 또 하나의 비유를 들었습니다. 우리는 여기서 세 가지를 정리할 수 있습니다.

첫째로, 천국은 분명히 있다는 사실입니다. 하나님은 분명히 계십니다. 하나님이 없다고 주장하면, 하나님이 없다고 믿기 시작하면 역사에는 저주가 임합니다. 하나님이 없으면 사람은 동물과 다름없는 존재입니다. 하나님이 없다면 세상 살다 죽는 것으로 끝입니다. 그렇기 때문에 전쟁이 있고, 약육강식이 있으며, 이 세상에 모든 악이 존재하는 것입니다. 하나님이 계시다고 생각하면 죄를 지을 수가 없습니다. 예수 믿는 사람도 죄 지을 때는 하나님이 안 계시다고 착각하기 때문에 죄를 짓습니다. 하나님이 지금 나를 보고 계시다면, 하나님이 지금 나의 삶의 현장 속에 계시다면, 어찌 죄를 지을 수 있겠습니까?

이렇게 살다가 세상이 끝이라면 우리가 정의를 위하여 고난받을 필요가 무엇입니까? 선하게 살아야 할 이유가 무엇입니까? 그 많은 오해를 받고 억울함을 당하면서도 진리 속에 살아야 할 이유가 무엇입니까? 평생 잘 먹고 잘살면 제일 행복한 것이 아닙니까? 하나님이 없다는 생각은 이처럼 무서운 결과를 낳습니다.

그러나 현실은 잠깐이요 천국이 영원하다고 믿는 사람은 현실을 경건하게, 진실하고 의롭고 정직하게 살게 됩니다. 천국이 있는 것을 믿는다면 우리가 가장 기뻐하며 가야 할 곳은 장례식입니다. 장례식은 슬픈 것이 아니라 인생의 가장 화려하고 영광스러운 의식입니다. 나의 인생을 기쁘고 영광스럽게 하는 장례식, 그것은 박사 학위식이나 대통령 즉위식과는 비교할 수 없는 가장 찬란하고 축복된 순간입니다. 그러므로 그리스도인에게 죽음은 두려운 것이 아닙니다.

둘째로, 천국은 구체적으로 우리의 삶에서부터 시작됩니다. 천국은 죽어서 가는 곳이 아닙니다. 천국은 예수 그리스도를 영접하는 순간부터 시작됩니다. 우리 손에 하나님의 말씀이 주어지는 순간, 천국의 씨가 뿌려집니다. 천국은 내 마음에서, 내 삶의 현장에서, 우리 가정에서, 우리 교회에서, 우리 사회에서 시작합니다. 그래서 우리 교회는 이 세상을 천국으로 만들 책임이 있습니다. 가난한 자를 돌보고 병든 자를 치료할 책임이 있습니다. 썩어가는 사회 모든 부분에 들어가서 그곳을 청소해야 할 책임이 있습니다. 천국은 여기서부터 시작되기 때문입니다. 천국은 우리 가정에서, 부부 사이에서 시작됩니다. 부부 사이에 천국이 안 되면 저 높은 곳의 천국을 생각할 자격이 없습니다. 자녀와의 관계에서, 내가 속해 있는 직장에서, 가계부에서, 돈을 어떻게 쓰느냐에서부터 천국이 시작됩니다.

셋째로, 천국에는 끝이 없는 보화가 있습니다. 세상 물건은 쓰면 닳아서 없어지지만 천국의 것은 쓰면 쓸수록 더 많아집니다. 퍼 주면 퍼 줄수록 더 많아집니다. 이것이 천국입니다. 천국은 아낌없이 나누어 주는 것입니다. 그런데 중요한 것은 천국은 예수 그리스도와 함께 시작해야 한다는 것입니다. 지금 천국을 맛보고 싶습니까? 어린아이처럼 예수님을 영접하십시오. 나의 구주로 그분을 초청하십시오. 예수님을 초청하는 순간에 천국은 시작됩니다.

또 한 가지 우리 손에 성경책을 쥐기 시작하십시오. 성경책은 책상 위에 놓아두는 책이 아닙니다. 일주일 동안 두었다가 주일날 먼지 털고 들고 다니는 그런 책이 아닙니다. 머리에 베고 자는 것도 아닙니다. 손가방 속에 넣고 다니는 것이 중요한 것이 아닙니다. 자동차 트렁크 속에 부적처럼 넣고 다니는 것도 아닙니다. 성경은 펴서 읽어야 합니다. 말씀을 들어야 합니다. 말씀을 외워야 합니다. 말씀을 묵상해야 합니다. 그리고 말씀을 내 삶에 적용해야 합니다. 여기서부터 천국이 시작됩니다.

10

가짜가 많으면
진짜가 배척당한다

마태복음 13:53-58

예수님은 이 세상에 오셔서 환영보다는 배척을 받으셨고, 사랑보다는 박해를 받으셨습니다. 마태복음 11장에서부터 이미 우리는 예수님이 반대와 배척을 받기 시작하는 모습을 보았습니다. 그리고 사람들 속에 있었던 질투와 미움은 결국 예수님을 십자가에 처형시키는 데까지 끌고 갑니다.

예수님이 말씀하신 천국 비유는 바로 이런 배척하는 분위기 속에서 전개되었습니다. 환영받는 분위기 속에서 이야기하는 것은 쉽습니다. 박수를 쳐주고 기대하는 분위기 속에서 이야기하는 것은 쉽습니다. 그러나 이해받지 못하고 의심받는 가운데서 진리를 설명하는 것은 참으로 어렵습니다. 그래서 예수님은 천국 복음을 조심스럽게 설명하신 것입니다. "너희에게는 허락되었으나 그들에게는 아니되었나니"라고 하신 말씀이 그런 뜻입니다.

가르치기 위해 찾으신 고향

천국 비유를 마치신 후, 예수님은 고향으로 발걸음을 옮기셨습니다.

예수께서 이 모든 비유를 마치신 후에 그곳을 떠나서 고향으로 돌아가사 그들의 회당에서 가르치시니(마 13:53-54).

예수님이 태어나신 곳은 베들레헴이지만, 보통 예수님의 고향이라 할 때는 나사렛을 두고 하는 말입니다. 왜 갑자기 예수님은 고향을 찾으셨을까요? 일반적으로 사람들이 고향을 찾는 때는 어떤 때입니까? 명절이 되면 사람들은 고향을 찾습니다. 타 지역에서 고생한 끝에 큰 성공을 거둔 사람들은 고향을 찾고 싶어 합니다. 또 성공의 꿈을 안고 서울에 왔는데 크게 실패하거나 몸이 병들었을 때도 사람들은 여지없이 고향을 찾습니다. 그만큼 고향은 그리운 곳입니다. 피곤한 인생의 안식처와 같습니다.

예수님에게도 가족이 있었습니다. 예수님에게도 어렸을 때 같이 놀던 친구들이 있었고, 열두 살 때 성전에서 논쟁하던 추억도 있었습니다. 그런데 불행하게도 그 고향은 예수님을 환영하지 않았습니다. 고향 사람들은 예수님을 배척하였고 냉대했습니다.

여기서 우리는 중요한 사실을 발견하게 됩니다. 왜 예수님은 자신을 배척하는 고향을 방문하셨는가입니다. 성경을 보면 '고향으로 돌아가사 그들의 회당에서 가르치시니'라고 했습니다. 나사렛 동네의 형편으로 보아 아마 여기 기록된 회당은 그곳에 하나밖에 없는 회당이었을 것입니다. 예수님이 고향을 방문하신 목적은 가족을 찾아보는 것도, 동네 친구들에게 위로를 받기 위한 것도 아니었습니다. 회당에서 가르치시기 위해서였습니다.

예수님은 고향 사람들을 사랑하는 방법이 우리와는 달랐습니다. 정말 사랑하시기 때문에 천국 복음을 가르쳐 주고자 하셨다는 것을 성경을 통해 알 수 있습니다.

마태복음 12장 46절 이하에서 예수님의 모친과 동생들이 예수님을 잘 이해하지 못하고 찾아온 일이 있었습니다. 사람들이 예수님에게 모친과 형제들이 왔다고 전하자, 예수님은 '누가 내 어머니며 내 동생들이냐'고 반문하시면서 '누구든지 하늘에 계신 내 아버지의 뜻대로 하는 자가 내 형제요 자매요 어머니이니라'고 말씀하셨습니다. 예수님이 인간의 혈육을 무시하신 것이 아닙니다. 혈육은 중요합니다. 그러나 혈육 자체가 예수님의 목표는 아니었습니다. 하나님의 뜻을 이루는 데 그분의 관심이 있었습니다.

사실 그렇습니다. 인간에게 꼭 필요한 것은 먹을 것과 입을 것, 마실 것이 아닙니다. 육신도 중요합니다. 세상에서 잘살아야 합니다. 건강하게 살아야 하고 성공하며 살아야 합니다. 그러나 그것이 필요하다고 해서 목적이 될 수는 없습니다. 예수님의 관심은 먹을 것과 입을 것, 마실 것에 있지 않았습니다. 그것보다 더 중요한 사람의 영혼에 관심이 있었습니다. 육신이 아무리 잘되어도 영혼이 잘못되면 아무 소용이 없습니다.

사람이 떡으로만 살 것이 아니요 하나님의 입으로부터 나오는 모든 말씀으로 살 것이라(마 4:4).

살리는 것은 영이니 육은 무익하니라 내가 너희에게 이른 말은 영이요 생명이라(요 6:63).

먹고 마시는 것만이 중요하다면 우리가 짐승과 다른 것이 무엇이겠습니까? 잘 입고 잘 먹고 잘사는 것만이 우리 인생의 전부라고 생각한다면 우리 인생의 가치가 어디에 있겠습니까? 가난하고 억울하고 고통스럽고 힘들고 오해를 받는다 할지라도 인간답게 살고 하나님의 자녀답게 살고 영적으로 살 때, 삶의 진정한 보람과 가치가 있습니다. 예수님이 고향에 가서서 하신 일은 회당에서 가르치시는 일이었습니다. 그것이 예수님과 고향의 관계입니다.

예수님의 지혜와 능력을 시샘한 사람들

다음으로, 환영해야 할 나사렛 사람들이 예수님을 배척한 문제를 생각해 보겠습니다. 배척당하고 반대를 받는 것은 고통스러운 일입니다. 특히 믿을 만한 사람, 가까운 사람에게 배척당하는 것은 더 고통스럽습니다. 예수님은 다른 동네에서 배척받았다면 별로 상처를 입지 않았을 것입니다. 누구보다도 자기를 이해하고 사랑해야 할 고향 사람들에게서, 또 가족에게서 배척받았습니다. 그러면 왜 예수님이 고향에서 배척받으셨을까요? 예수님이 나쁜 짓을 했습니까? 도덕적으로 문제가 있었습니까? 아닙니다. 그 이유는

54절에 있습니다.

"그들이 놀라 이르되 이 사람의 이 지혜와 이런 능력이 어디서 났느냐."

예수님이 배척받으신 이유는 예수님의 지혜와 능력 때문이었습니다. 예수님의 가르침이 너무나 지혜롭고, 능력이 있었던 것입니다. 사실 예수님의 가르침은 하늘의 지혜로 가득 차 있었습니다. 세상에서 찾아볼 수 없는 지혜였고, 사람에게서 발견할 수 없는 초자연적인 지혜였습니다.

그들은 바리새인과 서기관을 통해서 한 번도 들어 보지 못한 말씀을 들었고, 그 말씀의 해석을 들었습니다. 영생과 천국과 구원의 말씀을 들었던 것입니다. 죄, 구원, 성경, 이혼 문제, 살인 문제, 봉사, 안식일 문제, 율법, 사랑, 질투, 위선, 기도, 금식 등 그들이 한 번도 생각해 보지 못했던 것들, 일상적인 모든 삶의 내용, 죽어 버린 단어들을 예수님은 살아 있는 단어로 만드셨습니다. 생명이 있는 단어로 만들었습니다. 이 놀라운 지혜와 영감의 말씀을 듣고 그들은 충격을 받았습니다.

그뿐만이 아니었습니다. 말씀과 함께 예수님에게는 능력이 있었습니다.

빛이 있으라 하시니 빛이 있었고(창 1:3).

말씀이 곧 능력입니다. 앉은뱅이에게 일어나 걸으라는 말씀이 선포되는 순간 능력이 나타났습니다. 봉사에게 눈을 뜨라고 하자 기적이 일어났습니다. 귀신이 나갔습니다. 죽은 자가 살아났습니다. 예수님은 말만 하신 분이 아니었습니다. 능력이 뒤따랐습니다. 그리고 사람들은 놀랐습니다.

그런데 문제가 있었습니다. 이런 예수님의 말씀의 지혜와 능력을 본 사람들이 감탄하고, 겸손하게 하나님에게 영광을 돌렸다면 얼마나 좋겠습니까? 그러나 그들은 그렇게 하지 않았습니다. 너무나 지혜롭고 능력이 있었기 때문에 사람들은 예수님을 질투했습니다. 예수님에게 시비를 걸기 시작했습니다.

사람이 배척받는 것은 꼭 잘못해서만은 아닙니다. 잘해도 배척받습니다. 그 사람이 악한 사람이기 때문에 배척받는 것이 아니라 선한 사람이기 때문에 오히려 배척받을 수 있습니다. 마음이 곱고 착한 사람이 있습니다. 그래서 더 미움을 받을 수 있습니다. 예수님의 경우는 못해서 미움을 받은 것이 아니라 너무나 위대하신 하나님이시기 때문에, 그 지혜와 능력이 너무나 크시기 때문에 사람들의 마음이 질투로 변해 버리고 만 것입니다.

나사렛 사람들의 무지

이들이 이처럼 예수님을 비판한 동기는 두 가지로 요약할 수 있습니다.

첫째는, 질투입니다. 어떤 사람이 나보다 공부를 잘하고 나보다 출세하고 돈을 많이 벌면 우리는 축복하기보다는 그것을 인정하기 싫어하고 심지어는 비판하고 정죄합니다. 그 사람이 성공한 것이 싫은 것입니다. 돈 많은 것이 싫은 것입니다. 이것이 인간의 마음입니다. 엄밀하게 따지면 질투입니다. 어떤 사람에게 분명히 장점이 있는데 꼭 단점만을 말하는 사람이 있습니다. 사람은 누구나 몇 가지 실수가 있을 수 있는데, 그 실수만 계속 나무라는 사람이 있습니다. 그것이 틀린 것은 아닙니다. 그러나 그는 이미 부정적이고 공격적이고 비판적인 사람으로 변해 버렸습니다. 우리 자신은 어떻습니까? 우리는 좋은 것을 보기보다는 부정적인 것을 보기를 좋아하지는 않습니까? 나사렛 동네 사람들이 바로 그런 사람들이었습니다. 예수님의 지혜와 능력을 보고 하나님에게 찬양을 올리기보다는 질투하고 헐뜯었습니다.

또 한 가지 이들이 예수님을 배척한 이유는 어설픈 지식 때문입니다. 그들은 누구보다도 예수님을 잘 안다고 착각하고 있었습니다. 물론 예수님과 어렸을 때 같이 놀았기 때문에 잘 안다고 할 수는 있지만 진정으로 알지는 못했습니다. 어설픈 지식이었습니다. 선지자는 고향에서 대접을 받지 못한다는 이스라엘 속담이 있습니다.

이는 그 목수의 아들이 아니냐 그 어머니는 마리아, 그 형제들은 야
고보, 요셉, 시몬, 유다라 하지 않느냐 그 누이들은 다 우리와 함께
있지 아니하냐 그런즉 이 사람의 이 모든 것이 어디서 났느냐 하고
예수를 배척한지라(마 13:55-57).

그들은 누구보다도 예수님의 가족을 잘 안다고 자만했습니다.
그러나 예수님에 대해 가장 무지한 사람들이었습니다. 잘 안다는
교만이 그들로 하여금 가장 무지하고 비참한 사람이 되게 한 것입
니다.

선입관과 오해와 편견, 이것이 인간의 자화상입니다. 우리는 얼
마나 많은 편견과 오해와 선입관이 있습니까? 우리는 특별히 자
기 전공에 대해서는 겸손할 필요가 있습니다. 최신 학문을 공부하
고 돌아와서 나보다 더 잘하는 사람이 없다고 큰소리치지 마십시
오. 몇 년 지나면 그의 지식도 구식이 되고 맙니다. 끊임없이 지식
은 갱신되고 있습니다. 자기가 항상 첨단일 수는 없습니다. 그리고
그 분야에서 전문가이기 때문에 제일 큰 실수를 할 수도 있습니다.
이것이 인간입니다.

선교학교에 다닌 것을 항상 간판으로 내놓는 사람이 있습니다.
그것 가지고 예수님을 다 아는 것처럼 생각합니다. 성경 조금 귀동
냥했다고 성경을 다 아는 것처럼 착각합니다. 그리스도인 집안에
서 태어났다고 예수님을 바르게 잘 이해할 수 있다고 생각하지 마

십시오. 그것은 오해입니다. 기독교 기관에서 일한다고, 유명한 신학자와 목사들을 개인적으로 잘 안다고 자랑할 수 있지만, 우리가 성경을 아는 것과는 전혀 상관이 없습니다. 매일 찬송을 듣고 사는 교회 직원들이 찬송가에 귀를 막을 수 있다는 사실입니다. 매일 예배 보는 분위기 속에서 살기 때문에 예수님을 잃어버릴 수 있습니다. 이런 사람들이 예수님을 배척한 나사렛 사람들이었습니다.

"예수를 배척한지라"(마 13:57)라는 말은 '넘어졌다, 기분이 상했다'라는 뜻입니다. 결국 질투와 잘 안다는 착각 때문에 그들은 생명이신 예수 그리스도를 놓치고 말았습니다. 언제나 부정적이고 비판적인 사람은 뛰어나고 똑똑해 보입니다. 그러나 실제로 그들은 똑똑한 사람이 아니라 불행한 사람들이요, 불신앙적인 사람들입니다. 예수님은 그 당시 속담을 인용하여 선지자가 다른 곳에서는 환영을 받지만 고향과 집에서는 존경을 받지 못한다고 말씀하시고 다음과 같은 중요한 결론을 맺으셨습니다.

믿음이 있는 곳에 능력이 나타난다

그들이 믿지 않음으로 말미암아 거기서 많은 능력을 행하지 아니하시니라(마 13:58).

이 말씀에는 많은 교훈이 담겨 있습니다. 믿지 않으면 능력이 없다는 말씀입니다. 아무리 가까운 사람이라 할지라도 예수 그리스도를 신뢰하고 믿지 않으면 능력은 나타나지 않습니다. 예수님이 능력이 없는 것이 아닙니다. 예수님이 능력이 있어도 그 능력을 믿지 않으면 기적은 나타나지 않습니다. 예수님은 다른 곳에서는 다 기적을 일으켰으나 나사렛에서는 기적을 일으키지 않으셨습니다.

만일 너희가 굳게 믿지 아니하면 너희는 굳게 서지 못하리라 (사 7:9).

할 수 있거든이 무슨 말이냐 믿는 자에게는 능히 하지 못할 일이 없느니라(막 9:23).

우리는 예수님의 이름으로 기도하고 나아가야 합니다. 그분의 이름에 능력이 있기 때문입니다. 히브리서는 "예수 그리스도는 어제나 오늘이나 영원토록 동일하시니라"(히 13:8)고 말씀합니다. 2천 년 전 갈릴리에서 베푸신 기적이 지금 그 기적을 믿는 자에게 그대로 나타날 것을 믿어야 합니다. 왜냐하면 예수님은 어제나 오늘이나 영원토록 동일하신 분이기 때문입니다.

모세에게 나타났던 출애굽의 기적, 홍해가 갈라졌던 기적은 오늘날에도 있을 수 있다고 믿어야 합니다. 사도행전의 사건이 다시 재현될 수 있습니다. 우리를 통해 사도행전의 사건이 다시 일어날 수 있습니다. 사도 바울이나 베드로가 다시 태어날 수 있습니다.

예수님은 문둥병을 고쳐 주셨습니다. 이것은 의술의 문제가 아니라 믿음의 문제입니다. 내 마음에 홍해가 갈라질 것 같은 믿음이 있으면 그대로 이루어집니다. 왜냐하면 예수님에게는 그러한 능력이 있기 때문입니다.

우리는 안 된다는 말을 습관처럼 해서는 안 됩니다. "나는 안 돼, 우리 집은 안 돼, 저 사람은 안 돼"라고 말하지 마십시오. 먼저 내가 변할 수 있다고 믿어야 합니다. 그러면 됩니다. 말씀이 능력인데, 예수님이 능력이신데, 왜 우리가 비참하게 살아야 합니까? 왜 보배로운 예수님을 모신 우리가 고통과 근심과 걱정을 가지고 살아야 합니까? 예수님은 능력입니다. 예수님은 사랑입니다. 예수님은 우리의 구원입니다.

우리의 자녀가 변할 것을 믿어야 합니다. 아무리 타락한 자녀도 예수님의 능력을 믿고 기도하면 변화될 것입니다. 우리의 가정이 천국으로 변화될 것을 믿어야 합니다. "예수님은 나를 변화시킬 수 있다. 예수님은 우리 가정을 변화시킬 수 있고, 우리 사회를 변화시킬 수 있다"고 믿어야 합니다. 그분은 어제나 오늘이나 영원토록 동일하신 분입니다.

2부

기적과 능력의 그리스도

마태복음 14:1-15:39

하나님은 홍해를 가르시고, 하늘에서 만나를 내리시고, 불을 내리시고,
놀라운 기적을 베풀어 주시면서 우리를 사랑하십니다.
우리를 구원하십니다.
"안심하라 나니 두려워하지 말라"고 말씀하십니다.
환경보다 더 크신 예수님을 바라볼 때, 세상보다 더 크시고 문제보다
더 크신 예수님을 바라볼 때 우리의 삶에서
이런 놀라운 기적을 경험하게 될 것입니다.

11

죄 앞에
침묵하지 마라

마태복음 14:1-12

지금까지 우리는 예수님이 배척받는 분위기 속에서 천국 복음을 전파하시는 것을 보았습니다. 그 당시 종교 지도자들은 예수님에 대해서 썩 좋은 감정이 아니었습니다. 지배층에 있는 사람들도 예수님을 환영하지 않았습니다. 물론 예수님의 가족과 고향 사람들도 예수님을 견제하고 배척했습니다. 그러나 예수님은 그러한 반대 속에서도 하나님의 복음을 조용히, 그리고 끊임없이 전파하셨습니다.

예수님의 소문을 들은 헤롯

본문 말씀을 보면 예수님의 소문이 분봉왕 헤롯의 귀에까지 들렸습니다.

그때에 분봉 왕 헤롯이 예수의 소문을 듣고 그 신하들에게 이르되 이는 세례 요한이라 그가 죽은 자 가운데서 살아났으니 그러므로 이런 능력이 그 속에서 역사하는도다 하더라(마 14:1-2).

소문이 왕궁에까지 들리게 되었다는 것은 그 소문이 이미 아주 광범위하게 퍼졌다는 것을 의미합니다. 분봉왕 헤롯은 예수님의 소문을 듣고 몹시 불안해하고 두려워했습니다. 그 이유는 세례 요한의 죽음 때문이었습니다. 세례 요한은 의로운 사람이었습니다. 거룩한 하나님의 사람이었습니다. 그런데 헤롯에게 억울한 죽임을 당했습니다. 헤롯은 잔인하게도 요한의 목을 베어 소반에 담았던 것입니다. 이 사실이 늘 헤롯을 괴롭혀 왔습니다.

그런데 예수님의 소문을 듣고 보니 이 예수라는 사람이 혹시 세례 요한으로 다시 살아난 것이 아닌가 하는 두려움을 갖게 되었습니다. 헤롯은 사두개파에 속해 있었던 사람입니다. 사두개파는 부활을 믿지 않는 집단입니다. 그런 헤롯이 이런 생각까지 하게 된 것입니다. 물론 헤롯은 예수님이 세례 요한이 아니라는 것을 잘 알고 있습니다. 그러나 예수님의 사역을 듣자 과거의 끔찍한 경험이 되살아났습니다. 그래서 헤롯은 예수를 제거해야겠다는 생각을 하게 됩니다.

우리는 본문에서 갑자기 세례 요한의 이야기가 끼어드는 것을 발견합니다. 마태복음 13장에는 계속 예수님의 이야기가 나옵니다. 14장 13절 이후에도 계속 예수님의 이야기가 이어집니다. 그런데 1절부터 12절 사이에 헤롯과 세례 요한의 죽음에 대한 기록이 끼어 있습니다. 우리는 세례 요한의 사역이 바로 예수님의 사역과 연결되는 것을 마태복음 3장과 4장에서 보았습니다. 여기서는 세례 요한의 죽음이 예수님의 새로운 사역과 연결되는 것을 보게 됩니다. 마태복음 3장을 보면 세례 요한에 대한 기록이 나타납니다. 그는 주의 길을 예비하기 위해 나타난 광야의 사자였습니다. 그의 세례는 회개의 세례였는데, 예수님도 요한에게 세례를 받으셨습니다. 그런데 4장 12절에서 갑자기 세례 요한이 체포당하는 사건이 간단하게 한 절로 기록되어 있고, 왜 세례 요한이 투옥되었는지는 설명이 없습니다. 그래서 마태는 본문 말씀에서 세례 요한이 투옥된 이유를 설명하고 있습니다.

세례 요한의 헌신과 청빈

전에 헤롯이 그 동생 빌립의 아내 헤로디아의 일로 요한을 잡아 결박하여 옥에 가두었으니 이는 요한이 헤롯에게 말하되 당신이 그 여자를 차지한 것이 옳지 않다 하였음이라(마 14:3-4).

여기서 세례 요한의 새로운 면을 보게 됩니다. 지금까지 우리는 세례 요한의 두 가지 위대한 면을 보았습니다.

첫째는, 그의 신앙적인 면입니다. 그는 하나님에 대해서 몹시 열심이 있었던 사람입니다. 세례 요한이 세상에 온 것은 예수 그리스도의 길을 예비하기 위해서였습니다. 마태복음 3장 11절에서 요한은 예수님에 대해 "나는 그의 신을 들기도 감당하지 못하겠노라"고 했습니다. 이것이 예수님에 대한 세례 요한의 태도였습니다. 세례 요한은 철저하게 예수님의 사람이었고, 예수님을 위한 사람이었으며, 예수님의 길을 예비하기 위하여 온 하나님의 사람이었습니다. 그는 신앙의 사람이었고 열정적인 사람이었습니다. 자기의 삶을 완전히 예수님에게 헌신한 위대한 사람이었습니다.

둘째는, 그의 사생활입니다. 그의 사생활은 깨끗하고 청빈했습니다. 그는 당시 다른 종교 지도자들처럼 얼마든지 호화롭게 살 수가 있었습니다. 그럼에도 불구하고 그는 예루살렘을 택하지 않고 광야를 택했습니다. 그는 왕궁에서 먹는 화려한 음식을 택하지 않고 험한 음식을 택했습니다. 왕궁의 비단옷을 입을 수 있음에도 불구하고 약대 털옷과 가죽 띠를 띠고 살았습니다. 세례 요한은 자신의 삶 속에 권력과 부와 허영을 허락지 않았습니다. 철저히 가난하게 살았고, 철저히 무소유로 살았습니다. 그는 자신의 야망이나 성공을 생각해 본 적이 없었습니다. 전적으로 베푸는 삶을 살았습니다. 이것이 세례 요한의 개인적인 삶입니다.

우리는 교회에 나올 수 있습니다. 성경공부 할 수 있습니다. 하나님을 위해서 헌신할 수 있습니다. 그러나 자기의 삶을 포기하라고 할 때 우리는 두려워합니다. 그 자리를 떠나지 못합니다. 그 위치를 떠나지 못합니다. 그 환경을 떠나지 못합니다. 이것이 우리의 현실입니다. 그러나 세례 요한은 하나님을 위해서 포기하는 삶, 떠나는 삶을 살았습니다.

세례 요한의 불의에 대한 정의감

그러나 본문 말씀을 보면 세례 요한의 놀랍고 새로운 면을 보게 됩니다. 3-4절에서 우리는 세례 요한의 신앙적인 모습이나 삶의 경건한 모습을 넘어서서 또 한 가지 독특한 면을 보게 되는데, 바로 불의에 대한 정의감입니다. 그는 불의를 보고 그냥 지나치지 않았습니다. 세상이 썩어가는 것을 볼 때, 권력이 부패하는 것을 볼 때, 불의가 득세하는 것을 볼 때 세례 요한은 침묵하지 않았습니다.

분봉왕 헤롯은 영토의 사분의 일의 통치권을 가진 왕입니다. 로마의 권력 밑에서 민족을 배반하고 정치적 야망을 성취한 사람입니다. 그의 권력은 대단했습니다. 나라의 절반까지도 마음대로 줄 수 있었습니다. 사람을 마음대로 체포하고, 죽일 수 있는 권력이 있었습니다. 그는 정치적으로 독재자였고, 도덕적으로 몹시 파렴치한 사람이었습니다. 동생의 아내 헤로디아를 빼앗아 자기의 아내로 삼을 수 있는 사람이었습니다. 모든 사람은 왕이 잘못하고 있는 것을 알았습니다. 그러나 무서워서 침묵하고 있었습니다.

이 침묵을 깬 사람이 세례 요한입니다. 왕의 잘못을 지적하면 분명히 자신에게 손해가 옵니다. 어쩌면 죽게 될지도 모릅니다. 그런 말을 하지 않아도 세례 요한은 깨끗한 삶을 유지할 수 있었습니다. 그런데 세례 요한은 왕의 잘못을 지적했습니다.

여기에 우리의 고민이 있습니다. 잘못인 줄 알면서 침묵하고, 불의인 줄 알면서 눈을 감아버리는 일들이 너무나 많기 때문입니다.

교회에 열심히 나오고 성경공부도 열심히 합니다. 개인생활도 깨끗하고 남에게 해를 끼치는 일이나 악을 행하지도 않습니다. 그러나 오늘날 교회와 그리스도인은 세상의 불의와 부정에 대해서 너무나 무력하고 무감각해져 있는 것이 사실입니다. 세례 요한은 정치적 행동을 한 것이 아닙니다. 그는 불의에 대해서 침묵하지 않았을 뿐입니다.

결국 세례 요한은 체포를 당하고 죽게 됩니다. 그것은 종교적인 이유도, 개인적인 삶 때문도 아니었습니다. 불의를 건드렸기 때문입니다. 오늘날 우리가 불의에 대해서, 세상의 수많은 죄악에 대해서 침묵하고 있기 때문에 국가와 사회의 문제가 이 지경에 이르렀는지도 모릅니다. 세상이 이처럼 타락한 것은 정치 부재라기보다는 우리 그리스도인의 침묵과 무기력 때문인지도 모릅니다. 세례 요한은 모든 사람이 침묵하는 사실에 대해서 침묵하지 않았습니다. 불의를 지적했고 불의에 항거했습니다. 물론 세례 요한이 불의를 지적해서 그 시대가 변했다고 말할 수는 없습니다. 그 시대는 세례 요한뿐만 아니라 예수님까지도 처형할 수밖에 없는 비참한 시대였기 때문입니다. 그러나 우리가 이 말씀에서 배워야 할 점은, 그럼에도 불구하고 세례 요한의 신앙과 청빈한 삶뿐만 아니라 불의에 항거하고 그 결과로 인해 죽은 그의 의로운 삶이 오늘날의 그리스도인에게 모범이 되어 아름답게 빛나고 있다는 것입니다.

하찮은 맹세가 부른 살인

그러면 세례 요한을 죽인 헤롯은 어떤 사람입니까? 첫째로 그는 죄책감으로 양심의 가책을 받는 사람으로 나타납니다. 2절 말씀을 보면 헤롯이 심각한 죄책감에 시달리고 있는 것이 분명합니다. 예수님이 사역하시는 것을 보면서 "저건 세례 요한이다"라고 말했습니다. 극도의 정신착란입니다. 자기가 저지른 무서운 죄에 대한 공포감, 깊은 양심의 가책, 그것으로 인한 불안, 초조, 두려움이 그를 지배하고 있었습니다. 이런 사람이 권력을 가지고 있으면 뭐합니까? 이런 사람이 돈이 있으면 뭐합니까? 밤마다 죄책감과 양심의 고통과 악몽에 시달린다면 그는 가장 불행한 사람일 것입니다.

어떤 사람이 행복한 사람입니까? 양심의 자유와 마음의 평화를 느끼는 사람입니다. 시편 32편 1절에서 "허물의 사함을 받고 자신의 죄가 가려진 자는 복이 있도다"라고 했습니다. 인간을 가장 괴롭히는 것은 죄책감, 죄의식입니다. 시편 32편 4절에서는 "주의 손이 주야로 나를 누르시오니 내 진액이 빠져서 여름 가뭄에 마름 같이 되었나이다"라고 했습니다. 심각한 죄책감에 사로잡히면 어느 누구도 벗어날 수가 없습니다. 예수 그리스도는 우리의 죄를 씻어 주셨습니다. 우리가 예수 그리스도를 믿는 가장 큰 이유 가운데 하나는 우리의 죄를 용서해 주셨다는 사실입니다.

둘째, 헤롯은 순간적인 쾌락을 위해 부도덕한 삶을 선택한 사람이었습니다. 원래 그의 아내는 아랍왕의 딸이었습니다. 그런데 동생의 아내인 교활하고 요염한 헤로디아를 새 아내로 맞아들였습니다. 헤롯은 순간적인 쾌락 때문에 두 가지 잘못을 하게 됩니다. 이유 없이 아내를 버린 것과 율법에서 금한 일인 살아 있는 동생의 아내를 취한 것입니다. 그는 실로 파렴치하고 부도덕한 선택을 했습니다. 헤롯뿐 아니라 일반적으로 사람들은 잘못인 줄 알면서도 첩을 얻고 이중생활을 선택합니다. 어떤 사람은 육체적 쾌락을 위해, 어떤 사람은 자식을 낳아야 한다는 명분으로 다른 여자를 얻는 어리석은 선택을 합니다. 그러나 헤롯의 선택이 비참했던 것처럼 그 결과 역시 비참할 것입니다.

셋째, 헤롯은 하찮은 맹세로 정의를 살해한 사람입니다. 누구든지 자기의 약점과 죄를 지적하면 싫어합니다. 세례 요한이 자기의 약점을 지적하고 나섰을 때 헤롯은 세례 요한이 미웠을 것입니다. 죽이고 싶었을 것입니다. 그러나 세례 요한을 사랑하는 많은 민중이 두려워 감옥에 집어넣기만 했습니다.

죄를 지으면 사람들은 흔히 그 죄에 관계되는 모든 사건을 다 은폐합니다. 이른바 완전 범죄를 위해 은폐하는 것입니다. 그러나 언제나 죄를 지은 사람에게는 의외의 사건이 터지게 마련입니다. 그 사건으로 결국 생각지도 못하게 그 죄가 드러나게 됩니다. 죄짓고 아무 일 없다고 안심해서는 안 됩니다. 반드시 곧 의외의 사건, 예기치 못한 어떤 사건을 통해 숨겨진 모든 죄악이 드러나게 될 것입니다. 헤롯은 자기의 권력으로, 왕의 권한으로 모든 것을 다 무마시켰습니다. 그런데 하나님은 그런 상태를 그냥 놔두시지 않습니다. 사건을 만드십니다. 그것이 헤롯의 생일잔치였습니다.

생일잔치에 많은 사람이 그를 축하하러 모였습니다. 그런데 헤로디아의 딸이 헤롯 앞에서 춤을 추게 되었습니다. 헤롯이 기뻐하고 즐거워하다가 또다시 실수를 저지릅니다. 네가 무엇을 요구하든지 다 주겠다고 맹세한 것입니다. 마가복음 6장 23절을 보면 나라의 절반까지도 주겠다는 약속을 합니다. 어찌 한 여자의 춤에 대해 이런 약속을 할 수 있습니까? 이것이 헤롯의 허영심이요, 소영웅주의였습니다.

우리 주위에 괜히 큰소리치고 허풍 떠는 사람이 있습니다. 특별히 여자 앞에서 큰소리치는 사람, 돈 들고 큰소리치는 사람이 있습니다. 허황된 약속을 많이 하는 사람이 있습니다. 큰소리치고 나서 나중에 감당하지 못해 쩔쩔매는 사람들을 볼 때 헤롯의 모습을 보는 것 같습니다.

그런데 헤롯은 헤로디아의 딸이 세례 요한의 목을 요구할 줄은 상상도 못 했습니다. 이것이 역사의 의외성입니다. 전혀 예기치 못했던 일이 벌어지는 것입니다. 그래서 항상 깨끗하게 살아야 합니다. 항상 밝게 살아야 합니다. 어둠은 언제나 노출되게 되어 있고, 어둠은 언제나 어떤 사건을 만나게 되어 있습니다.

8절을 보면 이 어린 딸이 헤로디아가 시키는 말을 듣고 세례 요한의 목을 요구했습니다. 비로소 헤롯은 자기의 잘못을 깨닫고 고민에 빠집니다. 마가복음 6장 20절에서 "헤롯이 요한을 의롭고 거룩한 사람으로 알고 두려워 하여 보호하며 또 그의 말을 들을 때에 크게 번민을 하면서도 달갑게 들음이러라"고 했습니다. 누구보다도 헤롯은 세례 요한이 의롭다는 것을 잘 알았습니다. 그러기에 이런 무리한 요구가 자기에게 전달되었을 때 번민에 빠질 수밖에 없었던 것입니다.

> 왕이 근심하나 자기가 맹세한 것과 그 함께 앉은 사람들 때문에 주라 명하고(마 14:9).

결국 헤롯은 세례 요한을 죽이기로 결심합니다. 첫 번째 이유는 잘못된 맹세 때문입니다. 어떤 사람은 불필요한 자존심 때문에 일을 망치는 사람이 있습니다. 잘못된 일인 줄 알면서도 한 번 한 주장 때문에 계속 합리화합니다. 이것이 잘못된 자존심입니다. 헤롯은 잘못했습니다. 이때 빨리 돌아오면 문제는 간단합니다. 그러나 헤롯은 돌이키지 못했습니다.

두 번째 이유는 비록 자기가 잘못했다는 것을 알고 고치고 싶었으나 체면 때문에 못했습니다. 많은 신하 앞에서 나라의 반을 주겠다고 공언했기 때문에 자기의 권위가 손상될까 봐 고치지 못했습니다. 실수를 인정할 수 있는 것이 참된 용기요, 진정한 실력입니다. 실력이 없는 사람은 자기 실수를 인정하지 않습니다. 그러나 정말 실력 있는 사람은 자기 실수를 인정합니다. 강한 사람은 자신의 약점을 인정합니다. 그러나 약한 사람은 자신의 약함을 인정하지 못합니다. 결국 헤롯은 자신이 잘못했음에도 불구하고 모든 사람 앞에서 창피를 당할 만한 용기가 없었고, 자기의 오류를 인정할 만큼의 용기가 없었기 때문에 세례 요한을 죽이기로 결정합니다.

악에 사로잡힌 헤로디아와 살로메

사람을 보내어 옥에서 요한의 목을 베어 그 머리를 소반에 얹어서 그 소녀에게 주니 그가 자기 어머니에게로 가져가니라(마 14:10-11).

여기서 우리는 세례 요한의 죽음에 가담했던 또 한 무리를 보게 됩니다. 그들은 헤로디아와 그녀의 딸입니다. 헤로디아는 잔인한 여자입니다. 구약의 이세벨과 같은 여자입니다. 도덕적으로 부정하고 야욕이 많고 남편을 충동질하여 정치적 야망을 성취한 여자입니다. 사실은 헤롯이 세례 요한을 죽인 것이 아니라 헤로디아가 죽였습니다. 역사의 뒤에는 언제나 여자들이 진을 치고 있는 것을 보게 됩니다. 헤로디아는 복수심에 불타는 여자였습니다. 그녀의 복수심 앞에는 아무도 견딜 수 없었습니다. 그녀는 자기의 딸을 서슴지 않고 이용했습니다. 정면에 나타나지는 않으면서 모든 사람을 이용하여 악을 조종하는 여자였습니다.

헤로디아의 딸은 살로메라고 하는데, 이 딸은 자신이 죄를 지었다기보다는 죄의 희생양입니다. 그러나 이 어린 딸에게도 엄마와 똑같은 잔인성이 보입니다. 왕 앞에서 대담하게 정욕을 일으키는 춤을 추었다는 것만 보아도 그렇습니다. 그 당시의 춤은 노예나 춤 전문가들이 추었던 것인데, 살로메가 이런 춤을 왕 앞에서 춘 것입니다. 아무리 어머니가 부탁했다고 해도 세례 요한의 목을 소반에 담아 달라고 요구한 것을 보면 대단히 독한 여자임을 알 수 있습니다. 이 여자들이 바로 세상의 딸들입니다. 이런 세상의 딸들이 우리 주위에 너무나 많습니다. 또한 헤롯과 같은 사람들이 우리 주위에는 많습니다. 이런 사람들이 정의를 살해하는 것입니다.

요한의 제자들이 와서 시체를 가져다가 장사하고 가서 예수께 아뢰니라(마 14:12).

이 말씀을 보면 예수님은 분명히 세례 요한의 모든 것을 다 아시고, 그가 어떻게 최후를 마쳤는지 잘 알고 계신 것이 분명합니다. 그렇다면 예수님은 어떤 반응을 보이셨습니까? 13절을 보니 "예수께서 들으시고 배를 타고 떠나사 따로 빈 들에 가시니 무리가 듣고 여러 고을로부터 걸어서 따라간지라"고 했습니다. 세례 요한의 죽음에 대한 소식을 듣고 예수님은 그곳을 떠나셨습니다. 이 사실이 우리를 당황하게 만듭니다. 예수님이 다른 행동을 하시지 않고 그냥 그곳을 떠나셨습니다. 왜 말 없이 조용히 떠나셨을까요? 깊이 생각해 보아야 합니다.

12

나눔이 오병이어의
기적을 만든다

마태복음 14:13-21

헤롯을 향한 침묵

헤롯이 예수님에 대한 적대감과 두려운 감정을 복합적으로 갖고 있을 때, 예수님은 어떤 반응을 보이셨는가가 앞장의 마지막 질문이었습니다.

> 예수께서 들으시고 배를 타고 떠나사 따로 빈 들에 가시니 무리가 듣고 여러 고을로부터 걸어서 따라간지라(마 14:13).

이 말씀을 보면 예수님이 헤롯을 상대하지 않으신 것을 볼 수 있습니다. 이런 모습은 후에 예수님과 헤롯이 다시 만나는 사건을 보아도 알 수 있습니다. 빌라도 재판에서 예수님이 헤롯에게 이송됩니다. 누가복음 23장 8절 이하에는 헤롯이 예수님을 무척 만나고 싶어 한 것으로 나타나 있습니다. '그렇게 많은 소문을 뿌리고 다니며, 그렇게 많은 기적을 베풀고 다니는 예수라는 이가 누굴까?' 헤롯은 이 예수님이 바로 죽은 세례 요한이 아닐까 하는 생각을 강하게 가졌던 것입니다.

> 여러 말로 물으나 아무 말도 대답하지 아니하시니 대제사장들과 서

기관들이 서서 힘써 고발하더라(눅 23:9-10).

헤롯이 아무리 예수님을 심문해도 예수님의 입에서는 한마디의 말도 들을 수가 없었습니다. 예수님은 헤롯을 피해 가셨습니다. 재판정에서 만났을 때에도 예수님은 침묵만 하시고 대답하지 않으셨습니다. 예수님은 누구든지 구원을 요청하는 사람에게는 거절하시는 법이 없었습니다. 그런데 헤롯에게는 철저히 침묵하고 피하십니다. 왜 그렇게 하셨을까요?

첫째, 헤롯이 이미 구원받기에는 너무나 절망적인 상태에 빠져 버렸기 때문입니다. 예수님을 저주하던 또 한 편의 십자가의 강도처럼 그는 철저하게 심령이 닫힌 사람이었습니다. 그래도 간섭하고 말하고 때릴 때는 소망이 있습니다. 그러나 아주 버릴 경우에는 침묵합니다. 역사상에는 헤롯과 같은 인물들이 많습니다. 네로나 히틀러, 스탈린 같은 사람들이 이런 부류에 속한다고 할 수 있습니다. 이해하기 어려운 일이나 사실입니다.

둘째, 누가복음 13장 31-33절에서 찾아볼 수 있습니다.

"곧 그때에 어떤 바리새인들이 나아와서 이르되 나가서 여기를 떠나소서 헤롯이 당신을 죽이고자 하나이다 이르시되 너희는 가서 저 여우에게 이르되 오늘과 내일은 내가 귀신을 쫓아내며 병을 고치다가 제삼일에는 완전하여지리라 하라 그러나 오늘과 내일과 모레는 내가 갈 길을 가야 하리니 선지자가 예루살렘 밖에서는 죽는 법이 없느니라."

이 말씀을 보면 분명히 헤롯은 예수님을 죽이려는 의도가 있었던 것을 알 수 있습니다. 그러나 예수님은 자기를 죽이려는 헤롯을 전혀 두려워 하지 않으셨습니다. 예수님은 이 말씀을 "헤롯이 나를 죽이지 못한다. 나의 사명을 다 감당하기까지 나는 죽지 않는다"는 뜻으로 말씀하셨습니다. 예수님은 조용히 자기 일을 하셨습니다. 적대적인 세력에 동요됨 없이, 거기에 흥분하거나 반응하지 않고 자기가 맡은 사역을 하셨습니다.

얼마나 확신 있고 초연한 태도입니까? 우리는 좋은 일을 하다가도 고난과 박해가 닥치면 쉽게 당황하고 주저합니다. 아무리 좋은 일이라도 오해가 있거나 압력이 들어오면, 그리고 그것이 자기의 유익과 상관이 있으면, 쉽게 물러서는 것이 우리 인간입니다. 우리가 죽음을 무릅쓰고 하는 일이 있습니까? 죽을지라도, 신명을 내어 하는 일이 우리에게 있어야 합니다. 왜 교회에 옵니까? 왜 예수를 믿습니까? 성공하기 위하여, 병 낫기 위하여, 세상에서 좀 더 잘 되기 위하여 부수적으로 교회를 다니는 사람이 있습니다. 어떤 것이 우선입니까? 죽음을 무릅쓰고라도 하는 일이 우리 생애에 있어야 합니다. 누가 물어도 우리의 갈 길을 가는 태도가 우리에게 있어야 합니다.

긍휼과 자비로 펴신 손길

13절의 말씀을 통해서 예수님의 모습을 좀 더 추적해 보겠습니다. '따로 빈 들에 가시니'라고 했는데, 이것은 예수님이 사람들을 피해서 조용하고 한가한 장소에 가셨다는 뜻입니다. 예수님도 조용히 홀로 계시며 쉬는 시간이 필요했습니다. 그런데 예수님은 잠깐의 휴식 시간조차 빼앗기신 것을 성경 말씀에서 볼 수 있습니다.

무리가 듣고 여러 고을로부터 걸어서 따라간지라(마 14:13).

그들이 가는 것을 보고 많은 사람이 그들인 줄 안지라 모든 고을로부터 도보로 그곳에 달려와 그들보다 먼저 갔더라(막 6:33).

많은 사람이 예수님이 쉬신다는 사실을 알고 쉬는 장소에까지 가서 기다리고 있었습니다. 이런 때 우리는 대개 화가 날 수밖에 없습니다. 그러나 예수님에게는 불평, 불만 대신에 그들을 향한 긍휼과 자비를 보이셨습니다.

예수께서 나오사 큰 무리를 보시고 불쌍히 여기사 그 중에 있는 병자를 고쳐 주시니라(마 14:14).

결국 예수님은 쉬는 시간을 포기하시고 말았습니다. 쉬는 대신 너무나 갈급하게 자기 병이 낫기를 원하는 사람들을 위해 다시금 구원의 손길을 펴신 것입니다.

예수께서 나오사 큰 무리를 보시고 그 목자 없는 양 같음으로 인하여 불쌍히 여기사 이에 여러 가지로 가르치시더라(막 6:34).

예수님은 병만 고쳐 주신 것이 아니라 가르치는 사역을 같이 하셨습니다. 그도 인간이신지라 식사도 못한 채 지치고 피곤했습니다. 그럼에도 불구하고 자기를 찾아온 사람들을 영접하여 고쳐 주시고, 천국 복음을 전하시는 모습 속에서 우리는 사랑과 긍휼과 자비가 넘치는 주님의 모습을 상상할 수 있습니다.

하나님의 시각으로 바라보신 예수님

15절에 '저녁이 되매'라고 기록되어 있는데, 상당한 시간이 흘렀음을 알 수 있습니다. 예수님은 식사도 못하신 채 저녁까지 천국 말씀을 전하시고 병을 고치는 데 전념하셨습니다.

저녁이 되매 제자들이 나아와 이르되 이곳은 빈 들이요 때도 이미 저물었으니 무리를 보내어 마을에 들어가 먹을 것을 사 먹게 하소서(마 14:15).

우리는 여기서 아주 중요한 것을 발견하게 됩니다. 즉 천국 복음의 놀라운 말씀이 선포되고, 앉은뱅이가 일어나고 맹인이 눈을 뜨고 귀머거리가 귀가 열리는 이 놀라운 영적 상황 속에서 현실적인 문제에 부딪쳤습니다. 배고픔의 문제가 드러난 것입니다.

병이 낫는 기적과 함께 천국 말씀이 선포되는 이런 상황 속에서만 살면 얼마나 좋겠습니까? 직장에도 가지 않고, 세상에서 인간들과 아우성치며 땀 흘려 가며 속일 것도 없이 교회에서만 살면 얼마나 좋겠습니까? 그러나 현실은 그렇지 않습니다. 배고픈 것이 현실입니다. 가정을 돌보아야 하고, 자녀를 학교에 보내야 하고, 세금도 내야 하고, 군대에도 가야 합니다. 이것이 우리의 현실입니다. 그래서 제자들은 말씀도 좋지만 이제 배고픈 현실로 돌아가자고 말한 것입니다.

이때 예수님이 이 현실에 어떻게 대처하셨습니까? "예수께서 이르시되 갈 것 없다 너희가 먹을 것을 주라"(마 14:16)고 하셨습니다. 이 얼마나 황당한 말씀입니까? 제자들은 합리적인 말을 했습니다. "흩어져 각자 알아서 사 먹게 할까요?" 그러나 예수님은 "갈 것 없다. 너희가 먹을 것을 주라"고 하셨습니다. 한두 사람도 아니고 오천 명이 넘는 사람에게 어떻게 먹을 것을 준다는 말입니까? 그러나 예수님은 그렇게 말씀하신 것입니다. 여기서 우리는 예수님이 무엇을 의도하셨는가를 발견해야 합니다. 두 가지 의도가 있습니다.

먼저, 교회가 세상과 세상 사람에게 영적인 것도 공급하지만 육적인 문제까지도 대답을 주어야 한다는 것입니다. 교회는 영적인 것만이 아니라 먹는 문제에도 관심이 있어야 하고 해결할 수 있어야 한다는 것입니다. 이러한 해답은 인간적인 시각에서 볼 때는 도저히 불가능한 일이지만 예수님은 그것을 하라고 명하셨습니다.

여기서 또 하나의 의도를 발견하게 됩니다. 제자들은 배고픈 문제를 인간적인 시각에서 보았습니다. 합리적인 시각, 경험적인 시각, 상식적인 시각에서 본 것입니다. 그러기에 해답이 없었습니다. 어떻게 오천 명을 먹일 수 있다는 말입니까? 빨리 흩어지게 하여 각자 사 먹게 하는 게 좋겠다는 것이 제자들의 입장이었습니다.

그러나 예수님은 하나님의 시각에서 이 문제를 보셨습니다. 맹인이 눈을 뜨고, 문둥병이 낫고, 죽은 자가 살아나는 것만이 아니라 먹는 것에도 하나님의 초자연적인 능력이 나타난다는 것을 보여 주려 하신 것입니다.

그러므로 염려하여 이르기를 무엇을 먹을까 무엇을 마실까 무엇을 입을까 하지 말라 이는 다 이방인들이 구하는 것이라 너희 하늘 아버지께서 이 모든 것이 너희에게 있어야 할 줄을 아시느니라 그런즉 너희는 먼저 그의 나라와 그의 의를 구하라 그리하면 이 모든 것을 너희에게 더하시리라(마 6:31-33).

여기에 예수님의 놀라운 의도가 있습니다. 어떤 사람은 기도만 하면 밥 먹여 주느냐고 조롱하는 사람도 있습니다. 그러나 예수님은 이 문제를 하나님의 시각에서 생각하고 계십니다. 하나님의 말씀을 진실로 믿고 순종하면 기적이 일어난다는 사실을 생각한 것입니다. 진실로 하나님을 신뢰하면 초자연적인 역사가 일어납니다. 구원의 문제, 병 고치는 문제뿐만 아니라 우리 삶의 문제에 있어서도 이런 기적은 일어납니다.

기적을 일으키는 데 필요한 씨

그러면 이런 기적이 하나님의 방법으로 어떻게 일어나고 있는지, 오병이어의 사건은 오늘을 살고 있는 우리에게 어떻게 적용되는지, 그 내용을 하나 하나 살펴보겠습니다.

> 제자들이 이르되 여기 우리에게 있는 것은 떡 다섯 개와 물고기 두 마리뿐이니이다(마 14:17).

보리떡 다섯 개와 물고기 두 마리는 한 사람의 점심에 불과한데, 여기에서 오천 명이 먹고도 남는 기적이 일어났습니다. 하나님이 기적을 일으키시는 데 씨가 필요했습니다. 하나님은 물론 만나를 내리실 수도 있었습니다. 그러나 그렇게 하시지 않았습니다. 하나님이 우리의 병을 고쳐 주실 때에도 믿음을 먼저 주십니다. "네가 보기를 원하느냐? 네 믿음대로 될 지어다"라고 하셨습니다. 그냥 기적을 베푸시는 것이 아니라 먼저 믿음을 갖게 하시고 그 믿음을 근거로 해서 기적을 베풀어 주시는 것입니다. 이것이 일반적인 방법입니다.

하나님은 지금 많은 사람에게 돈으로 사 먹게 하는 방법을 쓰지 않으십니다. "너희가 가지고 있는 것이 무엇이냐?"고 물으십니다. 사르밧 과부의 경우처럼 "너희 집에 있는 빈 기름병이라도 좋다. 한 줌의 밀가루라도 좋다"고 하십니다. 그것이 과부를 부자로 만들 수 있는 양은 아닙니다. 보리떡 다섯 개와 물고기 두 마리로 오천 명을 먹일 수는 없습니다. 그러나 그 사실이 중요합니다. 왜냐하면 하나님은 그 믿음을 통해, 그 씨를 통해, 극히 작은 것을 통해 기적을 베푸시기를 원하기 때문입니다.

하나님이 지금 우리에게 요구하시는 것은 어쩌면 보잘것없는 것일지 모릅니다. 하나님은 많은 양보다 정성을 더 중요하게 생각하십니다. 수많은 말보다 한 가지 행동을 더 중요하게 생각하십니다. 겉으로 나타나는 행동보다 그 행동을 하게 된 동기를 더 중요하게 생각하십니다. 축복이란 주는 자의 문제가 아니라 받는 자의 문제입니다. 주시는 분은 하늘의 곳간을 여시고 사랑하시는 자녀들에게 풍성하게 넘치도록 쏟아 주기를 원하십니다. 인간이 죄로 문을 닫아 놓고, 교만으로 문을 닫아 놓고, 축복의 그릇을 다 엎어 놓고 있으니 하나님이 축복을 부어 주실 수가 없는 것입니다.

"내가 너희를 위하여 내 아들 예수 그리스도를 십자가에 못 박혀 죽게까지 하였는데 제발 믿으라."

하나님은 인간에게 이렇게 요구하십니다. 하나님이 축복이 없어서 안 주시는 것이 아닙니다. 우리가 거부하고 제한하기 때문에 하나님의 축복이 우리를 통하여 역사하지 않는 것입니다. 하나님은 주기를 원하시지만, 우리가 믿음이 없고 교만하기 때문에 하나님의 축복이 들어갈 길이 없는 것입니다.

기적은 나누는 데서 일어난다

예수님은 이 작은 물질을 통해 기적을 일으키셨습니다.

이르시되 그것을 내게 가져오라 하시고 무리를 명하여 잔디 위에 앉히시고 떡 다섯 개와 물고기 두 마리를 가지사 하늘을 우러러 축사하시고 떡을 떼어 제자들에게 주시매 제자들이 무리에게 주니 다 배불리 먹고 남은 조각을 열두 바구니에 차게 거두었으며(마 14:18-20).

예수님은 오병이어를 가져오라 하시고 무리를 잔디에 앉게 하셨습니다. 그런 다음 떡을 가져다가 축사하셨습니다. 돈이라고 다 똑같은 돈이 아닙니다. 하나님의 축복이 있는 돈이 있고 하나님의 축복이 없는 돈이 있습니다.

성공이라고 다 성공이 아닙니다. 하나님이 축복해 주시는 성공이 있습니다. 예수님은 먼저 축사하시고 축복한 것을 나누어 주셨습니다. 이 어린아이가 보리떡 다섯 개와 물고기 두 마리를 먹어버렸다면 한 사람은 배불렀을 것입니다. 그러나 오천 명은 굶게 됩니다. 제자들에게 이 떡을 주었을 때 제자들이 자기들끼리 먹어 버렸다면 기적은 일어나지 않고 끝났을 것입니다. 기억하십시오. 기적은 나누는 데서 일어납니다.

하나님이 축복하신 것을 나눌 때에 기적이 일어납니다. 인간의 머리와 방법으로는 이해할 수 없는 초자연적인 역사들이 물질세계에 일어납니다. 이것은 노력을 배제하자는 것도 아니고 인간의 책임을 무시하자는 것도 아닙니다. 하나님의 축복과 나눔이 있을 때 이런 일들이 일어난다는 것입니다. 우리가 세상을 변화시키는 원리가 바로 여기에 있습니다. 밥 한 그릇을 먹으면 나 혼자 먹고 끝나지만 그것을 나누면 오천 명이 배부릅니다. 냉수 한 그릇, 동전 하나라도 나누어 줄 때 배고프고 병든 사람, 고통 중에 있는 수많은 사람을 살리는 기적이 될 수 있다는 것입니다.

이것이 오병이어의 기적입니다. 우리가 내는 작은 헌금이 여러 생명을 살릴 수 있습니다. 나 혼자 먹어 버리면 점심 한 끼입니다. 그러나 기도하고 나누면 사람이 사는 것입니다. 오병이어의 기적이 이 세상에 대한 얼마나 현실적이고 구체적인 하나님의 방법인 가를 우리는 알 수 있습니다. 우리가 기도하고 나누는 것이 비록 작은 것이라 할지라도 온 나라에 놀라운 역사를 일으킬 수 있습니다. 우리가 내는 적은 액수의 헌금, 구제 물품이 무슨 의미가 있겠 느냐고 말하지 마십시오. 그것으로 배고픈 영혼이 배부를 수 있습니다. 우리가 내는 선교헌금, 주일헌금, 거기에 민족을 살리고 역사를 변화시킬 수 있는 엄청난 하나님의 능력이 있습니다.

하나님의 경제 원리
마지막으로 생각할 것은 기적이 일어난 후의 문제입니다.

> 다 배불리 먹고 남은 조각을 열두 바구니에 차게 거두었으며
> (마 14:20).

오천 명이 넘는 사람들이 배불리 먹었습니다. 그들이 얼마나 행복했겠습니까? 사람이 영적 만족 없이 배만 부르면 그것은 돼지와 같습니다. 그런데 지금 이들은 영적으로 만족하고 육신적으로도 배불렀습니다.

그러나 중요한 것은 음식을 마음껏 먹고 부스러기를 주웠다는 것입니다. 먹고 배부를 수 있습니다. 하나님의 기적을 체험할 수

있습니다. 그러나 부스러기를 모으는 것은 어렵습니다. 본문 말씀에 배불리 먹고도 열두 광주리가 남았다고 했습니다. 이것이 하나님의 경제요, 하나님의 관리방법이요, 하나님의 절제입니다. 하나님은 우리에게 풍성하게 주십니다. 그러나 불필요하게 낭비하고 소비하는 것은 원하지 않으십니다.

내 돈 가지고 내 마음대로 산다고 큰소리치지 마십시오. 그 돈은 누가 준 돈입니까? 누가 준 축복입니까? 필요해서 쓰는 것은 하나님이 기뻐하십니다. 그러나 낭비하는 것은, 부스러기를 모으지 않고 버리는 것은 하나님의 뜻이 아닙니다. 불필요하게 음식을 많이 만들어서 낭비하는 것도, 식도락을 너무 즐기는 것도 좋지 않습니다. 욕심을 만족시키기 위해 필요 이상의 의상을 입는 것도 하나님이 원하지 않으십니다. 새로 나온 차에 집착하는 것, 커튼을 매달 바꾸는 것은 부스러기를 거두는 정신이 아닙니다. 하나님은 축복을 차고 넘치게 주십니다. 그러나 낭비하거나 과소비해서는 안 됩니다. 그것을 필요한 사람에게 나눠 주어야 합니다. 세 끼니 먹고 자녀교육 시키고도 남는 것은 반드시 나누어야 합니다. 그것이 오병이어를 나누는 것입니다. 이 세상에서 가장 불쌍한 사람은 남에게 베풀 줄 모르는 사람, 받기만 하는 사람입니다. 자기만을 생각하고 자기중심적인 생각을 하는 사람입니다.

먹은 사람은 여자와 어린이 외에 오천 명이나 되었더라(마 14:21).

어떤 사람은 이 숫자가 불가능한 숫자라고 합니다. 과장법을 썼다고도 합니다. 그것은 신앙 고백이지 사실이 아니라고도 합니다. 홍해가 갈라진 것, 예수님이 물 위를 걸어가신 것, 예수님의 부활이 불가능하다고 말합니다. 그런데 하나님은 우주를 창조하신 분입니다. 그러니 이 정도의 일을 못 하시겠습니까? 나를 지으신 분이 이런 기적을 행하지 못하시겠습니까? 이것보다 더 큰 기적을 베푸시는 분임을 믿습니다. 그분이 하나님이십니다.

13

물뿐 아니라
하늘도 걸어라

마태복음 14:22-33

정치적 메시아를 꿈꾼 군중

보리떡 다섯 개와 물고기 두 마리로 오천 명을 배불리 먹게 하신 후에 예수님은 급히 제자들을 재촉하여 내보내셨습니다. 그리고 거기에 모여 있던 수많은 무리를 흩으셨습니다.

> 예수께서 즉시 제자들을 재촉하사 자기가 무리를 보내는 동안에 배를 타고 앞서 건너편으로 가게 하시고(마 14:22).

이 말씀을 통해 우리는 어떤 특별한 상황이 벌어지고 있는 것을 알 수 있습니다. 오병이어의 기적이 일어났습니다. 오천 명이 먹고도 열두 광주리가 남았습니다. 그런데 왜 예수님이 제자들을 급히 보내셨을까요? 왜 모여 있는 군중을 순식간에 흩어 버리신 것일까요? 바로 위기가 생겼기 때문입니다. 예수님을 박해하고 죽이려는 세력이 갑자기 나타난 위기가 아니라, 보리떡 다섯 개와 물고기 두 마리로 배불리 먹은 군중이 예수님을 임금으로 삼으려 하는 위기가 발생한 것입니다.

요한복음 6장 14-15절에 이 사실이 좀 더 자세히 기록되어 있습니다.

"그 사람들이 예수께서 행하신 이 표적을 보고 말하되 이는 참으로 세상에 오실 그 선지자라 하더라 그러므로 예수께서 그들이 와서 자기를 억지로 붙들어 임금으로 삼으려는 줄 아시고 다시 혼자 산으로 떠나 가시니라."

예수 그리스도를 그들의 정치적 메시아로, 세상 임금으로 삼아야겠다는 혁명적인 분위기가 무리 가운데 역사한 것입니다. 그들은 지금처럼 먹고 살기 어려운 때에 보리떡 다섯 개와 물고기 두 마리로 오천 명을 배불리 먹일 수 있는 이분을 우리의 왕으로, 민중의 어떤 세력으로 만든다면 분명히 변화가 있으리라고 생각했습니다.

요즘 세상은 민중을 아주 위대한 역사의 주체로 생각하는 것이 유행이 됐습니다. 이 오천 명의 무리가 현대 용어로는 민중입니다. 그러나 그들은 어리석게도 예수 그리스도를 오해했습니다. 그리고 기적을 체험한 이들이 나중에는 예수님을 죽이는 장본인이 됩니다. 이것이 민중의 실상과 허상입니다. 그러나 많은 사람은 이 허상을 붙들고 민중혁명을 일으키려고 생각했습니다.

다음으로 이 본문을 보면 예수님은 민중을 사랑하셨습니다. 부자 편에 있기보다는 가난한 자 편에, 소외계층 편에 함께 계셨습니다. 그들과 함께 먹었고, 그들과 함께 나누었고, 특별히 그들의 마음속에 언제나 함께 계셨습니다. 예수님은 언제나 창녀와 세리와 소외계층에게 애정이 있으셨습니다. 그러나 놀랍게도 예수님은 한 번도 민중이 원하는 대로 움직이지 않으셨다는 사실입니다. 예수님의 설교를 들으려고 수많은 사람이 몰려왔습니다. 예수님은 그들을 위로하셨고 그들에게 은혜를 베풀어 주셨지만 그들 말대로 끌려 다니지는 않으셨습니다. 예수님은 무리가 자신을 왕으로, 정치적 메시아로 삼으려는 것을 미리 아시고 먼저 제자들을 흩어 버리셨습니다. 흥분 잘하는 제자들을 재촉하여 민중보다 먼저 배로 떠나게 하셨습니다. 그 다음에 군중을 설득하여 조용히 해산하게 만드셨습니다.

요즘 세상은 예수님의 태도와는 전혀 다른 모습임을 발견합니다. 오히려 조용히 침묵하는 민중을 선동하여 자기의 정치적 야심을 채우려는 사람들이 우리 주위에 너무나 많습니다. 그들은 한결같이 국민의 뜻이라고 말합니다. 그리고 자신이 진정한 애국자요, 영웅이라고 외칩니다.

위기 앞에서 드리는 기도

이 말씀에서 또 한 가지 예수님의 새로운 모습을 보게 됩니다. 예수님은 제자들과 청중을 해산시키신 다음 조용히 산으로 올라가 기도하셨습니다.

무리를 보내신 후에 기도하러 따로 산에 올라가시니라 저물매 거기

혼자 계시더니(마 14:23).

청중을 흩으시고, 인기를 거절하시고, 민중혁명을 거부하시고, 예수님은 산에 올라가 기도하셨습니다. 예수님은 위기 때마다 기도하셨습니다. 예수님은 기도하는 분이십니다. 삼십 년 동안 준비하신 후 공식적으로 천국 사역을 시작하실 때 예수님은 광야에 가서서 40일간 금식기도를 하셨습니다. 십자가를 질 때가 다가왔을 때 예수님은 인간적으로는 십자가를 지고 싶은 마음이 없었습니다. "주님, 이 십자가를 꼭 져야 합니까?" 위기에 부딪쳤을 때, 마귀와 싸우는 위기가 아니라 자기 자신과 싸워야 하는 위기에 부딪쳤을 때 예수님은 겟세마네 동산에 올라가 무릎 꿇고 기도하셨습니다.

내 아버지여 만일 할 만하시거든 이 잔을 내게서 지나가게 하옵소서 그러나 나의 원대로 마시옵고 아버지의 원대로 하옵소서(마 26:39).

예수님은 가장 큰 문제가 자기 자신임을 아셨습니다. 그때 예수님은 무릎 꿇고 기도하셨습니다. 인간에게 호소하지 않고 하나님에게 호소하셨으며, 사람의 숫자와 민중 세력에 의지하지 않고 하나님의 경륜과 섭리에 의탁하신 것입니다.

여기에 우리가 배워야 할 말씀이 있습니다. 바쁘고 일이 많을수록 더 기도해야 한다는 사실입니다. 쫓길수록 조용한 시간을 가져야 합니다. 수많은 청중과 수많은 인기와 함성 소리 가운데 있어서는 안 됩니다. 사람을 떠나고 장소를 떠나서 무릎 꿇고 하나님에게 기도해야 합니다. 결혼하려는 분이 있으면 금식하고 기도해야 합니다. 군대에 간 자녀가 있습니까? 사업을 새로 시작하려는 사람이 있습니까? 생애에 중요한 결정을 하려는 분이 있습니까? 흥분하지 마십시오. 사람 쫓아다니지 마십시오. 기도하십시오. 기도가 잘 안 되면 금식해야 합니다. 예수님은 새벽기도를 하셨습니다. 새벽 오히려 미명에 기도하셨다고 했습니다. 예수님은 밤이 맞도록 기도하셨습니다. 이는 철야기도입니다. 혼자 기도하시기 힘들면 제자들을 동원하여 합심 기도를 하셨습니다. 이분이 예수 그리스도십니다.

축복과 고난이 대비되는 인생

다음으로 생각할 것은 먼저 떠난 제자들이 어떻게 되었는가 하는 것입니다.

배가 이미 육지에서 수 리나 떠나서 바람이 거스르므로 물결로 말미암아 고난을 당하더라 밤 사경에 예수께서 바다 위로 걸어서 제자들에게 오시니(마 14:24-25).

예수님의 말씀대로 제자들은 배를 타고 그곳을 떠났습니다. 건너편으로 가기 위해 육지에서 수 리나 떨어진 지점에 도달했을 때 갑자기 돌풍이 일어났습니다. 이 돌풍은 지중해에서 가끔 발생하는 특별한 현상인데, 엄청난 파도를 일으키는 강한 바람 때문에 한 치 앞을 볼 수 없습니다. 몇 시간 노를 저어도 1미터를 전진하지 못하는 심각한 상황이 벌어집니다.

밤 사경은 새벽 네 시에서 여섯 시에 해당하는 시간입니다. 제자들이 떠날 무렵은 초저녁이었습니다. 그런데 밤 사경 때까지 고생했다는 것을 보면 제자들이 얼마나 고통스러웠을지 짐작할 수 있습니다. 아마 그들은 지치고 기진했을 것입니다. 죽음에 대한 공포가 엄습했을 것입니다. 여기에 아주 극적인 대조가 있습니다. 불과 몇 시간 전에는 오천 명을 먹이고도 열두 광주리가 남는 기적을 목격한 사람들이었습니다. 그런데 바로 그다음 순간에 죽음의 위기에 놓이게 된 것입니다.

이처럼 축복과 고난은 대비되어 나타납니다. 성령의 불세례를 받고, 기적을 체험하고, 병이 낫고, 죽었다 살아나는 놀라운 성령의 역사를 체험하는 사람이 있습니다. 그러나 바로 그다음 순간에 죽게 되는 경험을 하는 수가 있습니다. 은혜를 받고 기뻐하다가 다음 순간에 정반대 경험이 나타나는 것입니다. 이것이 바로 그리스도인이 겪는 축복과 고난의 두 주제입니다. 이것이 우리 인생의 단면입니다. 모든 것이 잘되고 평안했는데 어느 날 생각지도 못한 풍랑과 파도에 덮여 꼼짝 못하는 경우가 있습니다. 실로 만감이 교차하는 순간입니다.

우리에게 위기와 고난이 닥칠 때 우리는 주님이 계시지 않는 것처럼 느끼게 됩니다. 또 계신다 할지라도 꼭 주무시는 것처럼 느낄 때가 많습니다. "하나님, 왜 이런 위기와 고난과 아픔이 나에게 닥칩니까? 왜 내가 이것을 겪어야 합니까?"라고 말하며 당황할 때가 많습니다.

밤 사경에 제자들 곁에 오신 예수님

그다음 상황은 이렇습니다.

> 밤 사경에 예수께서 바다 위로 걸어서 제자들에게 오시니 제자들이 그가 바다 위로 걸어오심을 보고 놀라 유령이라 하며 무서워하여 소리 지르거늘(마 14:25-26).

밤 사경에, 폭풍 속에서 절망하고 지치고 구원의 가능성이 전혀 없는 캄캄한 때에 주님이 나타나셨습니다.

고린도전서 10장 13절에서 "사람이 감당할 시험밖에는 너희가 당한 것이 없나니 오직 하나님은 미쁘사 너희가 감당하지 못할 시험 당함을 허락하지 아니하시고 시험 당할 즈음에 또한 피할 길을 내사 너희로 능히 감당하게 하시느니라"고 했습니다. 어떠한 고난이 온다 할지라도 염려하지 마십시오. 우리는 반드시 고난을 이기게 되어 있습니다. 시험을 이기게 되어 있습니다. 만약에 우리가 그 시험을 이길 수 없다면 하나님이 피할 길을 주실 것입니다. 지난 번 풍랑 때는 주무시고 계시는 주님을 깨워서 풍랑을 잠잠하게 했지만, 지금은 주무시는 예수님도 계시지 않습니다. 그러나 이제 밤 사경이 되어서 마지막 순간이 되었을 때 놀랍게도 주님이 나타나셨습니다. 피할 길을 주신 것입니다. 시험을 감당하지 못할 때에는 피할 길을 주시는 예수님을 목격하게 됩니다.

여기서 밤 사경에 나타나셨다는 말 속에는 여러 가지 뜻이 내포되어 있습니다. 두려움과 무서움에 쫓겨 잠을 잘 수가 없어 깊은 밤까지 고민하며 고통 중에 있을 때 예수님이 나타나신다면 얼마나 충격이겠습니까? 밤 사경에 예수님이 나타나셨다는 것은 사랑을 의미합니다. 놀라운 사랑입니다. 모두 다 잠자고 쉬는 바로 그 시간에 예수님은 물 위를 걸어오셔서 불의의 고난 가운데 있는 제자들을 만나 주셨습니다. 이것은 하나님은 나를 사랑하셔서 방법과 시간과 공간을 초월하고, 희생의 대가 여부를 초월하여 언제든지 나에게 찾아오신다는 뜻입니다.

밤 사경에 예수님이 물 위로 걸어오셨다는 것의 또 하나의 의미는 인간의 절망의 때에 하나님은 정확하게 나타나신다는 것입니다. 그들은 밤새도록 최선을 다했을 것입니다. 자신들의 경험을 다

동원했을 것입니다. 그 상황이 얼마나 답답했겠습니까? 얼마나 간절히 기도했겠습니까? 그런데 더 이상 버틸 힘이 없었습니다. 밤 사경이라는 말은 인간의 한계에 다다른 것을 의미합니다. 여기서 우리는 겸손을 배우게 됩니다. 인간의 끝이 하나님의 시작이라는 원리를 발견하게 됩니다. 인간의 절망과 패배는 곧 하나님의 소망과 승리입니다. 우리가 포기해야 하나님이 움직이기 시작하십니다. 우리의 교만이 꺾어지는 바로 그 순간에 하나님의 은혜가 물밀듯이 밀려오기 시작합니다.

사람들이 고통과 두려움에 빠져 있을 때 흔히 '하나님은 나를 버리셨다' 또는 '하나님이 주무시고 계신다' 혹은 '나에게는 관심이 없으시다'고 느끼게 됩니다. 그러나 사실은 정반대입니다. 우리가 고난과 절망에 빠져 있을 때 하나님은 제일 가까이 계십니다. 건강한 자식에게는 부모가 멀리 있을지라도 병들어 죽어가는 자식에게는 부모가 가까이 있는 것과 마찬가지입니다. 그런데 그렇게 가까이 있음에도 불구하고 그 아들이 부모가 옆에 있는 것을 모르는 까닭은 병이 너무 심해서 그런 것입니다. 예수님은 실패와 고난 속에 함께 계십니다. 우리가 절망하고 죽어가고 이제 끝이라고 생각할 때 하나님은 움직이고 계십니다.

끊임없이 우리를 보고 계시는 예수님

이제 물 위를 걸어오시는 예수님에 대해 생각해 보겠습니다. 예수님은 해질 무렵에 제자들과 군중을 보내시고 산에 올라가서서 조용히 기도하셨습니다. 그리고 지금은 밤 사경입니다. 그 사이의 많은 시간 동안 예수님은 해변가를 계속 걷고 계셨음이 틀림없습니다. 예수님이 밤 사경에 갑자기 나타나신 것이 아니라 계속 제자들을 추적하고 계셨던 것입니다. 풍랑을 만나는 것을 예수님이 보고 계셨습니다. 그들은 배를 타고 갔지만 예수님은 해변가를 걸어가시면서 제자들 쪽으로 가고 계셨던 것입니다. 그리고 결정적인 순간에 그들에게 걸어가셨습니다. 산에서 순간적으로 가신 것이 아니라 바닷가에서 가신 것입니다. 예수님은 끊임없이 제자들을 추적하고 계셨습니다.

지금도 예수님은 끊임없이 우리를 추적하고 계십니다. 무서움과 고난과 패배 속에 하나님을 잃어버리고 방황하는 우리를 하나님은 외면하지 않으십니다. 사랑하기 때문에 더욱 관심을 가지고 추적하십니다. 주님은 한 번도 우리에게서 눈을 떼신 적이 없습니다. 그분은 지금도 하나님 우편에서 우리를 위해 기도하고 계시며, 우리의 형편을 알고 계시며, 우리의 눈물을 보고 계십니다.

또 한 가지 물 위를 걸어오시는 예수님에 대해 생각할 것이 있습니다. 물 위를 걸었다는 것은 자연 세계에 있어서는 도저히 있을 수 없는 불가능한 일입니다. 베드로가 물 위를 걷다가 바람과 풍랑 때문에 물에 빠졌다고 한 것을 보면 이 바다가 굉장히 격동하고 있는 바다임을 알 수 있습니다. 이런 상황에서 예수님이 물 위를 걸어오신 것입니다.

이성으로, 경험으로, 상식으로 생각해 보면 있을 수 없는 일입니다. 그러면 성경 기록이 잘못된 것입니까? 어떤 합리주의자는 이해할 수 없기 때문에 '물 위로'라는 전치사를 분석하여, 물 위를 걸은 것이 아니라 해변가를 걸은 것인데 사람들이 환상 속에서 꼭 물 위를 걸어온 것처럼 느낀 것이라고 해석했습니다. 그러나 배는 이미 육지에서 수 리를 떠나 있다고 하였고, 베드로가 물에 빠졌다고 했습니다. 이것은 한 점 의심할 여지가 없을 뿐 아니라 하나님은 그 이상의 일도 하실 수 있습니다. 예수님이 하늘을 날았다고 해도, 바다 속으로 들어갔다고 해도 우리는 믿을 수 있습니다. 예수님은 그렇게 하실 수 있는 분입니다.

물 위를 걷는 기적

그러면 예수님이 물 위를 걸어오신 것에는 무슨 의미가 담겨 있습니까? 두 가지를 찾아볼 수 있습니다.

첫째는, 예수님이 바람과 파도를 정복하셨다는 것입니다. 지난번에는 바람과 파도를 꾸짖어 잠잠하게 하셨습니다. 그러나 지금은 거센 바람을 뚫고 성난 파도를 발로 밟고 걸어오신 것입니다.

살아 있는 사람에게는 누구나 문제가 있습니다. 문제가 없으면 살아 있는 사람이 아닙니다. 살아 있다는 것은 고민이 있고 괴로움이 있고 질병이 있고 아픔이 있고 부딪쳐야 할 많은 문제가 있다는 것입니다. 그러나 중요한 것은 '그 문제를 머리에 이고 있느냐, 발 아래 깔고 있느냐' 그 차이입니다.

어떤 사람은 수고하고 무거운 짐을 계속 이고 삽니다. 자기가 문제 많은 것을 자랑하고 다니는 사람도 있습니다. 또 어떤 사람은 교회 와서 문제 보따리를 다 풀어놓았다가 끝나고 나갈 때 다시 싸가지고 갑니다. 우리 그리스도인은 문제를 피할 생각을 하지 말고 문제를 발밑에 두고 밟아 버려야 합니다. 감당할 수 없는 모든 염려와 근심과 걱정을 내 머리에서부터 발밑으로 내려오게 하는 것입니다. 파도를 정복하신 예수님, 환경을 지배하신 예수님, 모든 문제를 지배하시고 정복하신 예수님처럼 말입니다.

둘째는, 그리스도인의 삶이란 마치 물 위를 걷는 것처럼 불가능한 삶을 사는 것이라는 사실입니다. 가능한 삶을 사는 것은 그리스도인의 삶이 아닙니다. 예수님이 물 위를 걸어가신 것처럼 우리는 마음을 극복할 수 있습니다. 용서할 수 없는 사람을 용서하게 됩니다. 죄를 극복할 수 있습니다. 이것은 물 위를 걸어가는 것보다 더 놀라운 기적이 될 수 있습니다. 그리스도인은 세상 사람이 하지 못하는 봉사와 구제를 합니다. 가난한 자, 병든 자를 찾아다니고 자기의 명예와 재산을 희생하면서 아무 이익도 없는 일을 열심히 합니다. 아무도 칭찬해 주지 않아도 그 일을 합니다. 세상 사람은 칭찬해 주는 그 무엇이 있기 때문에 그 일을 합니다. 그러나 그리스도인은 조건 없이, 이름 없이 합니다. 바로 이것이 초자연적인 삶입니다. 인간의 죄로 물든 본능대로 살지 않고 놀라운 성령의 세계 속에서 아름다운 삶을 사는 것입니다.

"안심하라, 나니 두려워하지 말라"

예수님이 물 위를 걸어오셨을 때 제자들의 반응은 어떠했습니까? "제자들이 그가 바다 위로 걸어오심을 보고 놀라 유령이라 하며 무서워하여 소리 지르거늘"(마 14:26)이라고 했습니다. 그들이 얼마나 놀랐겠습니까? 지칠 대로 지치고, 배고프고, 절망적인 상황에서 어떤 사람이 물 위를 걸어오는 것을 목격했을 때 그들은 그분이 예수님이신 것을 생각지도 못했습니다. '막상 예수님이 오실 때 우리는 예수님을 영접하지 못하고, 막상 주님이 기적을 일으키실 때 그 기적을 믿음으로 받아들이지 못하는 것은 아닐까?'라는 생각이 듭니다. 주님이 정말 오시면 주님이라고 안 믿을지도 모릅니다. 우리가 얼마나 상식적이고 일상적이고 경험적이고 합리적인 틀 속에서만 살고 있는지 모릅니다.

물 위를 걸어오시는 예수님을 보고 놀란 제자들에게 예수님은 어떻게 하셨습니까?

예수께서 즉시 이르시되 안심하라 나니 두려워하지 말라(마 14:27).

인간이 자기 힘으로 감당할 수 없을 때, 모든 것이 끝이라고 생각했던 그 순간에 주님은 유령처럼 오셔서 상황을 반전시켜 주십니다. 하나님은 마지막에 이기십니다. 그러니 우리는 절대로 포기하지 말아야 합니다. 끝까지 하나님을 신뢰하고 따라야 합니다. 죽어가는 순간에도 하나님을 신뢰해야 합니다. 마지막 순간에 예수님이 나타나셔서 반전시켜 주십니다. 하나님은 홍해를 가르시고, 하늘에서 만나를 내리시고, 불을 내리시고, 놀라운 기적을 베풀어 주시면서 우리를 사랑하십니다. 우리를 구원하십니다. "안심하라 나니 두려워하지 말라"고 말씀하십니다.

14

반석 같은 믿음도
추락은 한순간이다

마태복음 14:22-33

제자들이 바다 한가운데에서 폭풍과 파도를 만나 절망하고 있을 때 예수님은 물 위로 걸어오셔서 그들을 만나 주셨습니다. 그리고 "안심하라 나니 두려워하지 말라"고 말씀하셨습니다. '나니'라는 말씀을 하셨는데, 하나님이 그분 자신을 표현하실 때 쓰는 용어가 바로 '나'입니다. 출애굽기 3장 14절에서도 "당신은 누구십니까"라는 물음에 대해 하나님은 "나는 스스로 있는 자이니라"는 표현을 쓰셨습니다. 특별히 요한복음에서는 예수님이 "나는 무엇이다"라는 표현을 많이 쓰셨습니다. "안심하라 나니 두려워하지 말라." 얼마나 놀랍습니까? 우리 믿음의 근거가 얼마나 확실합니까? 예수님이 친히 "나다"라고 말씀하셨습니다. 주님이 오늘도 우리에게 이 말씀을 하고 계십니다.

기적 앞에서도 믿지 못한 제자들

예수님이 이렇게 말씀하셨을 때 제자들, 특별히 베드로의 반응은 어떠했습니까? 실수도 많고, 인간적이고, 미성숙한 베드로는 "주여 만일 주님이시거든 나를 명하사 물 위로 오라 하소서"(마 14:28)라고 했습니다. 여기서 우리는 베드로의 불신앙적인 태도를 발견하게 됩니다. 물 위를 걸어오시는 예수님을 두 눈으로 보면서도 베드로는 믿지 못했습니다. 다른 제자들도 마찬가지였습니다. 그들은 예수님을 보고 유령이 아닌가 두려워하고 소리 질렀습니다. 베드로와 제자들은 불과 몇 시간 전에 한 어린아이가 가져온 보리떡 다섯 개와 물고기 두 마리로 오천 명이 배불리 먹는 기적을 체험했습니다. 그런데 지금 주님이 물 위를 걸어오시는 새로운 기적 앞에서 그들은 또다시 불신앙에 빠져 당황하고 두려워한 것입니다.

여기서 우리는 믿음이란 단순히 기적을 목격하고 체험한다고 해서 생기는 것이 아님을 알게 됩니다. 어떤 사람은 "하나님을 보여 주신다면 하나님을 믿겠습니다"라고 말합니다. 어떤 사람은 "이 불치병을 고쳐만 주신다면 하나님을 믿겠습니다"라고 하고, 또 어떤 사람은 "이 문제를 해결해 주시면 하나님을 믿겠습니다"라고 말합니다. 그러나 그렇지 않습니다. 베드로를 보니 더더욱 그렇지 않습니다.

오병이어의 기적을 체험하고도, 물 위로 걸어오신 주님을 지금 두 눈으로 목격하고 있으면서도 "주여, 당신이 주님이십니까?"라고 질문한 것을 보면 기적을 본다고 해서 반드시 믿는 것은 아님을 알게 됩니다. 하나님을 보여 주면 믿겠습니까? 그래도 믿을 사람은 믿고 안 믿을 사람은 안 믿습니다. 앉은뱅이가 일어났다고 다 믿을 것 같습니까? 그렇지 않습니다. 기적을 보고 믿음이 생기는 것이 아니라 믿음이 있기에 기적이 보이고, 믿음이 있기에 기적으로 해석되는 것입니다. 그러므로 믿음이란 먼저 하나님을 신뢰하고 예수 그리스도를 나의 주, 나의 하나님으로 영접하는 것을 의미합니다. 예수님에 대한 신뢰와 믿음이 생겼을 때 모든 기적은 의미가 있으며 구원이 임하게 됩니다.

베드로에게 기회를 주신 예수님

이러한 베드로의 태도에 대해 예수님은 어떻게 응답하셨습니까?

> 오라 하시니 베드로가 배에서 내려 물 위로 걸어서 예수께로 가되 (마 14:29).

두려워하며 예수님을 의심하는 제자들, 특별히 베드로에게 주신 예수님의 응답은 즉시 오라는 것입니다. 예수님은 지금 베드로가 믿음이 없는 것을 알고 계십니다. 그럼에도 불구하고 베드로에게 기회를 주셨고 축복해 주셨습니다. 왜 예수님이 베드로에게 오라고 하셨을까요? 여기에는 두 가지 이유가 있습니다.

첫째는, 예수님이 베드로를 깊이 사랑하셨기 때문입니다. 믿음이 없을지라도 하나님은 우리를 사랑하십니다. 그러므로 믿음보다 더 위대한 것은 사랑입니다. 그러나 믿음이 없으면 구원이 없습니다. 둘째는, 이러한 실수를 통해 참 믿음을 가르쳐 주시기 위해서였습니다. 사실 베드로는 예수님을 사랑했습니다. 사랑하지 않았다면 그는 그물을 버리고 예수님을 따라가지 않았을 것입니다. 베드로는 아직 성령 충만한 성숙한 믿음이 없었고 겁도 많고 호언장담도 잘했습니다. 그렇지만 예수님은 베드로를 버리지 않으셨습니다. 자격 없는 베드로, 믿음 없는 베드로, 큰소리 잘 치는 충동적인 베드로를 예수님은 받아 주셨던 것입니다. 어쩌면 우리는 베드로처럼 믿음도 불안하고 미성숙하고 허물 많고 근심 걱정이 많은 사람일지도 모릅니다. 그러나 오늘 예수님이 응답해 주시는 이 말씀을 보면 염려할 것이 없습니다. 주님은 "오라" 하시면서 우리를 영접해 주시기 때문입니다.

이러한 예수님의 응답에 대해 베드로는 어떻게 행동했습니까?

"오라 하시니 베드로가 배에서 내려 물 위로 걸어서 예수께로 가되."

베드로는 바다에서 잔뼈가 굵은 사람입니다. 물 위를 걸을 수 없다는 것을 누구보다도 잘 알았습니다. 그러나 지금 이 상황에서 그는 물 위로 뛰어내렸습니다. 그리고 물 위를 걷기 시작한 것입니다. 예수님이 물 위를 걸었다는 사실을 우리는 이해할 수 있습니다. 그러나 베드로가 물 위를 걸었다는 것은 이해하기 어려운 일입니다. 하지만 본문 말씀을 보면 베드로가 예수님의 말씀을 듣고 행동으로 옮겼을 때 물 위를 걷게 되었다는 사실입니다. 물이 변하여 포도주가 된 것처럼 물 위를 걸을 수 없는 베드로가 물 위를 걷는

다는 것, 이것이 기독교의 본질에 해당합니다.

예수님이 베드로로 하여금 물 위를 걷게 하셨다는 사실은 무엇을 의미합니까? 그것은 예수님이 사탄을 이기고 죄와 세상의 유혹과 시험을 이기신 것처럼 예수님의 말씀을 듣고 순종하는 사람에게도 예수님과 똑같은 기적과 축복이 있을 수 있다는 것을 보여 주는 것입니다.

베드로가 물 위를 걸을 수 있었던 이유

베드로가 어떻게 물 위를 걸을 수 있었습니까?

첫째, 말씀의 능력 때문입니다. 예수님이 "물 위로 걸어오라"고 말씀하셨습니다. 말씀이 있었기 때문에 그 말씀에 근거하여 행동했을 때 베드로는 물 위를 걷는 기적을 체험하게 된 것입니다. 어떤 사람이 이 성경 본문을 읽고 베드로가 물 위를 걸었으니 나도 할 수 있겠다고 생각합니다. 이 사람은 성경을 의심하지 않는 사람입니다. 그래서 그는 40일간 금식하고 기도하며 준비합니다. 그런 다음 바다에 갔습니다. 물 위로 발을 옮겼습니다. 다음 순간 그는 물속에 빠지고 말았습니다. 왜 그렇게 되었을까요? 그의 행위가 자기 생각에서 나온 것이기 때문입니다.

베드로가 물 위를 걸은 것은 예수님이 물 위를 걸으시니 나도 물 위를 걸을 수 있다고 생각했기 때문이 아니었습니다. 걸어오라는 예수님의 말씀이 있었고, 그 말씀을 의지하여 물 위로 발을 옮겼기 때문에 그렇게 된 것입니다. 이것은 자기 생각이나 신념과는 다른 것입니다. 베드로가 어느 날 밤이 새도록 고기 한 마리 잡을 수 없었을 때 예수님이 그물을 깊은 데로 던지라고 말씀하셨습니다. 베드로는 "말씀에 의지하여 내가 그물을 내리리이다"(눅 5:5) 하고 그물을 내렸는데 그물이 찢어지도록 많은 물고기를 잡았습니다. 이것이 바로 말씀에 대한 신뢰입니다. 내가 추측하고, 내가 생각하고, '이렇게 될 것이다'라고 자기 최면을 건 것이 아니었습니다. 하나님의 말씀이 있었고 그 말씀은 곧 능력이기 때문에 거기에 순종했을 때 물 위를 걸을 수 있었던 것입니다.

둘째, 노도광풍을 보지 않고 물 위에 서 계신 예수님만 바라보았기 때문입니다. 예수님이 물 위에 서 계시다는 이 엄청난 사실 앞에서 베드로는 예수님만 바라보고, 자신의 생각을 예수님에게만 집중했습니다. 그리고 그 말씀을 의지하여 뛰어들어갔을 때 놀랍게도 물 위를 걷게 되었습니다. 물 위를 걷게 된 베드로는 얼마나 놀랍고, 감격스럽고, 황홀했겠습니까? 우리는 세상 환경을 떠나서 살 수 없고 그것을 무시할 수도 없습니다. 그러나 환경보다 더 크신 예수님을 바라볼 때, 세상보다 더 크시고 문제보다 더 크신 예수님을 바라볼 때 우리의 삶에서 이런 놀라운 기적을 경험하게 될 것입니다.

베드로의 본질

> 바람을 보고 무서워 빠져 가는지라 소리 질러 이르되 주여 나를 구
> 원하소서 하니(마 14:30).

물 위를 걸어가던 베드로가 물속에 빠졌습니다. 이 말씀을 통해서 우리는 예수님과 베드로의 차이점을 봅니다.

우리가 예수 그리스도를 믿고 하나님의 말씀에 접촉하며 그 말씀에 깊이 빠져들면 초자연적인 삶을 살게 되는 것을 경험합니다. 정말 예수님을 만나고 나면 모든 사람이 사랑스럽습니다. 누구든지 다 이해하고 껴안고 싶은 충동을 느끼게 됩니다. 불가능한 일이 가능하게 느껴집니다. 이 믿음을 갖기 시작하면 모든 사람이 다 부정적으로 생각하는 일도 긍정적으로 해석되기 시작합니다. 민족 복음화에 대해서도 세계 선교에 대해서도 긍정적인 생각을 합니다. 누가 무슨 말을 해도 섭섭하지 않습니다. 조건 없이 봉사하고 모든 것이 감격스럽고 감사합니다. 알아주느냐 알아주지 않느냐는 중요하지 않습니다. 이것이 바로 물 위를 걸어가는 신앙입니다.

자기 생애에 이런 일이 있으리라고는 상상도 못 했습니다. 내가 이런 일을 기쁘게 하리라고는 전혀 상상도 못한 일입니다. 항상 높은 위치에서 격을 맞춰 줘야 살아왔던 내가 그런 것과 전혀 상관없이 살아가게 되었습니다. 그러면서도 찬양과 기도가 끊이지 않

습니다. 손해나 이익이 그렇게 중요하지 않게 됩니다. 그런데 어느 날 갑자기 모든 것이 섭섭해지기 시작합니다. 모든 것이 불만스럽고 불쾌합니다. 화가 납니다. 따지기 시작합니다. 나를 무시한다고 대듭니다. 갑자기 자기가 잘나 보이고 다른 사람은 바보처럼 느껴집니다. 나만이 하나님을 제일 잘 믿는 것처럼 생각되고 나 외의 모든 사람을 정죄하고 야단치기 시작합니다. 이것이 바로 내가 물에 빠지고 있다는 증거입니다. 감사를 잃어버렸다는 것, 불평이 생기기 시작했다는 것은 물속으로 빠지고 있다는 것을 의미합니다.

사실 베드로가 물 위를 걸은 것은 비정상이요, 물에 빠진 것이 정상입니다. 왜냐하면 인간은 물 위를 걸을 수 없기 때문입니다. 사실 용서하고 사랑하며 산 것은 내가 아니었습니다. 나는 그런 인간이 아닙니다. 나 자신이 얼마나 형편없는 존재인지 자신이 제일 잘 압니다. 이기적이고, 탐욕적이고, 교활하다는 사실을 우리 자신이 잘 압니다. 인간은 그런 존재입니다. 우리는 물속에 빠져서 허우적거리고 살아야 하는 인간입니다.

그럼에도 불구하고 예수 그리스도를 믿고, 사랑할 수 없는 사람을 사랑하게 되고, 용서할 수 없는 사람을 용서하게 되고, 가슴을 열고 형제를 껴안고 나를 내어 주기 시작하고 손해 보기 시작하고 나중에는 순교까지 할 수 있게 된 것은 내가 아닙니다. 그건 또 하나의 나의 모습입니다. 그렇습니다. 베드로는 물에 빠져야만 정상입니다. 그것이 베드로의 본질이었습니다.

주님만 바라보면 환경을 이길 수 있다

왜 베드로가 물에 빠졌을까요?

바람을 보고 무서워 빠져 가는지라(마 14:30).

이 말씀의 뜻은 첫째, 예수님 대신에 환경을 의식했다는 뜻입니다. 베드로는 처음에 예수님의 말씀을 듣고 정신없이 예수님 앞에 뛰어들어 갔습니다. 물 위에 서 계신 예수님을 바라보았습니다. 그런데 한참 물 위를 걷다가 이제 제정신이 났습니다. 신앙에서 이성으로 돌아온 것입니다. 거센 파도와 폭풍을 보았습니다. 그 순간 그의 마음이 두려움에 사로잡혔습니다. 그때 베드로는 빠지기 시작한 것입니다.

이 세상이 얼마나 무서운 곳입니까? 거센 파도, 무서운 바람이 끊임없이 우리 주위에 불고 있습니다. 우리는 자칫 잘못하면 이 파도와 바람에 휩쓸려 죽을 수밖에 없는 존재입니다. 그러나 그 파도 속에서도 예수님을 바라보면 물 위를 걸을 수 있지만 예수님의 시선을 놓쳤을 때는 현실로 돌아가게 된다는 것입니다.

나는 언제 집 한 칸 마련하나? 결혼은 어떻게 할 것인가? 이 무서운 질병에서 과연 헤어날 수 있을 것인가? 나의 미래는 어떤 것일까? 이런 것들은 생각하면 할수록 무서운 파도요 폭풍입니다. 그래서 우리는 이 현실 앞에 믿음을 잃어버리고 날갯죽지 떨어진 새처럼 도시의 뒷거리를 방황하게 됩니다. 물론 환경을 무시하라는 말은 아닙니다. 그러나 예수님을 바라보면 환경을 벗어날 수 있습니다. 우리의 미래는 주님이 함께 계시는 미래입니다. 직장이나 결혼이나 미래나 어떤 일이라도 주님이 함께 계시면 두렵지 않게 됩니다. 빌립보서 4장 19절의 말씀처럼 "나의 하나님이 그리스도 예수 안에서 영광 가운데 그 풍성한 대로 너희 모든 쓸 것을 채우시리라"는 고백과 간증을 하게 될 것입니다.

생명을 건 기도

물에 빠진 베드로가 무슨 말을 했습니까? "소리 질러 이르되 주여 나를 구원하소서 하니"라고 했습니다. 지금 물속에 빠진 베드로는 엄청나게 놀란 상태입니다. 얼마나 두려웠겠습니까? 그는 있는 힘을 다해서 소리 질렀을 것입니다.

"주여, 나를 구원하소서!"

오늘 우리에게 이런 간구가 필요합니다. 유명한 찬송가에 "나를 긍휼히 여기소서"라는 가사가 많습니다. 그런데 왜 그 노래를 불러도 기적이 안 일어납니까? 노래로만 했기 때문입니다. 생명을 걸고 불러야 합니다. 그냥 노래로만 부를 주제가 아닙니다.

왜 우리의 기도가 응답이 안 됩니까? 편안하게 기도했기 때문입니다. 심각성, 진실성, 긴급성이 없기 때문입니다. 밥 먹고 잠자고 할 것 다 하면서 "주여, 불쌍히 여겨 주옵소서"라는 그런 기도가 아닙니다. 절대 절명의 긴급한 외침입니다. 이런 심각한 기도를 해 본 적이 있습니까? 베드로의 기도는 바로 이런 기도였습니다.

> 예수께서 즉시 손을 내밀어 그를 붙잡으시며 이르시되 믿음이 작은 자여 왜 의심하였느냐 하시고 배에 함께 오르매 바람이 그치는지라 (마 14:31-32).

예수님은 즉시 손을 내미셨습니다. 베드로는 조금만 늦어도 안 될 급박한 상황이었던 것입니다. 생명을 걸고 기도해 보십시오. 주님이 즉시 응답해 주실 것입니다.

예수님은 먼저 즉시 손을 내밀어 건져 주시고 그다음에 "어찌하여 믿음이 없었더냐"라고 부드럽게 충고하셨습니다. 믿음이 없어 물에 빠져 죽게 되었을 때도 나를 버리지 않으시고 즉시 손을 내밀어 구원해 주시는 예수 그리스도를 우리는 찬양해야 합니다. 주님은 지금도 우리를 건져내 주십니다.

> 배에 있는 사람들이 예수께 절하며 이르되 진실로 하나님의 아들이로소이다 하더라(마 14:33).

드디어 제자들이 하나님의 아들을 현실적으로 본 것입니다.

15

외식은 결코
살과 피가 될 수 없다

마태복음 15:1-9

바리새인들과 서기관들의 관심

우리는 마태복음 14장에서 예수님은 참으로 놀라운 분이시며 능력이 많으시고 자비와 긍휼이 풍성하신 분임을 보았습니다. 병든 자를 거절하지 않고 고쳐 주시고, 배고픈 자에게 먹을 것을 주시고, 위기에 처해 있는 제자들에게 오셔서 구원을 베풀어 주셨습니다.

예수 그리스도는 지금도 똑같이 우리에게 오셔서 병든 자를 위로해 주시고 어루만져 주시며, 배고픈 자에게 먹을 것을 주시며, 인생의 위기에 빠져 절망하는 사람들에게 '안심하라 나니 두려워하지 말라' 하시면서 그들을 구해 주십니다.

교회는 이런 예수님의 모습을 닮아가야 한다고 합니다. 교회가 잘못을 지적하고 불의를 고치고 정의를 구현하는 일도 중요하지만, 병들고 죽어가는 많은 사람을 치료하고 배고픈 사람들을 돕고 구제하는 일도 예수님의 입장에서 보면 아주 중요했습니다. 우리는 이 사실을 외면할 수가 없습니다.

예수님의 마음은 불쌍히 여기는 마음이었습니다. 허다한 무리가 예수님에게 찾아왔을 때 그들이 찾아온 이유가 무엇이든, 그들이 어떤 동기로 아팠고 어떤 동기로 위기에 처해 있든, 예수님은 무조건적으로 자비와 사랑과 긍휼을 베풀어 주셨습니다. 오늘 우리에게 이 마음이 필요합니다. 따뜻한 마음, 받아들이는 마음, 이해하는 마음, 위로해 주고 격려해 주는 마음이 바로 예수님의 마음입니다.

그러나 바리새인들과 서기관들의 입장은 달랐습니다. 고통을 당하고 문제에 빠져서 고민하고 있는 많은 사람이 있었음에도 그들은 종교적인 논쟁과 전통에만 관심이 있었습니다.

> 그때에 바리새인과 서기관들이 예루살렘으로부터 예수께 나아와 이르되 당신의 제자들이 어찌하여 장로들의 전통을 범하나이까 떡 먹을 때에 손을 씻지 아니하나이다(마 15:1-2).

바리새인들과 서기관들의 관심은 무엇이었습니까? 배고픈 사람이 아니었습니다. 병든 사람이 아니었습니다. 절망에 빠져서 울고 있는 사람들이 아니었습니다. 그들의 관심은 전통을 지키는 문제였습니다. 참으로 슬픈 일입니다.

교회도 마찬가지입니다. 교회의 목적은 무엇입니까? 하나님을 경배하고 찬양하고 기도하며 이웃을 사랑하는 것입니다. 열심히 전도하고 봉사하며 그리스도의 몸 된 공동체로서 존재하는 것이 교회입니다. 그런데 이런 일에 관심은 없고 사소하고 불필요한 일에 신경을 쓰고 논쟁만 한다면 하나님이 얼마나 슬퍼하시겠습니까? 중세 교회가 그러했습니다. 교회의 본질을 망각한 채 제도와 종교 논쟁에만 관심이 있었습니다. 그러다가 종교 개혁이 일어났고, 러시아에는 공산당이 쳐들어왔던 것입니다. 종교가 종교의 본질을 감당하지 못했을 때, 제도와 형식과 외식에만 관심을 가졌을 때 이런 비극적인 역사를 맞이하게 됩니다.

오늘날의 교회는 무엇을 해야 합니까? 오늘날의 그리스도인은 무엇을 해야 합니까? 예수님이 하신 말씀을 통하여 우리는 귀중한 것을 배울 수 있습니다. 바리새인들과 서기관들이 예수님에게 찾아와서 항의한 주제는 무엇이었습니까? 왜 예수님의 제자들은 음식을 먹기 전에 전통과 관례대로 손을 씻지 않는가 하는 문제였습니다.

물론 이 문제는 중요합니다. 특별히 구약에서 청결의 문제는 구원과 상관이 있었습니다. 그래서 먹을 것이 있었고 먹지 못할 것이 있었습니다. 또한 만질 수 있는 것이 있었고 만질 수 없는 것이 있었으며, 할 수 있는 것이 있었고 할 수 없는 것들이 있었습니다. 그들은 이것이 하나님을 섬기고 구원받는 데 굉장히 중요하다고 생각했습니다. 그래서 반드시 집에 들어가기 전에 손을 씻었고 음식을 먹기 전에 손을 씻었습니다. 이것이 하나님에게 충성하는 것이라고 생각한 것입니다. 그 당시 어떤 랍비가 투옥되어 감옥에서 생명을 유지할 만큼의 소량의 물과 음식을 배급받았습니다. 그때 랍비는 장로의 전통을 지키기 위해 죽음을 무릅쓰고 그 물로 먼저 손을 씻었다고 합니다. 그 정도로 이것이 중요했습니다.

전통에 한번 말려들면 헤어나기가 어렵습니다. "지금까지 이렇게 해왔고 우리 교회는 이런 식으로 해왔기 때문에 이렇게 해야 한다"는 생각을 바꾸는 것이 아주 어렵습니다. 사실은 그리 중요한 것이 아닙니다. 그러나 전통적으로 그렇게 해왔기 때문에 이것에서 벗어나면 무슨 큰 죄를 짓는 것처럼 사람들이 두려워합니다. "왜 손을 씻지 않는가?" 하는 것은 별로 중요하지 않은 일입니다.

하나님의 계명을 범하는 인간의 전통

이러한 전통에 사로잡혀 있는 바리새인들과 서기관들을 향하여 예수님은 어떻게 반응하셨습니까?

> 대답하여 이르시되 너희는 어찌하여 너희의 전통으로 하나님의 계 명을 범하느냐(마 15:3).

예수님의 대답은 아주 간단합니다. 하나님을 사랑하기에 전통을 지키고, 하나님의 말씀을 잘 보전하기 위해 전통이 필요했는데 이제는 거꾸로 그 전통으로 하나님의 계명을 범한다고 말씀하신 것입니다.

여기서 문제 되는 핵심은 바리새인들과 서기관들은 인간의 전통과 하나님의 계명을 같은 것으로 보았고, 예수님은 하나님의 계명과 인간의 전통을 철저히 다른 것으로 보신 것입니다. 어쩌면 우리 신앙의 핵심일 수도 있습니다. 하나님의 말씀이라고 내가 믿고 주장하며 생각한 것이 엉뚱하게도 하나님의 말씀을 빙자한 인간의 전통과 생각일 수 있다는 점입니다.

제가 대학 다닐 때 한 선교 단체에서 봉사했는데, 그때 이런 실수를 저질렀습니다. 저는 선교단체에서 열심히 헌신하고 봉사했습니다. 왜냐하면 그 선교 단체는 예수님을 잘 믿는 단체였기 때문입니다. 저는 그 단체에 헌신하는 것이 예수님에게 헌신하는 것이라고 생각했습니다. 그래서 죽도록 충성했습니다. 그런데 어느 날 제 마음속에 이런 의문이 생겼습니다. '내가 하나님에게 충성하고 있는가, 단체에 충성하고 있는가?' 여기서 갈등이 시작되었습니다. 우리는 하나님을 섬긴다고 하면서 우리의 전통과 제도를 열심히 섬기는 잘못을 범하기 쉽습니다. 그리고 합리화합니다. 하나님을 섬기고 있고 하나님의 말씀에 순종하고 있다고 착각하는 것입니다.

성경에 대해서, 교회에 대해서, 신앙에 대해서 철두철미하게 헌신적이고 열심 있는 사람이 있다고 가정해 봅시다. 그런데 그 사람에게서 신앙적인 헌신과 열심과는 다르게 아름답기보다는 추한 모습이 보이고, 그 사람의 행동이 하나님에게 영광이 되기보다는 많은 사람에게서 욕을 먹게 되었다면 무엇이 잘못된 것입니까? 그가 섬기는 대상이 하나님인 줄 알았는데 하나님이 아니었고, 그가 순종했던 말씀은 하나님의 말씀을 빙자한 인간의 전통과 생각이었기 때문에 열매가 나빴던 것입니다. 싸우고 논쟁하고 용서하지 못하고, 어떤 제도 아래 묶여서 결국은 굳어져 버린, 예수님이 가장 원하시지 않는 인간으로 변하게 된 것입니다.

인간의 전통은 하나님의 말씀이 아닙니다. 하나님의 말씀을 빙자한 생각일 뿐입니다. 하나님의 말씀은 하나님으로부터 나오는 것이지만, 전통은 제도의 산물이요, 역사의 산물에 불과합니다. 물론 장로들의 전통은 처음에는 하나님의 말씀을 잘 해석하고 지키기 위해서 만든 것이었습니다. "간음하지 말라. 살인하지 말라"는 말씀을 어떻게 잘 지킬 것인가 고민하다가 "간음하지 않기 위해서는 이렇게 해야 한다", "살인하지 않기 위해서는 이렇게 해야 한다"면서 해석하기 시작했습니다. 그런데 그 해석이 본질보다 더 중요해진 것입니다. 그래서 나중에는 장로들의 전통이 하나님의 말씀과 똑같은 권위가 있는 것으로 받아들여지게 되었습니다.

여기에 위기가 있고 타락이 있습니다. 왜 이단이 생깁니까? 하나님의 말씀과 다른 인간의 전통 때문에 이단이 생긴 것입니다. 왜 교회에 독선이 생깁니까? 그것은 인간의 전통에 하나님의 말씀과 같은 권위를 두었기 때문입니다. 종교 개혁에 있어서 루터나 칼빈이 참 중요합니다. 칼빈은 위대한 신앙의 사람이었습니다. 그러나 칼빈을 따르고 칼빈의 사상을 추구하던 칼빈주의자들은 예수님과 가장 거리가 먼 하나의 종교적인 회색인간으로 변하고 말았습니다. 이렇듯 제도와 교파 속에 갇히면, 나중에는 하나님과 반대되는 입장에 처합니다.

바리새인들이 하나님을 무시하려고 한 것입니까? 그렇지 않습니다. 바리새인들은 구별된 사람들이요, 하나님을 섬기기 위해서 완전히 헌신된 사람들이었습니다. 그러나 그들이 하나님을 잘 섬긴다는 것이 결국은 예수님과 정반대 위치에 가고 말았습니다. 교회를 누가 반대하겠습니까? 교회를 사랑하고 교회를 위해서 일한다는 것이 결국 교회와 정반대 입장에 서게 되는 것과 똑같은 것입니다. 순복음교회는 어떻습니까? 상관없습니다. 침례교회는 어떻습니까? 중요하지 않습니다. 우리는 장로회에 속해 있으면서 장로교를 존중합니다. 그러나 장로교인을 만들지 않습니다. 그리스도의 사람을 만드는 것이 우리의 목표입니다.

교파는 중요합니다. 그러나 교파가 하나님이 될 수는 없습니다. 권위는 중요합니다. 그러나 권위주의는 좋지 않습니다. 교리는 귀한 것입니다. 그러나 교리로 사람을 묶는 것은 좋은 일이 아닙니다. 결국은 교리 논쟁에 말려들게 되고 그 논쟁은 급기야 예수 믿는 사람들을 서로 원수 사이로 만들어 버리고 맙니다.

우리가 이런 말을 흔히 듣습니다. 예수 안 믿는 사람들은 화나는 일이 있으면 술 한 잔 먹고 싸우고 끝나지만, 예수 믿는 사람들은 10년, 20년이 지나도 화를 풀지 않는다는 것입니다. 그래서 누군가 이런 농담을 했습니다. 우리나라에서는 예수와 그리스도가 싸운다고 말입니다. 인간의 전통, 인간의 습관, 인간의 방법이 하나님의 말씀을 대신하고, 하나님의 말씀의 위치까지 올라왔기 때문에 이런 현상들이 생기고 만 것입니다. 참으로 슬픈 일입니다.

하나님의 말씀을 폐하는 자

예수님은 이 문제에 대해서 예를 들어 설명해 주셨습니다.

> 하나님이 이르셨으되 네 부모를 공경하라 하시고 또 아버지나 어머니를 비방하는 자는 반드시 죽임을 당하리라 하셨거늘 너희는 이르되 누구든지 아버지에게나 어머니에게 말하기를 내가 드려 유익하게 할 것이 하나님께 드림이 되었다고 하기만 하면 그 부모를 공경할 것이 없다 하여 너희의 전통으로 하나님의 말씀을 폐하는도다(마 15:4-6).

출애굽기를 보면 "네 부모를 공경하라"(출 20:12), "자기의 아버지나 어머니를 저주하는 자는 반드시 죽일지니라"(출 21:17)는 말씀이 있습니다. 그런데 유대인의 전통에는 이런 것을 하나 더 덧붙였습니다. 어떤 사람이 부모에게 효도하고 공양할 재물이 있는데 부모보다 더 크신 하나님께 헌금했다면 부모에게는 재물을 드리지 않아도 된다는 것입니다. 마가복음 7장 11절에서는 이를 가리켜 '고르반'이라고 했습니다. 하나님에게 헌금하고 헌신하는 것을 핑계로 부모를 섬기지 않는 것을 합리화했던 것입니다.

이 얼마나 교활하며 반성경적인 일입니까? 그러나 겉으로 보면 이 사람을 비판할 사람이 아무도 없습니다. 굉장히 하나님을 잘 섬기는 것처럼 보이기 때문입니다. 이런 것을 기업에도 적용할 수 있습니다. 기업에서 자기 직원들을 착취하고 거기서 얻은 돈으로 개척 교회 하는 것도 똑같은 일입니다. 하나님을 위해서라고 말하면서 부모를 섬기지 않는 것이나 사업상으로 불의를 행하는 것이나 똑같습니다.

예수님은 이것을 지적하셨습니다.

> 그 부모를 공경할 것이 없다 하여 너희의 전통으로 하나님의 말씀을 폐하는도다(마 15:6).

이것이 오늘날 우리가 심각하게 생각해야 할 주제입니다. 전통은 왜 생겼습니까? 하나님을 잘 섬기기 위해서입니다. 그런데 결국은 어떻게 되었습니까? 하나님의 말씀은 순수한 것이지만 그 전통 속에 인간의 생각이 들어갔습니다. 처음에는 좋았는데 세월이 지나다 보니 오히려 하나님의 말씀을 폐하게 하는 자리까지 가 버리고 만 것입니다.

교회는 하나님의 영광을 위해서 존재합니다. 그러나 교회를 하다 보니까 서로 나뉘어 싸우고 여러 가지 지저분한 일들이 생겨납니다. 그래서 사람들에게 손가락질을 받고 교회가 분열합니다. 하나님의 영광을 위해 세운 교회가 결국은 하나님을 욕되게 하는 모습으로 변해 버리고 만 것입니다.

신앙인의 두 얼굴, 외식

이렇게 인간의 전통과 유전으로 하나님의 말씀을 폐하는 자에게 예수님이 별명을 하나 붙여 주셨습니다.

외식하는 자들아…(마 15:7).

예수님은 그런 사람들을 가리켜 외식하는 신앙인이라고 하셨습니다. 이 말은 두 얼굴을 가진 배우라는 뜻입니다. 배우는 자기가 아닌 다른 사람을 연기합니다. 신앙인의 두 얼굴, 이것이 바로 외식하는 사람들입니다. 신앙 생활을 할 때 가장 조심할 것이 바로 '외식'이라는 함정입니다. 예수님이 가장 경계하신 부분이 이 부분입니다. 외식하는 사람들에 대해서는 일곱 번이나 저주하셨습니다. 마태복음 23장에서 "외식하는 신앙인이여, 화 있을진저, 화 있을진저"라고 일곱 번씩이나 말씀하셨습니다.

그러면 외식하는 신앙인은 어떤 사람입니까? 마태복음 23장을 보면 예수님은 이렇게 정의하셨습니다. 말만 하고 행동하지 않는 사람, 남에게 시키기만 하고 자기는 손가락 하나 움직이지 않는 사람, 다른 사람에게 잘 보이려고 겉치레에만 관심 있는 사람, 높은 자리에만 관심 있는 사람, 이런 사람을 가리켜 외식하는 신앙인이라고 말씀하셨습니다.

외식하는 사람은 천국 문을 지키고 있을 뿐, 자기도 들어가지 않고 남도 들어가지 못하게 하는 사람입니다. 그리고 열심히 전도해서 그 사람을 지옥 자식으로 만드는 사람입니다. 자기가 인도자라고 자처하지만 스스로가 맹인인 사람, 박하와 회향과 근채의 십일조를 드리지만 율법보다 더 중요한 의와 인과 신은 무시하고 저버리는 사람, 잔과 대접의 겉은 깨끗이 하나 그 속은 탐욕과 방탕으로 가득한 사람, 즉 겉으로는 거룩하게 예배드리나 속에는 끊임없는 욕망과 방탕과 악한 생각이 가득 찬 사람입니다.

또한 회칠한 무덤같이 겉은 아름답게 장식했으나 속은 사람의 뼈와 썩은 것들로 가득한 사람, 선지자의 무덤을 쌓고 의인의 비석을 만드는 사람입니다. 위대한 사람의 사진을 붙여 놓고 자기가 그 옆에 있는 사람, 이들이 다 외식하는 사람입니다. 이런 사람을 우리는 조심해야 합니다.

본문 말씀을 보면 예수님은 이사야의 예언을 빌어서 다음과 같이 말씀하셨습니다.

외식하는 자들아 이사야가 너희에 관하여 잘 예언하였도다 일렀으되 이 백성이 입술로는 나를 공경하되 마음은 내게서 멀도다 사람의 계명으로 교훈을 삼아 가르치니 나를 헛되이 경배하는도다 하였느니라 하시고(마 15:7-9).

여기서 두 가지로 외식하는 사람을 정의하셨습니다. 첫째는, 입술로는 하나님을 경외하지만 마음은 하나님으로부터 먼 사람들이라고 하셨습니다. 둘째는, 하나님의 말씀을 빙자해서 사람의 교훈을 가르치는 사람들이라고 하셨습니다. 자기가 말을 하면 안 들을 것 같으니까 하나님의 말씀을 거기에 덧씌우는 것입니다. 그렇게 해서 자기 생각과 말을 전하는 것입니다. 이런 사람이 드리는 예배는 헛된 예배입니다. 입술로만 하나님을 찬양하고 마음으로는 딴생각하는 사람, 다른 목적과 동기로 교회에 오는 사람, 이런 사람의 예배는 하나님이 받지 않으십니다.

외식은 누구나 빠지기 쉬운 함정입니다. 처음 믿는 사람은 외식하지 않습니다. 오래 믿은 사람이 외식할 확률이 많습니다. 세월이 흐를수록, 나이가 들수록, 교회 생활을 오래 할수록 자신도 알지 못하는 사이에 외식의 함정에 빠져든다는 사실을 기억하십시오. 그때는 기쁨도 사라지고, 감격도 사라지고, 신앙의 환희도 다 사라지고 맙니다. 그렇다면 여기서 어떻게 탈출할 수 있겠습니까?

외식의 함정에서 벗어나는 길

외식에서 벗어나는 첫 번째 길은, 하나님의 말씀으로 다시 돌아가는 것입니다. 전통과 제도와 관습 등 모든 것을 다 내려놓고, 어린아이처럼 순수하게 하나님의 말씀 앞에 다시 서는 길밖에 없습니다.

저는 우리 교회가 처음 세워졌을 때 일 년 동안 목사, 장로, 집사, 이런 것을 다 떼어내고 형제, 자매라고 불렀습니다. 지금도 그것이 참 좋았다는 생각입니다. "목사가 아니고 그리스도인이다. 장로가 아니고 그리스도인이다. 집사가 아니고 그리스도인이다. 직책이 중요한 것이 아니다. 우리의 본질은 그리스도인이다." 이렇게 살면 시험 들지 않습니다. 그리고 외식에 빠지지 않게 됩니다. 우리 주위에는 잘못된 신학이 많습니다. 성경을 잘못 가르치도록 유도합니다. 민중신학 같은 것이 그 대표적인 예입니다. 어떻게 보면 가장 성경적인 것 같습니다. 가난한 자를 돕고 민중을 생각하고 없는 자를 위해 사는 것, 그것 자체가 틀렸다는 것이 아닙니다. 거기에 예수 그리스도가 빠진 것이 문제입니다. 이런 편협한 신앙이 성경을 잘못 보게 만드는 것입니다. 성경을 있는 그대로 보지 못하게 만들고 거기에 어떤 것을 첨가하는 것입니다.

외식에서 벗어나는 두 번째 길은 자기를 부정하는 것입니다. 예수님은 "아무든지 나를 따라오려거든 자기를 부인하고 날마다 제십자가를 지고 나를 따를 것이니라"(눅 9:23)고 말씀하셨습니다.

외식에 빠지지 않는 길은 자기 부정입니다. 자기 부정이란 무엇입니까? 나는 아무것도 아니라고 고백하는 것입니다. 예수님은 자기를 십자가에 내어 줄 정도로 자기를 부인하셨습니다. 자기가 아무것도 아니라고 생각하는 것이 무엇입니까? 겸손입니다. 내가 아무것도 아니라고 생각했을 때, 나는 주장할 것이 아무것도 없다고 생각했을 때, 내가 할 수 있는 것은 오직 섬기는 것밖에 없다고 생각했을 때 우리는 진정으로 신앙의 외식에서 탈출할 수 있습니다.

외식에서 벗어나는 세 번째 길은, 예수 그리스도를 자꾸 바라보는 것입니다. 예수님을 자꾸 생각하고 바라보면 우리는 외식에서 탈출할 수 있습니다. '예수님은 어떻게 사셨는가?', '예수님은 어떠한 인간 관계를 가지셨는가?', '예수님은 어떻게 말씀하셨는가?', '예수님과 하나님은 어떤 관계를 가지셨는가?' 우리가 자꾸 이런 생각을 하고 그대로 살려고 하면 됩니다. 예수님의 삶, 생각, 생활 태도를 자꾸 따라가면 우리는 외식에서 벗어날 수 있습니다.

예수님이 말씀하셨습니다. "너희 전통으로 하나님의 말씀을 폐하는도다." 오늘날 우리가 이런 말을 듣지 않기를 바랍니다. 한국 교회가 이런 말을 듣지 않기를 바랍니다. 천국에 갈 때까지 어린아이같이 참으로 순수한 신앙으로 주님을 섬기게 되기를 바랍니다.

16

입에서 나오는 것을
주의하라

마태복음 15:10-20

일반적으로 사람은 겉을 봅니다. 겉이 깨끗하면 모든 것이 깨끗하다고 생각합니다. 그러나 하나님은 겉을 보지 않으시고 사람의 속 중심을 보십니다. 중심이 깨끗하면 모든 것이 깨끗하다고 생각하십니다. 하나님은 사람을 외모로 취하지 않으십니다. 이것이 하나님의 태도입니다. 이러한 내용은 산상설교에서도 볼 수 있습니다.

> 사람에게 보이려고 그들 앞에서 너희 의를 행하지 않도록 주의하라 그리하지 아니하면 하늘에 계신 너희 아버지께 상을 받지 못하느니라(마 6:1).

신앙의 본질은 인간 앞에서가 아니라 하나님 앞에서 내가 누구인가를 확인하는 과정입니다.

입으로 들어가는 것과 입에서 나오는 것

본문 말씀을 보면 예수님은 바리새인과 서기관뿐만 아니라 많은 무리를 모아 놓고 놀라운 말씀을 하십니다.

무리를 불러 이르시되 듣고 깨달으라(마 15:10).

예수님은 지금 중요한 메시지를 전하기 위해서 말씀을 시작하셨는데, 가장 먼저 "듣고 깨달으라"고 말씀하셨습니다. 먼저 우리가 배워야 할 것은 듣고 깨닫는 것입니다. 깨닫는 것보다 더 중요한 것은 말씀을 듣는 것입니다. 어떤 사람들은 깨닫는 것이 중요하다고 말합니다. 그러나 말씀 없는 깨달음은 이단에 빠지기 쉽습니다. 하나님의 말씀이 아닌 것을 가지고 깨닫고 해석하고 주장할 때 이단이 나타나게 됩니다. 깨닫는 것도 중요하지만 무엇을 깨닫느냐가 더 중요합니다. 교회 나오는 것도 중요하지만 무엇을 믿느냐가 더 중요합니다. 우리는 무엇을 믿습니까? 우리는 무엇을 깨닫습니까? "듣고 깨달으라." 하나님의 말씀이 얼마나 귀중한가를 보여 줍니다.

예수님이 듣고 깨달으라고 하시면서 실로 충격적이고 혁명적인 말씀을 해주십니다.

입으로 들어가는 것이 사람을 더럽게 하는 것이 아니라 입에서 나오는 그것이 사람을 더럽게 하는 것이니라(마 15:11).

이는 당연한 말씀입니다. 그러나 이 당연하고 간단한 진리가 바리새인들과 서기관들에게는 지진을 일으킬 것 같은 충격을 주었습니다. 이 말씀은 입에 들어가는 것 가운데 더러운 것은 없다는 뜻입니다. 그렇습니다. 사람은 무엇을 먹든지 다 깨끗하게 해서 먹습니다. 더러운 것은 씻어서 먹고 잘못된 것이 있으면 삶아서 먹기도 합니다. 예수님이 말씀하시기를 실제로 더러운 것은 입으로 들어가는 것이 아니라 입에서 나오는 것이라고 했습니다. 이렇게 말씀하셨을 때 제자들이 그 뜻을 잘 알지 못했습니다. 특별히 베드로가 이 말씀의 뜻을 설명해 달라고 부탁했을 때 예수님은 다음과 같이 해석해 주셨습니다.

예수께서 이르시되 너희도 아직까지 깨달음이 없느냐 입으로 들어가는 모든 것은 배로 들어가서 뒤로 내버려지는 줄 알지 못하느냐 입에서 나오는 것들은 마음에서 나오나니 이것이야말로 사람을 더럽게 하느니라(마 15:16-18).

"입으로 들어가는 것은 깨끗한 것이다. 입에서 나오는 것이 더러운 것이다." 아주 간단한 말씀입니다. 정말 순수한 진리입니다. 그런데 이 말이 왜 바리새인들과 그곳에 있었던 많은 유대인에게 심각한 충격을 주었을까요?

바리새인의 신앙을 뒤흔든 예수님

첫째는, 이 말씀이 그들 신앙의 근본을 뒤흔들어 놓았기 때문입니다. 그 당시 바리새인과 서기관, 그리고 유대인들은 하나님을 잘 섬기기 위해 생명을 걸고 구약에 있는 모든 말씀을 잘 지켰습니다. 특히 레위기 11장이나 신명기 14장 3-21절에 기록된 "부정한 음식은 입에 대지도 말라"는 말씀을 목숨처럼 지켰습니다. 피는 먹지 말고 물고기는 어떤 것을 가려 먹어야 하고 짐승의 고기는 어떤 것을 먹지 말아야 한다는 것 등의 규례들을 신앙처럼 구원처럼 최선을 다해 지켰던 것입니다. 하나님 앞에 바로 서기 위해 음식을 먹기 전에 손을 씻어야 했고, 먹을 것과 먹어서는 안 되는 것, 만질 것과 만져서는 안 되는 것을 엄격히 구분했습니다. 그런데 예수님이 그들이 그렇게 생명을 걸고 지켰던 규례들이 의미가 없다고 선언한 것입니다.

"사람의 입으로 들어가는 것이 사람을 더럽게 하는 것이 아니다." 자, 이렇게 선언했으니 그들이 얼마나 큰 충격을 받았겠습니까? 어떤 학자가 수십 년 동안 열심히 연구해서 논문을 썼는데 누가 "이것은 아무것도 아니다"라며 휴지 조각처럼 찢어 버렸다면 공부한 그 학자는 얼마나 허무하겠습니까? 평생 돈을 번 사람이 천국에 갔는데 재물은 아무 소용 없다며 다 내버린다면 평생 돈을 벌기 위해 애썼던 사람은 얼마나 허무하겠습니까? 이것만이 하나님을 잘 섬기는 방법이라며 그들이 목숨 걸고 지켜 왔던 기준을 예수님이 흔들었으니 바리새인들은 엄청난 충격에 휩싸였습니다.

둘째는, 바리새인들이 생각하지도 못했던 점에서 지적을 받았기 때문입니다. 예수님은 사람을 더럽게 하는 것은 어떤 종류의 음식을 먹느냐가 아니라 어떤 종류의 생각을 하느냐에 달려 있다고 말씀하셨습니다. "음식 문제는 사실 아무것도 아니다. 그건 먹어도 괜찮고 안 먹어도 괜찮다"고 말씀하신 것입니다. 예수님의 말씀은 음식이 사람을 더럽히는 것이 아니라 인간의 입에서 나오는 것이 사람을 더럽힌다는 것이었습니다. 입에서 나오는 것은 마음에서 나오는 것입니다.

마음에 숨어 있는 악한 것들

마음에서 나오는 것은 악한 생각과 살인과 간음과 음란과 도둑질과 거짓 증언과 비방이니(마 15:19).

진짜 사람을 부정하게 하고 사람이 하나님 앞에 나아가지 못하게 하는 것은 입에서 나오는 것들인데, 그 입에서 나오는 것은 마음의 생각에서부터 나오는 것입니다. 그 첫째가 악한 생각이라고 했습니다. 우리가 자신을 깊이 생각해 보면 악한 생각이 끊임없이 안개처럼 피어나오는 것을 알 수 있습니다. 도덕이나 윤리, 교양,

체면을 임시로 막고 있어 터지지 않았을 뿐이지, 조용히 우리 내면을 들여다보면 그 속 깊은 곳에는 악한 생각이 항상 도사리고 있습니다.

교회 올 때는 악한 생각이 더 드러나지 못하지만 없어진 것은 아닙니다. 예배 끝나고 나가면 조금씩 조금씩 드러납니다. 식사할 때, 남이 좋은 옷 입은 것을 봤을 때, 미운 사람을 볼 때 점점 더 드러납니다. 인간의 마음의 뿌리에 악한 생각이 있는 것입니다. 뿐만 아니라 예수님은 인간의 마음 깊은 곳에 분노와 미움과 살인이 있다고 말씀하셨습니다. 다만 그런 것들을 억누르고 있을 뿐입니다. 들킨 죄인과 안 들킨 죄인의 차이일 뿐입니다. 죄가 없어서가 아니라 안 들켜서 여기에 앉아 있을 뿐입니다.

또한 사람의 마음 가장 깊은 곳에는 남몰래 간음하고 싶은 생각이 있습니다. 그것은 결혼한 사람이나 하지 않은 사람이나 마찬가지입니다. 부끄러워서 말을 못 할 뿐이지 음란한 생각이 마음속에 흐르고 있습니다. 뿐만 아니라 끊임없이 솟아오르는 탐욕, 남의 것을 훔치고 싶은 마음, 많은 것을 가지고 싶은 소유욕, 남보다 잘되고 싶은 충동 등이 마음속 뿌리에 있습니다. 자신에게 해로우면 거짓 증거를 하고 훼방하는 교활하고 간교한 생각이 있는 것입니다.

예수님은 이런 것들이 더러운 것이라고 말씀하셨습니다. "손을 씻고 안 씻고, 이 음식을 먹고 안 먹고가 중요하지 않다. 무슨 옷을 입느냐가 중요하지 않다. 마음의 뿌리에 악한 생각이 있는 것이 문제다"라고 하셨습니다. 그것이 사람을 더럽게 하고 이 사회와 교회를 더럽게 하는 원흉이라는 것입니다.

그러나 대부분의 사람은 이 악한 것들을 감추어 놓고 있습니다. 그리고 나는 잘못이 없으며, 잘못은 다 누구 때문이라고 말합니다. 자기 잘못이라고 말하는 사람은 하나도 없습니다. 학교 문제도, 노사 문제도, 교회 문제도 다 마찬가지입니다. 내 책임이요 내 안에 있는 죄 때문에 이런 결과가 나왔다고 말하지 않습니다. 전부 나 아닌 다른 무엇 때문이라고 말합니다. 바로 이것이 죄입니다. 가장 심각한 죄는 우리 마음 안에 있습니다. 악한 생각과 살인과 간음, 음란, 거짓 증거, 훼방과 같은 교활하고 간교한 생각들이 인간의 마음을 사로잡고 있는 것입니다.

사람을 더럽게 하는 것

이런 것들이 사람을 더럽게 하는 것이요 씻지 않은 손으로 먹는 것은 사람을 더럽게 하지 못하느니라(마 15:20).

갈라디아서에 "육체의 일은 분명하니 곧 음행과 더러운 것과 호색과 우상 숭배와 주술과 원수 맺는 것과 분쟁과 시기와 분냄과 당 짓는 것과 분열함과 이단과 투기와 술 취함과 방탕함과 또 그와 같은 것들이라"(갈 5:19-21)는 말씀이 나옵니다. 이러한 육체의 일이 인간 안에 있고, 그것이 눈에 보이지 않는 마음 깊숙한 곳에 자리 잡고 있다고 했습니다. 또 예레미야에서는 "만물보다 거짓되고 심히 부패한 것은 마음이라"(렘 17:9)고 했습니다. 그렇습니다. 자연을 오염시킨 것도 인간이요, 나라를 이 지경으로 만든 것도 인간입니다. 제도가 아니라 부패한 인간의 마음이 문제입니다. 죄의 뿌리는 바깥에 있는 것이 아니라 우리 안에 있습니다. 이런 예수님의 말씀에 유대인들은 깊은 충격을 받을 수밖에 없었습니다.

이에 제자들이 나아와 이르되 바리새인들이 이 말씀을 듣고 걸림이 된 줄 아시나이까(마 15:12).

제자들조차도 이 말씀이 얼마나 충격적이었던지 예수님에게 걱정하는 말을 합니다. 사실 이 문제는 쉬운 문제가 아닙니다. 사도행전 11장을 보면 베드로가 기도하는 가운데 환상을 본 기록이 있습니다. 베드로가 욥바 성에서 기도할 때에 하늘에서 큰 보자기가 내려왔습니다. 그 안에는 구약에서 먹지 말라고 한 부정한 짐승들이 가득 차 있었습니다. 그런데 하늘에서 "베드로야, 일어나 잡아먹으라" 하는 음성이 들린 것입니다. 베드로가 얼마나 놀랐겠습니까? 베드로는 이런 부정한 것을 먹을 수 없다고 거역할 정도로 전통에 익숙해 있던 사람이었습니다. 그러자 "하나님이 깨끗하게 하신 것을 네가 속되다고 하지 말라"(행 11:9)는 음성이 들렸습니다.

이런 일이 세 번 반복되자 베드로는 깨달았습니다. 그리고 그 때 하나님이 베드로에게 사람을 보내셨습니다. 이방인이 자기 집에 베드로를 청한다는 말을 듣자, 베드로는 주저하지 않고 찾아가서 복음을 전했고 세례를 주었습니다. 베드로가 유대인의 전통과 유전에서 벗어나기 시작했을 때 이방인에게 복음의 문이 열리기 시작한 것입니다.

맹인이 맹인을 인도하면

성령을 받은 베드로에게도 이 문제가 이렇게 감당하기 어려운데, 성령을 받지 못한 바리새인들에게는 얼마나 더 어렵고 고통스런 문제였겠습니까? 그러나 예수님은 그들의 주저함에 대해 더욱 분명하게 말씀하셨습니다.

> 예수께서 대답하여 이르시되 심은 것마다 내 하늘 아버지께서 심으시지 않은 것은 뽑힐 것이니 그냥 두라 그들은 맹인이 되어 맹인을 인도하는 자로다 만일 맹인이 맹인을 인도하면 둘이 다 구덩이에 빠지리라 하시니(마 15:13-14).

이 말씀은 천국 비유에서 배웠던 가라지 이야기와 아주 비슷합니다. 주인이 좋은 씨를 제 밭에 뿌렸는데 싹이 나왔을 때 보니까 알곡만 자라는 것이 아니라 가라지도 함께 자라고 있었습니다. "주인이여, 가라지를 뽑아 버릴까요?"라고 종들이 묻자, 주인이 대답했습니다.

가만 두라 가라지를 뽑다가 곡식까지 뽑을까 염려하노라 둘 다 추수 때까지 함께 자라게 두라 추수 때에 내가 추수꾼들에게 말하기를 가라지는 먼저 거두어 불사르게 단으로 묶고 곡식은 모아 내 곳간에 넣으라 하리라(마 13:29-30).

우리는 여기서 하나님은 절대로 심지 않은 것을 거두지 않는다는 한 놀라운 법칙을 배우게 됩니다. 하나님이 심지 않은 것은 마지막 날에 다 뽑혀 버릴 것입니다. 바리새인 같은 신앙을 가진 존재들은 다 뽑혀 버리고 만다는 뜻입니다.

본문 말씀을 보면, 바리새인들은 하나님의 말씀을 바로 깨닫지 못한 영적 맹인과 같다고 했습니다. 눈을 떴다고 생각하나 실제로는 맹인입니다. 그러면서 자기는 영적 지도자요 영안이 밝은 사람이라고 착각합니다. 이들에게 맹목적으로 인도되는 백성은 구덩이에 빠질 수밖에 없습니다.

이러한 위기를 오늘의 한국 교회와 그리스도인들 가운데서도 보게 됩니다. 하나님의 능력 있는 말씀에 전념하지 못하고 전통과 교파, 교리, 교회의 주도권 싸움에만 목매고 있는 사람들, 그들이 스스로 영적 지도자라고 말하는 것입니다. 그들이 교인들을 가르치고 교계를 이끌어갑니다. 예수님의 말씀이 얼마나 무서운 것인지 우리는 그의 말씀을 귀를 크게 열고 들어야 합니다.

바른 신앙생활을 위한 길

우리는 여기서 두 가지 결론을 얻을 수 있습니다.

첫째, 신앙생활을 바르게 하려면 내가 가진 개념들을 깨뜨려야 합니다. 성경 말씀을 혁명적으로 받아들여야 합니다. 내가 가지고 있는 생각에 성경을 덧붙이는 것이 아니라, 하나님의 말씀 앞에서 근본적으로 나를 뒤엎어 버려야 합니다. 나를 전적으로 바꾸지 않는 한 하나님의 말씀은 내게 능력이 되지 않습니다. 물론 우리는 최선을 다해서 성경 중심, 예수 그리스도 중심의 신앙생활을 하려고 애쓰고 있습니다. 그러나 만약 여기에 만족한다면 우리는 또 다른 형태의 인간의 전통과 유전에 얽매일 수밖에 없을 것입니다. 우리는 매일매일, 순간순간 겸손하게 자신을 돌아보면서 반성하고 하나님 앞에서 스스로를 비춰 보아야 합니다. 어제 은혜 받았다고 만족해서는 안 됩니다. 한 달 전에 은혜 받은 것 가지고 사는 사람이 있는데 그것은 잘못입니다. 십 년 전에 은혜 받은 것으로 사는 사람은 이미 전통과 유전과 인간적인 생각에 얽매여 버린 사람입니다. 날마다 순간순간마다 성령 안에서, 말씀 안에서 새롭게 서야 합니다. 어제 성경적이던 것이 오늘은 전통적인 것이 될 수 있기 때문입니다.

그리고 우리 자신과 교회 안에 인간적이고 형식적인 전통의 산물이 있다면, 이것으로부터 대담하게 탈출할 수 있어야 합니다. 탈출하지 못하면 우리의 신앙은 그 전통과 함께 죽어 버리고 맙니다. 모든 것을 당연하게 받아들이기보다는 그것이 성경적인가를 또다시 물어야 합니다. 이것을 놓쳐 버리면 다시 인간적인 전통과 유전을 우리 스스로 만들게 될 것입니다.

둘째, 우리 마음에 진정한 변화가 일어나기를 간절히 사모해야 합니다. 손을 씻느냐 씻지 않느냐, 설교할 때 가운을 입느냐 입지 않느냐가 중요하지 않습니다. 인간의 마음에 있는 죄악과 부정과 더러움을 치유하는 것이 중요합니다. 성령의 불로 태워서, 예수 그리스도의 보혈로 씻어서 우리 마음에 있는 더럽고 탐욕스런 모든 생각을 근본적으로 도려내야 합니다. 미봉책으로 감싸는 것은 안 됩니다. 우리 안에 있는 죄악의 뿌리를 도려내야 합니다. 그래야만 하나님 앞에 의롭고 깨끗하고 정직하게 바로 설 수 있습니다.

17

부스러기 은혜라도
받아먹으라

마태복음 15:21-28

예수께서 거기서 나가사 두로와 시돈 지방으로 들어가시니(마 15:21).

이 단순한 한마디 말씀 속에 엄청난 내용이 숨겨져 있습니다. 지금까지 예수님은 선택된 이스라엘 백성을 위해 설교하시고 기적을 베푸시고 능력을 나타내셨습니다. 그런데 지금 예수님은 이방인의 땅으로 들어가셨습니다. 버림받고 저주받은 백성이라고 일컬어졌던 이방인을 위해서 사역을 시작하신 것입니다.

왜 예수님은 이스라엘로 향하던 발걸음을 이방인에게로 옮기셨을까요? 저주받은 백성이라고 말하는 이방인들은 과연 구원받을 수 있을까요? 예수님은 이방인을 위해서도 오신 것일까요? 만약 예수님이 이방인을 구원한다면 어떻게 구원하실까요? 이것이 본문 말씀을 통해 우리가 알아볼 내용입니다.

영원하고 우주적인 하나님의 구원 계획

먼저 예수님이 두로와 시돈으로 전도의 방향을 바꾸신 것을 생각해 보겠습니다. 예수님은 공생애를 시작할 때부터 유대 땅에서 이스라엘 백성에게 천국 복음을 선포하셨습니다. 그런데 놀라운 사실은 정작 믿어야 할 바리새인들과 서기관들이 예수님을 환영하지 않았다는 것입니다. 마태복음 15장에는 바리새인들과 서기관들이 예수님에게 나아와 장로의 전통과 유전에 대해 심각하게 논쟁하는 것을 볼 수 있습니다. 그들은 예수님을 배척하고 거부했습니다. 빛이 왔으나 어둠이 빛을 거부한 것입니다. 예수 그리스도를 믿고 구원받아야 할 선택받은 유대인들이 복음을 거절하고, 받아들이고 저주받은 인생이라고 여겨졌던 이방인들은 복음을 환영했습니다. 이것은 우리가 알 수 없는 신비입니다.

마태복음 11장 21절을 보면 유대 영토 아래 고라신과 벳새다가 있었는데, 이 고라신과 벳새다 마을 사람들은 불신앙의 사람들이었습니다. 그래서 예수님은 이 불신앙을 이방의 도시 두로와 시돈과 비교해서 다음과 같이 말씀하셨습니다.

"화 있을진저 고라신아 화 있을진저 벳새다야 너희에게 행한 모든 권능을 두로와 시돈에서 행하였더라면 그들이 벌써 베옷을 입고 재에 앉아 회개하였으리라."

구약 시대부터 이스라엘 사람들은 '구원은 우리의 전유물'이라고 생각했습니다. 하나님을 '우리만 믿는 하나님'이라고 생각했습니다. 그들은 이방인들에게는 구원이 없다고 생각했습니다. 그래서 그들은 유대 땅은 거룩한 땅이고 이방인의 땅은 저주받은 땅이라고 여겼습니다. 그러나 예수님의 생각은 정반대였습니다. 구원받아야 할 이스라엘 백성이, 선택받은 이스라엘 백성이 복음을 거절했을 때, 그 복음은 언약의 백성이 아닌 이방인에게로 흘러갔던 것입니다. 그것이 본문 말씀의 주제입니다. 물론 구원은 선택된 백성에서 시작됩니다. 그렇지만 거기에서 끝나는 것이 아닙니다. 구원의 완성은 모든 족속과 열방에까지 미치게 됩니다. 그래서 예수님은 모든 족속으로 제자를 삼아 아버지와 아들과 성령의 이름으로 세례를 주라고 말씀하셨습니다.

하나님의 구원 계획은 영원하고 우주적입니다. 결코 이스라엘 백성에게만 머물지 않습니다. 하나님의 구원 계획은 우리 모두에게 임했습니다. 러시아 땅에도, 철의 장막에도, 이북 5도에도 주의 복음은 임합니다. 주 예수 그리스도의 구원 계획은 온 우주에 충만합니다.

우리가 예수 그리스도를 영접하고 믿었습니다. 그러나 그것이 나만을 위해 있다고 생각하면 오해입니다. 모든 그리스도인을 통해 온 세상 만민이 구원받기를 원하는 것이 하나님의 계획입니다. 그러므로 우리는 하나님을 제한해서는 안 됩니다. 우리는 교회를 제한해서도 안 됩니다. 구원받은 사람들이 교회에 나오지만 이 교회를 통해서 하나님은 모든 사람이 구원받기를 원하십니다. 가난한 사람도, 병든 사람도, 절망하는 사람도, 고아들도 구원이 필요합니다. 하나님이 우리를 택하신 목적은 구원하신다는 것도 있지만 우리를 통해 모든 사람을 구원하신다는 데 더 큰 목적이 있습니다.

그래서 예수님은 두로와 시돈 땅에 발을 내딛으신 것입니다. 그러면 구원받을 수 없는 이방인, 저주받은 이방인, 개처럼 취급받는 이방인에게 어떻게 구원이 임하게 되었을까요?

딸이 귀신들린 가나안 여인

예수님이 이방인의 땅인 두로와 시돈 지방에 발을 디디셨을 때 거기에 한 여자가 나타납니다.

> 가나안 여자 하나가 그 지경에서 나와서 소리 질러 이르되 주 다윗의 자손이여 나를 불쌍히 여기소서 내 딸이 흉악하게 귀신 들렸나이다 하되(마 15:22).

바알과 아세라 신을 섬기는 족속이 가나안 사람들입니다. 이 여자는 바로 그 가나안의 저주받은 족속의 후예입니다. 마가복음 7장 26절에 '헬라인이요 수로보니게 족속'이라는 말씀이 나옵니다. 여기서 헬라인은 헬라 족속이 아니라 헬라 종교의 전통을 받았다는 것을 의미합니다. 그는 잡다한 우상을 섬기고 있었던 것이 분명합니다. 사람은 누구든지 하나님을 알기 전에는 잡다한 우상을 섬깁니다. 돌멩이 앞에 절하고, 물 떠놓고 절하고, 굿도 하고 부적도 붙입니다. 불안하기 때문에 잡다한 신들을 섬깁니다. 이 여자도 그런 사람 가운데 하나였습니다.

그런데 이 여자에게 심각한 문제가 생겼습니다. 사랑하는 딸이 흉악한 귀신에 사로잡힌 것입니다. 이것은 현대의학으로도 풀 수 없는 고통스러운 문제입니다. 사랑스럽고 예쁜 딸이 귀신들려서 이리 넘어지고 저리 넘어지고 미친 사람처럼 방황한다고 생각해 보십시오. 그 아버지, 어머니의 심정이 어떻겠습니까? 갈기갈기 찢어지는 심정일 것입니다. 요즈음에는 자식이 대학만 떨어져도 심장이 찢어지는 것 같다고 합니다. 그런데 대학 떨어진 것이 뭐 그리 대수로운 일입니까? 여기 가나안 여자가 겪는 심정에 비하면 아무것도 아닙니다. 아주 흉악한 귀신이 그 딸을 사로잡았다고 했습니다. 부모로서는 감당하기 어려운 기막힌 고통입니다.

그래서 이 여자는 어떻게 했겠습니까? 분명히 자기가 믿는 신에게 하소연했을 것입니다. 제물을 바쳤을 것입니다. 온갖 수단과 방법을 다 동원해서 사랑하는 딸을 고치고 싶었을 것입니다. 병에만 걸려도 이 기도원 저 기도원, 이 능력자 저 능력자 다 찾아다니는 것이 인간의 마음입니다. 이 여자도 그렇게 했을 것입니다. 그런데 자기 신에게 아무리 하소연하고 제사를 드리고 굿을 해도 아무 응답이 없습니다. 귀신들린 딸을 어찌할 수가 없었던 것입니다.

보통 일반 종교는 고통이 없을 때는 만족을 줍니다. 그러나 심각한 고통이 왔을 때는 무능한 것이 일반 종교입니다. 흉악한 귀신이 자기 딸을 덮쳤다는 사실을 깨달았을 때, 절망이 자기에게 다가왔을 때, 자기가 그동안 믿고 신뢰했던 우상의 종교가 더 이상 아무런 능력이 없는 종교임을 이 여자는 깨달았습니다. 이때부터 그는 고민하고 갈등하기 시작했습니다. 그리고 그 고통은 그로 하여금 새롭게 하나님에 대해서 눈을 뜨는 계기가 되었습니다. 그래서 예수님에게 나오게 된 것입니다.

예수님의 침묵과 거절

이 여자는 예수님을 만나 본 일이 없습니다. 예수님에 대한 소문 정도만 들었을 것입니다. 그는 자기의 모든 우상 종교를 포기하고, 자기의 지식과 방법을 다 포기하고 한 번도 만나 본 적이 없는 젊은 예수를 찾아왔습니다. 찾아와서 무슨 말을 했습니까?

"주 다윗의 자손이여 나를 불쌍히 여기소서 내 딸이 흉악하게 귀신 들렸나이다."

이 여자는 제자들 주위에서 아마 악을 썼을 것입니다. 생면부지의 젊은 예수에게 이렇게 소리 지른 것입니다. 체면이나 편견이나 자존심을 모두 포기한 상태임을 알 수 있습니다. 이 여자가 얼마나 심각했느냐는 제자들의 반응에서도 알 수 있습니다.

예수는 한 말씀도 대답하지 아니하시니 제자들이 와서 청하여 말하되 그 여자가 우리 뒤에서 소리를 지르오니 그를 보내소서(마 15:23).

여자가 소리 질렀을 때 예수님은 침묵하셨습니다. 그런데 제자
들이 예수님에게 와서 "이 여자가 우리 뒤에서 너무도 시끄럽게
하니 좀 고쳐서 보내 주십시오"하고 말한 것입니다. 이것을 보면
이 여자가 얼마나 간절하게 예수님에게 하소연했는가를 알 수 있
습니다. 그런데 이때 예수님이 어떤 반응을 보이셨습니까? 침묵입
니다. 예수님은 한 말씀도 대답하지 않으셨습니다. 이것은 놀라운
일입니다. 왜냐하면 예수님은 지금까지 귀신을 쫓아 주거나 병 고
쳐 주기를 원해 찾아 온 사람에게 한 번도 침묵하신 일이 없기 때
문입니다.

우리는 여기서 예수님이 혹시 불공평하신 것이 아닌가, 이스라
엘 백성은 즉각 고쳐 주시고 이방인에 대해서는 침묵하시는 게 아
닌가 하고 오해할 수 있습니다. 한 불쌍한 이방 여자가 와서 요구
했을 때 예수님은 아무 대답 없이 침묵하셨습니다.

그러면 예수님의 그다음 반응을 살펴보겠습니다.

예수께서 대답하여 이르시되 나는 이스라엘 집의 잃어버린 양 외에
는 다른 데로 보내심을 받지 아니하였노라 하시니(마 15:24).

이것도 이상합니다. 왜냐하면 지금까지 예수님은 어떤 경우든

지 거절하지 않고 사랑을 베풀어 주셨기 때문입니다. 사랑받을 자격이 있거나 없거나 상관없이 구원의 손길을 베풀어 주셨고 병든 자를 고쳐 주셨던 분이 예수님입니다. 그런데 침묵만 하시다가 제자들이 하도 야단을 하니까 "나는 이스라엘 집의 잃어버린 양 외에는 다른 데로 보내심을 받지 않았다" 하고 거절하신 것입니다.

여인의 놀라운 인내와 믿음

그런데 이러한 예수님의 거절과 침묵 앞에 여인은 어떤 반응을 보였습니까?

여자가 와서 예수께 절하며 이르되 주여 저를 도우소서(마 15:25).

예수님의 부정적인 태도와는 상관없이 이 여인은 절대 인내와 절대 믿음이 있는 것을 발견할 수 있습니다. 여기서 보면 예수님과 여인의 태도가 뒤바뀐 것 같은 느낌이 듭니다. 예수님은 침묵하며 거절하시고, 여인은 침묵과 거절 속에서도 적극적인 믿음과 인내를 가지고 예수님에게 긍휼을 요청하고 있습니다.

여자는 절했습니다. 절을 한다는 것은 모든 것을 포기하는 것이요 모든 것을 위탁하는 것이요 모든 것을 신뢰하는 것을 뜻합니다. 그리고서 적극적으로 나를 불쌍히 여겨 달라고, 도와달라고 요청

했습니다. 이 정도 했으면 예수님도 봐 주셔야 되지 않습니까? 그러나 예수님은 한층 더 강도 높게 거절하십니다.

대답하여 이르시되 자녀의 떡을 취하여 개들에게 던짐이 마땅하지 아니하니라(마 15:26).

참 기막힌 말씀을 예수님이 하셨습니다. 이해할 수 없는 말씀입니다. 마르틴 루터는 "예수님의 이 말은 그녀의 마음을, 그리고 그녀의 믿음을 산산조각나게 했다"고 말했습니다. 사실 얼마나 자존심과 체면을 상하게 하는 말입니까? 그리고 결국 이 말은 무슨 뜻입니까? "너는 개다"라는 뜻입니다. 이런 말을 듣고도 예수를 믿겠다는 사람이 과연 몇이나 있겠습니까? 그런데 예수님의 의외의 말씀보다 더 놀라운 것은 여자의 반응입니다.

여자가 이르되 주여 옳소이다마는 개들도 제 주인의 상에서 떨어지는 부스러기를 먹나이다 하니(마 15:27).

예수님이 깜짝 놀라셨습니다. 이 여자가 예수님을 놀라게 했습니다. 쉽게 말하면, 예수님이 지신 것입니다. 예수님이 강도 높은 시험을 계속하고 계시는데, 그 시험을 당하는 여인은 화를 내거나 자존심을 내세우거나 한을 품지 않았습니다. 그리고 "옳습니다"

라고 했습니다. 우리는 이 여인의 말 속에서 진정한 겸손과 진정한 믿음을 발견하게 됩니다. 이 여인은 주님을 "주여"라고 불렀습니다. 이 여인은 구원 밖에 있었던 이방인입니다. 하나님의 백성이 될 자격이 없었던 죄인입니다. "만약 주님께서 자녀들의 먹을 떡을 밥상 아래 있는 개에게 줄 수 없다고 하신다면 지당하신 말씀입니다. 그러나 나는 부스러기라도 구하겠습니다" 하는 것이 이 여인의 믿음입니다.

과연 무엇이 믿음입니까? 믿음이 좋다는 말은 무엇을 뜻합니까? 위대한 믿음이 있다는 말은 무슨 뜻입니까? 예수를 오래 믿은 것입니까? "믿습니다" 하면서 앉은뱅이가 일어나면 믿음이 좋은 것입니까? 믿음이 좋으면 불에도 들어갑니까? 믿음이 좋으면 기적이 일어나는 것입니까? 그런 일들을 우리는 많이 알고 있습니다. 믿음이 있어서 큰 일을 했다는 이야기를 많이 합니다. 그러나 믿음에 대한 예수님의 해석은 전혀 다릅니다. 이 지상에서 가장 완벽한 믿음, 가장 절대적인 믿음, 가장 귀한 믿음은 다른 믿음이 아니라 이 여자가 가진 믿음이라고 하셨습니다. 예수님은 바로 이 여자가 가지고 있는 믿음이 최고, 최상의 믿음이라고 하신 것입니다.

이에 예수께서 대답하여 이르시되 여자여 네 믿음이 크도다 네 소원대로 되리라 하시니 그때로부터 그의 딸이 나으니라(마 15:28).

저는 이 말씀을 읽다가 "여자여 네 믿음이 크도다"라는 말이 제 마음에 크게 다가오는 것을 느꼈습니다. 이 말씀을 하시는 예수님의 얼굴을 상상해 보았습니다. 예수님의 목소리가 떨렸을 것 같습니다. 너무나 기뻐서 예수님은 흥분하셨을 것 같습니다. "맞다! 내가 하고 싶은 이야기가 여기 있다. 믿음이 바로 이것이다!" 예수님이 그 여자를 향해 환한 웃음을 지으시면서 그렇게 대답하셨을 것 같습니다. 수많은 사람이 믿음에 관해 말하는데 예수님의 마음에 차지는 않았습니다. 예수님의 마음에 맞는 믿음은 바로 이 여자의 믿음이었던 것입니다.

예수님이 칭찬하신 믿음

그러면 예수님이 위대한 믿음이라고 칭찬하신 이 여자의 믿음은 어떤 것입니까?

첫째로, 믿음이란 예수 그리스도가 하실 수 있다고 믿는 것입니다. 무조건 믿는 것은 믿음이 아닙니다. 예수 그리스도를 바라보는 것이 믿음입니다. 자기 생각을 믿는 것은 믿음이 아닙니다. 자기 기도의 능력을 믿는 것도 믿음이 아닙니다. 자기 안수의 능력, 자기 설교의 능력을 믿는 것도 믿음이 아닙니다.

믿음이란 예수 그리스도를 바라보는 것입니다. "예수님 앞에 가면 병이 나을 수 있다. 예수님 앞에 가면 구원받을 수 있고 모든 문제가 해결될 수 있다. 그분은 하나님의 아들이시고 나의 구주시다"라고 생각하는 것이 믿음입니다. 이 여자는 예수님이 자신의 문제를 해결해 주실 것을 믿었습니다. 요즘 대부분의 사람은 예수님을 찾지 않고 목사를 찾습니다. 예수님을 찾지 않고 교회를 찾습니다. 예수님을 찾지 않고 능력의 종을 찾아갑니다. 그것은 믿음이 아닙니다. 믿음이란 예수님을 찾는 것입니다. 믿음이란 예수님을 바라보는 것이요 예수님을 신뢰하는 것입니다.

둘째로, 믿음이란 "주여, 나를 도와주시옵소서"라고 말할 수 있는 것입니다. 자기의 무능을 인정하는 것이 믿음입니다. 나는 도움이 필요한 사람이라고 말하는 것이 믿음입니다. 어떤 사람은 교회에 나와도 예수님을 의지하지 않고 자기의 돈을 의지하는 사람이 있습니다. 자기의 경험을 의지하고 자기의 지식을 의지하는 사람이 있습니다. 이 사람은 믿음이 없는 사람입니다. 진정한 믿음을 가진 사람은 "나는 아무것도 아닙니다. 하나님 앞에서 내가 무엇을 할 수 있겠습니까? 하나님! 나를 도와주십시오. 나를 불쌍히 여겨 주십시오"라고 고백합니다. 여자는 그렇게 생각했습니다.

언제 믿음이 생기는지 아십니까? 기막힌 상황에 빠지면 믿음이 생깁니다. 배가 따뜻하고 입을 옷이 있고 살 집이 있으면 믿음이 흔들흔들합니다. 자꾸 돈과 지위를 의지하고 인간 관계를 의지할 뿐 하나님을 의지하지 않습니다. 그것은 믿음이 아닙니다.

셋째로, 믿음이란 끝까지 포기하지 않고 부스러기라도 얻어먹겠다는 태도입니다. 예수님이 자녀의 떡을 개에게 주는 법이 없다고 말씀했을 때 이 여자는 화를 내지 않았습니다. 끝까지 포기하지 않고 부스러기라고 얻어먹겠다는 겸손과 간절함이 있었습니다. 이것이 참된 믿음입니다.

이렇게 보면 이 여자에 대한 예수님의 냉혹한 침묵은 결코 거절이 아니었음을 알게 됩니다. 오히려 이 여자로 하여금 참된 믿음을 갖게 하는 자극제였다고 할 수 있습니다.

지금 우리 앞에 많은 문제가 있습니다. 고통이 있습니다. 어떤 심각한 상황이 있습니다. 어떤 사람은 그런 일에 부딪히면 화를 내고 하나님을 원망하고 소리를 지릅니다. 하나님은 우리를 괴롭히려고 그러시는 것이 아닙니다. 하나님이 원하시는 것은 우리가 이 여자처럼 위대한 믿음을 갖는 것입니다. 원망하지 않고 포기하지 않고 불평하지 않고 "주님, 떡이 아니면 어떻습니까? 부스러기라도 주시옵소서"라는 겸손한 믿음을 갖게 하기 위해 우리에게 시련을 주시는 것입니다.

이러한 시련과 고통을 지나서 우리가 예수 그리스도를 신뢰하고 그에게 부스러기라도 얻어먹겠다는 겸손한 믿음을 가지면 무슨 일이 일어납니까?

"이에 예수께서 대답하여 이르시되 여자여 네 믿음이 크도다 네 소원대로 되리라 하시니 그때로부터 그의 딸이 나으니라."

예수 그리스도를 신뢰하는 믿음을 끝까지 가지고 있을 때 여자의 딸에게서 귀신이 떠나갔습니다. 바로 믿음에서 일어나는 기적입니다. 오늘 우리가 이런 믿음을 갖고 있기만 하면 귀신이 즉시 떠나고 병이 나을 것입니다. 하나님은 능력이 없어서 이 모든 일을 못 하시는 것이 아니라 믿음을 기다리시는 것입니다. 예수 그리스도를 바라보는 믿음, 예수 그리스도에게 도움을 요청하는 순수한 믿음, 부스러기라도 먹겠다는 모든 자존심을 포기한 믿음을 갖는 순간에 기적이 일어납니다. 그리하여 이 여자는 하나님으로부터 큰 축복을 받게 된 것입니다.

그러나 축복은 이 여자의 일로 끝나는 것이 아닙니다. 바로 모든 이방인이 구원받는 비결을 이 여자가 제시해 준 것입니다. 어떻게 이방인이 구원받을 수 있습니까? 믿음입니다. 포기하지 않는 믿음, 겸손한 믿음, 예수 그리스도를 바라보는 믿음, 그에게 은혜와 도움을 요청하는 어린아이 같은 믿음을 가질 때 놀라운 기적이 일어납니다.

18

긍휼의 마음이
기적을 만든다

마태복음 15:29-39

구원이란 모든 사람에게 주어지는 하나님의 은총입니다. 구원과 선택은 받을 만한 가치가 있는 사람에게만 주어지는 것이 아닙니다. 예수 그리스도를 바라보는 모든 사람에게 주어지는 하나님의 선물입니다. 하나님은 우리를 사랑하십니다. 우리뿐만 아니라 버려진 사람, 소외된 사람도 사랑하십니다. 보잘것없는 사람도 예수님은 기억하시고 찾아가셔서 구원하십니다. 성경을 보면 그리스도 안에 있으면 누구든지 새로운 피조물이요, 누구든지 주의 이름을 부르는 자에게는 구원이 임한다고 했습니다. 선택받은 사람에게만 구원이 임하는 것이 아닙니다. 예수 그리스도를 부르는 자에게 구원이 임합니다. 그래서 예수 그리스도를 부르게 된 사실을 가리켜 우리는 '선택되었다'라고 말할 뿐입니다.

예수님에게 나아온 큰 무리

본문 말씀에서 우리는 하나님의 크신 사랑의 마음을 보게 됩니다.

예수께서 거기서 떠나사 갈릴리 호숫가에 이르러 산에 올라가 거기 앉으시니(마 15:29).

예수님이 가나안 여자를 만나셨던 두로와 시돈은 지중해 연안에 있는 도시들입니다. 예수님은 이제 그곳을 떠나 먼 길을 걸어서 갈릴리 호수로 다시 오셨습니다. 그런데 마가복음 7장 31절을 보면 예수님은 이때 이방 지역인 데가볼리를 통과하여 갈릴리로 가셨다는 것을 알 수 있습니다. 그리하여 이방인의 큰 무리가 예수님 앞에 나아왔습니다.

> 큰 무리가 다리 저는 사람과 장애인과 맹인과 말 못하는 사람과 기타 여럿을 데리고 와서 예수의 발 앞에 앉히매 고쳐 주시니 말 못하는 사람이 말하고 장애인이 온전하게 되고 다리 저는 사람이 걸으며 맹인이 보는 것을 무리가 보고 놀랍게 여겨 이스라엘의 하나님께 영광을 돌리니라(마 15:30-31).

짧지만 깊은 의미가 있는 말씀입니다. 이 큰 무리는 여자와 어린아이를 빼고도 4천 명이 넘었습니다. 이들은 놀랍게도 선택받은 이스라엘 사람이 아니라 이방인이었습니다.

우리는 이 말씀의 분위기에서 여러 종류의 병든 사람들과 그의 친척과 친구들이 먼 길을 찾아왔다는 것을 짐작할 수 있습니다. 나중에 보면, 먹을 것도 별로 챙겨 오지 않았다는 것을 알 수 있습니다. 아마 허겁지겁 집 안에 있는 각색 병자들을 데리고 왔을 것입니다. 이 장면을 한 번 상상해 보십시오. 4천 명이 훨씬 넘는 어마어마한 수의 사람들이 왜 이렇게 먼 길을 따라왔을까요? 한마디로 말하면, 이 무리 속에 있는 강한 믿음 때문입니다.

이들의 믿음은 어떤 믿음이었을까요? 그것은 훈련된 믿음도 아니고 철학과 논리와 지성에 근거한 믿음도 아니었습니다. 또한 바리새인들과 서기관들 같은 교리적이고 전통적인 믿음도 아니었습니다. 그들에게 있던 믿음은 소박하고 단순했습니다. 예수 그리스도의 기적을 직접 목격한 것, 예수 그리스도의 말씀을 직접 듣고 그분의 인격을 만난 것, 그것뿐이었습니다. 그것이 그들의 믿음이었습니다. 이 사람들은 지금 흥분해 있습니다. 감격해 있습니다. 믿음의 열기와 복음의 열기가 가득 찬 것입니다.

어느 구역에서 구역예배를 드리다가 기적이 일어났다고 생각해 봅시다. 그 구역은 흥분해서 밤 12시까지 헤어지지 못할 것입니다. "어떤 형제가 아팠는데 하나님의 기적으로 고쳤다", "예수 안 믿는 집이 있었는데 그 가정이 예수를 믿게 되었다"고 말하면서 굉장히 흥분할 것입니다. 만약 우리 교회에서 어떤 분이 맹인이었다가 눈을 떴다고 상상해 봅시다. 비록 한 사람이 그랬다 할지라도 그 사건은 교회 전체를 흥분의 도가니로 몰고 갈 것입니다. 4천 명이 넘는 무리가 바로 이런 열기와 환희에 동참하게 된 것입니다.

이것과 참으로 대조적인 현상이 있습니다. 선택받았다는 이스라엘 백성과 바리새인들은 전혀 그렇지 못했습니다. 이 사람들은 어떠했습니까? 믿음의 열기가 전혀 없습니다. 예수님을 보면서도,

기적을 보면서도 계속 냉소적이고 비판적이고 냉랭했습니다. 선택받을 수 없었던 이방인들은 작은 기적 앞에서 흥분하고 감사하고 감격했던 반면 진정 수많은 기적을 보았고, 천국의 말씀을 너무나 많이 들었던 사람들은 냉랭하고 복음의 열기가 없었습니다.

　오늘날 교회도 그렇습니다. 건물이 멋있고 교인이 많이 모이고 전통과 역사를 자랑하는 교회들이 있는데 놀랍게도 그런 교회들은 냉랭합니다. 복음의 열기가 없습니다. 그러나 어떤 교회는 건물도 시원찮고 전통과 역사도 별로 없지만 성령이 충만해서 기쁨과 은혜와 찬송과 박수 소리가 가득 찹니다. 얼굴에는 희열이 넘칩니다. 그 차이가 무엇입니까? 바로 믿음입니다. 말씀 가운데 나타난 산에 모인 사람들은 놀라운 흥분과 감격과 기쁨에 가득 차 있는 사람들입니다.

예수님이 계신 곳

여기 모인 4천 명의 이방 사람들은 어떤 사람들이겠습니까? 성경을 보면 다리 저는 자와 장애인, 맹인, 말 못 하는 자, 각종 병자들이 거기 함께 있었다고 했습니다. 그렇다면 우리는 쉽게 결론을 내릴 수 있습니다. 이 분위기는 결코 지성적인 분위기는 아니었고, 세련된 사람들이 모인 곳도 아니었다고 말입니다. 여기에는 어떤 이상한 냄새도 나고 각종 병자들의 들 것, 옷가지, 음식 등이 여기

저기 흩어져 있었을 것입니다. 아이들이 소리 지르고 돌아다니는 장터 비슷한 분위기였을 것입니다. 물론 멋진 성가대도 없습니다. 파이프 오르간이나 피아노도 없습니다. 시끄럽고 흥분에 들떠 있는 약간 촌스러운 모임이었을 것입니다. 그런데 중요한 것은 그 모임 속에 예수님이 계셨다는 사실입니다. 예수님이 계셨고, 예수님의 말씀이 있었고, 예수님의 기적이 있었습니다.

환경과 조건은 그렇게 중요하지 않습니다. 어떤 지위의 사람이 앉아 있느냐도 중요하지 않습니다. 예수 그리스도가 있느냐 없느냐가 중요합니다. 우리 교회는 누가 봐도 화려하고 멋진 교회입니다. 그러나 여기에 예수 그리스도가 없다면 말짱 헛일입니다. 이 안에 주님이 계시느냐, 계시지 않느냐가 중요합니다.

다리 저는 자들과 맹인들과 말 못 하는 자들과 각종 알 수 없는 질병이 있는 사람들은 돈 없는 가난한 사람들이었을 것입니다. 그래서 냄새도 나고 지저분했을 것입니다. 그런 사람들이 모인 곳이었지만 거기에는 예수님이 계셨고, 기적이 있었고, 감격과 환희가 있었습니다. 오늘 우리는 이것을 배워야 합니다.

기적을 경험한 사람들

한 가지 더 생각해 봅시다. 두로와 시돈에서 갈릴리 호수까지 오는 길은 보통 먼 길이 아닙니다. 굉장히 먼 길을 걸어서 왔습니다. 이 먼 길을 그들이 왜 왔겠습니까? 믿음 때문입니다. 그렇다면 이 사람들이 가지고 있는, 예수님을 목격하고 만난 그 믿음이란 무엇입니까? 어디서 온 것입니까? 이 믿음은 한 여자로부터 온 것입니다. 가나안의 이름 없는 한 여자, 귀신들린 딸을 가진 여자, 세상에 소망이 없는 불행한 여자, 예수님에게서 수모를 받고 거절당했음에도 진실한 믿음으로 결국 예수님을 감동시켜 딸을 구원하게 했던 여자, 이 여자의 믿음이 모든 사람을 감동시킨 것입니다.

믿음이란 전염성이 있습니다. 강력한 전염성이 있습니다. 4천 명을 움직이게 한 여자는 누구입니까? 믿음을 가진 여자입니다. 우리가 정말 믿음이 있다면 많은 사람에게 충격을 주게 될 것입니다. 나가서 예수님을 전하는 것도 중요하지만, 진정으로 우리가 변하기만 하면 주위 사람들이 큰 충격을 받게 될 것입니다. 왜냐하면 믿음은 전염성이 있기 때문입니다. 저는 우리 한 사람이 교회 전체를 감동시킬 수 있다고 믿습니다. 한 사람의 믿음이 4천 명을 움직인 것처럼 말입니다.

말 못하는 사람이 말하고 장애인이 온전하게 되고 다리 저는 사람이 걸으며 맹인이 보는 것을 무리가 보고 놀랍게 여겨 이스라엘의 하나님께 영광을 돌리니라(마 15:31).

얼마나 놀라운 일입니까? 우리 한국 교회에도 이런 일이 일어나

길 간절히 사모해야 합니다. 말 못 하는 사람이 말하며, 다리 저는 사람이 걸으며, 맹인이 눈을 뜨는 사건, 이러한 사건은 현대인에게도 기적이지만 그 당시 사람들에게도 기적이었습니다.

그런데 이것을 우리 개인의 사건으로 적용해 보십시오. 나의 형이 말을 못 했는데 말이 터졌다고 생각해 보십시오. 얼마나 놀랍습니까? 나의 남편이 다리를 절었는데 깨끗이 나았다고 생각해 보십시오. 나의 누이동생이 맹인인데 눈을 떴다고 생각해 보십시오. 그 가정은 오늘 잠을 못 이룰 것입니다. 우리는 이 기쁨에 같이 동참할 필요가 있습니다. 신앙이란 이러한 감격에 같이 동참하는 것입니다.

신앙은 놀라는 일의 연속입니다. 상상할 수 없는 일이 매일 생기는 것입니다. 내가 노력해서 얻는 것도 있지만, 하나님이 보내 주시는 것도 있습니다. 기적이라는 것이 있습니다. 꼭 앉은뱅이가 일어나는 것뿐만 아니라 내가 다른 사람을 사랑할 수 있는 것도 기적입니다. 이런 일들은 순간순간 일어납니다. 믿음의 눈으로 보면 모든 사건이 새롭습니다. 세상이 새로워집니다. 인간관계도 새로워집니다. 미래에 대해 소망이 생깁니다. 믿음이 그렇게 만듭니다. 우리 안에 이런 믿음이 있기를 바랍니다.

무리가 호수 옆에서 이러한 기적을 목격하고 있었습니다. 이런 경험을 우리도 할 수 있어야 합니다. 사람들은 이것을 보고 기이히 여겨 놀라서 하나님을 찬양했습니다. 경배했다는 말은 찬양했다는 말입니다. 하나님에게 소리를 높여 찬양했습니다.

간증이 있는 자마다 찬양할 수 있습니다. 간증 없는 사람은 찬양을 못합니다. 기적을 경험한 사람들은 이야기하고 싶어 합니다. 그들은 하나님에게 감사와 찬송과 영광을 돌렸습니다. 그런데 성경을 보면, 그들이 다 놀라 기이히 여겨 "이스라엘의 하나님!"이라고 외쳤습니다. 이 표현을 통해 우리는 이방인에게 있어서는 하나님이 자기 하나님이라고 생각하지 않았음을 알 수 있습니다. 그당시 하나님은 이스라엘의 하나님이었습니다. 그러나 이스라엘의 하나님이 이스라엘만 사랑하신 것이 아니라 사랑받을 수 없던 이방인까지도 사랑했다는 고백과 간증이 이 외침에 담겨 있습니다.

이방인의 광주리에 담긴 축복

예수께서 제자들을 불러 이르시되 내가 무리를 불쌍히 여기노라 그들이 나와 함께 있은 지 이미 사흘이매 먹을 것이 없도다 길에서 기진할까 하여 굶겨 보내지 못하겠노라 제자들이 이르되 광야에 있어 우리가 어디서 이런 무리가 배부를 만큼 떡을 얻으리이까 예수께서 이르시되 너희에게 떡이 몇 개나 있느냐 이르되 일곱 개와 작은 생선 두어 마리가 있나이다 하거늘 예수께서 무리에게 명하사 땅에 앉게 하시고 떡 일곱 개와 그 생선을 가지사 축사하시고 떼어 제자

들에게 주시니 제자들이 무리에게 주매 다 배불리 먹고 남은 조각

을 일곱 광주리에 차게 거두었으며 먹은 자는 여자와 어린이 외에

사천 명이었더라(마 15:32-38).

이들은 하나님의 말씀에 충격을 받아 사흘 동안 아무것도 먹지

않고 말씀을 들었습니다. 굉장히 흥분했던 것입니다. 지금 예수님

은 3일 굶은 청중에게 먹을 것을 주고 싶어 하십니다. 그러나 이것

은 현실적으로는 불가능했습니다. 4천 명 이상 되는 사람들의 음

식을 어디 가서 구할 수 있겠습니까? 현실이란 언제나 불가능으로

가득 차 있습니다. 우리가 살고 있는 현실이란 가능한 것이 없습니

다. 사면초가입니다. 어떤 사람은 인생이 대로라고 말하지만, 그렇

지 않습니다. 인생의 궁극적인 장애물은 죽음입니다.

　예수님은 현실의 불가능에 좌절하지 않으시고 새로운 가능성을

찾기 시작하십니다. "네가 가지고 있는 것이 무엇이냐, 비록 4천

명을 먹일 만한 것은 아닐지라도 네가 가지고 있는 것이 무엇이

냐?"고 물으셨습니다. 그런데 놀라운 일이 벌어졌습니다. 예수님

은 보리떡 일곱 개와 고기 두어 마리를 가지고 4천 명을 먹이고도

남는 기적을 이방인에게도 똑같이 베풀어 주신 것입니다.

　마태복음에서 예수님은 이 두 사건에 대해 다음과 같이 설명하

셨습니다.

너희가 아직도 깨닫지 못하느냐 떡 다섯 개로 오천 명을 먹이고 주운 것이 몇 바구니며 떡 일곱 개로 사천 명을 먹이고 주운 것이 몇 광주리였는지를 기억하지 못하느냐(마 16:9-10).

사람들이 벌써 이 일을 잊어버렸을 때 예수님이 기억하게 하시는 말씀입니다. 캠벨 몰간에 따르면, 어원적으로 조사해보니 열두 바구니에서의 '바구니'는 이스라엘 백성이 잘 쓰는 시장바구니 같은 것이라고 합니다. 그리고 '광주리'는 이방인들이 장사에 쓰는, 바구니보다 좀 더 큰 그릇이었다고 합니다. 그래서 그는 이것이 분명히 하나는 이스라엘을 위한 기적이었고, 또 하나는 이방인을 위한 기적이었다고 설명합니다. 그렇습니다. 예수님은 유대인과 똑같이 이방인도 사랑하셨고, 그들에게도 구원과 기적을 베풀어 주셨습니다.

무리를 향한 긍휼의 마음

한 가지 더 주목할 것은 예수님이 병을 고쳐 주실 뿐만 아니라 배고픈 많은 사람에게 배불리 먹게 하실 때에 그 기적의 동기가 무엇이냐는 것입니다. "예수께서 제자들을 불러 이르시되 내가 무리를 불쌍히 여기노라"고 했습니다. 바로 이것이 기적의 동기입니다. 예수님은 그들을 불쌍히 여기셨습니다.

하나님의 기적은 두 가지에서 옵니다. 첫째는 우리의 믿음으로 옵니다. 그러나 우리의 믿음만이 아니라 예수 그리스도의 긍휼로 인하여 기적이 옵니다. 예수님의 심정 깊은 곳에는 무리를 불쌍히 여기는 마음이 있었습니다. 3일 동안 말씀을 듣고 정신없이 하나님의 영광과 기적 속에 동참하던 그들이 이제 배고픈 상태가 되었는데 지쳐서 집에 돌아가다가 혹시 쓰러지지 않을까 하는 염려를 예수님이 하신 것입니다. 우리는 예수님에게 이처럼 따뜻하고 다정다감한 어머니의 마음이 있는 것을 발견하게 됩니다. 며칠 좀 굶는다고 죽습니까? 그러나 예수님의 마음은 그렇지 않았습니다. 가다가 지쳐서 쓰러질까 봐 예수님은 이런 기적을 베풀어 주신 것입니다. 선택된 이스라엘만이 아니라 선택받지 못한 이방인에게까지도 예수님은 따뜻한 사랑을 보여 주셨습니다.

구원이란 모든 사람에게 주어지는 하나님의 은총입니다. 구
원과 선택은 받을 만한 가치가 있는 사람에게만 주어지는 것
이 아닙니다. 예수 그리스도를 바라보는 모든 사람에게 주어
지는 하나님의 선물입니다.

3부

그리스도를 주로 고백하는 삶

마태복음 16:1-28

고백이 없는 신앙은 신앙이 아닙니다.

우리의 구원은 고백으로부터 시작됩니다.

"주는 그리스도시요 살아 계신 하나님의 아들이십니다.

나는 이 사실을 믿습니다."

바로 여기에서부터 교회가 시작되고

구원이 시작되고 영원이 시작됩니다.

19

표적을 구하는
믿음을 삼가라

마태복음 16:1-4

본문 말씀을 보면 영적 어둠에 갇혀 사는 두 부류의 사람들이 있는 것을 발견하게 됩니다. 첫 번째 부류의 사람은 바리새인들과 서기관들로서 예수님에게 하늘로부터 오는 표적을 구한 사람들입니다. 두 번째 부류의 사람은 예수님의 제자들입니다. 예수님의 제자들도 처음부터 영적인 눈을 뜬 것은 아니었습니다. 그들은 예수님이 십자가에 못 박혀 죽으시고 부활하실 때까지도 영적 어둠에 있었던 사람들입니다. 이들은 예수님이 바리새인의 누룩을 조심하라고 했을 때 그 말이 무슨 뜻인지를 깨닫지 못했던 사람들입니다. 이 부분은 너무나 중요한 내용이 많기 때문에 오늘은 첫 번째 부류의 사람들에 대해서만 살펴보겠습니다.

영적 어둠에 갇혀 있는 상태

세상에서 가장 비극적인 인물이 있다면 눈은 떴으나 보지 못하는 사람일 것입니다. 누구를 막론하고 어둠에 갇혀 있다는 사실은 큰 비극입니다. 진리를 바로 볼 수 없을 뿐만 아니라 빛의 세계에 이르지 못하기 때문입니다.

요한복음에서 "빛이 어둠에 비치되 어둠이 깨닫지 못하더라"(요

1:5)고 했습니다. 영적으로 어둡다는 것은 하나님을 떠난 것을 의미합니다. 하나님과 단절된 사람을 가리켜 영적인 어둠에 있는 사람이라고 말할 수 있습니다. 이 어둠 속에 있는 사람은 절망과 죽음, 그리고 죄와 사탄과 연관되어 있는 사람입니다.

혹시 어둠에 갇혀 본 적이 있습니까? 전깃불이 나간 경우도 그 가운데 하나일 수 있겠지만, 감옥이나 헤어 나올 수 없는 깊은 어둠에 갇혀 있을 때 어떤 느낌을 갖게 될까요? 우선 마음이 불안합니다. 어둠에 갇혀 있는 사람은 불안하고 근심 걱정이 많습니다. 내일에 대한 희망이 없을 뿐만 아니라 모든 사람에 대해서 적대감을 가집니다. 사람에게 미움과 적대감이 있는 사람은 거의 대부분 어둠에 사로잡혀 있습니다.

특별히 영적으로 무지하고 무감각한 사람들이 있습니다. 세상일에는 똑똑하고 약삭빠르면서도 영혼의 문제에 대해서는 무관심하고 무지한 사람들입니다. 이런 사람을 가리켜 에베소서에서는 "그들의 총명이 어두워지고 그들 가운데 있는 무지함과 그들의 마음이 굳어짐으로 말미암아 하나님의 생명에서 떠나 있도다"(엡 4:18)라고 했습니다.

이런 사람들 가운데는 두 부류가 있습니다. 깨우쳐 주면 그 무지에서 벗어나는 사람과 깨우쳐 줘도 벗어나지 못하는 사람입니다. 본문 말씀에서 말하는 바리새인과 서기관은 깨우쳐 줘도 깨닫지 못하는 사람들입니다. 그러나 예수님의 제자들은 일시적으로 영적 무지함에 있었지만 예수님이 말씀과 성령으로 가르쳤을 때 조금씩 눈을 뜬, 소망이 있는 사람들입니다.

우리는 어떻습니까? 우리는 날마다 영안이 열리고 있습니까? 성령의 도우심으로 영적 세계, 하나님의 세계, 진리의 세계에 늘 가까이 가고 있습니까? 본문 말씀을 통해서 우리의 모습을 비추어 보아야 할 것입니다.

마지막 기회를 거부한 사람들

바리새인과 사두개인들이 와서 예수를 시험하여 하늘로부터 오는 표적 보이기를 청하니(마 16:1).

여기 바리새인과 사두개인이 나타납니다. 이들은 그 당시 유대교의 지도자들이었습니다. 누구보다도 먼저 예수님을 환영하고 예수님이 오심을 기뻐했어야 할 사람들입니다. 그러나 이들은 예수님을 배척했습니다. 이들이 어떤 사람들이었는지 몇 가지 면에서 살펴보겠습니다.

첫째, 이들은 예수님을 대적하기 위해서 마지막으로 찾아온 사람들입니다. 그동안 이들은 예수님을 끊임없이 찾아왔습니다. 예수님을 환영하고 그 말씀을 듣고 순종하기 위해서가 아니라, 예수님을 대적하고 꺾기 위해서 찾아온 것입니다. 마태복음 3장 7절을 보면 세례 요한이 세례를 줄 때 바리새인들과 사두개인들이 찾아왔다는 기록이 있습니다. 이들이 안식일의 문제를 가지고 예수님을 찾아옵니다(마 12:1). 그리고 계속해서 성결의 문제 등 여러 가지 문제를 가져와 도전하고 항의합니다(마 12:24; 12:38; 15:1). 본문 말씀에서도 바리새인들과 사두개인들은 예수님의 신성을 거부하기 위해, 예수님의 구원을 거부하기 위해 찾아왔습니다. 그런데 성경을 보면 이후로부터 예수님은 이들과 논쟁하지 않으시고 십자가에 못 박혀 돌아가실 때까지 제자들에게 집중하시는 모습을 볼 수 있습니다.

바리새인들과 사두개인들은 존경받는 계급이었습니다. 그러나 실제로는 가장 불쌍한 사람들이었습니다. 요즘 세상에도 그런 사람들이 많습니다. 세상적으로는 화려하고 존경받고 권력 있는 사람이지만 하나님 편에서 볼 때 참으로 불쌍하고 비참한 사람들입니다. 이들을 보면서 우리는 이런 사실을 깨닫습니다. 사람은 누구든지 처음에는 실수할 수 있고 잘못된 행동을 할 수 있습니다. 그러나 끝까지 자기의 실수와 잘못을 고집한다면 그것은 단순한 실수와 잘못일 수 없다는 것입니다. 실수할 수 있습니다. 허물이 있을 수 있습니다. 그러나 그것을 깨달았을 때에는 돌아서야 합니다. 잘못인 줄 알면서도 끝까지 고집한다면 그것은 실수나 허물이 아니라 교만이요 죄입니다.

바리새인들과 사두개인들은 끝까지 예수 그리스도를 배척하고 거부합니다. 이들은 누구보다도 예수님과 가까운 거리에 있었고, 그분의 말씀을 친히 들었고, 그분의 기적을 목격한 사람들입니다. 구원의 기회가 이들에게는 너무나 많았습니다. 그러나 결국 교만과 자존심, 그리고 악의에 찬 강퍅한 심령 때문에 이들은 구원을 놓치고 말았습니다.

이들을 보면 히브리서 6장 4절 이하의 말씀이 생각납니다.

"한 번 빛을 받고 하늘의 은사를 맛보고 성령에 참여한 바 되고 하나님의 선한 말씀과 내세의 능력을 맛보고도 타락한 자들은 다시 새롭게 하여 회개하게 할 수 없나니 이는 그들이 하나님의 아들을 다시 십자가에 못 박아 드러내 놓고 욕되게 함이라."

성령도 체험하고 은사와 능력과 말씀도 체험한 사람들이 타락하면 얼마나 무서운 지경에 빠지는가를 여기서 볼 수 있습니다. 그렇습니다. 바리새인들과 서기관 그리고 사두개인들의 훈장은 번쩍거렸고, 그들의 옷은 화려했습니다. 그들은 성전을 들락날락했고, 하나님의 이름을 자기들의 전매특허처럼 불렀습니다.

사실 교회 마당을 밟는 것은 중요하지 않습니다. 건물을 왔다 갔다 하는 것이 중요한 것이 아닙니다. 예수 그리스도를 믿는 것이 중요합니다. 예수 그리스도를 믿을 뿐만 아니라 하나님의 자녀가 되는 권세를 갖는 것이 중요합니다. 예수님을 얼마나 오래 믿었느냐는 중요하지 않습니다. 바로 믿고 있느냐가 중요합니다.

하늘로부터 오는 표적

둘째, 바리새인들과 사두개인들은 예수님을 배척하기 위해서 손을 잡았습니다. 그러나 실제로 이들은 손잡을 수 없는 사람들입니다. 종교적 입장이 아주 달랐기 때문입니다. 좀 극단적으로 예를 들면, 사두개인들의 신앙은 요즘으로 말하면 사회 참여를 강조하는 진보적인 신앙입니다. 그리고 바리새인들의 신앙은 보수적이고 전통적인 신앙입니다.

바리새인들은 성령을 믿고, 천사를 믿고, 부활을 믿고, 영적 진리를 신뢰했던 사람들입니다. 철저하게 하나님의 말씀을 잘 믿기 위해서 존재한 사람들이었습니다. 반면에 사두개인들은 현실주의적인 신앙을 가진 사람들입니다. 그래서 영혼이나 부활이나 천국은 별로 믿지 않았습니다. 초자연적인 기적을 신뢰하지 않았던 그룹입니다. 현실 정치에 적극적으로 참여한 사람들로서, 그 당시 산헤드린 회원들이 바로 이 그룹에 속해 있었습니다. 이처럼 바리새인들과 사두개인들은 같은 하나님을 믿으면서도 서로 조화를 이루지 못하고 오히려 경멸하고 반목하는 사이였는데, 놀랍게도 예수 그리스도를 공격할 때는 손을 잡았습니다.

그런데 이들이 예수 그리스도를 공격할 때 요구한 것이 하나 있습니다. '하늘로부터 오는 표적을 보여 달라'는 것입니다. 그들의 요구는 세련되고 지성적입니다. 천박하게 반대하는 것이 아니라 합리적인 이론으로, 성경적인 근거를 가지고 예수님에게 대항하는 모습을 이들의 요구에서 발견할 수 있습니다.

'하늘로부터 오는 표적'은 굉장히 재미있는 뜻을 내포하고 있습니다. 바리새인들에게 하늘로부터 오는 표적은 어떤 의미가 있습니까? 바리새인들은 철저하게 하늘로부터 오는 표적과 기사가 있다고 믿은 사람들입니다. 그러나 이들은 예수님이 행하셨던 모든 기적과 능력은 하늘로부터 온 것이 아니라 땅으로부터 온 것이라고 보았습니다. 그래서 예수님이 기사와 능력을 베푸셨을 때, 그것은 하나님의 힘이 아니라 바알세불의 힘을 빌어서 행한 능력이라고 해석했습니다.

정확히 말하면, 바리새인들은 예수님이 하늘로부터 온 기적을 행한 것이 아니라 이방인들의 세계에서 볼 수 있는 최면이나 마술을 통해서 기적과 이사를 행했다고 생각한 것입니다. 병을 고치고 귀신을 쫓고 5천 명을 먹인 사건이 다 그런 것이었다고 생각했습니다. 그래서 바리새인들은 하늘로부터 오는 기적을 보여 달라고 예수님에게 도전한 것입니다.

반대로 사두개인들의 입장은 어떻습니까? 이것도 재미있습니다. 사두개인들의 신학과 신앙은 하늘로부터 오는 표적은 있을 수 없다는 것입니다. 그들은 기적과 성령과 능력을 믿지 않았습니다. 그래서 예수님에게 하늘로부터 오는 표적을 보여 달라고 도전한 것입니다. '하늘로부터 오는 표적은 없다. 그러니 예수는 이 표적을 보여 줄 수 없을 것이다.' 사두개인들은 이렇게 생각했습니다.

이런 관점에서 이 두 그룹이 만난 것입니다.

이런 악의에 찬 도전 앞에서 예수님이 어떻게 대답하셨는지 보겠습니다.

예수께서 대답하여 이르시되 너희가 저녁에 하늘이 붉으면 날이 좋겠다 하고 아침에 하늘이 붉고 흐리면 오늘은 날이 궂겠다 하나니 너희가 날씨는 분별할 줄 알면서 시대의 표적은 분별할 수 없느냐(마 16:2-3).

이것이 우리에게 주시는 하나님의 음성입니다. 세상일에는 그렇게 밝으면서, 돈 버는 일에는 그렇게 눈이 밝으면서, 영적인 일에는 그렇게 무지하고 무관심하냐는 말씀입니다.

당시 이런 속담이 있었습니다. "저녁에 하늘이 밝으면 항해자들은 기뻐하고 아침에 하늘이 붉으면 항해자들은 조심한다." 이처럼 그들은 자연의 이치를 잘 체득했습니다. 농사를 어떻게 짓는 줄을 알았으며, 고기를 어떻게 잡는 줄을 알았으며, 항해를 어떻게 하는 줄도 알았습니다. 삶의 지혜가 있었습니다. 그러나 종교 지도자라고 자칭하는 사람들, 하나님에 대해서 전문가라고 생각하는 사람들, 신앙을 독점했다는 사람들이 놀랍게도 하나님에 대해서는 무지로 가득 차 있었다는 사실을 예수님이 지적하셨습니다.

저는 이 지적이 바리새인들과 사두개인들만을 향한 지적이 아니라 우리를 향한 지적이라고도 생각합니다. 특별히 목회자들에게 책임이 더 많습니다. '내가 하나님의 일을 하며 하나님의 말씀을 설교한다고 하면서 정말 영적인 일에 둔한 것은 아닌가', '인간적인 일을 하는 것은 아닌가', '과연 하나님의 뜻을 선포하고 있는가', '하나님의 심정을 내가 전하고 있는가' 하는 도전을 받습니다. 왜냐하면 얼마나 오래 믿었냐는 경험이, 얼마나 익숙하냐는 것이 곧 하나님의 뜻은 아니기 때문입니다.

하나님에 대한 깊은 묵상

여기서 한 가지 더 우리가 기억하고 들어야 할 말씀이 있습니다. 그것은 '시대의 표적'이라는 말입니다. 이 말은 구약에 약속한 그리스도가 메시아로 오신 표적을 의미합니다. 그것은 하나님의 나라가 지금 임한 것과 구원의 때가 임한 것을 보여 주는 시대의 표징입니다. "메시아가 올 때는 이런 일들이 있을 것이다. 앉은뱅이가 일어나며 맹인이 눈을 뜨며 여러 가지 기적과 이사가 일어날 것이다." 메시아가 올 때의 이런 모든 시대적인 징조를 구약에서 예언했습니다. 그러나 바리새인들과 서기관들은 하나님의 말씀에, 하나님의 예언에 눈이 멀었습니다. 그들은 듣기는 들었어도 깨닫지 못했습니다.

이와 비슷한 말씀이 누가복음에 있습니다.

또 무리에게 이르시되 너희가 구름이 서쪽에서 이는 것을 보면 곧 말하기를 소나기가 오리라 하나니 과연 그러하고 남풍이 부는 것을 보면 말하기를 심히 더 우리라 하나니 과연 그러하니라 외식하는 자여 너희가 천지의 기상은 분간할 줄 알면서 어찌 이 시대는 분간하지 못하느냐(눅 12:54-56).

어째서 세상일은 그렇게 잘 알면서 하나님의 일은 그렇게 무지하냐는 뜻입니다.

우리 사회를, 그리고 우리 자신을 돌이켜 보십시오. 누구든지 경제나 사회, 정치 권력, 교육 문제에 대해서 다들 전문가임을 자처합니다. TV, 신문, 라디오 등 매스컴에 잠깐만 귀 기울여 보십시오. 갖가지 의견과 방안이 터져 나옵니다. 세상일에 대해서는 그렇게 밝을 수가 없습니다. 그러나 어느 누구도 하나님에 대한 생각과 하나님의 지식을 논하는 사람은 없습니다. 그 소리가 들리지 않습니다. 심지어 교회마저도 하나님에 대한 깊은 묵상이 없고, 영적 통찰력이 없고, 성령의 안목이 없습니다. 참으로 슬픈 일입니다. 그래서 교회의 소리가 세상에 먹혀들지를 않습니다. 목사의 설교가 세상을 변화시키지 못하고 있습니다. 우리도 똑같이 세상을 닮아 가고 있습니다. 세상이 하는 말을 교회도 하고, 세상이 고민하는 것을 교회도 고민합니다.

오늘 우리에게는, 그리고 우리 사회에는 하나님에 대한 더 깊은 묵상이 있어야 합니다. 하나님의 뜻을 전하는 교회가 되어야 하며, 하나님의 뜻을 위해서 고민하고 땀과 피를 흘리며 괴로워하는 몸부림이 있어야 합니다. 예수님은 당시 종교 지도자들을 가리켜 다음과 같이 표현했습니다.

> 악하고 음란한 세대가 표적을 구하나 요나의 표적밖에는 보여 줄 표적이 없느니라 하시고 그들을 떠나가시니라(마 16:4).

바리새인들과 사두개인들을 악하고 음란한 사람들이라고 하셨습니다. 그리고 그들이 영향력을 미치는 그 사회를 악하고 음란한 세대라고 하셨습니다. '악하다'는 말은 무슨 뜻입니까? 그들이 도덕적으로, 질적으로 악하다는 것입니다. '음란하다'는 무슨 뜻입니까? 그들이 영적인 간음을 하고 있다는 것을 의미합니다.

악한 사람은 악한 영향력을 주고, 선한 사람은 선한 영향력을 줍니다. 우리 교회에 믿음의 사람, 성령의 사람, 하나님의 사람이 한 사람만 있다면 그 사람은 온 교우에게 충격을 줄 것입니다. 가나안의 한 여자가 4천 명을 몰고 온 것처럼 진정한 믿음을 누군가 한 사람 가지고 있다면 그는 성령의 충격을 줄 것입니다.

바리새인들과 사두개인들은 그 시대 사람들의 영혼과 도덕 수준을 악하고 음란하게 만들어 버렸습니다. 그들의 영적 어둠은 실로 죄악의 깊이와 상관이 있었습니다. 얼마나 깊은지조차도 알 수 없을 정도로 그들의 죄악은 뿌리가 깊었습니다.

십자가의 표적과 능력

표적을 구하는 종교 지도자들에게 예수님은 오직 하나의 표적을 보여 줄 것이라고 하셨습니다. 그것은 앉은뱅이가 일어나는 것도 죽은 자가 살아나는 것도 아니요, 하늘로부터 열두 영이 더 되는 천사들과 불마차가 나타나는 것도 아니었습니다. 그것은 요나의 표적이었습니다. 요나의 표적은 구약 말씀으로부터 오는 표적입니다. 이상한 신비를 보여 주신 것이 아니라 구약에 예언된 말씀을 하신 것입니다. 우리에게 어렵고 힘든 일이 생기면 성경으로 돌아가야 합니다. 예수님이 세 번 시험 받으실 때도 성경 말씀을 인용하셨습니다. 표적을 보여 달라는 위기 앞에 섰을 때에도 말씀으로 돌아가셨습니다. 예수님은 수많은 기적을 베풀었지만 결정적인 때는 말씀으로 돌아가신 것입니다.

그러면 요나의 표적이란 무엇입니까? 그것은 십자가의 표적입니다. 기적 중의 기적은 십자가입니다. 능력 중의 능력은 십자가입니다. 앉은뱅이가 일어나고 죽은 자가 살아나는 것은 내가 이 땅에 사는 칠십 생애 정도에서 일어나는 기적입니다. 그러나 십자가로 말미암은 기적은 나의 영혼을 구원하는 기적입니다. 예수님은 십자가의 표적을 보여 주셨습니다.

악하고 음란한 세대가 표적을 구하나 선지자 요나의 표적밖에는 보일 표적이 없느니라 요나가 밤낮 사흘 동안 큰 물고기 뱃속에 있었던 것같이 인자도 밤낮 사흘 동안 땅 속에 있으리라(마 12:39-40).

요나의 사건에 많은 의미가 있지만 예수님은 여기서 한 가지만 택해서 우리에게 설명해 주셨습니다. 즉 요나가 물고기 뱃속에 들어가 3일을 있었던 것처럼, 예수님도 하나님의 뜻을 이루기 위해 십자가에 못 박혀 죽으시고 3일 동안 땅에 묻히시겠다는 것입니다. 십자가의 죽음, 이것이 바로 표적입니다.

십자가는 구원입니다. 십자가는 화해입니다. 십자가는 치료입니다. 예수님이 가시 면류관을 쓰시고 손과 발에 못이 박히시고 창에 찔리시고 "엘리 엘리 라마 사박다니"(마 27:46) 하면서 죽어 가시는 것, 그것이 표적입니다. 내가 너희에게 보여 줄 것은 세상적인 승리의 개선가가 아니라 죽음이라는 뜻입니다. 죽음은 무슨 의미가 있습니까? 예수님의 죽음은 곧 우리의 삶을 의미하며, 우리 죄에 대한 용서이며, 우리가 하나님의 자녀가 되는 권세를 갖는 것입니다.

그들은 그것을 이해할 수 없었습니다. 그러나 우리는 이해해야 합니다. 예수 그리스도의 십자가를 믿어야 합니다. 부활하신 예수님을 믿어야 합니다. 하나님의 자녀가 된 권세를 믿어야 합니다. 우리의 신앙이 바로 여기에 있습니다. 십자가의 도가 멸망할 자에게는 미련하게 보이지만 구원을 얻는 우리에게는 하나님의 능력이라고 했습니다. 십자가의 능력, 십자가의 표적을 예수님이 요나의 표적을 통해 우리에게 보여 주신 것입니다.

본문 말씀 가운데 4절 끝 부분을 보면 "그들을 떠나가시니라"고 했습니다. 우리는 지금 예수님이 우리와 함께 계심을 감사해야 합니다. 그러나 바리새인들과 사두개인 그리고 서기관들로부터 예수님은 떠나시고 말았습니다. 간절하고 안타까운 심정으로 수많은 영적 진리를 가르쳐 주셨음에도 불구하고 그들은 교만과 악한 마음 때문에 깨닫지 못했던 것입니다. 슬픈 일입니다.

오늘 우리는 복 받은 사람들입니다. 몸만 왔다 가고, 헌금만 하고 가면 무슨 소용이 있습니까? 마음이 와 있어야 합니다. 하나님을 만나야 합니다. 십자가가 우리의 영혼에서 살아 움직여야 합니다.

20

들었으면
깨닫고 행하라

마태복음 16:5-12

바리새인들과 사두개인들은 심각한 영적 어둠에 사로잡혔던 사람들입니다. 예수님은 그들의 영적 어둠을 깨우쳐 주려고 무척이나 애를 쓰셨습니다. 그러나 우리는 예수님이 그들을 떠나가셨다는 기록을 보았습니다. 바리새인들과 사두개인들은 이제 구제받을 길이 없는, 거의 절망적인 상태입니다. 여기서 우리는 죄인이라고 다 똑같은 죄인이 아니라는 사실을 배우게 됩니다. 죄인 가운데도 구원의 가능성이 있는 죄인이 있고, 구원의 가능성이 없는 죄인이 있습니다. 이런 의미에서 볼 때 하나님이 함께하실 때가 소망이 있는 때이며, 그래서 하나님으로부터 야단맞고 매 맞을 때가 은혜로운 때입니다. 그것마저 없다면 끝장이기 때문입니다. "바리새인과 사두개인들을 예수님이 떠나가시니라." 그리고 그 후에는 대화가 없습니다. 만남도 없습니다. 예수님은 이제 자리를 옮기셔서 제자들과 함께 건너편으로 가십니다. 그런데 본문 말씀을 보면 바리새인들과 사두개인들뿐만 아니라 예수님과 가까이 있었던 제자들도 영적 어둠에 있었습니다.

제자들이 건너편으로 갈새 떡 가져가기를 잊었더니 예수께서 이르시되 삼가 바리새인과 사두개인들의 누룩을 주의하라 하시니 제자들이 서로 논의하여 이르되 우리가 떡을 가져오지 아니하였도다 하거늘(마 16:5-7).

제자들은 떡에 대해 관심이 있었습니다. 그래서 예수님이 누룩 이야기를 하시자 떡 가져오는 것을 잊었다는 사실이 생각났습니다. 그런데 똑같은 시간에 예수님은 바로 전에 바리새인과 사두개인과의 대화에서 드러난 엄청난 영적 어둠에 대해 생각하고 계셨습니다. 제자들은 떡의 문제가 중요했던 반면, 예수님에게는 영적 진리의 문제가 중요했던 것입니다. 우리는 이 말씀에서 영적 무지가 어떻게 오는지를 네 가지 측면에서 생각해 보겠습니다.

떡만을 생각하는 데서 오는 영적 무지

첫째, 영적 무지는 떡을 너무 깊이 생각하는 데서 옵니다. 우리는 떡을 물질이라는 말로 바꿔서 생각할 수 있습니다. 물질은 중요합니다. 하루 세 끼 밥을 먹지 않고 살 수 있는 사람은 아무도 없습니다. 그래서 우리는 떡을 얻는 일에 열심히 노력합니다. 그러나 떡만을 위해, 물질만을 위해 살 때는 영적 어둠에 빠지게 됩니다.

'제자들이 건너편으로 갈새 떡 가져가기를 잊었더니'라고 했습니다. 떡 가져가는 것을 잊어버렸다는 것은 굶어야 한다는 것을 의미합니다. 그것은 사실 심각한 일입니다. 떡뿐만이 아닙니다. 돈이 없어도 앞이 캄캄합니다. 어떤 사람은 은행에 돈이 있어야 늘 안심하고 산다고 합니다. 주머니에 돈이 있어야만 자신 있게 발을 내딛는 사람이 있습니다. 돈 떨어지고 먹을 것 없으면 기가 죽고 불안하고 초조한 사람들이 있습니다.

모든 시대를 통하여 떡이라고 상징되는 문제가 인간에게 항상 절대적인 고민을 안겨 준다는 사실을 우리는 잘 알고 있습니다. '오늘은 어디서 자야 하는가? 내일은 무엇을 먹어야 하는가? 한 달 후 나의 직장은 어떻게 될까? 일 년 후에 내 인생은? 10년 후에 나는 어떻게 될 것인가?'라는 걱정 속에서 매일매일 살아갑니다. 이것이 인간입니다. 이것이 바로 제자들이 떡 가져가기를 잊어버렸다고 하는 단순한 사실에서 우리가 생각할 수 있는 여러 가지 현상입니다.

먹을 것 때문에 걱정하는 사람들은 오늘 밥을 먹고 나면 내일은 무엇을 먹을까를 생각합니다. 이런 사람일수록 소유하고 있으면서도 불안해합니다. 많이 소유할수록 더 불안해합니다. 당장 먹을 것도 있고 입을 것도 있지만, 그의 심리 상태는 항상 배고프고, 항상 추우며, 항상 빼앗긴 상태입니다.

제자들의 관심은 떡 가져가는 것을 잊어버린 데 있었습니다. 그러나 예수님의 관심은 어디에 있었습니까?

예수께서 이르시되 삼가 바리새인과 사두개인들의 누룩을 주의하라 하시니(마 16:6).

예수님의 머리에 가득 찬 생각은 떡의 문제가 아니었습니다. 잘못된 진리와 교훈을 가진 사람들의 위험성에 관한 것이었습니다. 그래서 예수님은 바리새인과 사두개인들의 누룩을 조심하라고 말씀하셨습니다.

그러면 바리새인과 사두개인들의 누룩은 무엇을 뜻합니까? 한마디로 그들의 부패한 신앙과 행위를 의미합니다. 바리새인의 누룩이란 형식과 독선과 자기 아집에 빠져 있는 잘못된 전통주의적 신앙과 위선적 신앙을 의미합니다. 예수님은 그것을 조심하라고 지금 말씀하시는 것입니다. 사두개인의 누룩은 현세의 영화와 부귀를 추구하는 현실 타협적인 합리주의 신앙과 세속주의적인 신앙을 의미합니다.

여기서 예수님이 '누룩'이라는 단어를 사용하셨는데, 누룩은 부정하고 해롭고 악한 영향력을 주는 것을 의미합니다. 누룩이 가루서말 속에 들어가 전부 부풀게 하는 것처럼, 이 악한 영향력이 사람들 속에 들어가면 그 세대 전체를 악하고 음란하게 만들어 버립니다. 특별히 예수님은 이 말씀을 하실 때 조심하라는 말 앞에 '삼가'라는 말을 덧붙이셨습니다. 이것은 두 번씩이나 강조하는 것을 의미하며, 계속적으로 조심하라는 뜻을 내포하고 있습니다.

제자들이 서로 논의하여 이르되 우리가 떡을 가져오지 아니하였도
다 하거늘(마 16:7).

우리는 이 말씀에서 제자들이 얼마나 영적으로 무지하고 어둠
에 갇혀 있는가를 알 수 있습니다. 예수님은 영원한 영적 진리를
생각하고 계셨고 제자들은 인간적인 것, 세속적인 것, 떡의 문제에
대해서 열심히 생각하고 있었던 것입니다. 영적 어둠은 떡의 문제
에만 집착했을 때 생깁니다.

믿음의 부족에서 오는 영적 무지

우리가 영적 어둠과 영적 무지 속에서 헤매는 둘째 이유는, 믿음
이 부족하기 때문입니다. 예수님이 제자들의 생각을 아시고 "믿음
이 작은 자들아"(마 16:8)라고 하셨습니다. 왜 이들이 떡 문제를 생
각하게 되었습니까? 믿음이 부족했기 때문입니다. 믿음이 없으면
하나님이 생각나지 않습니다. 사람이 생각나고 물질이 생각납니
다. 이러한 예는 성경의 여러 곳에서 찾아볼 수 있습니다. 아브라
함의 경우를 봐도 그렇습니다. 그가 믿음을 잃어버렸을 때 자기 아
내가 너무 예쁘다는 사실을 발견하게 됩니다. 그리고 아내가 예쁘
다는 것이 자기에게 위기라고 결론지었습니다. 아브라함은 거기
에 지배당하기 시작했습니다. 믿음이 없을 때 인간은 물질로 돌아

가게 됩니다.

마태복음 13장 58절을 보면, 예수님이 고향에서 기적을 베푸시지 않은 까닭을 그들이 예수 그리스도를 믿지 않았기 때문이라고 설명합니다. 다른 곳에서는 예수님이 기적을 많이 베푸셨습니다. 그러나 예수님과 함께 자랐던 고향 사람들이 예수님을 믿지 않자, 예수님은 고향에서는 기적을 베풀지 않으셨습니다.

마태복음 8장 23절 이하에서도 제자들이 바다에서 광풍을 만났을 때 그들은 방황하고 고민했습니다. 제자들은 주무시던 예수님을 깨웠습니다. "예수님! 우리가 죽게 되었습니다." 예수님이 일어나 광풍을 잠잠하게 하시고 말씀하셨습니다.

어찌하여 무서워하느냐 믿음이 작은 자들아(마 8:26).

믿음이 없기 때문에 환경이 무서워진 것입니다. 믿음이 없기 때문에 광풍이 무섭고 죽음이 두려워진 것입니다. 마태복음 14장 28절에 보면, 예수님이 물 위를 걸어오시는 것을 본 베드로가 예수님에게 요청합니다.

"나를 명하사 물 위로 오라 하소서."

예수님이 '오라' 하시자 베드로는 당당하게 물 위를 걸어갔습니다. 그러나 다음 순간에 그는 파도를 보고 자기 자신을 바라보았습니다. 순간 그는 물속에 빠질 수밖에 없었습니다. 이때 예수님이 베드로를 건져 주시면서 "믿음이 작은 자여 왜 의심하였느냐"(마 14:31) 하셨습니다. 믿음이 없으면 영적 세계가 느껴지지도 않고 보이지도 않습니다. 믿음이 없는 이유는 의심 때문입니다. 의심은 사탄으로부터 옵니다. 의심은 하나님을 거부하는 데서 생깁니다. 짐 그레이엄 목사님이 예배에 대해서 이런 예를 하나 들어주셨습니다. "태양은 항상 비친다. 그러나 커튼을 닫아두면 태양빛이 내게 전달될 수 없다. 마찬가지로 하나님은 항상 계시고 나에게 사랑의 빛을 비춰 주시지만, 내 마음의 커튼을 닫아두면 하나님의 영광을 볼 수 없다. 커튼을 열어라. 그러면 하나님의 빛이 우리에게 들어온다."

믿음의 눈으로 볼 때만 하나님이 보입니다. 하나님이 없는 것이 아니라 내 믿음을 닫아두었기 때문에 하나님이 보이지 않는 것입니다. 우리 모두가 믿음에 부유한 자가 되기를 바랍니다. 믿음이 부족하면 우리는 영적 어둠에 거할 수밖에 없습니다. 커튼을 닫아두면 어둠이 찾아오는 것과 마찬가지입니다.

예수님이 "믿음이 작은 자들아 어찌 떡이 없으므로 서로 논의하느냐"(마 16:8) 하셨는데, 이것은 "어찌 서로 의심하는 토론을 하느냐"라는 뜻입니다. 믿음이 없어졌기 때문에 그들에게 영적인 지혜가 사라지기 시작했고 하나님의 은혜가 감추어지기 시작한 것입니다. 하나님은 오늘도 살아 계십니다. 그러나 그 하나님의 살아 계신 능력을 만나지 못하는 이유는 우리가 문을 닫았기 때문입니다. 믿음이 없기 때문입니다. 믿음의 눈으로 나아가지 않았기 때문에 하나님이 보이지 않는 것입니다.

망각에서 오는 영적 무지

우리가 영적 무지에 빠지게 되는 셋째 이유는, 다음의 말씀에서 찾을 수 있습니다.

> 너희가 아직도 깨닫지 못하느냐 떡 다섯 개로 오천 명을 먹이고 주운 것이 몇 바구니며 떡 일곱 개로 사천 명을 먹이고 주운 것이 몇 광주리였는지를 기억하지 못하느냐(마 16:9-10).

제자들은 왜 이런 사실을 기억하지 못하고 믿음이 없는 상태로 빠져버리고 말았을까요? 이것은 시간적으로 오래전의 사건이 아닙니다. 우리는 여기서 영적 무지와 어둠은 예수님이 하신 일을 망각하는 데서 온다는 사실을 배우게 됩니다.

구약의 이스라엘 백성을 보십시오. 그들은 언제나 홍해 사건과 성막 사건을 회상함으로써 신앙을 유지했습니다. 그들은 유월절을 지켰고 성막에서 제사 드리는 일을 쉬지 않았습니다. 지금까지 그들은 그 일을 계속합니다. 유월절을 지킴으로써, 애굽에서 인방과 문설주에 어린 양의 피를 발랐던 이스라엘 가족에게는 죽음의 신이 그냥 지나갔던 그 사건을 회상합니다. 또한 하나님이 이스라엘 백성을 이끌어 내시고 홍해를 가르셨던 사건을 오늘에 다시 현재화시키는 것입니다. 그들은 성전에 가서 제사를 드림으로써, 양과 염소를 잡음으로써, 죄를 지어 죽을 수밖에 없는 인간을 하나님이 구원하시는 은혜의 사건을 회상합니다. 그것이 제사법이었습니다.

믿음이란 무엇입니까? 하나님이 하신 일을 다시 기억하는 것입니다. 과거에 나를 위해 하신 그 일들을 성령을 통해 현재화시키는 것입니다. 특별히 예수 그리스도가 하신 일을 믿는 것입니다. 믿음 없는 사람들은 성경의 사건을 새까맣게 잊어버린 사람들입니다. 성경을 가지고 있으면서도 들추어 보지 않습니다.

지금 이 순간 과거에 우리에게 베풀어 주셨던 하나님의 은혜와 축복을 회상해 보십시오. 이것을 잊어버린 사람은 없습니까? 과거에 눈물을 흘리며 통회하면서 성령의 충만한 은혜를 받았건만 지금은 다 잊어버리고 있는 사람은 없습니까? 분명히 하나님은 우리 한 사람 한 사람에게 말할 수 없는 은혜를 베풀어 주셨습니다. 우리 가운데 무서운 교통 사고 속에서 자동차가 휴지 조각처럼 되어버린 가운데서도 살아난 사람이 있을 것입니다. 또한 인생의 깊은 수렁 속에서 사업은 망하고 재산은 날려 버렸고 병들어서 죽을 줄 알았는데 하나님이 다시 살려 주신 경험을 한 사람이 있을 것입니다. 그런데 지금 그것을 다 잊어버렸습니다. 그래서 신앙이 바닥나

버린 것입니다.

신앙은 하나님이 우리에게 베풀어 주셨던 사건을 성령을 통해 회상하는 것이며, 현재화시키는 것입니다. 그래서 예수님이 바로 전에 있었던 오천 명을 먹이고 열두 바구니를 남겼고, 사천 명을 먹이고 일곱 광주리를 남겼던 하나님의 역사를 지금 다시 회상시키셨습니다. 2천 년 전에 주님이 십자가에 못 박히신 사건을 오늘 다시 회상하기 바랍니다. 성만찬을 통해서 주님이 나를 얼마나 사랑하시는가를 현재적으로 다시 경험해야 합니다. 이것이 오늘날의 성만찬입니다.

시편 116편 8절을 보면 이런 고백이 있습니다.

"주께서 내 영혼을 사망에서, 내 눈을 눈물에서, 내 발을 넘어짐에서 건지셨나이다."

그러면서 다음과 같은 말씀을 계속합니다.

내게 주신 모든 은혜를 내가 여호와께 무엇으로 보답할까 내가 구원의 잔을 들고 여호와의 이름을 부르며 여호와의 모든 백성 앞에서 나는 나의 서원을 여호와께 갚으리로다(시 116:12-14).

신앙이란 무엇입니까? 빚 갚는 심정으로 사는 것입니다. "하나님이 내게 주신 이 모든 은혜를 어떻게 갚으며 살아야 합니까?" 누리며 사는 것도 있지만 이런 빚진 심정으로 사는 것입니다. "구원의 잔을 높이 들고 여호와의 이름을 부르면서 여호와의 백성 앞에서 나의 서원한 것을 내가 갚으면서 살겠습니다. 죽기까지 하나님의 은혜를 기억하며 살겠습니다."

깨닫지 못하는 데서 오는 영적 무지

넷째 이유는, 예수님의 말씀을 바로 이해하지 못했기 때문입니다.

> 어찌 내 말한 것이 떡에 관함이 아닌 줄을 깨닫지 못하느냐 오직 바리새인과 사두개인들의 누룩을 주의하라 하시니 (마 16:11).

제자들은 믿음이 없었고 예수님이 하신 일을 망각했기 때문에 예수님이 누룩이라고 말씀했을 때 떡이라고 착각했습니다. 이러한 예는 성경 다른 곳에도 있습니다. 요한복음 3장에 니고데모라는 사람이 나옵니다. 바리새인이며 관원인 그가 밤에 찾아왔을 때, 예수님은 그에게 "네가 하나님 나라를 진정으로 보기 위해서는 거듭나야 한다"고 말씀하셨습니다. 그러나 그는 이스라엘에서 학문에 뛰어난 선생이었지만 예수님의 말씀을 이해하지 못했습니다. "사람이 어떻게 다시 태어날 수 있습니까? 이렇게 나이가 들고 성인이 되었는데 어떻게 어머니 뱃속에 다시 들어갑니까?" 니고데모처럼 예수님의 말씀을 이해하지 못하는 사람이 지금 우리

가운데도 있을지 모릅니다. '다시 태어나야 한다, 거듭나야 한다'는 말을 어머니 뱃속에 들어갔다가 다시 나오는 것인지 되묻는 것은 영적 무지의 증거입니다.

요한복음 4장에 나오는 수가성 여인과의 대화에서도 예수님이 물을 청하시자 여인은 "당신이 이스라엘 사람으로서 어찌 나에게 물을 달라고 합니까?"라고 말했습니다. 그때 예수님은 이렇게 대답하셨습니다. "물을 달라고 하는 내가 누구인지 알았다면 네가 나에게 영원히 목마르지 않는 물을 요구하였을 것이다." 그러나 여인은 이 말을 깨닫지 못했습니다. 바로 이것이 영적 무지입니다.

어떤 사람들은 교회의 본질과 사명을 잘 이해하지 못해서 교회에 사람 만나러 옵니다. 예배가 중요하지 않고 모이는 것, 누구누구 만나는 것이 중요합니다. 그리고 어떤 사람들은 교회를 사회사업이나 교육사업, 구제사업을 하는 단체로 생각하기도 합니다. 교회를 건물로 생각하는 사람도, 교파나 제도로 생각하는 사람도 마찬가지입니다. 진정한 교회는 그리스도의 몸이요, 하나님으로부터 부르심을 받은 거룩한 사람들의 모임입니다.

예수님이 의도하신 것은, 잘못된 신앙으로 오도하고 나쁜 영향을 주는 바리새인들과 사두개인들의 교훈을 경계하라는 것이었습니다.

그제서야 제자들이 떡의 누룩이 아니요 바리새인과 사두개인들의 교훈을 삼가라고 말씀하신 줄을 깨달으니라(마 16:12).

이 말씀이 없었다면 얼마나 큰 비극인지 모르겠습니다.

이 말씀이 사두개인들과 바리새인들과 제자들의 분기점을 보여주는 것입니다. 제자들도 처음에는 영적 무지 속에 있었던 사람들입니다. 바리새인과 사두개인들도 영적 무지 속에 있었던 사람들입니다. 그러나 바리새인과 사두개인들은 예수님이 또다시 교훈할 때 교만하여 그 말씀을 받지 않고 거부했고, 예수님의 제자들은 비록 무지했고 어두웠지만 예수님이 또다시 가르쳐 주실 때에는 열린 마음으로 받아들이고 진리를 깨달았습니다.

신앙은 말씀을 바로 깨닫는 데서부터 시작됩니다. 잘못된 그 자체보다 더 잘못된 것은 잘못됨을 인정하지 않으려는 태도에 있습니다. 누구나 죄는 짓습니다. 그러나 그 죄를 깨달으면 은혜가 됩니다. 죄가 있는 곳에 은혜가 더하게 됩니다. 죄를 끝까지 고집하면 그것은 절망입니다. 우리는 교회 오는 동기와 목적을 새롭게 해야 합니다. 우리의 관심이 떡이 아니라 영원한 진리여야 한다는 사실을, 그리고 그것을 예수님이 말씀하셨다는 사실을 다시 새롭게 깨달아야 합니다.

우리는 밥을 먹어야만 삽니다. 그러나 밥의 종노릇은 하지 않아야 합니다. 물질이 없으면 우리는 살 수 없습니다. 그러나 물질이 우리의 목적은 아닙니다. 마음의 문을 열고 믿음의 눈을 크게 떠야 합니다. 믿음이 부족하면 하나님이 보이지 않고 영적인 사건이 해석되지 않습니다. 믿음의 눈을 크게 뜨면, 또 믿음으로 나아가면, 하늘의 일이 보이고 진리가 보입니다.

예수님이 하신 일을 다시 회상해야 합니다. 하나님이 우리에게 베풀어 주셨던 은혜와 축복을 다시 회상해야 합니다. 그리고 그것을 과거로 묻지 말고 나의 것으로 만들어야 합니다. 그러면 하나님이 은혜를 베풀어 주실 것입니다. 하나님이 기적을 베풀 수 없어서 베풀지 않으시는 것이 아닙니다. 하나님이 인색해서 병을 안 고쳐 주시는 것도 아닙니다. 새로운 기적을 맛보시기를 바랍니다. 하나님은 과거에도 일하셨고, 오늘도 일하시며, 영원히 일하십니다. 그분은 어제나 오늘이나 영원토록 동일하신 분입니다. 말씀의 진리를 바로 깨닫고 변화를 받으십시오. 그때 우리는 영적 무지와 어둠에서 탈출할 수 있습니다.

●

21

믿음은
고백으로 평가받는다

마태복음 16:13-17

●

본문 말씀은 예수님의 사역 가운데 가장 중요한 전환점을 초래하는 예수님의 질문에서 시작됩니다.

예수께서 빌립보 가이사랴 지방에 이르러 제자들에게 물어 이르시되 사람들이 인자를 누구라 하느냐(마 16:13).

"사람들이 인자를 누구라 하느냐?"라는 질문 이후부터 예수님은 수난의 길을 가시게 됩니다. '과연 예수 그리스도는 누구신가?', '사람들에게 예수님은 어떻게 이해되고 있는가?'가 예수님이 던지신 질문의 요점입니다.

그런데 이 질문은 아주 중요한 의미가 있습니다. 왜냐하면 참된 신앙은 참된 고백에서 나오기 때문입니다. 고백이 없는 신앙은 신앙이 아닙니다. 우리의 구원은 고백으로부터 시작됩니다. "주는 그리스도시요 살아 계신 하나님의 아들이십니다. 나는 이 사실을 믿습니다." 바로 여기에서부터 교회가 시작되고 구원이 시작되고 영원이 시작됩니다.

제자들은 예수님의 질문을 받고 예수님에 대한 사람들의 일반적인 견해를 말씀드렸습니다.

이르되 더러는 세례 요한, 더러는 엘리야, 어떤 이는 예레미야나 선지자 중의 하나라 하나이다(마 16:14).

이런 대답을 들으시고 예수님은 또다시 제자들에게 좀 더 구체적이고 본질적인 질문을 던지십니다. 이 두 번째 질문이 예수님의 진짜 질문입니다.

이르시되 너희는 나를 누구라 하느냐(마 16:15).

예수님은 오늘의 우리에게도 이 질문을 똑같이 하고 계십니다. "너는 나를 누구라고 생각하고 여기 와서 예배드리고 있느냐?"라고 질문하고 계시는 것입니다.

우리는 이 질문에서 두 가지 중요한 내용을 찾을 수 있습니다. 첫째는 예수님이 왜 이 질문을 이렇게 중요하게 여기셨느냐 하는 것입니다. 둘째는 이 질문에 대해 베드로가 중요한 고백을 했는데 그 고백이 어떤 내용인가 하는 것입니다.

천국의 진리를 선포하신 예수님

첫째, 예수님이 왜 이 질문을 중요하게 여기셨는가 생각해 보겠습니다. 우선 이 질문에는 예수님의 생애와 사역의 방향을 정리하는 뜻이 들어 있습니다. 예수님은 산상설교를 마치시고 산에서 내려오셔서 본격적인 사역을 시작하셨습니다. 문둥병을 고치시고, 귀신 들린 자의 귀신을 쫓아주셨고, 오천 명을 먹이기도 하셨고, 죽은 자를 살리기도 하셨습니다.

그리고 말씀을 선포하셨습니다. 천국의 진리를 가르치신 것입니다. 사람들은 예수님으로 인해 충격을 받았습니다. 갑자기 어떤 청년이 나타나서 말씀을 전하는데 그것은 한 번도 들어보지 못했던 하늘의 음성이었습니다. 거기에는 영적 권위가 있었고 능력이 있었습니다. 일어나라 하면 앉은뱅이가 일어났고, 눈을 떠라 하면 맹인이 눈을 떴습니다. 무서운 노도광풍도 그의 말 한마디에 잠잠해졌습니다. 사람들의 마음속에는 여러 가지 갈등이 일어났습니다. "그는 역사에 나타난 한 영웅이요, 성자인가? 아니면 그 자신의 말대로 하나님의 아들인가?" 분명히 예수님은 보통 사람은 아니었습니다. 그러나 사람들은 예수님이 하나님의 아들이라고 믿기가 어려웠습니다. 하늘로부터 온 사람이라고 말할 수도 없고 보통 인간이라고 말할 수도 없었습니다.

제자들은 예수님에 대한 세상 사람의 시각을 세 가지로 정리해서 보고했습니다. 어떤 사람들은 예수님을 가리켜 세례 요한이라고 했습니다. 헤롯 왕이 그중 한 사람이었습니다. 헤롯 왕은 예수님을 두려워했습니다. 왜냐하면 세례 요한이 다시 살아난 것처럼 느꼈기 때문입니다. 예수님의 메시지 속에서 광야에서 외치던 세

레 요한의 메시지를 동일하게 느꼈던 것입니다.

어떤 사람들은 예수님을 보고 엘리야가 환생했다고 생각했습니다. 그 옛날 갈멜산 꼭대기에서 엘리야는 바알 선지자들과 대결했습니다. 바알 선지자들이 하루 종일 몸에 상처를 내며 소리 지르고 하늘에서 불이 내리기를 기도했지만 불이 내리지 않았습니다. 그러나 엘리야가 조용히 하나님에게 기도했을 때 하늘에서 불이 내려와 재단을 태웠습니다. 또 3년 반 동안 이스라엘에 가뭄이 닥쳐 모든 사람이 죽게 되었을 때 엘리야는 갈멜산 꼭대기에서 무릎을 꿇고 기도했습니다. 그때 3년 반 동안 오지 않던 비가 쏟아졌습니다. 사람들은 예수님의 기적 속에서 이런 엘리야를 생각했습니다. 또 다른 사람들은 예수님을 예레미야나 선지자들 가운데 한 사람으로 생각했습니다. 그들은 예수님의 모습에서 예레미야의 탄식과 눈물, 가슴이 찢어지는 듯한 민족을 향한 애정을 보았습니다.

본문 말씀에는 없지만, 예수님의 형제나 친척은 예수님이 조금 미쳤다고 생각했습니다. 또 당시 종교 지도자들은 예수님의 기적을 부인할 수는 없고 예수님을 하나님의 아들이라고 고백할 수도 없었기에, 귀신의 왕인 바알세불의 힘을 빌려 기적을 행하는 사람이라고 했습니다. 그러나 이들은 모두 "주는 그리스도시요 살아 계신 하나님의 아들"이라고 고백하지는 못했습니다. "인자를 누구라 하느냐"라는 질문은 예수 그리스도의 사역과 생애의 방향을 규정해 주는 의미가 있는 질문이었습니다.

섬기기 위해 오신 예수님

다음으로 이 질문은 예수님 자신의 생애와 사역의 본질을 규명하는 데 의미 있는 질문입니다. 예수님은 세상에 살기 위해 오신 분이 아니십니다. 대부분의 사람은 태어나자마자 살기 위해 아등바등합니다. 목구멍을 위해서, 육신을 위해서, 좀 더 오래 살고 좀 더 멋지고 부유하게 살기 위해서 열심입니다.

그러나 예수님은 처음부터 죽기 위해 오신 분입니다. 예수님은 의인을 위해 오시지 않고 죄인을 위해 오셨습니다. 예수님은 모든 사람에게 환영받고 존경받는 사람을 위해 오신 것이 아니라 잃어버린 자를 위해 오셨습니다. 예수님은 섬김을 받기 위해서가 아니라 섬기기 위해 오셨고, 자기의 목숨을 전 인류의 대속물로 주기위해 오셨습니다. 이것이 바로 예수님이 오신 목적입니다. 예수님의 생애와 사역의 모든 의미가 여기에 집중되고 있습니다.

그러나 많은 사람은 예수님을 단순히 불의 메시지를 던지는 사람으로, 기적을 베푸는 사람으로, 애통과 인간적인 눈물과 애정을 가진 분으로 이해했습니다. 예수님에 대한 그들의 이해는 불완전하고 부분적이었습니다. 그들은 아직 예수님이 하나님의 아들이요 다윗의 자손에서 태어난 인류의 참 메시아라고 고백하지 못하고 있었습니다. 그래서 예수님은 자신의 생애와 사역의 본질을 분명하게 규정하기 위해 이 질문을 던지신 것입니다.

가슴으로 고백하는 신앙

예수님이 이런 질문을 하신 또 한 가지 이유는, 고백은 다른 사람의 고백이 아니라 자기 자신의 고백이 중요하다는 것을 가르쳐 주시기 위해서입니다. 예수님은 처음에 "사람들이 나를 누구라 하느냐"라고 질문하셨습니다. 그러나 예수님의 의도는 거기에 있지 않았습니다. 예수님은 사람들의 생각은 별로 중요시하지 않으셨습니다. 많은 사람이 예수님을 왕으로 삼으려 했으나 예수님은 거절하셨습니다. 이 질문을 우리가 오해해서는 안 됩니다. 예수님의 진정한 관심은 "너희들이 나를 어떻게 생각하느냐"에 있었습니다.

일반적으로 사람들은 남의 이야기를 할 때는 신나게 잘합니다. 그러나 정작 자기 이야기를 할 때는 고통을 느낍니다. 아주 똑똑하고 말 잘하는 사람들을 보면 자기 이야기는 없습니다. 항상 남의 이야기뿐입니다. 자기를 내어놓기가, 자기를 고백하기가 두려운 것입니다. 예수님의 관심은 세상 사람이 아니라 제자들에게 있었습니다. 예수님은 우리 입술에서 나오는 고백, 우리 심장에서 나오는 고백을 듣고 싶어 하십니다. 사랑의 고백도 다른 사람이 아닌 내가 사랑하는 사람의 고백을 들어야 합니다. 마찬가지로 내가 하나님에게 어떤 고백을 하느냐가 중요합니다. "주는 그리스도시요 살아 계신 하나님의 아들이십니다"라는 고백이 있어야 합니다. 신앙 고백도, 사랑 고백도 가슴으로 해야 합니다. 가슴이 뜨겁고, 눈물이 나고, 하늘의 그 영광이 내 몸에 가득 차야 합니다. "당신은 그리스도십니다. 하나님의 아들이십니다. 나는 이 사실을 믿습니다. 나는 당신의 이름 앞에 무릎을 꿇고 두 손 들어 찬양하고 경배합니다"라는 고백이 있어야 합니다.

"사람들이 나를 누구라 하느냐"라는 질문에 "세례 요한, 엘리야, 예레미야 또는 선지자라고 합니다"라고 선뜻 대답했던 제자들은, 예수님이 "너희는 나를 누구라고 하느냐"고 질문하시자 당황했습니다. 이때 베드로가 나서서 고백했습니다. 그런데 이 말은 베드로가 성령에 감동되어 자기도 모르게 한 말이지 준비된 말이 아니었습니다. 그 이유는 이 고백 이후에 베드로가 졸지에 예수님에게 사탄이라고 야단맞는 것을 보면 이해할 수 있습니다. 제자들까지도 예수님의 본질을 이해하지 못하고 있었을 때 성령이 베드로에게 임하셔서 기독교 전체를 대표하는 놀라운 고백을 하게 하셨습니다.

> 시몬 베드로가 대답하여 이르되 주는 그리스도시요 살아 계신 하나님의 아들이시니이다(마 16:16).

베드로는 기독교의 본질을 규정하는 너무나 중요한 핵심을 자기도 모르는 사이에 고백했습니다. 모든 제자를 대표해서, 모든 구원받은 백성을 대표해서 시몬 베드로가 성령에 감동되어 지금 이렇게 대답한 것입니다. 그런 의미에서 베드로의 고백에는 두 가지

의혹이 따릅니다. 한 가지는 감히 베드로가 어찌 이런 고백을 할 수 있느냐는 것입니다.

베드로가 지나온 과정을 보면 절대 이런 고백을 할 수 있는 사람이 아닙니다. 또 한 가지는 이 짧은 말 속에 어떻게 이렇게 완벽한 내용을 함축할 수 있느냐 하는 것입니다. 여하튼 우리는 베드로의 고백에서 예수님이 누구시냐 하는 문제에 대한 두 가지 해답을 얻게 됩니다.

첫째, 예수님은 그리스도십니다. 동정녀에게서 태어난 나사렛 예수는 어떤 분이십니까? 바다를 잠잠하게 하시고 오천 명을 먹이셨던 그분, 귀신을 쫓아내시고 죽은 자를 살리신 그분은 그리스도십니다. '그리스도'는 '기름부음을 받았다'는 뜻입니다. 그리스도는 새 하늘과 새 땅의 완성자라는 뜻이며, 인류의 영원한 왕, 영원한 제사장, 영원한 예언자로 오신 약속의 성취자라는 뜻입니다. 신약의 모든 성도의 예수님에 대한 고백은 한마디로 "예수님은 나의 주님이시다"라는 것입니다. 이것보다 더 완벽하고 정확한 신앙고백은 있을 수 없습니다.

예수님은 질문하실 때 '인자를 누구라 하느냐'라고 표현하셨습니다. 성경에서 말하는 '인자'는 단순히 사람의 아들이란 뜻이 아닙니다.

내가 또 밤 환상 중에 보니 인자 같은 이가 하늘 구름을 타고 와서 옛 적부터 항상 계신 이에게 나아가 그 앞으로 인도되매 그에게 권세와 영광과 나라를 주고 모든 백성과 나라들과 다른 언어를 말하는 모든 자들이 그를 섬기게 하였으니 그의 권세는 소멸되지 아니하는 영원한 권세요 그의 나라는 멸망하지 아니할 것이니라(단 7:13-14).

'인자 같은 이'라고 했는데, 여기서 인자란 하나님의 아들이라는 뜻입니다. 사람의 모습을 한, 인간의 아들의 모습을 한 하나님을 내포한 말입니다. 인자가 곧 예수님이요 그 예수님이 기름부음을 받은 약속의 메시아, 그리스도이신 것입니다.

예수님이 그리스도라는 것은 모든 것이 다 이루어졌다는 것을 의미합니다. 그것은 구원의 성취요, 영생과 부활의 성취요, 천국과 축복의 성취입니다. 또한 예수님이 그리스도라는 것은 그가 모든 죄를 용서하셨다는 구원의 확인을 뜻합니다. 인류의 모든 죄를 지시고 십자가에서 완전한 속죄를 이루신 그분, 그 사역을 의미합니다. 그러므로 예수님이 그리스도라는 것은 예수님이 진실로 나의 주님이 되셨다는 뜻입니다. 그분은 나의 주인이십니다. 나의 전부십니다. 내 인생의 영원한 소망이십니다. 나는 영원토록 그분을 섬기며 그분을 경배하며 찬양하게 됩니다. 그분이 그리스도시기 때문입니다.

둘째, '살아 계신 하나님의 아들이십니다'라는 것입니다. 예수님은 영원한 하나님의 나라에서 보면 하나님 자신이십니다. 그러나 역사를 가진 인간의 관점에서 보면 인간의 몸을 입고 오신 하나님의 아들이십니다. 여기서 중요한 말은 '살아 계신 하나님'이라는 말입니다. 하나님은 어제나 오늘이나 영원토록 동일하십니다. 죽은 하나님이 아닙니다. 관념의 하나님이 아닙니다. 지금도 역사하시는 하나님입니다. 우리와 함께 계시는 하나님입니다. 예수님은 단순한 인간이 아닙니다. 예수님은 성자도, 박애주의자도 아닙니다. 초자연적인 신비한 인물도 아닙니다.

그는 그리스도시요, 하나님 자신이시요, 하나님의 아들이십니다. 그분은 지금도 살아 계시며 장차 심판주로 오실 분입니다. 예수님이 하나님이시라면 물 위를 걷는 것이 무슨 문제가 되겠으며, 죽었다가 다시 살아나는 것이 무엇이 문제가 되겠습니까? 예수님이 하나님이시라면 불치병을 고치는 것이 뭐 어려운 일이겠습니까? 예수님이 하나님이라는 사실이 믿어지면 성경 전체가 믿어지기 시작합니다. 그리고 예수님이 살아 움직이는 분이라는 것을 느끼게 됩니다. 예수님이 하나님이라고 믿으면 내 안에 기적이 일어나기 시작할 것입니다. 그분은 나를 위해 십자가에 못 박혀 돌아가신 분입니다. 그분이 이루신 구원은 절대로 변하지 않습니다. 왜냐하면 그분은 하나님이시기 때문입니다.

예수 그리스도가 '나는 길이요, 진리요, 생명이라'고 하신 말씀은 사실입니다. 예수님이 '나는 부활이요 생명이라'고 하신 말씀도 사실입니다. 인간이 그런 말을 했다면 오만입니다. 그러나 예수님은 하나님이시기에 사실입니다. 사도행전에서 "다른 이로써는 구원을 받을 수 없나니 천하 사람 중에 구원을 받을 만한 다른 이름을 우리에게 주신 일이 없음이라 하였더라"(행 4:12)고 했습니다. 사람들은 이 말에 갈등을 느낍니다. '왜 기독교만 절대 구원이라고 하는가? 독선이 아닌가? 진리에 이르는 길은 여러 가지가 있지 않은가?'라고 생각합니다. 하지만 아닙니다. 예수님이 하나님이시라면 길은 하나뿐입니다. 하나님에게 이르는 길은 하나님을 통해서 가야만 합니다. 예수 그리스도는 인간의 몸을 입으신 하나님입니다.

"주는 살아 계신 하나님의 아들이시니이다"라는 고백을 할 때 우리의 구원의 유일성은 분명하게 나타나기 시작합니다. 사람은 무엇을 고백하느냐에 따라 그 사람의 인격과 신앙이 결정됩니다.

참된 신앙 고백에서 나오는 참된 축복

베드로가 이런 고백을 했을 때 예수님이 어떻게 반응하셨습니까?

예수께서 대답하여 이르시되 바요나 시몬아 네가 복이 있도다 이를 네게 알게 한 이는 혈육이 아니요 하늘에 계신 내 아버지시니라 (마 16:17).

예수님이 무척 놀라셨습니다. 예수님은 베드로를 너무나 잘 알고 계십니다. 그런데 베드로가 상상할 수 없는 고백을 순간적으로 했습니다. 이때 예수님은 너무 기쁘셔서 '바요나 시몬'이라고 베드로의 이름 전체를 불러 주십니다. '바'라는 말은 아들이라는 뜻입니다. 요나의 아들 시몬이라고 부르신 것입니다.

예수님이 두 가지 말씀을 베드로에게 하십니다. 먼저 '네가 복이 있도다'라고 하셨습니다. 우리는 여기서 참된 신앙 고백에서 참된 축복이 나온다는 진리를 배우게 됩니다. 이것저것 여러 가지 일을 해도 주님이 기뻐하시지만 예수님을 가장 사랑하는 방법은 그분을 고백하는 것입니다. "주는 그리스도시요 살아 계신 하나님의 아들이십니다. 나는 이것을 믿습니다." 이런 고백을 예수님이 제일 기뻐하십니다. 그래서 "네가 복이 있도다", 즉 그 말을 하는 네 입술에, 그 말을 하게 하는 네 심령에 복이 있다고 하신 것입니다. 우리도 성령의 도우심으로 이런 고백을 할 때 복을 누리게 될 것입니다.

다음으로 예수님은 참된 신앙 고백이란 혈육으로 하는 것이 아니라 성령을 통해 하나님의 영이 임함으로 하는 것이라고 말씀하셨습니다.

"이를 네게 알게 한 이는 혈육이 아니요 하늘에 계신 내 아버지시니라."

인간의 지식이나 지혜가 하나님을 알게 하는 것이 아닙니다. 인간의 지식과 하나님의 지식은 다릅니다. 학벌이나 가문이 하나님을 알게 하는 것이 아닙니다. 교회에 나온다는 것이 하나님을 알게 하는 것이 아닙니다. 성령의 감동 감화로 하나님의 특별한 선택과 은총을 통해 이 고백을 하게 되는 것입니다.

인간의 지성은 중요합니다. 그러나 인간의 지성은 교만할 수 있습니다. 인간은 인간을 사랑할 수 있을지는 모르나, 하나님을 사랑하는 것은 별개의 문제입니다. 혈육은 구원을 이루지 못합니다. 혈육은 참된 신앙 고백을 하도록 할 수 없습니다. 신앙은 남의 문제가 아니라 나의 문제입니다. 내가 고백해야 하는 문제요, 내가 믿어야 하는 문제요, 내가 선택해야 하는 문제입니다. 우리는 모두 성령에 이끌려 교회에 갑니다. 그러나 우리 가운데는 성령 충만한 사람도 있고 그렇지 않은 사람도 있습니다. 신앙이 바닥난 사람도 있습니다. 우리에게 성령이 임했습니다. 구원이 임했습니다. 그러나 기쁘지 않습니다. 고백이 되지 않습니다. 진정으로 그리스도를 보는 눈이 없습니다. 이유는 하나님의 영이 충만하지 않기 때문입니다. 말씀으로, 기도로, 하나님의 영이 우리 안에서 움직여야만 진정한 고백이 충만하게 나타날 수 있습니다. 오늘 우리는 "주는 그리스도시요 살아 계신 하나님의 아들이시니이다"라고 심령 깊은 곳에서 고백해야 하며, 이런 축복의 삶이 우리의 삶이 되어야 할 것입니다.

○

22

믿음의 반석 위에
교회를 세우라

마태복음 16:18

○

'너희는 나를 누구라 하느냐'라는 예수님의 질문에 베드로는 성령의 감동을 받아 '주는 그리스도시요 살아 계신 하나님의 아들이시니이다'라고 고백했습니다. 예수님은 베드로의 신앙 고백을 들으시고 세 가지 반응을 보여 주셨습니다.

첫 번째 반응은 "예수께서 대답하여 이르시되 바요나 시몬아 네가 복이 있도다 이를 네게 알게 한 이는 혈육이 아니요 하늘에 계신 내 아버지시니라"(마 16:17)고 하신 말씀에 나타나 있습니다. 두 번째 반응은 "또 내가 네게 이르노니 너는 베드로라 내가 이 반석 위에 내 교회를 세우리니 음부의 권세가 이기지 못하리라"(마 16:18)에서 볼 수 있습니다. 세 번째 반응은 "내가 천국 열쇠를 네게 주리니 네가 땅에서 무엇이든지 매면 하늘에서도 매일 것이요 네가 땅에서 무엇이든지 풀면 하늘에서도 풀리리라"(마 16:19) 하신 데서 나타납니다. 여기서는 먼저 두 번째 반응까지 살펴볼 것입니다.

성령이 떠나면 축복도 떠난다

첫 번째 반응에서 예수님은 참된 신앙 고백에서 참된 축복이 나온다는 것과 참된 신앙 고백은 인간의 지식이나 경험, 사상에서 나오는 것이 아니라 성령의 감동을 통해 하나님으로부터 오는 것임을 가르쳐 주십니다.

예수님은 베드로에게 '네가 복이 있다'고 말씀하셨습니다. 우리는 이 말을 굉장히 듣고 싶어 합니다. 사실 교회에 오는 사람들의 심리적인 욕구를 분석해 보면 복을 받고 싶어서 오는 경우가 대부분입니다. 축복받고 싶고, 건강하고 싶고, 잘살고 싶은 것이 모든 인간의 욕구입니다. 예수님이 베드로에게 '복되다'고 하신 것은 베드로 자체가 복되다는 말이기보다는, "주는 그리스도시요 살아 계신 하나님의 아들이시니이다"라고 고백할 수 있는 영적 상태가 복되다는 뜻입니다.

베드로가 이런 고백을 했을 때 예수님은 베드로를 영적으로 신뢰하시기 시작했습니다. 그래서 영적 비밀을 가르쳐 주셨습니다. 장로들과 대제사장들과 서기관들에게 고난을 받고 죽임을 당하시고 3일 후에 다시 살아나실 것이라는 십자가의 깊은 비밀을 말씀해 주셨습니다. 그러나 유감스럽게도 베드로는 그 뜻을 알아차리지 못하고 인간적이고 즉흥적인 생각으로 "주여 그리 마옵소서 이 일이 결코 주께 미치지 아니하리이다"(마 16:22)라고 했습니다.

이 말은 인간적으로 볼 때는 아주 충성스럽고 헌신적인 발언입니다. 그러나 사실은 예수 그리스도를 전혀 이해하지 못한 말입니다. 이 말을 들은 예수님은 베드로에게 "사탄아 내 뒤로 물러가라 너는 나를 넘어지게 하는 자로다 네가 하나님의 일을 생각하지 아니하고 도리어 사람의 일을 생각하는도다"(마 16:23)라고 하셨습니다.

몇 분 전에는 네가 복되다는 칭찬을 들었던 베드로입니다. 주는 그리스도시요 살아 계신 하나님의 아들이시라는 고백에 예수님은, "바요나 시몬아 네가 복되도다. 이것을 알게 한 이는 하나님이시다. 너는 베드로다. 내가 이 반석 위에 교회를 세우겠는데 이 교회는 음부의 권세가 흔들지 못한다. 내가 너에게 천국의 열쇠를 주겠다"고 하셨습니다. 그런데 이 말을 들은 베드로가 인간적인 생각으로 돌아갔습니다. 성령의 생각으로 말했던 베드로가 인간적으로 교만해진 것입니다. 그래서 예수님이 비밀을 말씀하실 때 인간적인 대답을 하고 말았습니다. 그때 예수님이 '사탄아 물러가라'고 하셨습니다. '복되다'는 칭찬을 들은 바로 몇 분 후에 '사탄'이라는 징계의 소리를 듣게 된 것입니다.

성령의 감동을 받아 충만하게 되었을 때 축복이 임합니다. 그러나 성령이 떠나면 축복도 떠납니다. 우리는 베드로의 실수에서 똑같은 사람이라 할지라도 인간의 생각이 그를 지배할 때는 순식간에 사탄의 하수인이 되어 버릴 수도 있다는 사실을 배우게 됩니다.

또 한 가지 알 수 있는 것은 하나님의 뜻은 인간의 사상에서 나오지 않는다는 사실입니다. 인간의 생각은 사망에 이르고 하나님의 생각은 영생에 이릅니다. 하나님은 인간의 경험과 인간의 지식에서 영광을 받지 않으십니다. 육에서 난 것은 육이요 영에서 난 것은 영입니다. 이것은 영적 진리입니다. 어린아이가 영적 진리를 깨달을 수 있고, 인생의 경험이 많은 노인이 영적 무지 속에 방황할 수도 있습니다. 혈육이 영적 진리를 깨닫는 것이 아닙니다. 하나님의 성령에 감동을 받고 은혜를 받아야만 진리를 깨닫게 됩니다. 그러므로 그리스도인이 언제, 어떤 환경에서나 하나님의 생각을 묵상하고 그 뜻에 순종할 때만 그에게 하나님의 축복이 임하는 것을 볼 수 있습니다.

고린도후서에서 "모든 이론을 무너뜨리며 하나님 아는 것을 대적하여 높아진 것을 다 무너뜨리고 모든 생각을 사로잡아 그리스도에게 복종하게 하니"(고후 10:4-5)라고 했습니다. 우리는 자신의 생각을 끊임없이 굴복시켜야 합니다. 인간의 생각은 교만으로 흐르게 되어 있습니다. 지식은 사람을 교만하게 만듭니다. 소유는 사람을 교만하게 만듭니다. 그것들은 결단코 사람을 겸손하게 만들지 않습니다. 그러므로 사람의 모든 생각을 예수 그리스도 앞에 복종시켜야 합니다. 하나님을 아는 지식보다 높아진 것, 하나님을 대항한 인간의 모든 생각을 다 피해야 합니다.

이름의 의미를 찾은 사람

두 번째 반응에서 예수님은 "또 내가 네게 이르노니 너는 베드로라"(마 16:18)고 하셨습니다. '너는 베드로라'고 하신 말씀이 굉장히 중요한 말씀입니다. 베드로의 생애에서 이 순간이 가장 결정적인 순간이요 의미 있는 순간입니다. 왜냐하면 안드레가 베드로를 처음 소개했을 때 예수님은 베드로에게 "네가 요한의 아들 시몬이니 장차 게바라 하리라"(요 1:42)고 하셨습니다. 게바는 베드로, 즉 반석이라는 말입니다. 그런데 지금 이 순간에 예수님이 '너는 베드로라'고 말씀하신 것입니다. 이 말씀은 베드로를 향한 하나님의 예언이, 베드로를 향한 하나님의 계획이 신앙 고백을 하는 순간에 이루어진 것을 의미합니다. 예언이 인 쳐진 것입니다.

모든 사람은 다 세상에 태어납니다. 그러나 인생의 진정한 의미와 목적을 알고 있는 사람은 흔치 않습니다. 그냥 살아온 것입니다. 결혼을 하고 자식을 낳고 직장을 다니며 열심히 세상을 살아왔는데 세상만사가 내 뜻대로 되지 않습니다. 여러 가지 복잡한 인간관계가 걸립니다. 그래서 죽을 때가 되면 인생이 허무해집니다. 이유는 인생의 의미를 아직도 발견하지 못했기 때문입니다.

왜 세상에 태어났다고 생각합니까? 우연히 하나님이 태어나게 하셨다고 생각합니까? 아니면 어떤 목적과 계획이 있어서 이 세상에 태어났다고 생각합니까? 왜 한국에 살고 있습니까? 왜 남자로 태어났고 여자로 태어났다고 생각합니까? 우리는 왜 지금 이렇게 살고 있습니까? 그 의미를 알고 있습니까? 대부분의 사람은 삶의 의미를 모른 채 살아가고 있습니다.

우리는 태어날 때 이름을 받습니다. 모든 사람이 다 좋은 이름을 갖고 태어납니다. 그러나 이름대로 사는 사람은 아무도 없습니다. 이름이 좋을수록 제대로 사는 사람이 없습니다. 그런데 예수님은 베드로에게 '네 이름은 베드로라'고 하셨습니다. '네 이름대로 될 지어다'라고 그 이름에 인 치신 것입니다.

이것이 바로 베드로의 생애의 전환점이었습니다. 오늘 우리에게 삶의 의미와 목적을 발견하는 계기와 순간이 필요합니다. 그리고 우리의 이름대로 살아가게 되는 축복과 계기가 필요합니다. '네 이름은 베드로라'는 뜻은 지금에서야 삶의 의미, 이름의 의미를 찾았다는 뜻입니다. 사실 죽기 전에 이것을 찾는 사람은 복된 사람입니다. 인생을 다 살고 나서 하나님이 왜 세상에 나를 보내주셨는지, 그 의미와 목적을 알았다고 고백할 수 있는 사람은 복된 사람입니다.

교회의 본질과 사명

예수님이 '내가 이 반석 위에 내 교회를 세우리니'라는 말씀을 하십니다. 사복음서를 통틀어 '교회'라는 말이 세 번 나오는데 여기가 처음입니다. 여기서부터 교회의 탄생이 시작됩니다. 교회의 본질과 모습이 규정됩니다. 그리고 이 교회는 오순절 날 가동하기 시작합니다. 교회란 무엇입니까? 교회의 본질과 사명은 무엇입니까? 오늘 우리는 예수님의 말씀 속에서 다섯 가지를 생각할 수 있습니다.

첫째, 주님의 교회는 반석 위에 세워집니다. 베드로는 반석이라는 뜻입니다. 여기서 오해가 생길 수 있는데 이 말씀은 예수님이 베드로라는 사람 위에 교회를 세우신다는 뜻이 아닙니다. "주는 그리스도시요 살아 계신 하나님의 아들이시니이다"라는 고백 위에 주님의 교회가 세워진다는 것입니다.

진정한 교회는 주는 그리스도시요 살아 계신 하나님의 아들이시라고 고백하는 교회입니다. 교회가 선언문을 냅니다. 교회가 사회 참여를 하고 데모를 합니다. 교회가 구제 사업을 합니다. 의료 사업을 하고 선교 사업을 합니다. 그래도 교회가 아닐 수 있습니다. 아무리 교회가 큰 사업을 하고, 큰 구제를 하고, 사회선교, 세계 선교를 한다고 할지라도 "주는 그리스도시요 살아계신 하나님의 아들이시니이다"라는 고백이 없으면 교회가 아닙니다.

둘째, 예수님이 세우신 교회만이 진정한 교회입니다. 사람이 세운 교회는 가짜입니다. 그것은 교인들의 입에서 무슨 말이 나오는지를 보면 알 수 있습니다. 모든 성도가 우리 교회는 주님이 세우신 교회라고 말할 때 그 교회는 예수님이 세우신 교회입니다. 교회는 사람이 세울 수가 없습니다. 교회는 인간적인 조직이 아닙니다. 교회에 세상적인 방법이 들어오면 교회는 위기를 맞습니다. 교회가 세상처럼 돈을 좋아하고 권력을 좋아하면 타락하기 시작합니다. 교회는 예수님이 세우신 것입니다. 이런 고백을 교회에 몸담은 모든 사람이 똑같이 할 수 있을 때, 진정으로 그 교회는 주님이 세우셨다고 말할 수 있습니다.

주님이 교회를 세우셨다는 뜻은 세상의 어떤 세력도 교회를 허물 수 없다는 것을 의미합니다. 정부가 교회를 막을 수 없습니다. 공산주의가 교회를 막을 수 없습니다. 성도들을 감옥에 집어넣고 교회에 못을 박아도 교회는 사라지지 않습니다.

셋째, 교회의 주인은 사람이 아닙니다. 예수님은 '내가 반석 위에 내 교회를 세운다'고 말씀하셨습니다. 오늘 이것을 잊어버린 교회가 너무나 많습니다. 교회의 주인은 예수 그리스도 한 분뿐이십니다. 날마다 이것을 생각해야 합니다. 교회의 주인은 예수 그리스도시기 때문에 우리는 그분의 부름을 받은 것이고, 그분이 원하시는 교회를 위해서 모두 다 순종하고 헌신하는 것이라고 고백해야 합니다. 결코 사람이 교회의 주인일 수 없습니다. 교회에 일찍 등록했거나 늦게 등록했거나 주님의 교회에서 모두 하나일 뿐입니다. 어느 누구도 교회에 대해서 주장할 사람이 없습니다. 오직 예수 그리스도 한 분만이 주장하십니다. 이것이 진정한 교회입니다.

넷째, 교회는 음부의 권세가 이길 수 없는 곳입니다. 이 말씀의 뜻은 세상의 권세와 사탄의 권세, 죽음의 권세가 하나님의 교회를 둘러싸고 있을지라도 하나님의 교회는 음부의 권세의 대문을 박차고 나가는 능력이 있다는 것입니다. 그래서 그 문을 쳐부수고 탈출하여 저편에 있는 생명과 영생의 세계로 가는 것이 교회입니다. 이런 의미에서 교회는 전투적입니다. 산에 들어가서 명상한다고 교회가 아닙니다. 구체적인 죄악의 세상 속에서 전투하며 영적 싸움을 하는 것이 교회의 모습입니다. 그러므로 교회 안에서, 세상 안에서 영적 싸움을 싸우지 않는 사람들은 진정한 성도라고 말할 수 없습니다. 죄와 싸우고 세상과 싸우고 사탄과 싸우고 자기 자신과 싸우고 피투성이가 되면서 그리스도와 함께 승리의 면류관을 쟁취하는 것이 교회입니다.

고린도전서에서 "사망아 너의 승리가 어디 있느냐 사망아 네가 쏘는 것이 어디 있느냐 사망이 쏘는 것은 죄요 죄의 권능은 율법이라 우리 주 예수 그리스도로 말미암아 우리에게 승리를 주시는 하나님께 감사하노니"(고전 15:55-57)라고 했습니다. 이 선언을 하는 것이 교회입니다. 예수님이 세우신 교회는 이런 권능과 생명이 있습니다. 그러나 유감스럽게도 지상 대부분의 교회는 세상에서 조롱받고, 사탄의 공격을 받고, 고통당하고 있으며 서로 분파 싸움을 하고 있습니다. 목사파, 장로파, 노장파, 경상도파, 전라도파로 나뉘어 세상과 전혀 다를 바 없는 싸움을 교회가 하는 것입니다. 교회가 덩치는 큽니다. 그러나 능력이 없습니다. 세상의 죄 하나 이길 능력이 없습니다. 그 이유는 사람의 교회이기 때문입니다. 목사가 주인 노릇하고, 장로들이 주인 노릇하고, 헌금 많이 낸 사람들이 주인 노릇을 하기 때문입니다. 인간의 생각이 교회를 지배하게 될 때 교회는 아무리 커도 능력이 없습니다. 음부의 권세를 이길 힘이 없는 것입니다. 그러나 아무리 부족하다 할지라도, 기도하며 성령 안에서 순종하는 교회는 열 명, 스무 명이 모여도 세상을 이길 힘이 있습니다. 크다고, 많이 모였다고 능력이 있는 것이 아닙니다. 순결이 능력입니다.

다섯째, 예수님이 반석 위에 '교회'를 세우겠다고 하셨습니다. 반석 위에 회당을 세우리라, 성전을 세우리라 하시지 않고 교회를 세우겠다고 하셨습니다. 우리는 교회를 교회당이라고 생각합니다. 교회당과 교회는 다릅니다. 건물은 교회가 아닙니다. 교파나 제도가 교회가 아닙니다. 진정한 교회의 본질은 그리스도의 몸입니다. 교회는 그리스도의 신부입니다. 교회는 하나님의 거룩한 백성의 모임입니다. 건물이 없어도 교회는 있을 수 있습니다. 두세 사람이 내 이름으로 모인 곳에 함께하시겠다고 예수님이 말씀하셨습니다. 이런 의미에서 교파나 당회나 제직회, 위원회는 조직상의 중요한 의미는 있지만 그것이 바로 교회라고 단정해서는 안 됩니다. 교회는 그것보다 더 깊고 오묘하고 신비스러운 주님의 몸이기 때문입니다. 교회는 그리스도의 몸이요 하나님의 백성입니다. 우리 자신이 바로 교회입니다.

교회는 참된 신앙 고백 위에 탄생합니다. 이 교회는 사람이 세운 교회가 아니라 주님이 세우신 교회이며 주님이 주인이십니다. 결코 음부의 권세가 이길 수 없으며 세상의 세력이, 사탄의 유혹이 침범할 수 없습니다. 이것이 교회의 권위요 교회의 능력입니다.

23

천국 열쇠로
하늘 문을 열라

마태복음 16:19-20

"주는 그리스도시요 살아 계신 하나님의 아들이시니이다"라는 고백 앞에 예수님은 세 가지 반응을 보여 주셨습니다. 여기서는 19절에 나타난 세 번째 반응을 집중적으로 묵상하겠습니다.

천국 열쇠의 주인

예수님은 "내가 천국 열쇠를 네게 주리니 네가 땅에서 무엇이든지 매면 하늘에서도 매일 것이요 네가 땅에서 무엇이든지 풀면 하늘에서도 풀리리라"(마 16:19)고 말씀하셨습니다. 이 말씀은 예수님이 교회에게 주신 감당하기 어려울 정도로 놀랍고 감격적인 말씀입니다. 예수님이 천국의 열쇠를 그리스도의 몸인 교회, 즉 하나님의 백성에게 주겠다고 하신 것입니다.

이사야서를 보면 "내가 또 다윗의 집의 열쇠를 그의 어깨에 두리니 그가 열면 닫을 자가 없겠고 닫으면 열 자가 없으리라"(사 22:22)는 말씀이 나옵니다. 이 말씀은 메시아이신 예수 그리스도를 가리키는 말씀입니다. 또 요한계시록에서는 "빌라델비아 교회의 사자에게 편지하라 거룩하고 진실하사 다윗의 열쇠를 가지신 이 곧 열면 닫을 사람이 없고 닫으면 열 사람이 없는 그가"(계 3:7)라고 했습니다. 즉 천국의 열쇠는 예수 그리스도가 가지고 계신 것입니다.

예수님이 천국 열쇠의 주인이시라는 것은 예수님을 통하지 않고는 아무도 천국에 들어갈 수 없다는 뜻입니다. 자물쇠에는 꼭 맞는 열쇠가 하나만 있습니다. 꼭 맞는 열쇠가 들어가야만 자물쇠가 열립니다. 예수님 외의 어떤 비슷한 진리도 천국을 열 수 없습니다. 예수님은 "내가 곧 길이요 진리요 생명이니 나로 말미암지 않고는 아버지께로 올 자가 없느니라"(요 14:6)고 하셨습니다. 천국을 열 수 있는 분은 오직 예수 그리스도 한 분뿐입니다.

그러면 이 열쇠를 예수님이 누구에게 주셨습니까? '내가 천국 열쇠를 네게 주리니'에서 '너'는 베드로를 의미하고 있습니다. 그러나 베드로에게만 열쇠를 주었다는 뜻이 아니라 '주는 그리스도시요 살아 계신 하나님의 아들이시니이다'라고 고백하는 하나님의 백성인 '교회'에게 주었다는 뜻입니다. 결코 베드로 개인이나 열두 사도에게만 주는 것이 아니라 오는 세대의 모든 교회에 위탁한 것입니다. 성령을 받은 모든 하나님의 백성인 교회, 그리스도의 몸인 교회의 지체들이 이 천국 열쇠를 예수님으로부터 직접 받은 것입니다.

하나님의 말씀을 위탁받은 특권

그렇다면 천국 열쇠는 무엇을 의미합니까? 이 말씀을 바로 이해하기 위해서 열쇠라는 단어를 좀 더 생각해 보아야 합니다. 우리말 번역에는 열쇠라고 되어 있지만 영어 성경에는 '열쇠들'(Keys)이라고 복수로 되어 있습니다. 하나님은 우리에게 천국을 열 수 있는 몇 가지 열쇠들을 주셨습니다.

첫째로 천국의 열쇠는 하나님의 말씀인 율법을 해석하는 직무를 뜻합니다. 열쇠는 히브리인들에게는 쉽고 친숙한 개념이라고 합니다. 하나님의 율법을 가르치는 서기관들의 직무를 의미하는 것이기 때문입니다. 좀 더 쉽게 이해하기 위해 마태복음의 비유를 생각해 보겠습니다.

> 예수께서 이르시되 그러므로 천국의 제자 된 서기관마다 마치 새것과 옛것을 그 곳간에서 내오는 집주인과 같으니라(마 13:52).

옛것과 새것을 곳간에서 내어온다는 것은 구약과 신약이라는 말씀의 창고에서 진리를 캐내어 오는 것을 의미합니다. 이것이 천국의 제자 된 서기관의 직무요 천국의 열쇠를 가진 자의 특권입니다.

그러므로 예수님이 '내가 네게 천국 열쇠를 주겠다'고 하신 첫 번째 뜻은 그리스도의 몸 된 교회가 하나님의 말씀을 해석하고 선포하는 직무를 가졌다는 것입니다. 교회가 천국 열쇠를 가졌다는 것은 말씀을 듣고 연구하며, 말씀을 해석하고 가르치고 선포할 수 있는 특권이 교회에 있다는 뜻입니다. 말씀을 선포하고 말씀을 가르치는 것, 그것이 천국을 여는 것입니다. 하나님의 말씀에 대한 봉사, 이것처럼 위대한 것이 없습니다. 하나님의 말씀을 가르치는 즐거움보다 더 큰 즐거움은 세상에 또 없습니다. 천국 말씀을 위탁받은 것, 그것이 바로 천국의 열쇠입니다.

남을 용서할 수 있는 특권

둘째로 천국의 열쇠는 용서와 기도입니다.

> 너희가 누구의 죄든지 사하면 사하여질 것이요 누구의 죄든지 그대로 두면 그대로 있으리라(요 20:23).

이 말씀은 참 받아들이기가 어렵습니다. 과연 우리가 죄를 용서하면 다 용서된다고 믿어집니까? 엄청난 말입니다. 그러나 이 말씀은 교회에게 주신 독특한 특권입니다.

"내가 천국 열쇠를 네게 주리니 네가 땅에서 무엇이든지 매면 하늘에서도 매일 것이요 네가 땅에서 무엇이든지 풀면 하늘에서도 풀리리라"(마 16:19)는 말씀은 "너희가 용서하면 그 용서가 그대로 하늘에서도 용서가 될 것이다. 그러나 너희가 용서하지 않으면 그대로 매여 있을 것이다"라는 뜻입니다.

용서는 천국의 열쇠입니다.

사실 오늘을 사는 현대인에게 가장 괴로운 것 가운데 하나가 누군가를 용서하지 못하고 살아가는 것입니다. 복수할 수 있다면 복수했겠지만 복수할 능력도 힘도 없기 때문에 그것이 한으로 변하여 끊임없는 분노와 미움으로 살아갑니다. 인간이 가진 현재적인 지옥이 하나 있다면 용서하지 못하는 영적 상태일 것입니다. 용서할 수 있다는 것은 인간이 가지고 있는 가장 큰 용기요 축복입니다.

마태복음에서 "우리가 우리에게 죄 지은 자를 사하여 준 것같이 우리 죄를 사하여 주시옵고"(마 6:12)라고 했습니다. 이 기도를 떳떳하게 할 사람은 많지 않습니다. 많은 사람이 이 부분에 대해서 고민하고 여러 가지 해석을 시도하기도 합니다. 어떤 사람은 이 말씀이 "내가 다른 사람의 죄를 용서해 준 것처럼 내 죄를 용서해 주옵소서"라는 뜻이라고 생각합니다. 그렇다면 과연 하나님 앞에서 용서받을 자가 누가 있겠습니까? 그래서 다른 사람은 이 말씀을 "하나님이 나를 용서해 주신 것처럼 내가 다른 사람을 용서하게 하여 주옵소서"라고 해석했습니다. 그러니 조금 마음이 편합니다.

그러나 사실 이 말씀은 좀 더 문자적으로 보아야 합니다. 왜냐하면 하나님은 우리에게 용서하는 특권을 주셨기 때문입니다. 교회에게 주신 하나님의 특권 중 가장 큰 특권이 바로 이것입니다. 내가 용서받은 것도 특권이지만 내가 용서할 수 있는 것도 특권입니다. 천국의 열쇠는 하나님의 말씀을 해석하고 선포하는 특권이면서 동시에 남을 용서할 수 있는 특권입니다.

마태복음 18장을 보면 이 내용이 더 분명해집니다.

네 형제가 죄를 범하거든 가서 너와 그 사람과만 상대하여 권고하라 만일 들으면 네가 네 형제를 얻은 것이요 만일 듣지 않거든 한두 사람을 데리고 가서 두세 증인의 입으로 말마다 확증하게 하라 만일 그들의 말도 듣지 않거든 교회에 말하고 교회의 말도 듣지 않거든 이방인과 세리와 같이 여기라(마 18:15-17).

이 말씀은 교회가 용서할 수 있는 특권을 말하고 있습니다. 어떤 사람이 죄를 범하면 가서 이야기하라는 것입니다. 그 사람이 듣지 않는다면 두세 사람의 증인을 데리고 가서 이야기하고, 그래도 듣지 않으면 교회에 보고하여 교회가 이야기하게 하라는 것입니다. 그래도 듣지 않으면 이방인과 세리처럼 취급해 버리라는 것입니다. 교회가 하나님의 말씀에 기초해서, 예수 그리스도의 보혈에 의지해서, 인간의 죄를 용서할 수 있는 특권을 가졌다는 의미입니다.

용서와 기도의 관계

계속해서 예수님은 "진실로 너희에게 이르노니 무엇이든지 너희가 땅에서 매면 하늘에서도 매일 것이요 무엇이든지 땅에서 풀면 하늘에서도 풀리리라"(마 18:18)고 하셨습니다. 네가 용서하지 않으면 하늘에서도 용서가 되지 않을 것이라는 말씀입니다.

> 진실로 다시 너희에게 이르노니 너희 중의 두 사람이 땅에서 합심하여 무엇이든지 구하면 하늘에 계신 내 아버지께서 그들을 위하여 이루게 하시리라 두세 사람이 내 이름으로 모인 곳에는 나도 그들 중에 있느니라(마 18:19-20).

여기서 용서와 기도의 관계가 나타납니다. 그리스도인들은 용서해야 할 특권을 받았습니다. 내가 상대방을 용서하고, 상대방이 용서를 받고 함께 기도하면 하늘에서 기적이 일어난다는 것입니다. 두세 사람이 합심하여 땅에서 기도하면 그 기도를 듣고 하늘에서 매인 것을 풀어 주겠다고 하신 것입니다. 그러므로 교회는 끊임없이 기도해야 합니다. 형제끼리 합심하여 기도해야 합니다. 기도할 때 하나님의 놀라운 축복이 나타납니다. 용서할 때 교회에 놀라운 축복이 일어납니다.

또한 우리는 우리의 가족을 대신하여 중보기도를 해야 할 책임이 있습니다. 어떤 가족은 조상 대대로 내려오는 저주가 있을 수 있습니다. 가족 안에 죄가 있을 수 있습니다. 예수님이 우리에게 용서와 기도의 천국 열쇠를 주셨는데, 그리스도인은 가족의 죄를 내 죄로 알고 중보기도하며 그 죄를 용서하는 역사를 행해야 합니다. 뿐만 아니라 민족의 죄를 대신 지고 중보기도하며 인류의 죄를 대신하여 기도할 필요가 있습니다. 우리가 기도하기 시작할 때, 우리가 용서하기 시작할 때 민족의 죄가 제거되기 시작합니다.

오늘날 주위를 돌아보면 많은 사람이 한과 분노와 미움을 품고 있습니다. 우리는 용서해야 합니다. 형제의 죄와 허물을 마음에 쌓아두지 말아야 합니다. 분노와 복수심과 한을 품지 말아야 합니다. 내 인생을 근본적으로 뒤집어 놓은 자, 내 인생을 비참하게 만든 자가 있을 수 있습니다. 그래도 용서해야 합니다. 이것이 천국에 이르는 열쇠입니다. 용서하지 않으면 천국의 문은 열리지 않습니다. 그리스도인은 한이 있어서는 안 됩니다. 분노와 미움이 있어서도 안 됩니다. 어떤 경우에라도 그리스도인은 용서 못 할 사람이 있어서는 안 됩니다.

전도하면 천국 문이 열린다

셋째로, 천국의 열쇠는 교회에 맡겨진 전도를 뜻합니다. 누가 천국에 들어갈 수 있습니까? 예수님을 믿고 영접한 사람입니다. 예수 그리스도를 통하지 않고는 아무도 하나님 나라에 들어갈 수 없습니다.

다른 이로써는 구원을 받을 수 없나니 천하 사람 중에 구원을 받을 만한 다른 이름을 우리에게 주신 일이 없음이라(행 4:12).

그렇다면 교회가 받은 천국의 열쇠란 모든 사람으로 하여금 예수님을 믿고 천국에 들어갈 수 있게 하는 것, 바로 전도의 사명임을 알 수 있습니다.

예수님은 "너희는 가서 모든 민족을 제자로 삼아"(마 28:19)라고 말씀하셨습니다. 우리는 이것을 지상명령이라고 합니다. 전도는 해도 되고 안 해도 되는 것이 아니라 반드시 해야 하는 것입니다. 전도하지 않으면 천국 문은 열리지 않습니다. 우리가 한 생명을 예수 그리스도에게 소개하면 천국의 문이 열리는 것입니다.

예수님은 "화 있을진저 외식하는 서기관들과 바리새인들이여 너희는 천국 문을 사람들 앞에서 닫고 너희도 들어가지 않고 들어가려 하는 자도 들어가지 못하게 하는도다"(마 23:13)라고 하셨습니다. 천국 문이 있습니다. 그 열쇠가 서기관들과 바리새인들에게 있었습니다. 그러나 그들은 그 문을 닫고 자기들도 안 들어가고 들어가려는 사람도 못 들어가게 한다고 예수님이 질책하신 것입니다.

우리는 전도해야 합니다. 전도하면 천국 문이 열립니다. 많은 사람이 그 문을 통해 천국에 들어가 하나님의 자녀가 될 것입니다. 우리는 지금도 무엇인가를 매고 있지 않습니까? 다 풀어야 합니다. 그리고 하나님의 말씀을 가르쳐야 합니다. 이것이 우리 자신이 천국에 들어가는 길이요, 다른 사람을 천국으로 인도하는 길입니다. 교회는 이것을 위해 존재합니다.

24

주의 일을 가로막는
사탄이 되지 마라

마태복음 16:21-23

본문 말씀은 예수님이 제자들에게 처음으로 자신이 수난당하고 부활할 것을 예고하시는 내용입니다. "이때로부터 예수 그리스도 께서 자기가 예루살렘에 올라가 장로들과 대제사장들과 서기관들에게 많은 고난을 받고 죽임을 당하고 제삼일에 살아나야 할 것을 제자들에게 비로소 나타내시니"(마 16:21)라는 말씀에서 우리는 예수님 사역의 제2의 출발을 봅니다. 예수님은 요단강에서 세례를 받으시고 사역을 시작하셨습니다. 그것이 제1기 사역의 시작이라면, 이 말씀은 제2기 사역의 시작이라고 할 수 있습니다.

사역의 진정한 본질

그동안 예수님은 제자들과 사람들에게 참된 메시아로 오신 자신의 삶과 인격을 보여 주셨습니다. 가시는 곳마다 천국 복음을 전파하셨고, 천국 말씀을 가르치셨고, 모든 병과 약한 것을 고치셨습니다. 그리고 당시 종교 지도자들이나 정치 지도자들에게는 굉장히 비판적인 태도를 취하신 반면에, 그 시대의 약자라고 표현되는 병든 자, 귀신들린 자, 창녀와 세리들에게는 특별한 관심과 사랑을 보여 주셨습니다.

그러나 지금까지 보아 왔던 이 사역들이 예수님 사역의 전부는 아닙니다. 예수님 사역의 진정한 본질은 모든 인류의 죄를 대신해서 십자가에서 죽는 일에 있었습니다. 바로 그 사역이 지금 시작되는 것입니다. 그런 의미에서 지금까지의 예수님의 사역은 서론적 의미가 있다고 볼 수 있습니다. 예수님은 그동안 제자들과 함께 많은 무리를 만나셨습니다. 그러나 여기서부터는 무리 가운데 계시지 않고 소수의 제자들과 함께 행동하십니다. 좀 더 깊고 본질적인 말씀을 제자들에게 전개해 나가시는 것을 볼 수 있습니다.

예수님은 제자들에게 자기가 누구인가를 확인시켜 주셨습니다. 왜 이 세상에 왔는지를 가르치기 시작하셨습니다. 바로 십자가의 길을 말씀해 주신 것입니다. 십자가의 길은 외로운 길입니다. 고통스러운 길입니다. 예수님이 이 세상에 오신 것은 단순히 선한 일을 하기 위해서나 천국 말씀을 전하기 위해서가 아닙니다. 병을 고치거나 기적을 행하거나 귀신들린 자를 도와주려고 오신 것이 아닙니다. 그분이 이 세상에 오신 진정한 목적은 우리 죄를 위하여 십자가에 못 박혀 죽으시는 데 있었습니다. 그래서 이제 예수님은 제자들을 따로 부르시고 그 말씀을 하시는 것입니다.

예수님의 이 말씀에서 또 한 가지 발견하는 것은, 예수님이 수난과 부활을 예고하시는 것이 베드로의 신앙 고백 직후에 시작되었다는 점입니다.

"이때로부터 예수 그리스도께서… 제자들에게 비로소 나타내시니."

예수님은 자신의 죽음과 부활에 대해 이전에는 언급하지 않으셨습니다. 그러나 이제 때가 되어서 베드로가 "주는 그리스도시요 살아 계신 하나님의 아들"이라고 고백하자, 예수님은 제자들에게 이 중요한 진리를 가르치십니다.

하나님에게는 하나님의 때가 있습니다. 하나님은 '그때'까지 기다리십니다. 사실 예수님은 우리 모두를 사랑하십니다. 그러나 우리 모두에게 똑같이 천국 비밀을 가르쳐 주시는 것은 아닙니다. 내가 가진 믿음과 그 믿음의 성숙도에 따라서 위탁하시는 바가 다른 것입니다. 베드로의 신앙 고백이 있기 전까지 예수님은 십자가와 부활을 말씀하시지 않았습니다. 그러나 이제는 말씀하십니다. 참된 신앙 고백을 하는 사람에게는 참된 사명을 위탁하시고, 성숙한 믿음의 사람에게는 하나님의 깊은 진리를 보여 주십니다.

마귀의 방해로 인한 베드로의 반응

그러나 예수님이 이 놀라운 십자가 사건과 부활 사건을 말씀해 주셨는데도 제자들은 예수님의 뜻을 깨닫지 못합니다.

베드로가 예수를 붙들고 항변하여 이르되 주여 그리 마옵소서 이 일이 결코 주께 미치지 아니하리이다(마 16:22).

우리는 여기서 다음과 같은 질문을 던지게 됩니다. "주는 그리스도시요 살아 계신 하나님의 아들이시니이다"라는 위대한 신앙 고백을 한 베드로, 그래서 예수님에게 최고의 칭찬을 받은 베드로가 어떻게 그 고백 직후에 정반대로 지극히 인간적이고 불신앙적인 반응을 보였을까 하는 것입니다. 이상하지 않습니까? 조금 전만 해도 가장 큰 칭찬을 받은 베드로가 지금은 최악의 꾸중을 듣고 있는 것입니다. 참된 신앙 고백을 하는 사람에게는 참된 사명을 위탁하시고, 성숙한 믿음의 사람에게는 하나님의 깊은 진리를 보여 주십니다.

신앙의 현주소는 어디일까요? 이러한 질문에 대답하기 위해서 본문을 좀 더 자세히 살펴보겠습니다.

"베드로가 예수를 붙들고 항변하여 이르되"라는 부분의 원문을 보면 여기에는 아주 강렬한 의미가 들어 있습니다. 이를테면 위험에 빠지려는 사람을 붙잡고 "정신 차려! 죽으려고 그래!" 하는 것과 같은 뜻입니다. 다시 말하면 지금 베드로가 예수님을 붙잡고 "정신 차리세요, 예수님!" 하고 꾸짖는 것입니다. '항변하여'라는 말은 '꾸짖는다'는 뜻을 내포하고 있습니다. 그리고 베드로가 예수님에게 "그리 마옵소서"라고 말합니다. 이 말은 '아주 간절하게 부탁한다'는 뜻이 있습니다. "이 일이 결코 주께 미치지 아니하리이다"라는 말은 "예수님, 당신이 어떻게 생각하든지 나는 당신의 길을 반드시 막겠습니다. 절대로 그런 일이 일어날 수 없을 것입니다"라는 뜻입니다. 단호하게 예수님의 일을 막겠다는 강한 의지가 이 안에 들어 있는 것입니다.

우리는 베드로의 말에서 다음 몇 가지 사실을 배웁니다.

첫째, 하나님의 일에는 언제나 방해하는 세력이 뒤따른다는 사실입니다. 마귀는 결코 성령의 역사를 가만히 보고만 있지 않습니다. 성령으로 충만하지 않은, 그저 인간적인 교회에서 마귀는 역사하지 않습니다. 그냥 놔둬도 괜찮기 때문입니다. 그러나 성령으로 충만해서 부흥하는 교회는 마귀가 그냥 두지 않습니다. 발악하기 시작합니다. 우리도 성경 읽지 않고 기도하지 않고 적당히 예수 믿으면 마귀가 건드리지 않습니다. 건드릴 필요가 없습니다. 그러나 은혜 받고 거듭난 기쁨이 충만한 사람에게는 마귀가 훼방을 놓습니다.

둘째, 마귀는 하나님을 직접 공격할 수 없습니다. 마귀는 예수님을 직접 공격할 수 없습니다. 그래서 마귀가 쓰는 방법은 하나님의 일을 하는 그 '사람'을 공격합니다. 성령을 받은 사람, 하나님의 일을 하는 사람을 부수고 무너뜨리려는 것이 마귀가 하는 일입니다. 마귀가 공격한 대표적인 인물이 가룟 유다입니다. 예수님의 제자로 3년 동안 예수님과 함께 있었던 가룟 유다는 결국 예수님을 은 30에 팔아서 십자가에 내주는 장본인이 되었습니다. 마귀는 베드로도 공격했습니다. 그러니 우리도 공격할 것입니다.

언젠가 예배 세미나를 인도한 짐 그레이엄 목사님이 "참 예배를 드리려고 할 때 마귀가 역사한다"는 말을 한 적이 있습니다. 그러면서 개인적인 체험 한 가지를 들려주었습니다. 짐 그레이엄 목사님이 사역하는 교회에서 정말 성령의 체험을 하고 참 예배를 드리려고 할 때 음악을 맡은 사람들 가운데 스캔들이 일어났다고 합니다. 그래서 교회가 뒤죽박죽이 되었다는 것입니다. 이처럼 곳곳에서 마귀는 예배하는 사람을 공격합니다. 하나님에게 진정으로 예배하고 하나님의 일을 하려는 사람을 공격합니다.

베드로는 마귀에게 시험을 많이 당한 사람입니다. 자신이 사탄에게 당한 경험을 그는 베드로전서에서 "근신하라 깨어라 너희 대적 마귀가 우는 사자같이 두루 다니며 삼킬 자를 찾나니"(벧전 5:8)라고 쓰고 있습니다. 마귀가 자기를 조롱하고 파괴하고 죽이려고 했던 수많은 유혹을 베드로는 일생 동안 겪었던 것입니다. 그래서 그는 "너희는 믿음을 굳건하게 하여 그를 대적하라"(벧전 5:9)고 말했습니다.

하나님 위에 서려는 교만의 유혹

우리의 두 번째 질문은 위대한 신앙 고백을 한 베드로가 어떻게 일순간에 변하여 인간적으로 반응하게 되었느냐는 것입니다. 이것은 베드로가 교만해졌기 때문이라고 말할 수 있습니다. 바로 전에 베드로는 예수님에게 최대의 칭찬을 받았습니다.

바요나 시몬아 네가 복이 있도다 이를 네게 알게 한 이는 혈육이 아니요 하늘에 계신 내 아버지시니라(마 16:17).

이 말을 들었을 때 베드로는 기분이 아주 좋았을 것이고, 혹 그것이 지나쳐서 약간 우쭐했을지도 모릅니다. 그런데 "너는 베드로라 내가 이 반석 위에 내 교회를 세우리니 음부의 권세가 이기지 못하리라"(마 16:18)고 말씀하셨을 때 베드로는 아마 꿈꾸는 것 같았을 것입니다. 그리고 "내가 천국 열쇠를 네게 주리니 네가 땅에서 무엇이든지 매면 하늘에서도 매일 것이요 네가 땅에서 무엇이든지 풀면 하늘에서도 풀리리라"(마 16:19)고 하셨을 때는 베드로가 자기만이 신앙의 최고 경지에 이르렀다고 생각했을지도 모릅니다.

베드로만 그렇겠습니까? 저도 가끔 그런 유혹에 빠집니다. 교인들로부터 "목사님 설교에 은혜 받았습니다"라는 말을 들으면 순간 속으로 우쭐해집니다. 인간이기 때문입니다. 사람은 칭찬하면 별 수 없이 넘어집니다. 예수님이 축복하고 칭찬했을 때 베드로가 순간 우쭐해졌을지 모릅니다. 이때가 위기입니다. 그는 자기의 인간적인 생각이 하나님의 생각이라고 착각했습니다. 그리하여 자기도 모르는 사이에 예수님보다 한 발 앞서게 되었고, 이제는 예수님을 꾸짖는 위치에까지 가게 된 것입니다.

이런 사람들이 참 많습니다. 너무 열심을 내다가 예수님을 야단치는 사람이 있습니다. 방언 한 번 하면 난리치는 사람, 환상으로 예수님 한 번만 봐도 자기의 영감이 최고라고 주장하는 사람, 교회 오래 다녔다고 자랑하는 사람들 속에는 영적 교만이 도사리고 있습니다. 자기가 하나님을 가장 잘 믿는 사람인 양, 자기의 생각과 판단이 가장 옳은 것인 양 착각할 때 우리는 예수님보다 높아져서 예수님에게 충고하고 꾸짖는 일을 벌이게 됩니다. 그리고 예수님이 하시는 일을 막겠다고 나서는 베드로처럼 되고 마는 것입니다.

하나님의 의를 막는 인간적인 생각

우리의 세 번째 질문은, 그러면 왜 이런 일이 일어났을까 하는 것입니다. 성경을 보면 그것은 인간적인 생각 때문입니다. 인간적인 생각은 아무리 좋은 것도 하나님의 의를 이루지 못합니다. 그것은 결국 사탄의 종노릇을 하게 합니다. 베드로는 아직도 미성숙한 제자였습니다. 베드로의 신앙 고백은 그의 신앙이 성숙해서가 아니라 성령이 특별히 도와주신 덕분이었습니다.

예를 들어, 예수님이 체포되셨을 때 베드로는 대제사장 집 뜰에까지 좇아갔습니다. 거기서 "당신도 예수와 한 패지?"라는 질문을 받았을 때, 그는 "나는 예수를 모른다"고 세 번이나 부인했습니다. 이것이 인간입니다.

어떤 분은 기도할 때 굉장한 기도를 합니다. 그리고 기도할 때의 자기와 평소의 자기를 동질화시킵니다. 그러나 기도할 때의 자기는 자기가 아닙니다. 기도할 때는 성령이 말할 수 없는 탄식으로 그 기도를 도우셔서 최고 수준의 기도를 하게 합니다. 그러나 기도가 끝나고 현실로 돌아오면 우리는 기도한 대로 하지 못합니다. 별 수 없는, 별 볼 일 없는 존재가 나인 것입니다. 하나님의 도움이 있었기 때문에 내가 이 자리에 설 수 있는 것이고, 하나님의 도움이 있었기에 내가 주님의 뜻대로 살 수 있는 것입니다. 죄지을 수밖에 없고, 타락하고 무너질 수밖에 없는 것이 원래 인간의 모습입니다.

베드로의 인간적인 생각은 베드로로 하여금 예수님을 꾸짖는 지경에까지 가게 했는데, 이는 어떤 면에서 그가 정치적이고 혁명적인 메시아관을 가졌기 때문인지도 모릅니다. 예수님이 이스라엘을 로마의 압제에서 구원할 자라고 생각하고 있었는데, 엉뚱하게도 장로들과 제사장들과 서기관들의 손에 잡혀 고난을 당하고 십자가에 못 박혀 죽을 것이라고 하시니 베드로는 용납할 수가 없었던 것입니다. 혹은 베드로는 예수님을 인간적으로 너무나 사랑했기 때문에 예수님의 수난을 동의할 수 없었는지도 모릅니다. 그러나 우리가 분명히 알아야 할 것은 어떤 것이든지 인간적인 생각은 하나님의 의를 이루지 못한다는 사실입니다.

사탄의 공격에 단호하게 대적하라

이러한 베드로의 태도에 대해 예수님이 어떻게 반응하셨는지 보겠습니다.

> 예수께서 돌이키시며 베드로에게 이르시되 사탄아 내 뒤로 물러 가라 너는 나를 넘어지게 하는 자로다 네가 하나님의 일을 생각하지 아니하고 도리어 사람의 일을 생각하는도다 하시고(마 16:23).

예수님은 뿌리치시며 홱 돌아서셨습니다. 예수님이 돌아서셨다는 것은 베드로의 태도에 정면으로 반대한다는 것을 보여 주시는 행동입니다. 사탄의 공격에는 언제나 단호한 태도가 중요합니다. 타협이나 휴전은 금물입니다. 마귀는 피해서는 안 됩니다. 적극적으로 공격하고 대적해야 합니다. 베드로 안에 역사하는 더러운 사탄에게 예수님은 몸을 돌이키시며 '사탄아!'라고 꾸짖으셨습니다. 마음속으로 꾸짖은 것이 아니라 단도직입적으로 사탄의 이름을 부르면서 꾸짖으셨습니다. 사탄은 결코 지성적으로 대해서는 안 됩니다. 어떤 사람은 사탄에게 아주 예우해서 점잖게 대하는 사람이 있는데, 죄는 예우하면 안 됩니다. 죄는 꾸짖어야 합니다.

예수님이 '사탄아'라고 하신 말씀은 베드로가 사탄이라는 뜻이 아니었습니다. 베드로를 교묘하게 이용하여 충동질하고 속이고 파괴하며 예수님의 일을 방해하려고 숨어 있는 사탄의 세력을 보시고 꾸짖으신 것입니다. 우리 안에도 우리를 이용해서 가정을 파괴하고 못된 말을 하게 하고 분노하고 싸우고 속이게 하고 모든 관계를 끊어 버리게 하는 사탄의 세력이 숨어 있을지 모릅니다. 마귀는 몰래 들어와서 우리의 인격을 파괴시키고 우리를 멸망시키고 궁극적으로 하나님의 영광을 가리려고 갖은 애를 씁니다.

그러나 그 마귀는 양의 가죽을 쓰고 나타납니다. 마귀는 뿔 달고 오지 않습니다. '나는 마귀다' 하면서 오는 마귀는 하나도 없습니다. 가장 교활하게 천사의 옷을 입고 나타납니다. 그러나 결과를 보면 압니다. 다 뒤집어 버리고 사람을 분노하게 하고 갈라지게 만들고 은혜를 쏟게 만드는 것이 마귀가 하는 짓입니다. 이런 세력이 우리 교회에, 우리 가정에, 우리 개인에게 있으면 '사탄아!'라고 직접 이름을 부르면서 꾸짖어야 합니다.

사탄이 일으키는 증상

사탄의 영향권 아래 있는 사람의 증상이 몇 가지 있는데 첫째, 강박관념입니다. 끊임없는 생각에 사로잡혀서 헤어나지를 못합니다. 둘째, 만성적인 두려움입니다. 누구에게나 어떤 두려운 일이 있을 수가 있습니다. 그러나 이 경우는 밤에도 낮에도 항상 불안해하고 무서워합니다. 셋째, 지나친 성적인 생각입니다. 사람은 누구든지 성욕이 있습니다. 그것은 자연스러운 일입니다. 그러나 아침부터 저녁까지 성에 대한 생각만 한다면 그것은 귀신들린 것입니다. 넷째, 항상 무언가에 쫓기고 있습니다. 도무지 안정되지 않습니다. 다섯째, 강한 증오심, 반항심, 분노, 쓴 뿌리들입니다. 항상 화나 있는 사람이 있습니다. 누구든지 만나면 싸우려 합니다. 여섯째, 잘못된 비성경적인 신념입니다. 믿음에 대한 잘못된 생각, 구원에 대한 잘못된 생각, 축복에 대한 잘못된 생각을 믿음처럼 가지고 있는 것도 사탄의 영향권 아래 있는 증거입니다. 일곱째, 해명이 안 되는 신체적인 증상입니다. 원인이 없는 병이 있을 수 있는 것입니다. 여덟째, 주목을 받고자 하는 강렬한 욕망입니다. 항상 자신은 스타가 되어야 합니다. 언제든지 자기가 화제의 초점이 되어야 합니다. 아홉째는, 반복되는 감정입니다. 열 번째, 치유공동체, 성령공동체로부터 떠나고 싶은 생각입니다.

　이러한 현상들이 내 안에 있다면, 긍정적이고 적극적으로 예수님을 섬기고 사랑하기가 어렵습니다. 성경 읽는 것이 잘 안 되고, 기도 모임은 가지만 기도가 안 되고, 전도하러 가지만 전도하지 않습니다. 자꾸 이런 현상에 빠집니다. 혹시 자신에게 그런 것이 있으면, 그 이름을 부르면서 꾸짖어야 합니다. "사탄아! 내 안에 있는 더러운 귀신들아! 예수의 이름으로 명하노니 내게서 떠날지어다." 아침에 한 번씩 이렇게 외치고 일을 시작하십시오. 그냥 우물우물하면 안 됩니다. 꾸짖어야 합니다. 예수님도 이렇게 하셨기 때문입니다.

예수님을 앞지르려는 사탄의 속성

23절 말씀을 보면 사탄이 하는 세 가지 행동과 모습이 나옵니다.

"예수께서 돌이키시며 베드로에게 이르시되 사탄아 내 뒤로 물러가라."

첫째, 사탄은 언제나 예수님보다 앞서려고 합니다. 나의 생각, 나의 판단, 나의 행동을 중요하게 생각하면 사탄의 종노릇하기가 쉽습니다. 봉사할 때도 예수님보다 앞서서는 안 됩니다. 헌신을 해도 예수님보다 앞서서 하면 교만이 됩니다. 예수님이 시키는 대로 순종하는 것이 참된 헌신이요 봉사입니다. 이런 의미에서 진정한 하나님의 사람, 성령의 사람은 겸손하고 온유한 사람입니다. 무조건 "믿습니다" 하고 나가다 보면 다른 사람에게 상처를 주게 되고 예수님의 뜻을 거스를 수가 있습니다. '내가 하는 것이 예수님이 원하시는 것인가? 예수님보다 내가 앞장서고 있지는 않은가?'를 생각해 봐야 합니다. 예수님보다 앞선 것은 신앙의 이름이라도 안 됩니다. 예수님 뒤에 서야 합니다. 예수님을 따라가야 합니다. 예수님이 원하시는 것만 우리가 순종해야 합니다.

둘째, 사탄은 예수님의 일을 방해하는, 예수님을 넘어지게 하는 자입니다. "너는 나를 넘어지게 하는 자로다." 예수님은 십자가를 져야만 했습니다. 그러나 사탄은 이렇게 유혹합니다. "왜 고통스럽게 십자가를 져야 하느냐? 십자가를 지지 않고도 네가 하나님의 아들이라는 사실을 증명할 길이 많지 않으냐? 돌로 떡을 만들어

기적을 보여 주면 되지 않느냐? 높은 데서 뛰어내리면 천사가 지켜 준다고 시편에서 말하지 않았느냐? 그러면 하나님의 아들이라고 증명된다. 내게 간단하게 절만 해라. 그러면 이 세상 모든 것을 너에게 주겠다. 한 번만 눈을 감아라. 한 번만 부정해라. 그러면 내가 평생 먹고 살게 해 주겠다.” 마귀는 이렇게 우리를 유혹하고 있습니다. 이것은 무엇을 의미합니까? 신앙과 가치의 표준을 낮추어서 유혹하는 것입니다.

“그렇게 꼭 주일에 교회 갈 것 있느냐? 등산도 가고 계모임도 가면서 교회도 왔다 갔다 하는 거다. 왜 그렇게 바보같이 고통스럽게 예수를 믿느냐? 쉽게 믿어라. 기준을 좀 낮추어라.” 이렇게 마귀는 고생하지 말고, 손해 보지 말고, 예수를 믿으라고 유혹합니다. 우리는 하나님을 섬기는 데 특별히 편안하고 쉬운 것을 경계해야 합니다. 안일하게 하는 것을 경계해야 합니다. 그 안에 우리를 넘어지게 하는 유혹이 있습니다.

셋째, 사탄은 하나님을 생각하지 않고 사람을 생각하게 합니다. 예수님은 “네가 하나님의 일을 생각하지 아니하고 도리어 사람의 일을 생각하는도다”라고 하셨습니다. 우리는 하나님의 영광보다는 사람의 체면이 중요하다고 생각할 때가 많습니다. 하나님을 기쁘시게 하는 일은 중요하지 않습니다. 사람을 기쁘게 하는 일이 중요합니다. 그래서 예수님을 기쁘시게 하지 않고 자꾸 목사만, 장로만 기쁘게 합니다. 사탄은 교회를 사교단체로 만들기를 원합니다.

먹고 춤추고 노는 장소로 만들려고 합니다. 전도, 구원, 은혜, 성령, 거듭남 등은 촌스러운 것이니 다 빼자는 것입니다. 이것이 마귀가 하는 일입니다.

　사탄은 언제나 예수님을 앞지르려고 합니다. 사탄은 예수님의 일을 무너뜨리려고 합니다. 쉽게 하도록 유혹하고 고통당하는 것을 피하게 만들려고 합니다. 그리고 하나님의 교회가 아니라 인간의 교회로 만들려고 합니다. 이것을 예수님이 보시고 "사탄아!"라고 꾸짖으신 것입니다. 우리는 순간순간 넘어지기 쉽고 사탄에게 당하기 쉬운 존재입니다. 그러나 오늘 예수님이 주신 말씀을 깊이 생각하면서 마귀에게 종노릇하지 않아야 합니다. 날마다 승리하며 영광스러운 삶을 살아야 합니다.

25

예수님이 건넨
십자가를 받으라

마태복음 16:24-28

본문 말씀은 주님을 따르려고 직업도, 가정도, 고향도 버리고 나선 베드로에게 예수님이 참된 제자의 길을 보여 주시는 내용입니다. 베드로와 제자들은 충성스럽게 예수님을 따라다녔고 그들은 헌신과 희생을 아끼지 않았습니다. 그러나 예수님의 입장에서 볼 때는 그것이 곧 참된 제자의 길은 아니었습니다. 그래서 예수님은 무엇이 진정한 제자의 길인가를 보여 주십니다.

이에 예수께서 제자들에게 이르시되 누구든지 나를 따라오려거든 자기를 부인하고 자기 십자가를 지고 나를 따를 것이니라(마 16:24).

먼저 이 말씀의 배경을 살펴보겠습니다. 예수님을 따라다니던 베드로는 수난과 부활에 관한 말씀을 알아듣지 못하고 오히려 예수님의 뜻과 반대되는 반응을 보였습니다.

베드로가 예수를 붙들고 항변하여 이르되 주여 그리 마옵소서 이 일이 결코 주께 미치지 아니하리이다(마 16:22).

이때 예수님은 베드로에게 "사탄아 내 뒤로 물러가라 너는 나를 넘어지게 하는 자로다 네가 하나님의 일을 생각하지 아니하고 도리어 사람의 일을 생각하는도다"(마 16:23)라고 하셨습니다. 그리고 이어서 본문 말씀이 나옵니다. 그러니까 이 말씀은 23절과 아주 밀접한 관계가 있음을 알 수 있습니다.

23절의 말씀을 더 쉽게 말하면 "베드로야, 너는 직업도 버리고 가족과 친구도 버리고 나를 충성스럽게 좇았지만 나를 전혀 이해하지 못하는구나"라는 뜻입니다. 평생 부부가 같이 살았는데 전혀 남편을 이해하지 못하는 아내가 있을 수 있고, 아내를 전혀 이해하지 못하는 남편이 있을 수 있습니다. 자식 낳고 살면서도 그 자식을 모릅니다. 베드로가 지금까지 예수님과 그렇게 산 것입니다.

사실 베드로를 비롯한 예수님의 제자들은 충성스럽게 예수님을 따라다녔고 헌신과 희생을 아끼지 않았습니다. 그러나 예수님이 보시기에는 지금까지 해온 방법이 제자의 길이 아니라고 말씀하십니다. 그냥 참고 계셨을 뿐이지 만족하지는 않으셨다는 뜻입니다. 어떤 의미에서 예수님이 우리에 대하여 참고 계실 뿐 만족하시지 않을지도 모릅니다. 우리가 빨리 깨닫기를 지금도 기다리고 계시는지 모릅니다.

옛 사람을 벗어버리는 것

참된 제자의 길은 자기를 부인하는 길이요, 자기 십자가를 지는 길이며, 예수님을 따르는 길입니다.

첫째로, 참된 제자의 길은 자기를 부인하는 길입니다. 예수님을 따르는 것의 본론은 자기를 부인하는 데서 시작된다는 것입니다. 자기를 부인하지 않는 사람은 아직도 서론에서 어슬렁거리는 사람입니다. 열두 제자들은 모든 것을 버리고 예수님을 좇았습니다. 그들은 2년이 넘도록 충성했습니다.

그런데 예수님은 이것이 곧 참된 제자의 길은 아니라고 하셨습니다. 참된 제자의 길은 물질이나 명예나 성공을 포기하는 것이 아니라고 하셨습니다.

어떤 사람이 직장 잘 다니다가 부름받아 직장을 포기하고 신학교에 들어간다면, 정말 굉장한 일 아닙니까? 가족이 죽어라고 박해하고 반대하는데 교회에 나가는 것 역시 대단한 일 아닙니까? 내 생애를 다 바쳐 사랑하려 했던 애인을 예수님 때문에 버리고 헌신했다면 이것 또한 대단한 희생 아닙니까? 그런데 예수님은 그렇게 하는 것이 제자의 길이 아니라고 말씀하십니다. "물질이 아니다. 돈이 아니다. 성공과 명예, 가족을 버리는 것이 아니다. 너를 포기하는 것이 바로 제자가 되는 길이다." 언제든지, 무슨 일이든지 문제가 되는 것은 환경이 아닙니다. 자기 자신입니다. 가장 결정적인 걸림돌은 '나'입니다. 제일 무서운 싸움의 대상은 다른 사람이 아니라 자기입니다. 많은 사람이 자기를 못 이깁니다.

그렇다면 자기를 부인한다는 것은 무슨 뜻입니까? '부인한다'

는 말은 모든 관계의 단절을 의미합니다. 이 단어가 사용된 적이 또 한 번 있습니다. 베드로가 예수님을 세 번 부인할 때 똑같은 단어를 씁니다. 이 말은 예수님과의 완전한 단절을 선언하는 것입니다. 자기를 부인한다는 것은 자기와의 모든 관계를 단절한다는 의미입니다.

영적 의미에서 자기를 부인한다는 것은 옛 사람의 죽음을 뜻합니다. 에베소서에서 "너희는 유혹의 욕심을 따라 썩어져 가는 구습을 따르는 옛 사람을 벗어버리고 오직 너희의 심령이 새롭게 되어 하나님을 따라 의와 진리의 거룩함으로 지으심을 받은 새 사람을 입으라"(엡 4:22)고 했습니다. 자기를 부인한다는 것은 자기 안에 있는 썩어져 가는 구습을 좇는 옛 사람을 벗어버리는 것, 옛 사람이 내 안에서 죽는 것을 경험하는 것입니다. 옛 사람이 죽지 않고서는 새 사람으로 거듭날 수 없습니다. 어떤 의미에서 자기 부인이란 자기 야망의 죽음을 의미합니다. 사람들은 야망이라는 전차를 타고 갑니다. 그러나 그 끝은 좌절과 허무입니다. 모든 사람이 이상과 꿈을 꿉니다. 그러나 그 이상과 꿈의 결론은 무엇입니까? 좌절과 절망입니다. 옛 사람이 죽어야 새 사람으로 옷을 입고, 내가 죽어야 하나님이 살아나고, 내 꿈이 좌절돼야 하나님의 꿈이 이루어집니다. 영의 사람이 되지 않고는 결코 신실한 제자가 될 수 없습니다.

인간은 누구를 막론하고 본질상 진노의 자녀입니다. 허물과 죄로 죽었던 존재입니다. 별 볼 일 없는, 죽을 수밖에 없는 유한한 존재입니다. 그러므로 인간은 영원하지 않습니다. 인간은 절대 권력을 가질 수가 없습니다. 백 년도 살지 못하고 흙으로 돌아가는 존재가 인간입니다. 이러한 죄로 물든 몸을 가지고 어떻게 주님의 뜻대로 살 수 있으며, 주님의 제자가 될 수 있겠습니까? 육의 몸이 죽지 않고, 옛 사람이 죽지 않고 어떻게 하나님의 일을 할 수 있겠습니까? 자기를 부인하라는 말은 육의 사람이 죽어야 한다는 뜻입니다. 옛 사람이 죽어야 한다는 뜻입니다.

　살리는 것은 영이니 육은 무익하니라(요 6:63).

자기 부정과 하나님 긍정

또 한 가지, 자기를 부인한다는 말은 하나님을 적극적으로 긍정한다는 뜻입니다. 내 인생의 주인은 내가 아니라 하나님이심을 전적으로 인정하는 것입니다. 하나님을 나의 주인으로 모시고 그분의 통치를 받는 삶, 그것이 바로 자기를 부인하는 삶입니다. 나를 죽이는 것은 너무 고통스럽습니다. 인간은 자기를 죽일 수 없습니다. 그러나 하나님을 왕으로 모시면 자연히 자기가 죽습니다.

　많은 사람이 예수 믿고 하나님의 자녀로 거룩하고 기쁘고 능력 있게 살기를 원합니다. 그러나 얼마 못 가서 실패하는 가장 큰 이유는, 다른 것은 다 포기했으나 자기 자신을 포기하지 않는 데 있습니다. 자기를 부인하는 것처럼 어려운 것은 없기 때문입니다. 이 것이 얼마나 힘들고 고통스러웠던지 사도 바울은 다음과 같이 고백했습니다.

내 지체 속에서 한 다른 법이 내 마음의 법과 싸워 내 지체 속에 있는 죄의 법으로 나를 사로잡는 것을 보는도다 오호라 나는 곤고한 사람이로다 이 사망의 몸에서 누가 나를 건져내랴(롬 7:23-24).

사실 이 말은 정직한 한 신앙인의 고백입니다. 정말 예수님을 정직하게 믿으려 하며 하나님을 정직하게 따르려 하는 사람의 내면적인 고민입니다. "오호라 나는 곤고한 사람이로다. 내 마음속의 한 편으로는 하나님을 섬기고 싶은 것이 있지만 나의 다른 한 편에서는 죄의 법이 나를 사로잡아 오는 것을 본다. 이 두 개의 법이 내 안에서 끊임없이 투쟁하고 있는 것을 본다"고 했습니다. 이는 자기가 살아 있기 때문입니다.

예수님의 제자들은 3년 동안 예수님과 동고동락하며 직접 그분의 말씀을 듣고 기적도 체험했습니다. 그런데도 그들은 전혀 변하지 않았습니다. 그들은 오순절 날 성령의 불이 엄습했을 때에야 깨어지기 시작했습니다. 여기서 우리는 굉장한 진리를 하나 발견하게 됩니다. 자기 부인은 어떻게 가능합니까? 나의 힘으로는 불가능합니다. 지성이나 도덕, 의지나 교양을 가지고는 변할 수 없습니다. 성령의 기름 부음을 받을 때, 성령의 인 치심이 있을 때, 성령의 불이 나를 엄습했을 때, 그때 우리가 거듭나고 변하고 깨어지는 것입니다.

갈라디아서를 보면 "너희는 성령을 따라 행하라 그리하면 육체의 욕심을 이루지 아니하리라"(갈 5:16)고 했습니다. 성령이 우리 안에 없으면 항상 우리는 육체의 종이 될 수밖에 없습니다. 편을 만들고 인간적이 되고 음란하고 세속적이고 돈과 인기를 좋아하고 칭찬받기를 좋아하는 사람으로 변하고 맙니다. 그러나 성령의 놀라운 지배를 받게 되면 이런 문제들은 순식간에 사라져 버립니다.

우리는 모두 성령의 불을 받아야 합니다. 진정으로 깨어지고 변하고 거듭나야 합니다. 성령을 사모하십시오. 내가 변화되기를 간절히 기도하십시오. 내 힘으로는 나를 부인할 수 없습니다. 내 힘으로는 나를 꺾을 수 없습니다. 위로부터 하나님의 은혜가 임했을 때 제자들이 변할 수 있었던 것처럼, 우리도 하나님의 은혜가 임해야 변할 수 있습니다.

자기 십자가를 질 수 있는 사람

둘째로, 참된 제자의 길은 자기 십자가를 지는 길입니다. 자기 십자가를 진다는 것은 무슨 뜻입니까? 이것은 예수님이 인류의 죄를 위해 죄 없이 십자가에서 죽으신 것처럼, 내가 이 세상에 살면서 예수님 때문에 겪는 억울한 고통과 희생을 달게 지는 것을 뜻합니다. 예수님에게도 십자가를 지는 일이 결코 쉬운 일이 아니었습니다. 고통스러운 일, 피하고 싶은 일이었습니다. 그래서 십자가를 지시기 전 겟세마네 동산에서 기도하실 때, "할렐루야! 이 십자가를 지게 해 주셔서 감사합니다"라고 하시지 않고, "내 아버지여 만일 할 만하시거든 이 잔을 내게서 지나가게 하옵소서"(마 26:39)라고 기도하셨습니다.

이것이 십자가입니다. 예수님은 우리 각자에게 자신이 감당해야 할 십자가가 있다고 하셨습니다. 그런데 이 십자가는 결코 내 죄나 잘못으로 인한 것이 아닙니다. 예수님 때문에 고통을 당하는 것입니다. 이것을 누가복음에서는 "날마다 제 십자가를 지고 나를 따를 것이니라"(눅 9:23)고 했습니다. 한 달에 한 번 고통 받는 것이 아니라, 평생에 몇 번 괴로움을 당하는 것이 아니라 매일매일 나의 현실 속에서 십자가를 져야 하는 것입니다. 자기의 삶 속에서 예수님 때문에 욕을 먹고, 오해를 받고, 손해를 보고, 고통을 겪는 것을 기쁘게 질 수 있는 사람, 그 사람이 참된 제자라는 말씀입니다.

이런 의미에서 그리스도인, 예수님의 진정한 제자란 다른 사람의 실수로 인한 고통과 고난을 대신 지는 사람입니다. 다른 사람이 받아야 할 진노와 심판을 대신 받는 사람입니다. 요즘 젊은 사람들은 분단이 외세 때문에 일어났다며 모든 책임을 외세에 전가합니다. 그러나 그리스도인은 민족의 고통과 분단의 아픔을 대신 지는 사람들이 되어야 합니다.

오늘날에도 가정에 임하는 저주들이 있습니다. 조상 때부터 내려오는 굿거리와 미신 때문에 임하는 저주입니다. 그리스도인 한 사람이 그 가정에 들어가서 저주를 대신 다 받습니다. 예수 믿지 않는 가정에 들어가서 10년, 20년 동안 눈물을 흘리며 성경을 가슴에 품고 몰래 기도하고 가정을 지키는 것입니다. 이것이 날마다 자기 십자가를 지는 일입니다.

그렇다면 누가 과연 이런 십자가를 질 수 있을까요? 아무나 지는 것이 아닙니다. 인간의 힘으로, 지성으로 질 수 있는 것이 아닙니다. 성령을 받은 사람, 은혜를 받은 사람만이 십자가를 질 수 있습니다.

오순절을 생각해 보십시오. 예수님의 제자들이 오순절에 성령을 받고서야 근본적으로 그 삶이 변하기 시작했습니다. 그렇다고 그들의 도덕적 수준이 갑자기 좋아졌다는 것은 아닙니다. 윤리적인 결단이 갑자기 생겼다는 것이 아닙니다. 지성이 갑자기 변했다는 것도 아닙니다. 성령의 불을 받고 변한 것뿐입니다. 그뿐입니다.

저는 요즘에 이 문제를 많이 생각합니다. '오순절 날 불을 받았다. 대체 그것이 무엇인가? 그것이 어떻게 역사를 바꿀 수 있으며, 그것이 어떻게 이데올로기를 극복할 수 있으며, 그것이 어떻게 죄로 물든 인간을 근본적으로 변화시킬 수 있는가?' 아주 신비합니다. 아주 놀랍습니다. 사도행전을 보면 이런 사람들이 구제하고 봉사하고 희생적인 삶을 살았습니다. 성령의 불을 받은 사람들은 예수님이 계셨을 때보다 더 정확하게 예수님이 보여 주신 삶을 살았습니다. 그들은 마지막에 순교까지 했습니다. 성령을 받은 사람은 자기를 부인할 수 있는 사람이요, 자기를 부인할 수 있는 사람은 매일매일 자기 십자가를 질 수 있는 사람입니다.

역사상 이런 사람들이 있었습니다. 세상에서 얼마든지 행복하게 존경받으며 살 수 있는 사람인데, 자기의 모든 기득권을 포기하고 문둥병자들 속에 뛰어들어갑니다. 문둥병자들이 온전한 자기를 싫어하니까 문둥병 병균을 자기 몸에 옮겨서 똑같이 문둥병자가 되어 그들을 도와줍니다. 어찌 이런 일이 가능하겠습니까? 어떤 사람들은 가난과 질병과 무지의 세계 속에 대담하게 뛰어들어갑니다. 자녀교육은 다 포기합니다. 자녀교육 잘 시키고 싶지 않은 사람이 어디 있겠습니까? 그러나 그들은 자녀들을 원주민과 똑같이 교육시킵니다. 그러면서도 그들은 죽을 때 기쁨과 감사로 "할렐루야"를 외칩니다.

C. T. 스터드란 사람이 있습니다. 그는 영국의 큰 성에서 살았고 케임브리지 7인 가운데 한 사람입니다. 우리나라에서 큰 집 하면 아흔아홉 칸을 말하지만 영국에서는 성이라고 말합니다. 그런 성을 소유한 그가 모든 것을 버리고 아프리카를 위해 살다가 아프리카의 한 움막에서 최후를 마쳤습니다. 그것이 그의 영원한 집이었습니다.

언젠가 OMF 한국 책임자인 선교사님을 만난 적이 있었는데, 그에게서 도전적인 말을 들었습니다. "저는 영국 사람이 아니라 하나님 나라의 시민입니다." 자기는 영국 시민권을 포기했다는 의미입니다. 얼마나 큰 마음입니까? 얼마나 멋진 사람입니까? 윌리엄 캐리를 보십시오. 그는 최초로 인도에 들어가서 선교한 사람입니다. 아도니람 저드슨은 미국 사람인데 버마(미얀마)에 들어가서 복음을 처음 심었던 사람입니다. 허드슨 테일러는 인간으로는 감당할 수 없는 고난을 겪으면서 중국 복음화의 문을 열었던 사람입니다. 이들은 자기를 부인하고 자기 십자가를 진 예수님의 제자들이었습니다.

예수님에게 순종하는 길

셋째로, 참된 제자의 길은 예수님을 따르고, 예수님에게 순종하는 것입니다. "나를 따르라"고 예수님이 말씀하실 때 "네" 하고 따르는 사람이 있겠고, "아니오" 하고 거부하는 사람이 있을 것입니다. 또 "생각해 보겠습니다" 하는 사람도 있을 것입니다. 우리는 어떤 사람입니까? 예수님의 부르심에 "네" 하고 대답하는 충성스러운 종, 그것이 제자의 길입니다. 예수님이 원하시는 삶을 선택하는 것이 제자의 길입니다. 예수님은 갈릴리의 어부였던 사람들을 제자로 부르셨습니다. 그들이 예수님의 부르심에 순종하고 예수님의 손에 붙잡힘을 받았을 때, 갈릴리에서 이름 없이 죽어 갔을 사람들이 세상을 변화시키는 사람들로 변했습니다.

요한일서를 보면 "그의 안에 산다고 하는 자는 그가 행하시는 대로 자기도 행할지니라"(요일 2:6)고 나와 있습니다. 마태복음에는 "나더러 주여 주여 하는 자마다 다 천국에 들어갈 것이 아니요 다만 하늘에 계신 내 아버지의 뜻대로 행하는 자라야 들어가리라"(마 7:21)고 했습니다. 베드로는 베드로전서 1장 2절에서 성령의 거룩하게 하심으로 순종한다고 말했습니다. 사도 바울도 사도행전 5장 32절에서 하나님은 자기를 순종하는 자에게 성령을 주신다고 했습니다.

예수님이 지금 우리에게 "나를 따르라"고 말씀하고 계십니다. 이것은 물론 모든 것을 다 포기하고 갑자기 신학교를 가라는 뜻이 아닙니다. 주를 위해 살라는 뜻입니다. 참된 제자의 길은 나를 따르라고 부르시는 이 최고의 명령에 "주여, 내가 순종하겠나이다"라고 응답하는 것입니다. 우리는 나를 따르라는 예수님의 말씀에 이렇게 대답하며 주저할지 모릅니다. "주님, 저는 가정이 있습니다. 저는 아이를 키워야 합니다. 저는 지금 사업을 해야 합니다. 저는 은퇴할 나이입니다." 그러나 주님은 우리가 어떤 상황에 있든지 "나를 따르라"고 말씀하십니다. 그리고 우리가 이 부르심에 순종한다면, 어떤 상황에서도 주님을 따를 수 있는 일들이 있다는 것을 발견하게 될 것입니다.

사도행전은 "너희의 젊은이들은 환상을 보고 너희의 늙은이들은 꿈을 꾸리라"(행 2:17)고 했습니다. 주님은 늙은이도, 은퇴한 사람도 부르십니다. 응답하면 길이 보입니다. 또한 주님은 우리의 자녀를 부르십니다. 우리의 자녀를 주님에게 드려야 합니다. "안 됩니다. 이 아이는 공부해야 됩니다. 우리 아들은 유학 가야 합니다." 이렇게 대답하겠습니까? 거룩한 일을 위하여, 하나님의 영광을 위하여 주님이 우리의 자녀를 부르십니다. 저는 교회에서 주님의 부르심에 응답하는 젊은이들이 벌떼처럼 일어나기를 바랍니다. 자녀들이 헌신했을 때 기뻐하며 박수쳐 주는 부모들이 많이 일어나기를 바랍니다.

먼저 우리 자신이 순종해야 합니다. 우리 자신이 힘들거든 우리의 자녀가 헌신하는 것을 막지 마십시오. 자녀를 헌신시키십시오. 자식이 없는 사람은 재물이 있습니다. 시간이 있습니다. 재능이 있습니다. 모든 것을 가지고 순종하십시오. 하나님이 상상할 수 없는 영광스러운 것으로 이 순종에 축복하실 것입니다. 주님의 참된 제자가 되기 위해서는 자기를 부인하고, 자기 십자가를 날마다 지고 순종해야 합니다.

사람이 나를 섬기려면 나를 따르라 나 있는 곳에 나를 섬기는 자도 거기 있으리니 사람이 나를 섬기면 내 아버지께서 그를 귀히 여기시리라(요 12:26).

26

그리스도인은
죽어야 산다

마태복음 16:24-28

우리는 예수님이 제자들에게 하신 말씀을 들었습니다. "누구든지 나를 따라오려거든 자기를 부인하고 자기 십자가를 지고 나를 따를 것이니라"(마 16:24)고 하신 말씀 말입니다. 이 말씀에서 우리는 예수님의 참된 제자가 되는 데 세 가지를 요구하시는 것을 볼 수 있습니다. 자기를 부인하는 것과 자기 십자가를 기쁘게 지는 것, 그리고 나를 따르라고 주님이 명령하실 때 이유 없이 순종하는 것입니다.

그런데 저는 이러한 말씀을 듣는 사람들 모두가 기쁜 마음이라기보다는 무겁고 심각한 마음도 있음을 발견했습니다. 그리고 어느 분이 "목사님, 고민입니다. 설교하신 그대로 실천하고 싶은데 그게 참 어렵네요"라고 말하는 것을 들었습니다. 그러나 예수님의 요구는 고통스럽고 무거운 것이 아닙니다. 25절을 보면 그것은 고통이 아니라 진정한 축복입니다.

누구든지 제 목숨을 구원하고자 하면 잃을 것이요 누구든지 나를 위하여 제 목숨을 잃으면 찾으리라(마 16:25).

이 말씀이 24절 말씀과 어떻게 연결되며, 자기를 부인하고 자기 십자가를 지는 일이 왜 축복인가를 생각해 보겠습니다. 예수님이 이 말씀과 비슷한 내용의 말씀을 하신 것이 사복음서에 여러 번 나타납니다. 특히 요한복음에서 "한 알의 밀이 땅에 떨어져 죽지 아니하면 한 알 그대로 있고 죽으면 많은 열매를 맺느니라 자기의 생명을 사랑하는 자는 잃어버릴 것이요 이 세상에서 자기의 생명을 미워하는 자는 영생하도록 보전하리라"(요 12:24-25)고 말씀하셨습니다. 한 알의 밀이 땅에 묻혀 썩어야만 생명이 잉태된다는 말씀입니다.

육체적 생명과 영원한 생명

25절 말씀을 잘 이해하기 위해서는 먼저 인간 안에 있는 두 개의 생명에 대해 아는 것이 중요합니다. 첫째는 '목숨'이라고 부르는 생명입니다. 목숨은 부모로부터 받은 생명입니다. 땅으로부터, 흙으로부터 온 생명입니다. 그것은 생물학적이고 동물적인 생명이라고 표현할 수 있습니다.

목숨은 '육체'와 '정신'의 결합체입니다. 인간의 '육체'는 음식을 먹어야 합니다. 하루에 세 끼를 먹지 않으면 살 수 없는 것이 인간의 육체입니다. 뿐만 아니라 인간의 육체는 옷을 입어야 합니다. 그리고 공기를 호흡해야 합니다. 또한 육체는 나이가 들면 늙고 병균이 침입하면 병들 수밖에 없습니다. '정신'은 사랑하고 미워하고 그리워하고 갈망하는 어떤 것입니다. 아주 저급한 동물에게도 이러한 느낌은 있습니다. 그것이 이른바 땅으로부터 온 생명, 자연으로부터 온 생명입니다. 대부분의 사람은 이러한 육체적 생명을 영원한 것으로 착각하고, 육신의 안전과 정신의 평안함을 위하여 몸부림치다가 흙으로 돌아갑니다. 25절의 '목숨'이란 바로 이런 종류의 생명을 의미합니다.

그러나 사람에게는 또 다른 생명이 있습니다. 이 생명은 모든 인간이 다 가지고 있는 것이 아닙니다. 어떤 사람은 그 생명을 알지만 어떤 사람은 전혀 그러한 생명을 이해하지 못하고 살아가기도 합니다. 이 생명은 땅으로부터 온 것이 아니라 하늘로부터 온 것입니다. 부모로부터 온 생명이 아닙니다. 육체의 생명이 아니라 영원한 생명입니다. 이 생명은 예수 그리스도 안에 감춰진 생명입니다.

그 안에 생명이 있었으니 이 생명은 사람들의 빛이라(요 1:4).

예수님 안에 생명이 있었으니 예수님의 생명이 곧 사람들의 빛이라는 말씀입니다. 또한 예수님은 친히 "나는 부활이요 생명이니 나를 믿는 자는 죽어도 살겠고 무릇 살아서 나를 믿는 자는 영원히 죽지 아니하리니"(요 11:25-26)라고 말씀하셨습니다.

그렇다면 25절 말씀의 뜻은 좀 더 분명해집니다. 그것은 육체적이고 세상적인 생명을 위해서 살고 그것을 아끼고 사랑하는 사람에게는 영원한 생명이 상실되었다는 것입니다. 동시에 누구든지 예수 그리스도를 위하여 자기의 세속적이고 육체적인 생명을 미워하고 포기하면 영원한 하늘의 생명을 소유하게 된다는 뜻입니다.

대부분의 사람은 영원하지 않은 썩어질 것을 위하여 시간과 돈과 정열을 투자합니다. 한 평의 땅, 한 칸의 집, 세 끼 먹는 양식 그리고 사람들의 존경과 인기를 얻기 위해 삽니다. 좀 더 편안하게, 좀 더 안전하게, 좀 더 부유하게 살기를 원합니다. 뿐만 아니라 권력과 쾌락을 위해서라면 무슨 대가라도 치를 것처럼 행동합니다. 그것이 바로 육체적인 삶입니다. 그것이 인생의 전부라고 생각하는 것입니다.

이런 것은 육체만이 아니라 정신 활동에서도 마찬가지입니다. 죄 때문에 영혼을 잃고 하나님을 상실한 인간의 머리는 오직 세상적인 가치만으로 프로그램되어 있습니다. 마치 카세트 녹음기에 테이프를 넣고 스위치를 누르면 그 테이프 안에 있는 내용만 계속해서 나오는 것과 같습니다. 다른 것은 나오지 않습니다. 죄로 물든 인간의 머릿속은 온통 육체적이고 세상적인 가치로 프로그램되어 있어 누르면 세상적인 것만 자꾸 나올 뿐입니다. 이 프로그램을 온통 뒤바꾸지 않는 한 우리는 여기에서 탈출하기가 어렵습니다. 이렇게 살아온 사람에게는 허무와 절망과 두려움밖에 남는 것이 없습니다. 이런 사람을 성경은 다음과 같이 묘사합니다.

하나님을 알되 하나님을 영화롭게도 아니하며 감사하지도 아니하고 오히려 그 생각이 허망하여지며 미련한 마음이 어두워졌나니 스스로 지혜 있다 하나 어리석게 되어 썩어지지 아니하는 하나님의 영광을 썩어질 사람과 새와 짐승과 기어다니는 동물 모양의 우상으로 바꾸었느니라(롬 1:21-23).

그러나 반대로 영원한 가치와 생명을 소유하고 사는 사람이 있습니다. 이 사람은 세상과 육체의 욕심과 허영으로 사는 사람이 아닙니다. 오히려 그는 자기의 육신과 옛 사람을 포기하고 스스로 감당해야 할 십자가를 감사와 기쁨으로 지면서 고난의 세상을 영광스럽게 살아갑니다. 이 사람은 갈아입을 옷이 많지 않습니다. 그러나 몇 벌의 옷을 가지고도 아주 행복하게 삽니다. 이 사람의 얼굴은 많은 사람이 주목할 만큼 그렇게 미인이 아닙니다. 그렇지만 그것에 상관없이 감사하게 삽니다. 이 사람은 전세방을 전전하며 삽니다. 그러나 세상의 어떤 것도 그의 삶을 슬프게 만들 수 없습니다. 매일 기쁘고 감사하고 감격하며 충만하게 세상을 살아갑니다.

하나님의 생명을 소유한 사람들은 불필요한 자존심과 오만과 편견의 노예로 살지 않습니다. 푯대를 향하여 그리스도 예수 안에서 하나님이 위에서 부르시는 부름의 상을 위하여 좇아갑니다. 가난하면 가난한 대로, 부유하면 부유한 대로 자기가 처한 상황에서 하나님에게 감사하며 의미를 찾고 목적을 갖고 살아갑니다. 그는 죄 많은 이 세상에서 수많은 사람 사이를 비집고 살면서도 날마다 하나님을 호흡하며 삽니다. 바로 이러한 사람이 영원한 생명을 소유하며 사는 사람입니다.

많은 사람이 행복을 추구하고 안전을 추구합니다. 특별히 안전은 현대인에게 굉장히 중요해졌습니다. 왜 돈을 법니까? 왜 경비원을 둡니까? 왜 자물쇠를 잠급니까? 왜 총을 휴대하고 삽니까? 다 안전 때문입니다. 사람들은 물질이 안전을 가져다 준다고 생각합니다. 그러나 물질이 모든 행복과 안전을 제공하는 것 같지만, 엄밀한 의미에서 물질은 도리어 불행과 위험을 가져옵니다. 물질이 모든 것을 다 할 수 있을 것 같지만 그것은 결정적인 순간에는 오히려 무력합니다. 죽음 앞에서 물질이 무슨 의미가 있습니까? 인간이 정말 괴로울 때 물질이 위로가 됩니까? 영적으로, 정신적으로 심각한 고통을 겪을 때 물질은 위로가 안 됩니다. 그럼에도 많은 사람은 물질이 우리를 행복하고 안전하게 하고, 내 인생을 보장해 줄 것처럼 착각해서 끊임없이 물질에 집착하며 생애 전체를 낭비해 버립니다.

겉 사람과 속사람

25절 말씀의 뜻을 한 가지 더 생각해 보겠습니다. 그것은 고린도후서의 겉 사람과 속사람의 비유에서 발견할 수 있는 내용입니다.

그러므로 우리가 낙심하지 아니하노니 우리의 겉사람은 낡아지나 우리의 속사람은 날로 새로워지도다 우리가 잠시 받는 환난의 경한 것이 지극히 크고 영원한 영광의 중한 것을 우리에게 이루게 함이니 우리가 주목하는 것은 보이는 것이 아니요 보이지 않는 것이니 보이는 것은 잠깐이요 보이지 않는 것은 영원함이라(고후 4:16-18).

겉 사람은 어떻습니까? 우리의 육체는 어떻습니까? 그것은 병들고 늙고 소모되어 가는 것입니다. 인간의 육체는 청춘을 유지하지 못합니다. 나이가 들면 병들고 허물어지게 되어 있습니다. 인간의 정신도 마찬가지입니다. 유명한 선수가 올림픽 경기에서 자기 역량을 최대로 발휘해서 기록을 세웁니다. 그러나 그것은 그때가 최고일 뿐이요 그 후부터는 내려가는 것입니다.

유명한 피아니스트가 있습니다. 세월이 흐를수록 그의 피아노 솜씨가 성숙해 갈까요? 그렇지 않습니다. 어느 정도 수준에 올랐다가는 나이와 함께 퇴보합니다. 전성기는 한때입니다. 겉 사람은 영원하지 않습니다. 그러나 사람들은 한때의 인기, 한때의 성공이 자기 인생의 성공이라고 생각하고 그것을 우상처럼 여기고 그것에 목매어 살아갑니다. 그러나 결국 병들고 늙고 기억력도 다 사라진 다음에는 어떻게 되겠습니까? 왕년에 내로라하는 위치에 있었던 분들을 만나 보면, 지금은 나이가 들어 걷기도 힘들고 말하는 것도 어려워하는 모습을 보게 됩니다.

성경을 보면 겉 사람은 후패한다고 했습니다. 겉 사람은 마치 다 떨어진 헌옷과 같고 변색된 누더기와 같은 것입니다. 예수님은 여기에 너무 관심을 갖지 말라고 하십니다. 겉 사람은 하나의 형식처럼 필요한 것이긴 하지만 이것이 내 인생을 보장해 줄 영원한 것이 아니라는 말씀입니다.

그러면 속사람 안에는 무엇이 자라고 있습니까? 새 생명이 자라고 있습니다. 예수님의 생명이 내 안에서 새롭게 자라고 있는 것입니다. 이 생명은 위로부터 받은 것입니다. 이것은 세월이 흐를수록 더욱 싱싱하고 생명력이 넘쳐납니다. 영원한 청춘이요, 영원한 정열과 사랑을 내포하고 있는 생명이 내 안에서 자라고 있는 것입니다. 그래서 어느 날 육신의 몸이 벗겨질 때는 내 안에 있는 그 새 생명이 하나님의 품에 안기게 됩니다. 인간의 죽음으로도 이 생명을 죽일 수 없습니다. 겉 사람은 후패하나 속사람은 날로 새로워지는 것입니다. 겉 사람의 문제를 포기하면 속사람이 삽니다. 육체의 목표를 버리면 영원한 목표를 갖게 됩니다. 그것은 날마다 새로워지는 생명이요 죽음을 초월하여 하나님 앞에까지 갈 수 있는 예수님의 생명입니다.

이것이 자기를 부인하고 자기 십자가를 지고 날마다 주님을 따라가는 자의 축복과 기쁨과 영광입니다. 누가 자기를 부인할 수 있습니까? 누가 내게 주어진 이 억울한 십자가를 기쁘게 질 수 있습니까? 영원한 생명이 있다는 사실을 확신하는 사람입니다. 그런 사람만이 억울한 누명을 쓸 수 있으며, 세상적인 손해가 별로 중요하지 않다고 생각합니다.

> 사람이 만일 온 천하를 얻고도 제 목숨을 잃으면 무엇이 유익하리요 사람이 무엇을 주고 제 목숨과 바꾸겠느냐(마 16:26).

이 말씀은 25절 말씀을 좀 더 분명하게 하기 위해 예수님이 한 그림을 그리시는 것입니다. 어떤 사람이 이 세상에서 큰 재물을 얻었습니다. 권력도 있고 재물도 있고 모든 것을 다 가졌습니다. 그러나 유감스럽게도 그가 죽게 되었습니다. 저는 이런 사람들을 많이 보았습니다. 도대체 죽음 앞에서 그처럼 많이 쌓아놓은 돈이며 권력이 무슨 의미가 있습니까? 한마디로 헛된 것입니다. 자식이라는 게 무엇입니까? 이름을 남긴다는 것이 무엇입니까? 명예라는 것이 무엇입니까? 죽음 앞에서 그런 것들이 무슨 의미가 있습니까? 인간은 결국에는 관 안에 들어가는 신세 이외에는 아무것도 아닙니다. 그 관이 금으로 만든 것이든 돌로 만든 것이든 마찬가지입니다.

우리가 어떤 처지와 형편에서 어떻게 살아왔든지 간에 이 두 가지 질문에 대해서 분명하게 대답할 수 있어야 합니다. 첫째, "나는 천국에 갈 수 있는가?" 하는 것입니다. 이 질문에 "아멘" 할 수 없으면 가장 불행한 사람입니다. 둘째, "무슨 자격으로 천국에 들어가는가?" 하는 질문입니다. 그것은 내가 의롭기 때문도 아니요, 봉사와 희생을 많이 해서도 아닙니다. 예수 그리스도가 내 죄를 대신하여 피 흘려 돌아가셔서 내가 그를 믿는 믿음으로 천국에 들어갈 수 있는 것입니다.

도적같이 올 그날

예수님이 이제 마지막으로 또 하나의 중요한 예언을 하십니다.

> 인자가 아버지의 영광으로 그 천사들과 함께 오리니 그 때에 각 사람이 행한 대로 갚으리라(마 16:27).

미련한 다섯 처녀와 지혜로운 다섯 처녀가 있었습니다. 지혜로운 다섯 처녀는 기름을 준비했고, 미련한 다섯 처녀는 기름을 준비하지 않았습니다. 어제도 안 오셨고 오늘도 안 오셨는데 내일이라고 오실 리가 없다고 그들은 준비하지 않았습니다. 그러나 신랑은 밤에 도적같이 왔습니다. 기름을 준비하지 않은 사람들은 밖에서 슬피 울며 이를 갈았습니다.

주님은 분명히 다시 오십니다. 도적같이 오십니다. 모든 그리스도인은 주님이 오늘 오시는 것처럼 살아야 합니다. 오늘 밤에 오실지, 내일 아침에 오실지 아무도 모릅니다. 그러나 언제 어느 때 오시더라도 우리는 준비되어 있어야 합니다.

예수님이 십자가에 못 박혀 죽으시고 부활하신 후 40일 동안 계시다가 승천하셨습니다. 제자들이 예수님의 승천을 보고 있었을 때 흰옷 입은 두 천사가 나타나서 말했습니다.

갈릴리 사람들아 어찌하여 서서 하늘을 쳐다보느냐 너희 가운데서 하늘로 올려지신 이 예수는 하늘로 가심을 본 그대로 오시리라 (행 1:11).

역사는 영원하지 않습니다. 죄가 영원하다면 어떻게 살겠습니까? 이 죄 많고 사악한 세상이 오래 갈 것 같습니까? 데살로니가전서를 보면 "주께서 호령과 천사장의 소리와 하나님의 나팔 소리로 친히 하늘로부터 강림하시리니"(살전 4:16)라고 했습니다. 그리고 예수님은 오늘 말씀에서 인자가 아버지의 영광 가운데 오리라고 하셨습니다. 주님은 다시 오십니다.

주님이 다시 오신다는 것은 사탄의 완전한 패배를 의미합니다. 그리스도인의 완전한 승리입니다. 주님이 오신다는 사실 앞에 두 가지 반응이 있을 수 있습니다. 주님이 오실 것을 준비하고 주님 때문에 고난을 겪고 세상에서 말할 수 없이 힘든 일을 겪은 사람들은 주님이 오시는 날을 '할렐루야'로 맞이할 것입니다. 그러나 예수 믿는다고 하면서 사기 치고 죄짓고 못된 짓 하고 어둠의 세력과 타협한 사람들은 죽을 것 같은 무서움과 두려움에 떨 것입니다. 얼마나 무섭고 고통스런 날이겠습니까? 주님이 다시 오심을 우리는 믿어야 합니다.

주님이 다시 오시면 무슨 일이 일어납니까? '그때에 각 사람이 행한 대로 갚으리라'고 했습니다. 무서운 말씀입니다. 사람은 속일 수 있고 세상 법정은 속일 수 있습니다. 그러나 그날 하나님 앞에서는 어느 누구도 죄를 감출 수 없습니다.

> 한 번 죽는 것은 사람에게 정해진 것이요 그 후에는 심판이 있으리니(히 9:27).

그러므로 오늘 우리는 준비해야 합니다. 빨리 회개하고 예수 그리스도를 영접해야 합니다. 만약 각 사람의 행한 대로 갚으신다면 도대체 하나님의 심판 앞에서 살아남을 사람이 누가 있겠습니까? 그리고 예수 그리스도의 이름과 보혈로 죄 사함을 받아야 합니다. 이 심판과 상관없는 사람이 되어야 합니다. 이것은 뒤로 미룰 문제가 아닙니다. 내일 생각할 문제가 아닙니다. 바로 지금 이 자리에서 우리에게 주시는 하나님의 음성입니다.

우리가 죽는 날이 저주와 고통의 날이 아니라 기쁨과 영광과 축제의 날이 되어야 합니다. 주님이 다시 오시는 날이 무섭고 두려운 날이 아니라 기다림의 날이요, 신부가 신랑을 만나는 날이요, 모든 눈물이 씻기는 축복의 날이 되어야 합니다. 이런 의미에서 이 세상 고난과 고통을 두려워하지 말아야 합니다. 세상에서 억울한 일을 당하고 누명 쓴 것을 그렇게 속상해하지 않기를 바랍니다. 예수님 외에는 아무것도 생각할 것이 없습니다. 고난도 기쁨이 되고, 손해도 축복이 되고, 조롱받는 것도 영광이 될 수 있습니다. 오른편 뺨을 치면 왼편 뺨을 돌려대고, 겉옷을 달라 하면 속옷까지 주고, 5리를 가자고 하면 10리까지 가 주십시오. 내가 죽으면 그 모든 것이 간단합니다. 그렇게 사십시오. 죽으면 삽니다.

겉 사람의 문제를 포기하면 속사람이 삽니다. 육체의 목표를
버리면 영원한 목표를 갖게 됩니다. 그것은 날마다 새로워지
는 생명이요 죽음을 초월하여 하나님 앞에까지 갈 수 있는 예
수님의 생명입니다.

4부

참 목자로 오신 그리스도

마태복음 17:1-18:35

하나님은 조건 없이 우리를 사랑하시고 구원하셨습니다.

하나님에게는 부자나 가난한 자나 동일합니다.

배운 자나 못 배운 자나 동일합니다.

하나님에게 있어서는 온 천하보다 귀한 것이 한 생명입니다.

하나님은 잃어버린 한 영혼을 찾는 데 모든 관심을 기울이십니다.

27

변화산의
주님을 만나라

마태복음 17:1-8

천국의 예고편

본문 말씀에서 예수님은 몇 명의 제자들을 데리고 높은 산에 올라가서서 놀라운 신비를 체험하게 하십니다.

> 엿새 후에 예수께서 베드로와 야고보와 그 형제 요한을 데리시고 따로 높은 산에 올라가셨더니 그들 앞에서 변형되사 그 얼굴이 해 같이 빛나며 옷이 빛과 같이 희어졌더라(마 17:1-2).

제자들은 이제까지 예수님을 통해서 여러 가지 초자연적인 사건들을 많이 경험했습니다. 앉은뱅이가 일어나고 맹인이 눈을 뜨고 귀신들린 자에게서 귀신이 쫓겨나갔습니다. 그러나 그런 기적과는 비교할 수 없는 신비 중의 신비를 지금 예수님이 보여 주십니다.

신앙생활에서 신비 체험은 굉장히 중요합니다. 예수 그리스도를 믿음으로 영접하기만 한 사람과 영접할 뿐만 아니라 몸으로 체험까지 한 사람은 다릅니다. 이론으로 아는 사람과 체험으로 아는 사람은 다릅니다. 우리는 주님이 다시 오신다고 제자들에게 약속하시는 것을 보았습니다.

진실로 너희에게 이르노니 여기 서 있는 사람 중에 죽기 전에 인자
가 그 왕권을 가지고 오는 것을 볼 자들도 있느니라(마 16:28).

주님은 다시 오십니다. 그런데 주님은 제자들에게 용기를 북돋
워 주기 위해 천국의 맛보기를 보여 주십니다. 영화를 보면 예고편
이 있습니다. 영화의 하이라이트를 묶어서 잠깐 보여 주는 것입니
다. 바로 본문 말씀이 천국의 예고편이요 맛보기입니다.

신비 체험에는 몇 가지 의미와 목적이 있습니다. 신비 체험은 믿
음이 있는 사람만 하는 것이 아닙니다. 주님은 믿음이 없고 의심이
많은 사람에게 확신을 주시기 위해 환상을 보여 주시기도 하고, 방
언이나 기적으로 초자연 세계에 접촉하게 하시기도 합니다. 또 신
비 체험은 믿음이 있는 사람에게, 특별히 사명을 받은 사람에게 나
타날 수 있습니다. 때로는 하나님이 장차 될 일을 가르쳐 주시기
위해 신실한 사람들을 통해 역사하시기도 합니다.

하나님이 이런 영적 체험을 하게 하시는 가장 중요한 이유는 고
난을 기쁘게 감당하게 하기 위해서입니다. 이러한 영적 체험을 하
면 어떤 고난과 억울함과 매 맞음과 위험이 있을지라도 쉽게 극복
하고 나갈 수 있는 힘을 얻습니다.

그러나 우리는 예수님이 보여 주신 신비를 통해 몇 가지 조심해
야 할 점이 있음을 알아야 합니다. 첫째, 신비는 중요하지만 신비
주의는 이단이 된다는 사실입니다. 기독교에 신비가 없으면 더 이

상 기독교가 아닙니다. 그것은 과학이고 이성일 뿐입니다. 기독교는 신비입니다. 그러나 신비주의로 빠지면 이단이 됩니다. 신비가 우리의 신앙을 더 강하게 만들어 줄 수는 있지만 그것이 우리 신앙의 내용은 아닙니다. 그러므로 신비를 따라 신앙생활 하면 안 됩니다. 신앙은 성경에 따라서, 말씀에 따라서 이루어지는 것입니다.

이렇게 보면 신비는 일종의 예고편과 같습니다. 그 사람의 믿음을 확인시켜 주고 사명을 확인시켜 주기 위해 하나님이 어떤 특별한 경험을 하게 하시는 것입니다. 신비는 특히 고난에 대비시켜 주는 의미가 있습니다. 이런 의미에서 시간이 지날수록 더욱더 깊은 의미와 능력을 갖는 것이 신비입니다. 우리는 모두 신비 체험을 할 수 있습니다. 그러나 시간이 지나서 사라져 버리면 그것은 가짜입니다. 베드로는 여기서 신비 체험을 했습니다. 그때는 그 의미를 다 깨닫지 못했습니다. 그러나 돌아와서 생각하면 할수록 거기에 하나님의 사랑과 능력과 거룩이 있었다는 사실을 깨닫게 됩니다.

마지막으로 중요한 것은 신비는 예수님 중심이어야 한다는 것입니다. 예수님이 없는 신비는 가짜입니다. 예수님을 위한 것이 아니면 모든 것이 의미가 없습니다. 중요한 것은 예수님 중심이냐, 예수님을 위한 것이냐입니다.

인간의 몸을 입으신 예수님의 얼굴

본문 말씀에서 우리가 발견하는 것은 예수님의 또 다른 얼굴입니다. 예수님에게는 두 얼굴이 있습니다. 첫 번째 얼굴은 그동안 제자들이 뵈어 왔던 얼굴입니다. 베들레헴에서 태어나셨고 나사렛에서 자란 얼굴, 예수님의 부모와 형제들과 고향 사람들이 익히 아는 얼굴입니다. 열두 제자와 그 당시 사람들이 직접 보았던 얼굴입니다. 미소도 있었고 눈물도 있었고 고통과 슬픔도 있었던, 우리와 똑같은 얼굴입니다. 그런데 제자들과 많은 사람은 이 얼굴을 보고 굉장한 충격을 받았습니다. 왜냐하면 우리와 똑같은 얼굴이지만 예수님의 얼굴에는 하나님의 얼굴이 있었기 때문입니다.

예수님에게는 고통과 슬픔이 있었지만 죄가 없으셨습니다. 예수님에게는 우리처럼 배고픔도 있었고 피곤함도 있었지만 짜증과 불평과 원망이 없었습니다. 아무리 고통스럽고 힘들어도 원망하거나 미워하지 않는 얼굴, 우리로서는 상상할 수도 경험할 수도 없는 하나님의 얼굴입니다. 그러나 사탄에게는 너무나 무섭고 두려운 얼굴입니다. 귀신들린 자들은 예수님을 보면 벌벌 떨었고 울면서 떠나갔습니다. 바리새인들과 서기관들, 사두개인들도 예수님의 얼굴은 속일 수 없고 거역할 수 없는 거룩이 서려 있었습니다. 고난이 있고 상처가 있으나, 그러면서도 사랑과 깊은 평화가 있는 얼굴이었습니다. 예수님의 이 얼굴은 많은 경건한 화가들이 그리고 싶어 했던 얼굴입니다. 오늘날 우리가 성화에서 자주 보는 그 얼굴입니다.

삭개오가 본 예수님의 얼굴이 있습니다. "삭개오야, 속히 내려오라 내가 네 집에 머물러야겠다"고 말씀하실 때의 그 얼굴입니다. 수가성의 한 여인이 만난 예수님의 얼굴이 있습니다. 간음하다 현장에서 잡힌 여인이 죽음의 공포와 절망 속에서 발견한 예수님의 얼굴이 있습니다. 허리에 수건을 두르시고 제자들의 발을 닦아 주시던 예수님의 얼굴, 동시에 분노하시면서 성전에서 장사꾼을 내모시던 그 얼굴, 겟세마네 동산에서 땀이 피가 되도록 기도하시는 얼굴, 그리고 드디어 십자가에 못 박혀 죽으시면서 "엘리 엘리 라마 사박다니"(마 27:46) 하며 온 인류의 죄를 다 지고 운명하시던 얼굴, '아버지여 저들의 죄를 저들에게 돌리지 마소서'라고 기도했던 그 얼굴입니다. 이것이 지금까지 보아 왔던 예수님의 얼굴입니다.

해같이 빛나는 예수 그리스도

그러나 예수님의 얼굴은 이것만이 아닙니다. 또 다른 얼굴이 하나 더 있습니다. "그들 앞에서 변형되사 그 얼굴이 해같이 빛나며 옷이 빛과 같이 희어졌더라"(마 17:2)고 아주 짤막하게 묘사되어 있습니다. 예수님이 기도하시면서 순식간에 변하셨습니다. 누가복음에서는 이를 다음과 같이 묘사하고 있습니다.

기도하실 때에 용모가 변화되고 그 옷이 희어져 광채가 나더라
(눅 9:29).

마가복음에서는 "그들 앞에서 변형되사 그 옷이 광채가 나며 세
상에서 빨래하는 자가 그렇게 희게 할 수 없을 만큼 매우 희어졌더
라"(막 9:2-3)고 했습니다. 변형된 예수님의 얼굴은 어떤 모습입니
까? 이것을 정확하게 이해하려면 '변형되었다'는 말을 잘 알아야
합니다. 이 말은 '변한다'는 말과 '형상'이라는 말이 합해진 단어
입니다. '변형'이란 한 형태에서 다른 형태로 변하는 것인데, 외관
상의 변화가 아니라 본질상의 변화를 의미합니다. 그러므로 예수
님이 변형되셨다는 것은 인간의 몸을 입고 오신 예수님이 어떤 다
른 형태로 본질적으로 변하셨다는 것입니다. 이것을 이해하려면
빌립보서 말씀을 생각해 보아야 합니다.

그는 근본 하나님의 본체시나 하나님과 동등됨을 취할 것으로 여
기지 아니하시고 오히려 자기를 비워 종의 형체를 가지사 사람들과
같이 되셨고 사람의 모양으로 나타나사(빌 2:6-8).

예수님은 본질적으로 하나님이십니다. 그러나 하나님과 동등됨
을 취하지 않으시고 인류를 구원하기 위해 사람으로 오셨습니다.
사람으로 오셨는데 종의 모습으로 오셨다고 말했습니다. 그런데

지금 여기에서 변형되셔서 다시 본래의 모습으로 돌아가신 것입니다. 인간이 되기 이전의 모습, 하나님으로서 예수 그리스도의 모습으로 돌아가신 것입니다.

이 모습을 요한계시록에서는 이렇게 기록하고 있습니다.

촛대 사이에 인자 같은 이가 발에 끌리는 옷을 입고 가슴에 금띠를 띠고 그의 머리와 털의 희기가 흰 양털 같고 눈 같으며 그의 눈은 불꽃 같고 그의 발은 풀무불에 단련한 빛난 주석 같고 그의 음성은 많은 물 소리와 같으며 그의 오른손에 일곱 별이 있고 그의 입에서 좌우에 날선 검이 나오고 그 얼굴은 해가 힘 있게 비치는 것 같더라(계 1:13-16).

이것이 바로 승천하신 예수 그리스도, 다시 오실 예수 그리스도, 유대인의 모습을 하지 않은 예수 그리스도, 본질의 예수 그리스도, 천상의 예수 그리스도의 모습입니다. 이분을 지금 베드로와 요한, 야고보에게 보여 주시고, 말씀을 통해 우리에게도 보여 주시는 것입니다.

요한계시록 1장 17절에 "내가 볼 때에 그의 발 앞에 엎드러져 죽은 자같이 되매"라고 나와 있습니다. 영광스러운 주님을 본 사람은 두려움에 떨지 않을 수 없습니다. 변화산에서 예수 그리스도를 만났을 때 베드로와 야고보, 요한이 두려워 떨었다는 것은 죽은 자

같이 되었다는 말입니다.

그가 오른손을 내게 얹고 이르시되 두려워하지 말라 나는 처음이요
마지막이니 곧 살아 있는 자라 내가 전에 죽었었노라 볼지어다 이
제 세세토록 살아 있어 사망과 음부의 열쇠를 가졌노니(계 1:17-18).

우리는 이 예수 그리스도를 마음속에 늘 그릴 수 있어야 합니다.
베들레헴에서 태어나 나사렛에서 자라신 예수님을 우리는 사랑합
니다. 사복음서에 나타난 예수 그리스도, 문둥병을 고치시고 죽은
자를 살리시고 버림받은 자들을 용납하시던 예수 그리스도의 얼
굴을 생각합니다. 그러나 그뿐만 아니라 다시 오실 예수 그리스도,
해가 힘 있게 비취는 것처럼 그 얼굴에서 광채가 나는 예수 그리스
도, 다시 오실 심판주이신 예수 그리스도를 우리가 만나야 합니다.
우리는 그를 경험해야 합니다.

여기서 예수님의 얼굴이 해와 같이 빛났고 그 옷이 광채가 났다
고 했는데, 이 말은 예수님의 영광과 거룩과 신성의 위엄을 보여
주는 말입니다. 하나님의 영광 그 자체요, 그 영광에서 나오는 빛
입니다. 이것을 우리가 상상이라도 할 수 있겠습니까? 그러나 우
리는 본문 말씀에서 이 그림을 보는 것입니다.

이 세상에서 하나님 나라를 경험하라

> 그때에 모세와 엘리야가 예수와 더불어 말하는 것이 그들에게 보이
> 거늘(마 17:3).

예수님만 계신 것이 아니라 모세와 엘리야가 같이 있었습니다. 모세는 구약의 율법을 대표하는 사람이고, 엘리야는 구약의 모든 예언자를 대표하는 사람으로 나타납니다. 그들이 거기서 대화하고 있었습니다. 이 세상에서 경험하는 하나님 나라입니다.

우리는 이 세상에서 하나님 나라를 경험하며 살아야 합니다. 이 세상만 보면 살맛이 나지 않습니다. 죽음과 배신, 거짓말, 도둑질과 사기로 가득 찬 세상입니다. 그러나 우리 그리스도인은 그 속에서 하나님을 경험합니다. 하나님 나라를 경험하는 것입니다. 이것이 없다면 우리가 어떻게 살 수 있겠습니까? 본문 말씀에서 하나님 나라를 볼 수 있습니다. 그곳에서 예수님과 모세와 엘리야가 대화하고 있는 모습입니다.

이 모습을 마태복음에서는 이렇게 기록하고 있습니다.

> 진실로 너희에게 이르노니 여기 서 있는 사람 중에 죽기 전에 인자
> 가 그 왕권을 가지고 오는 것을 볼 자들도 있느니라(마 16:28).

예수님 하면 우리는 바로 이 말씀을 생각해야 합니다. 왕권을 가지고 통치하시는 예수 그리스도, 사단의 권세를 무너뜨리고 모든 질병과 죄악과 세상의 부조리를 무너뜨리고 승리하신 예수 그리스도, 우리의 실패와 좌절과 죽음을 이기신 예수 그리스도를 생각해야 합니다. 그가 우리의 예배에 임재하십니다. 그 예수님을 보고, 만나기를 바랍니다. 그와 동행하면 우리는 어떤 상황에서든 승리할 수 있습니다.

기도해야 할 때 기도하라

이런 예수 그리스도를 본 제자들, 특히 베드로의 반응이 어떠했는지 살펴보겠습니다.

> 베드로가 예수께 여쭈어 이르되 주여 우리가 여기 있는 것이 좋사오니 만일 주께서 원하시면 내가 여기서 초막 셋을 짓되 하나는 주님을 위하여, 하나는 모세를 위하여, 하나는 엘리야를 위하여 하리이다(마 17:4).

베드로가 너무나 충격을 받아서 잠꼬대를 하고 있습니다. 정신이 없습니다. 지금 변형되신 예수 그리스도가 우리 눈앞에 나타나신다면 우리는 아마 굉장한 충격을 받을 것입니다. 죽은 자처럼 될 것입니다. 그러나 그가 지금 여기 계십니다. 우리가 눈이 어두워서 못 볼 뿐입니다. 그는 여기서 우리의 예배를 받으시고 찬양을 받으시고 기도를 받으십니다. 베드로는 그것을 그 순간에 눈을 뜨고 본 것입니다.

그런데 베드로가 엉뚱한 소리를 합니다. "오, 주여! 당신이 원하시면 집을 세 채 지읍시다. 하나는 당신을 위하여, 하나는 엘리야를 위하여, 하나는 모세를 위하여 지읍시다." 여기서 베드로가 아직까지 미성숙한 신앙인임을 볼 수 있습니다. 제정신이 아니었습니다. 베드로가 왜 이런 엉뚱한 말을 하게 되었을까요? 누가복음 9장에 그 이유가 나와 있습니다.

베드로와 및 함께 있는 자들이 깊이 졸다가 온전히 깨어나 예수의 영광과 및 함께 선 두 사람을 보더니(눅 9:32).

베드로는 졸다가 보았던 것입니다. 그다음을 보면 베드로가 초막 셋을 짓자고 말하는데 "자기가 하는 말을 자기도 알지 못하더라"(눅 9:33)고 되어 있습니다. 그러니까 베드로가 지금 헛소리를 하는 것입니다. 자기가 하는 말을 자기가 모릅니다.

우리는 신앙의 잠을 자지 않도록 조심해야 합니다. 베드로는 육신의 잠만 잔 것이 아닙니다. 신앙의 잠도 잤습니다. 베드로는 잠자는 것과 참 상관이 많습니다. 이런 경험을 하고 나서도 또 한 번

같은 실수를 합니다. 예수님이 십자가를 지시기 전에 겟세마네 동산에서 땀이 피가 되도록 기도하시는데 베드로는 쿨쿨 잤습니다. 그다음에 베드로가 어떻게 했습니까? 말고의 귀를 잘랐습니다. 기도해야 할 때 기도를 안 한 사람은 혈기가 나옵니다. 충동적으로 행동합니다. 지금 베드로는 잠을 자다가 헛소리를 했습니다. 잠을 자던 베드로는 땅의 일에 관심이 많았습니다. 지금 하늘의 사건이 땅에서 벌어지고 있는데, 예수님의 얼굴이 해같이 빛나고 그 옷의 광채가 영광으로 나타나고 있는데, 베드로는 집 지을 생각에 빠져 있었던 것입니다.

우리는 기도해야 할 때 기도해야 합니다. 지금 세계 도처에서 엄청난 일들이 벌어지고 있습니다. 하루가 다르게 정치, 경제 상황이 급변하고 있습니다. 기후의 변화와 지진과 기근이 있습니다. 이런 사실들을 그냥 쉽게 넘어갑니까? 아니면 어떤 징조로 보고 있습니까? 영적 통찰력을 갖게 되기를 바랍니다. 만약 이러한 사건들, 내 개인에게 일어나는 모든 사건을 영적으로 해석할 능력이 없다면, 우리는 곧 낭패를 당하고 말 것입니다. 하나님은 여러 가지 모양으로 우리에게 사인을 보내 주십니다. 만약 그것을 무시하고 우리가 대수롭지 않게 지나친다면 어떤 일이 벌어질지 아무도 모릅니다.

마태복음에는 없지만, 누가복음 9장 29절을 보면 예수님은 깊이 기도하시는 중에 변형되셨습니다. 기도하는 중에 우리의 얼굴이 변할 것입니다. 사납던 얼굴이 부드럽게 변하고, 욕심 많았던 얼굴이 나누는 얼굴로 변할 것입니다. 기도하면 기적이 일어납니다. 저는 가끔 제가 기도하고 있을 때 주님이 오시면 얼마나 좋을까 생각해 봅니다. 우리가 기도할 때 주님이 오시면 얼마나 좋겠습니까? 기도할 때 예수님은 본래의 모습으로 돌아가셨습니다. 그러나 베드로는 졸다가 헛소리를 했습니다.

현실로 돌아가라

이때 하늘에서 음성이 들렸습니다.

> 말할 때에 홀연히 빛난 구름이 그들을 덮으며 구름 속에서 소리가 나서 이르시되 이는 내 사랑하는 아들이요 내 기뻐하는 자니 너희는 그의 말을 들으라 하시는지라(마 17:5).

두 가지 음성이 들렸습니다. 첫째는, "이는 내 사랑하는 아들이요 내 기뻐하는 자니"라는 말씀입니다. 이 말씀은 예수님이 공생애를 시작하실 즈음 세례 요한에게 세례를 받으시고 물에서 올라오실 때 하늘에서 들린 음성과 같습니다. 공생애를 처음 시작하실 때 이 말씀이 나오고, 지금 십자가를 지기 전 가장 중요한 시기에 같은 말씀이 또 나옵니다. 이것은 바로 하나님의 확인입니다. "정말 내가 사랑하는 아들이다. 내 분신이요 나 자신이다. 그렇게 사랑하고 기뻐하는 내 아들을 너희를 위하여 지금 십자가에 못 박아 죽이려고 한다"는 뜻입니다.

둘째로, '너희는 그의 말을 들으라'는 말씀입니다. 이 말씀은 우리에게도 들려주시는 음성입니다. 지금 예수 그리스도의 말을 듣기를 바랍니다. 그의 말씀에 순종하기 바랍니다. 의심하지 말고 들으십시오. 이 말씀은 특별히 제자들에게 예수님의 수난을 예고하는 것입니다. "예수님이 그 길을 갈 때 도망가지 말라. 그분이 3일 후에 부활한다고 했을 때 그 말을 의심하지 말라. 그분이 다시 오신다고 했을 때 그것을 분명히 믿으라"는 말씀입니다. 그러나 제자들은 예수님이 부활하실 때까지 믿지 못했습니다.

이 음성을 들었을 때 제자들은 엎드려 심히 두려워했습니다 (마 17:6). 우리가 여기서 하나 배울 것이 있습니다. 바로 하나님 앞에서의 경외입니다. 예수님을 믿는 사람들 가운데서 하나님 앞에서 너무 건방지게 구는 경우를 종종 봅니다. 하나님을 두려워하고 경외하는 태도가 없습니다. 또 예수 안 믿는 사람은 하나님을 믿으려면 차라리 내 주먹을 믿으라고 말하기도 합니다. 하나님을 두려워할 줄 알아야 합니다. 하나님은 사랑이시면서 거룩하십니다. 하나님을 두려워하며 떨며 엎드릴 줄 알아야 합니다.

두려워 떨고 있는 그들에게 예수님은 손을 대시며 "일어나라 두려워하지 말라"(마 17:7)고 하셨습니다. 신비에 대한 예수님의 결론입니다. 신비 체험이 있은 다음에 예수님은 손을 대시고 일어나라, 두려워하지 말라고 하셨습니다. 이 말은 현실로 돌아가라는 뜻입니다. 모든 신비 체험은 신비에 머물러 있으면 안 됩니다. 현실로 돌아가야 합니다. 죄 많은 세상 속으로 들어와야 합니다. 그래서 신비의 능력을 가지고 그리스도의 증인이 되어야 합니다.

예수님과 제자들은 초막을 짓고 산에 있었던 것이 아니라 세상으로 내려왔습니다. 세상으로 내려온다는 것은 십자가를 진다는 뜻입니다. 십자가를 지고 고난을 겪으러, 손해를 보러 내려오는 것을 뜻합니다. 우리에게 이러한 결심이 필요합니다. 신비를 체험하고 능력을 체험하고 하나님의 영광을 보았습니까? 그러면 구체적인 죄의 현실로 들어가야 합니다.

제자들이 눈을 들고 보매 오직 예수 외에는 아무도 보이지 아니하더라(마 17:8).

우리에게 예수님 외에 아무것도 보여서는 안 됩니다. 모세도 지나가고 엘리야도 지나갔습니다. 눈을 떠서 보니 예수님밖에 없었더라는 말씀, 이 얼마나 좋은 말씀입니까? 세상도 없고 나도 없어야 합니다. 예수님만 보여야 합니다. 우리의 생애가 주님으로 가득차기를 바랍니다.

28

신앙은 변화산
체험부터가 시작이다

마태복음 17:9-13, 22-23

제한적으로 나타나신 예수님

제자들이 변화산에서 목격한 사실은, 예수님을 통해 맹인이 눈을 뜨고, 귀신이 나가고, 죽은 자가 살아난 지금까지의 일들과는 비교할 수 없는 충격적이고 본질적인 사건이었습니다. 왜냐하면 영원 전부터 계셨고 영원토록 계실 예수 그리스도를 목격했기 때문입니다.

우리가 믿고 있는 예수 그리스도는 어떤 분입니까? 그는 단순히 2천 년 전에 팔레스타인의 해변가를 거닐고 십자가 처형을 당한 역사적인 인물이 아닙니다. 그는 부활하셔서 지금도 통치하시고 다스리시는 만왕의 왕이시요, 다시 오셔서 역사를 심판하실 주님이십니다. 제자들이 변화산에서 목격한 예수 그리스도는 그들이 같이 먹고 자며 말씀을 들었고 기적을 보았던 그 예수님이 아니었습니다. 그들은 그곳에서 전혀 새로운 예수님을 발견했습니다.

우리는 예수님을 믿는 천국 백성입니다. 그러나 예수님의 제자들이 매일 예수님을 만나면서도 변화되지 않았던 것처럼, 우리는 매일 교회에 오고 예수님의 이름을 부르면서도 자신이 변하지 않는 것을 느끼고 있습니다. 왜 그렇습니까? 아직 참 메시아를 만나지 못했기 때문입니다. 진짜 예수님을 만나지 못했기 때문입니다. 제자들은 지금 그 예수님을 여기서 만났습니다. 예수님의 얼굴은 해같이 힘 있게 비춰었으며 그 옷이 빛과 같이 광채가 났다고 했는데 바로 그 모습이 성령의 임재를 통해 나타나신 예수 그리스도십니다.

그런데 재미있는 사실은 이러한 예수님은 아무에게나 보이지 않았다는 것입니다. 열두 제자 가운데서도 특별히 세 사람에게만 그 모습을 보여 주었습니다. 왜 예수님이 이렇게 제한적으로 나타나셨을까요? 성경을 자세히 보면 부활하신 후에, 성령이 임한 후에는 예수님이 모든 사람에게 제한 없이 나타나시는 것을 볼 수 있습니다.

> 그들이 산에서 내려올 때에 예수께서 명하여 이르시되 인자가 죽은 자 가운데서 살아나기 전에는 본 것을 아무에게도 이르지 말라 하시니(마 17:9).

예수님은 산에서 내려오셨습니다. 그리고 변형된 예수 그리스도의 모습을 보고 충격을 받은 제자들에게 '본 것을 아무에게도 이르지 말라'고 부탁하셨습니다. 좋은 것은 이야기해야 되지 않겠습니까? 축복은 나누어야 하지 않겠습니까? 기적은 알려야 되지 않겠습니까? 그런데 예수님은 말하지 말라고 하십니다. 왜 그렇습니까? 여기에 중요한 뜻이 두 가지 있습니다.

하나님의 선택을 받은 놀라운 신비

첫째는, 하나님의 아들 예수 그리스도는 아무에게나 보이지 않는다는 사실입니다. 아무에게도 알리지 말라는 말은 예수님은 아무에게나 믿어지는 분이 아니라는 뜻입니다. 그렇습니다. 예수님은 누구나 자연스럽게 믿을 수 있고, 만날 수 있고, 볼 수 있는 분이 아닙니다. 우리가 어떤 분을 십 년 동안 전도했습니다. 그러나 예수를 믿지 않습니다. 그는 인격적이고 지성적이고 여러 인간적인 면에서 부족함이 없는 사람입니다. 그가 똑똑하지 않아서 못 믿는 것이 아니십니다. 참 알 수 없는 일입니다. 우리는 이런 경우를 보면서 예수는 아무나 믿는 것이 아니구나 하는 사실을 깨닫게 됩니다.

반대로 우리가 지금 예수님을 믿는 것은 놀라운 신비입니다. 우리가 왜 예수를 믿게 되었습니까? 똑똑해서 그렇습니까? 남보다 잘나서 그렇습니까? 아니면 죄를 남보다 덜 지었기 때문입니까? 결코 그렇지 않습니다. 나도 허물이 많습니다. 우리는 여기서 예수님은 아무에게나 믿어지는 분이 아니라는 사실을 깨닫게 됩니다. 예수님은 부름받고 선택받은 사람들에게만 보이는 분입니다. 예수 그리스도를 믿을 수 있고 만날 수 있는 사람은 하나님의 선택을 받은 사람들입니다. 누가 선택받고 선택받지 않았는가는 인간이 알 수 없습니다. 그러나 우리가 믿은 것을 보면 선택받은 것이 분명합니다. 그래서 우리가 전도하는 것입니다. 신비나 은혜는 받은 자만이 압니다. 은혜받은 사람이 은혜받지 않은 사람에게 아무리 설명해도 무슨 소리인지 전혀 이해하지 못합니다.

마태복음에서 "마음이 청결한 자는 복이 있나니 그들이 하나님을 볼 것임이요"(마 5:8)라고 했습니다. 하나님이 없는 것이 아닙니다. 안 보일 뿐입니다. 마음이 깨끗한 사람은 하나님을 볼 수 있다고 했습니다. 도덕적으로 윤리적으로 깨끗한 것이 아니라 예수님의 보혈로 그 죄가 사함 받고 성령의 인 치심을 받은 사람들에게는 하나님이 느껴지고 만나지고 믿어진다는 것입니다.

마태복음 25장 35절 이하에서 예수님이 이런 말씀을 하셨습니다. "내가 주릴 때에 너희가 먹을 것을 주었고 목마를 때에 마시게 하였고 나그네 되었을 때에 영접하였고 헐벗었을 때에 옷을 입혔고 병들었을 때에 돌보았고 옥에 갇혔을 때에 와서 보았느니라 … 내 형제 중에 지극히 작은 자 하나에게 한 것이 곧 내게 한 것이니라."

예수님은 주린 자, 목마른 자, 나그네와 헐벗은 자, 병든 자, 옥에 갇힌 자 속에 함께 계셨습니다. 그런데 우리가 몰랐던 것입니다. 우리가 만났던 사람들 가운데 혹시 예수님이 계셨는지도 모릅니다. 단지 우리가 못 보았을 뿐입니다.

지금 예수님이 여기 와 계십니다. 그런데 믿음이 있는 사람만이 예수님의 임재를 느끼고 볼 수 있습니다. 예수님은 선택된 자에게 보이십니다. 예수님은 역사적인 한 인물이 아닙니다. 예수님은 하나님이십니다. 그래서 예수님은 너희가 본 것을 아무에게도 이르지 말라고 말씀하신 것입니다.

성령의 임재를 통해 역사하시는 그리스도

'아무에게도 이르지 말라' 하신 이 말씀 속에는 또 한 가지 숨은 뜻이 있습니다.

팔레스타인의 해변과 도시를 걷고 있는 나사렛 사람 예수는 그 당시 사람이면 누구나 만날 수 있는 분이었습니다. 만약 우리도 2천 년 전의 그 당시 상황에 있었더라면 예수님을 만날 수 있었을 것입니다. 예수님의 옷자락을 만질 수 있었고, 예수님의 설교를 직접 들을 수 있었고, 예수님의 기적을 직접 목격할 수 있었을 것입니다. 그러나 그들이 다 예수님을 본 것이 아닙니다. 그렇게 많이 보았고 그분이 베풀어 주신 기적의 떡을 먹었지만 그들은 예수님을 보지 못했습니다. 수많은 사람이 주일마다 교회에 오지만 예수님을 만나지 못하고 돌아가는 사람이 너무나 많습니다. 만약 우리가 정말 예수님을 만났다면 우리는 변화될 것입니다. 예수 믿으면서도 죄와 싸워 이기지 못하고, 예수 믿으면서도 마음에 기쁨이 없고, 예수 믿으면서도 죽음에 대한 불안이 가득 찬 것은 참 예수를 만나지 못했기 때문입니다.

예수님은 어떻게 해야 보입니까? 메시아는 어떻게 해야 만날 수 있습니까? 예수님의 말씀에 따르면 인자가 십자가에서 고난을 당하고 부활하면 그때에는 말해도 괜찮다고 했습니다. 부활하신 예수 그리스도를 만날 때 참 메시아가 만나진다는 뜻이 이 말씀 속에 숨겨져 있습니다.

이렇게 실제로 부활하신 그리스도를 만난 사람들이 있었습니다. 그들은 수많은 군중도 아니고, 예수님의 열두 제자도 아니었습니다. 그들은 오순절 날 다락방에서 무릎 꿇고 기도했던 120명의 성도입니다. 사도행전 2장 2-4절에 보면 성령이 임했을 때 그들은 메시아를 만났습니다.

"홀연히 하늘로부터 급하고 강한 바람 같은 소리가 있어 그들이 앉은 온 집에 가득하며 마치 불의 혀처럼 갈라지는 것들이 그들에게 보여 각 사람 위에 하나씩 임하여 있더니 그들이 다 성령의 충만함을 받고 성령이 말하게 하심을 따라 다른 언어들로 말하기를 시작하니라."

이는 전혀 새로운 경험입니다. 우리가 인간적으로, 의지적으로, 감정적으로, 지성적으로 예수 그리스도를 주님으로 시인하고 고백할 수 있습니다. 그러나 그 다음에는 성령님의 인 치심이 있어야 합니다. 120명의 성도들은 무엇을 체험했습니까? 한마디로 성령으로 임재하시는 부활하신 예수 그리스도를 보고 체험했습니다. 오늘 우리에게도 성령의 임재를 통하여 역사하시는 예수 그리스도를 만나는 일이 필요합니다.

이 사건을 경험하고 나서 베드로는 무슨 설교를 합니까? 그는 "누구든지 주의 이름을 부르는 자는 구원을 받으리라"(행 2:21)고 외칩니다. 그가 예수님을 본 것입니다. 변화산에서 보았던 바로 그 예수님이었습니다. 베드로는 계속해서 "이 예수를 하나님이 살리신지라 우리가 다 이 일에 증인이로다"(행 2:32)라고 말합니다.

그리고 "그런즉 이스라엘 온 집은 확실히 알지니 너희가 십자가에 못 박은 이 예수를 하나님이 주와 그리스도가 되게 하셨느니라"(행 2:36)고 설교를 마쳤습니다. 놀라운 일이 벌어졌습니다. 이 설교를 듣고 순식간에 사람들이 성령의 감동을 받은 것입니다. 그들은 회개하기 시작했습니다. 가슴을 치고 '우리가 어찌할꼬' 하며 통회하기 시작했습니다. 이것이 성령의 역사입니다.

어느 날 갑자기 성령이 우리에게 임하면 눈물이 나기 시작할 것입니다. 가슴이 찢어지는 통회의 경험을 할 것입니다. 갑자기 죄가 생각나기 시작할 것입니다. 주먹을 쥐고 소리를 지르고 금식을 해도 안 되던 회개가 뜨겁게 일어나는 경험을 하게 될 것입니다. 베드로의 설교를 듣고 3천 명이 동시에 가슴을 치며 회개하기 시작했습니다. 성령이 움직이신 것입니다. 성령 예수가 나타나신 것입니다. 오늘 우리가 만나고 체험하고 믿어야 할 예수 그리스도가 바로 이분이십니다.

십자가의 길과 영광스러운 부활

본문 말씀 속에서 한 가지 더 중요한 교훈을 발견할 수 있습니다.

그들이 산에서 내려올 때에(마 17:9).

예수님과 제자들은 높은 산에서 거룩하고 신령한 체험을 했습니다. 앉은뱅이가 일어나고 죽은 자가 살아난 것과 비교할 수 없는 본질적인 영적 체험이었습니다. 그런데 예수님이 제자들을 데리고 산에서 내려오셨습니다. 여기에 아주 중요한 교훈이 있습니다. 왜 예수님이 산에서 내려오셨을까요?

바로 십자가를 지기 위해서입니다. 예수님은 결코 거룩한 산에 머물러 있지 않으셨습니다.

> 갈릴리에 모일 때에 예수께서 제자들에게 이르시되 인자가 장차 사람들의 손에 넘겨져 죽임을 당하고 제삼일에 살아나리라 하시니 제자들이 매우 근심하더라(마 17:22-23).

예수님은 자기가 죽을 것을 아셨습니다. 산에서 내려오셔서 그는 십자가의 길로 걸어가십니다. 이것이 예수님이 산에서 내려오신 이유입니다. 우리의 이상은 천국이지만 현실은 언제나 십자가가 기다립니다. 높은 산에서 영적 체험을 깊이 했다면 반드시 십자가가 있는 현실로 내려와야 합니다. 이것이 예수님의 뜻이요 길이요 방법입니다.

특별히 높은 위치에 있고, 먹고 입고 자는 것에 불편이 없는 사람들은 일주일에 한 번 이상은 가난하고 병든 곳을 찾아가야 할 것입니다. 왜냐하면 그곳에 예수 그리스도가 계시기 때문입니다. 많은 사람이 거절하고 피하는 곳으로 내려가는 것이 십자가의 길입니다. 십자가는 고통입니다. 십자가는 죽음입니다. 십자가는 투쟁이요 절망입니다. 모든 그리스도인의 갈 길도 마찬가지입니다. 신령하고 거룩한 체험을 한 사람일수록 구체적인 오늘의 현실에서 각자에게 주어진 십자가로 내려가야 합니다.

이 말씀을 하시기 전에 예수님은 우리에게 "누구든지 나를 따라오려거든 자기를 부인하고 자기 십자가를 지고 나를 따를 것이니라"(마 16:24)고 하셨습니다. 만약에 우리가 져야 할 십자가와 가야 할 십자가의 길이 없다면 우리는 더 이상 예수님의 제자가 아닐지도 모릅니다. 그것을 생각하지 않는 사람은 더 이상 예수님의 제자가 아닐지도 모릅니다. 십자가의 길은 단순히 고통과 죽음과 투쟁과 절망만이 아닙니다. 예수님은 거기에 영광스러운 부활이 있다고 하셨습니다. 이런 의미에서 십자가를 기쁘게 지면서 죽어가는 것이 부활 신앙입니다. 그리스도인이 왜 십자가를 기쁘게 집니까? 그 뒤에 부활의 영광이 있다는 사실을 믿기 때문입니다. 그 부활의 영광이 있기 때문에 남이 가지 않는 곳에 가고, 남이 보지 않는 것을 보고, 남이 하지 않는 일을 스스로 하는 것입니다.

참 메시아를 만나는 일

그러나 제자들은 예수님을 이해하지 못했습니다.

제자들이 물어 이르되 그러면 어찌하여 서기관들이 엘리야가 먼저 와야 하리라 하나이까 예수께서 대답하여 이르시되 엘리야가 과연 먼저 와서 모든 일을 회복하리라 내가 너희에게 말하노니 엘리야가 이미 왔으되 사람들이 알지 못하고 임의로 대우하였도다 인자도 이와 같이 그들에게 고난을 받으리라 하시니 그제서야 제자들이 예수께서 말씀하신 것이 세례 요한인 줄을 깨달으니라(마 17:10-13).

제자들은 변화산에서 변형되신 예수님의 모습을 보았습니다. 그 모습에 그들은 굉장한 충격을 받았습니다. '아! 메시아가 왔구나!' 그런데 그들에게 갈등이 하나 생겼습니다. 구약의 말씀대로 메시아가 왔다면 엘리야가 먼저 와야 되는데 엘리야가 언제 왔느냐는 것입니다. 그래서 "엘리야가 먼저 와야 하지 않습니까?"라고 질문한 것입니다. 예수님은 "구약의 예언대로 엘리야가 미리 와서 선두 주자 역할을 했는데 그가 바로 세례 요한이다"라고 하셨습니다. 엘리야가 그대로 온 것이 아니라 엘리야의 심정을 가진 세례 요한이 예수님의 소리로서, 길을 닦는 사람으로서 미리 온 것입니다.

우리는 여기서 또 한 가지 사실을 배울 수 있습니다. 세례 요한이 왔지만 사람들은 세례 요한을 알아보지 못했습니다. 뿐만 아니라 당시 정치 권력은 세례 요한을 여지없이 사형에 처하고 말았습니다. 예수님이 세상에 오셨지만, 빛이 세상에 왔지만 알아보는 사람이 없었습니다. 그들은 결국 예수님을 십자가에 못 박아 죽이고 맙니다. 영적으로 깊은 어둠 가운데 있었던 것입니다.

우리는 성령을 받은 시대에 살고 있습니다. 누구든지 예수 그리스도의 이름을 부르는 자는 구원을 얻으리라는 놀라운 시대에 살고 있습니다. 비록 우리가 예수님과 같이 먹지 않았고, 같이 자지 않았고, 예수님의 설교를 직접 듣지 않았지만, 지금 이 순간에 정말 성령으로 거듭나고 변화되고 새 사람이 되기를 원한다면 참 메시아를 만날 수 있습니다.

베드로와 야고보와 요한이 본 예수님은 얼굴이 해같이 힘 있게 빛나시며 빛으로 옷을 입으신 분이었습니다. 요한계시록 1장 13-16절은 그 예수님을, 일곱 금 촛대 사이에서 발에 끌리는 옷을 입으시고 가슴에 금띠를 띠시고 그 머리와 털이 양털이나 눈같이 희고 눈은 불꽃 같고 발은 빛난 주석과 같고 그의 음성은 많은 물소리와 같고 그의 오른손에는 일곱 별이 있고 그의 입에서는 좌우에 날선 검이 나오고 그 얼굴은 해가 힘 있게 비취는 것과 같다고 표현했습니다.

우리는 2천 년 전으로 돌아갈 수는 없습니다. 그때의 예수 그리스도를 만날 수는 없습니다. 그러나 우리가 성령을 사모하고 참된 메시아를 대망하면 본문 말씀에 기록된 예수 그리스도가 우리에게 나타나시고, 우리 안에 임재하게 될 것입니다. 영광스러운 통치자시며, 영원한 순결이시며, 거룩이시며, 역사의 왕이신 예수 그리스도가 우리의 주인이 되어야 합니다.

29

능력이 아닌
참 믿음을 구하라

마태복음 17:14-20

제자들의 치유 능력

본문 말씀은 변화산에서 내려오신 예수님이 귀신들린 아들 때문에 고생하는 한 부모의 문제를 해결해 주시는 내용입니다. 그러나 메시지의 초점은 귀신들린 아들의 문제를 해결해 주시는 사랑과 능력에 있지 않습니다. 예수님이 오시기 전에 아홉 명의 제자들은 귀신들린 아들에게서 귀신을 쫓아내려고 노력했습니다. 그러나 그들은 그 아들을 고치지 못했습니다. 이 제자들의 불신앙이 이 메시지의 초점입니다.

> 그들이 무리에게 이르매 한 사람이 예수께 와서 꿇어 엎드려 이르되 주여 내 아들을 불쌍히 여기소서 그가 간질로 심히 고생하여 자주 불에도 넘어지며 물에도 넘어지는지라(마 17:14-15).

본문 말씀에 따르면 이 사람의 아들은 간질환자입니다. 그런데 똑같은 기사를 기록하고 있는 마가복음 9장 14-18절을 보면 간질이 아니라 '말 못 하게 귀신들린 아들'이라고 말하고 있습니다. 그 말 못 하게 귀신들린 아이가 나타내는 증상이 간질과 똑같았던 것입니다. 귀신이 역사하면 어린아이를 불에도 물에도 거꾸러뜨립니다. 그리고 거품을 물게 하고 이를 갈게 합니다. 아마도 이런 자녀를 가져 보지 않은 부모들은 이 귀신들린 아이를 둔 부모의 심정을 이해하기 어려울 것입니다. 생각하기로 이 부모의 심정은 찢어지는 듯 아플 것입니다. 하늘을 원망하고 자기의 인생과 결혼을 저주했을지도 모릅니다.

마가복음을 보면 예수님이 이 아이가 언제부터 그랬느냐고 물으실 때 아버지가 어릴 적부터라고 대답합니다. 부모는 아이를 고칠 수 있는 방법이라면 돈이나 체면을 가리지 않고 그 무엇이라도 했을 것입니다. 12년 동안 혈루증에 시달리다 예수님을 찾아왔던 한 여자가 있었습니다. 그 여자에 대해 성경은 이렇게 묘사합니다.

많은 의사에게 많은 괴로움을 받았고 가진 것도 다 허비하였으되 아무 효험이 없고 도리어 더 중하여졌던 차에(막 5:26).

이 불쌍한 여자가 예수님의 옷자락을 붙잡고 병이 나았습니다. 아이의 부모도 결국 예수님을 찾아오게 되었습니다.

그런데 마침 예수님이 그곳에 계시지 않았습니다. 예수님은 세 제자들과 함께 산에 올라가셔서 하룻밤을 묵으셨던 것입니다. 귀신들린 아이의 부모는 할 수 없이 남은 아홉 명의 제자들을 찾아갔습니다. 하지만 여기에 문제가 하나 더 생겼습니다. 아홉 명의 제자들이 귀신들린 아이를 고치려고 귀신을 쫓았는데 능력 있게 해결하지 못한 것입니다. 제자들은 귀신을 쫓지 못했습니다. 아마 이 귀신은 더 난동을 부렸을 것입니다. 대개 귀신을 건드렸다가 해결하지 못하면 더 시끄러워집니다. 제자들은 귀신을 건드려만 놓고 마무리를 못 한 것입니다.

> 내가 주의 제자들에게 데리고 왔으나 능히 고치지 못하더이다 (마 17:16).

똑같은 내용을 기록한 마가복음에는 이렇게 되어 있습니다.

> 내가 선생님의 제자들에게 내쫓아 달라 하였으나 그들이 능히 하지 못하더이다(막 9:18).

거기에는 큰 무리가 모여들었고 개중에 있던 서기관들은 귀신 쫓는 문제에 대해 변론을 벌였습니다. 바로 그때 예수님이 도착하신 것입니다.

영적 능력을 상실한 교회

우리는 귀신을 쫓다가 못 쫓은 제자들이 몹시 당황했으리라고 추측할 수 있습니다. 예수님이 오시자 귀신들린 아이의 부모는 뛰어

가서 "내 아이가 불에도 넘어지고 물에도 넘어지며 고생하며 살고 있어서 선생님의 제자들에게 고쳐달라고 했는데 그들은 고치지 못했습니다. 선생님, 내 아이를 어떻게 해서든지 좀 고쳐 주십시오"라고 요청합니다. 이 말을 들으신 예수님은 제자들이 귀신을 쫓는 데 실패한 상황을 보시고 이렇게 탄식하셨습니다.

믿음이 없고 패역한 세대여 내가 얼마나 너희와 함께 있으며 얼마나 너희에게 참으리요(마 17:17).

우리의 가장 심각한 문제가 여기에 있습니다. 오늘 우리의 문제는 돈이 없는 것이 아닙니다. 나라가 두 동강 났다는 것이 아닙니다. 오늘 우리의 문제는 영적 능력이 없다는 것입니다. 교회의 최대 문제는 영적 능력을 잃어버린 데 있습니다. 우리는 스스로 그것을 느끼고 있습니다. 우리 안에 지금 영적 능력이 충만해 있다고 생각합니까? 아니면 점점 메말라가고 있다고 생각합니까?

사도행전 3장 6절에서 성령을 받은 베드로는 이렇게 말했습니다. "은과 금은 내게 없거니와 내게 있는 이것을 네게 주노니 나사렛 예수 그리스도의 이름으로 일어나 걸으라."

나면서부터 앉은뱅이 된 사람에게 그렇게 말하고 그의 오른손을 잡아 일으켰습니다. 그러자 그의 발과 발목이 곧 힘을 얻어 서서 걸으며 뛰며 성전으로 들어가면서 하나님을 찬미했습니다. 바로 이것이 참된 교회, 참된 그리스도인의 그림입니다. 앉은뱅이와 같은 우리 인생이 예수 그리스도를 만남으로 힘을 얻고 일어나서 걷기도 하고 뛰기도 하면서 들어가는 교회, 죽음과 절망과 홍수와 전쟁, 복잡한 삶의 현실 속에서도 기쁨이 충만한 얼굴로 뛰어 들어가는 교회를 여기서 보게 됩니다.

사도행전의 이 장면은 교회의 능력, 그리스도인의 참된 능력을 보여 주는 장면입니다. 모든 그리스도인과 교회가 소유한 진정한 능력은 은과 금의 능력이 아니라 나사렛 예수 그리스도의 이름의 능력입니다. 땅의 능력이 아니라 하늘의 능력이요, 인간의 능력이 아니라 하나님의 능력입니다.

오늘날 교회는 건물이 있습니다. 교인도 많습니다. 교인이 많으니까 헌금이 많이 들어와서 재력도 어느 정도 있습니다. 그리고 사회적으로 신분 있는 사람들이 교회에 오기 때문에 세상적인 영향력도 어느 정도 있습니다. 그러나 놀라운 사실은 교회가 세상적인 능력, 돈의 능력, 은과 금의 능력이 많아지는 것에 비해 영적 능력은 점점 쇠약해지고 있다는 것입니다.

잠깐 세상을 보십시오. 곳곳에서 전쟁이 일어나고 있습니다. 지진이 일어났다는 소문도 많이 듣습니다. 주님이 오시는 것이 아닌가 하는 생각이 들 정도로 심한 지진과 기근이 난무하며, 여기저기서 전쟁과 절망의 함성이 터져 나오고 있습니다. 마약, 폭력, 특별히 이단들이 기승을 부립니다. 요즘 책방에 가면 새롭게 발견하는 것이 하나 있습니다. 뉴에이지 운동 서적들이 많이 진열되어 있고, 또 많이 팔린다는 것입니다. 대부분의 영화와 만화, 오락 등에 이 사상이 깊이 침투해 있습니다. 심지어 그렇게 만들어진 성경공부 교재도 있습니다. 그런 책들은 신학을 하지 않으면 뭐가 좋은 책이고 나쁜 책인지 모를 정도로 미묘하고 복잡합니다. 이런 것들은 인간의 도덕성과 영성이 점점 이단화되어 가며 세속화되고 있다는 증거입니다.

이러한 세상에 반하여 교회는 어떻습니까? 큰 건물과 부동산을 안고 고민하고 있습니다. 교회는 무덤을 만들고 있습니다. 지치고 무기력한 모습으로 역사의 뒷전에 물러나 있는 것을 봅니다. 어느 한 곳만이 아니라 세계 도처에서 발견할 수 있는 현상입니다.

"내가 주의 제자들에게 데리고 왔으나 능히 고치지 못하더이다."

여기 "주의 제자들에게"라는 말 대신 '교회에'라는 말을 넣어도 될 것입니다. 세상을 변화시킬 능력이 없는 교회는 더 이상 교회가 아닙니다. 사탄의 세력을 대적하고 모든 귀신의 역사를 막아내고 추방할 수 없는 교회라면 더 이상 교회가 아닙니다. 인간의 영혼을 구원할 수 없는 교회라면 더 이상 교회가 아닙니다. 그것은 세상 집단에 불과할 뿐입니다.

나 자신의 믿음을 준비하라

이제 왜 제자들이 귀신들린 아이를 도와줄 수 없었는지 찾아보도록 하겠습니다. 첫째로, 이들에게 귀신을 쫓을 능력이 없었던 것이 아닙니다. 예수님이 그 능력을 이미 주셨습니다. 그런데 제자들은 그 능력을 행사하지 못했습니다. 그 이유는 예수님이 마침 그 자리에 안 계셨기 때문입니다. 지금까지는 모든 것을 예수님이 다 하셨습니다. 제자들은 따라다니기만 하면 되었습니다. 귀신들린 자가 찾아오면 예수님이 귀신을 쫓으셨습니다. 예수님이 앉은뱅이를 일으키셨고 맹인의 눈을 뜨게 하셨습니다. 이렇게 예수님이 다 하시고 제자들은 구경만 했습니다. 그러니 예수님이 안 계신 자리에서 이런 일이 일어났을 때 제자들은 당황했을 것이 뻔합니다.

제가 운전을 처음 배웠을 때의 이야기입니다. 운전면허증을 받고 얼마 안 되어 저녁 때 차를 몰고 시내로 나갔습니다. 도로에 나서니 앞뒤에서 빵빵 소리가 나고 정신이 하나도 없었습니다. 잔뜩 긴장해서 운전하고 있는데 교통순경이 제 차를 세웠습니다. 순간적으로 덜컥 겁이 났습니다. "제가 뭘 잘못했나요?" 그러니까 교통순경이 웃으면서 운전 처음 하냐고 묻더니 헤드라이트가 안 켜져 있어서 세웠다는 것입니다. 저는 그때 가로등도 있고 다른 차들의 불빛도 있어서 제 차에 불 켜는 것을 잊었습니다.

이 일을 통해 저는 중요한 교훈을 깨달았습니다. 다른 자동차의 불빛 때문에, 가로등 불빛 때문에 내 차의 불이 꺼진 것을 모른 것처럼, 내가 주위에 있는 다른 사람들의 믿음 때문에 덩달아 내 믿음을 안심하는 것은 아닌가 하고 질문하게 되었습니다. 만약 자동차가 가로등 불빛도 없고 다른 차도 없는 곳에 불을 켜지 않고 간다면 박살 나고 말 것입니다. 내 믿음을 도와주던 내 친구들이 떠나고 내 부모가 떠나고, 내가 믿음의 현실에 직접 부딪혔을 때, 우리는 어떻게 해야 하겠습니까?

예수님이 기도하러 가셨던 그 순간에 제자들은 이러한 영적 어려움을 겪었습니다. 우리의 믿음은 어떻습니까? 아내의 믿음 때문에 나의 믿음이 겨우 존재하는 것은 아닙니까? 남편의 믿음 때문에 나의 믿음이 겨우 유지되는 것은 아닙니까? 혹시 대대로 내려왔던 조상들의 믿음 때문에 내 믿음이 지금 지켜지는 것은 아닙니까?

그런 분들은 안심하지 마십시오. 위기에 부딪히면 당황합니다. 고난에 부딪히면 당황합니다. 신앙은 내 신앙이어야 합니다. 내 기도여야 합니다. 내가 내 신앙을 준비하고 만들어야 합니다. 아홉 명의 제자들은 과거에 예수님이 귀신 쫓으시는 것을 수없이 보았고 병자와 앉은뱅이들을 일으키시고 심지어 죽은 사람을 살리시는 것까지 보았는데도 귀신들린 아이 하나 때문에 쩔쩔매는 수치를 당했습니다. 우리는 나 자신의 믿음을 준비해야 합니다.

다른 사람에 의한 믿음, 분위기에 따르는 믿음, 구역 식구가 있어 생기는 믿음이 아니라 나 자신의 믿음이 있어야 합니다.

사탄을 쫓는 능력을 믿으라

제자들이 귀신들린 아이를 도와줄 수 없었던 둘째 이유는 귀신을 쫓아낼 수 있다는 사실을 그들 자신이 믿지 않았기 때문입니다. 마태복음 10장 1절을 보면 예수님이 제자들을 부르시고 그들에게 귀신을 쫓아내는 능력을 주었다고 말씀합니다.

"예수께서 그의 열두 제자를 부르사 더러운 귀신을 쫓아내며 모든 병과 모든 약한 것을 고치는 권능을 주시니라."

예수님이 제자들에게 제일 먼저 주신 능력은 성경을 가르치는 능력이 아니었습니다. 귀신을 쫓아내며 모든 약한 것과 병을 고치는 능력을 먼저 주셨습니다. 그러나 제자들은 이 능력을 직접 사용하지도 않았고, 믿지도 않았습니다. 예수님이 하시는 것을 구경만 했습니다. 흉내 내는 것은 오래 못 갑니다. 믿음은 흉내 내는 것이 아닙니다. 귀신 쫓는 것을 흉내 낸다고 귀신이 나가지 않습니다. 그것은 실제입니다.

재미있는 이야기가 사도행전 19장 13절 이하에 나옵니다. 하나님이 바울에게 능력을 주셨습니다. 그래서 사람들이 바울의 앞치마를 가져다가 병든 사람에게 얹기만 해도 귀신이 나갔습니다. 이것을 목격한 어떤 유대인들이 이 일을 흉내 내어 귀신들린 사람에게 다음과 같이 말했습니다. "내가 바울이 전파하는 예수를 의지하여 너희에게 명하노라." 그러자 이 귀신이 무서워하거나 나가기는커녕 15절에 보면 이렇게 말했습니다.

"내가 예수도 알고 바울도 알거니와 너희는 누구냐?"

이것은 웃을 이야기가 아닙니다. 귀신이 우리에게 묻는 것입니다. "기도도 안 하는 너, 교회에 적당히 왔다 갔다 하는 너, 영적 능력이 없는 너는 누구냐?" 바울을 흉내 낸 그 유대인들이 어떻게 된 줄 아십니까? 성경을 보십시오.

"악귀 들린 사람이 그들에게 뛰어올라 눌러 이기니 그들이 상하여 벗은 몸으로 그 집에서 도망하는지라."

예수님이 제자들에게 주신 첫 번째 능력은 사탄과 모든 귀신을 제어하고 쫓는 능력이라는 사실을 기억하십시오. 마가복음에도 이 말씀이 나옵니다.

믿는 자들에게는 이런 표적이 따르리니 곧 그들이 내 이름으로 귀신을 쫓아내며 새 방언을 말하며 뱀을 집어올리며 무슨 독을 마실지라도 해를 받지 아니하며 병든 사람에게 손을 얹은즉 나으리라 하시더라(막 16:17-18).

그러나 실제는 어떻습니까? 모든 그리스도인이 이런 능력을 소유하고 있습니까? 어떤 사람은 이런 능력이 주어졌다는 것조차도 알지 못합니다. 또 어떤 사람은 사탄의 꼬임에 빠지고 그 공격에서 헤어나지 못합니다. 주님의 이 말씀은 꼭 어떤 귀신이 발작하고 소리를 지르고 거품을 내고 쫓겨났다는 것이라기보다, 내 안에 역사하는 사탄을 막을 능력이 우리에게 있다는 뜻입니다. 마귀는 우리로 하여금 죄를 짓게 합니다. 그러나 믿는 사람에게는 죄를 짓지 않을 수 있는 능력이 있습니다. 귀신의 모든 역사를 이길 수 있는 능력을 하나님이 우리에게 주셨기 때문입니다. 하지만 많은 사람이 이를 활용하지 않습니다.

우리 안에 사탄을 이길 능력이 있다는 사실을 믿으십시오. 그리고 다른 사람에게 들어간 귀신을 쫓아낼 수 있는 능력이 있다는 것도 믿으십시오. 아홉 명의 제자들은 이것을 믿지 않았습니다. 그런 상황에 부딪혔을 때 그들은 당황했고 두려워했습니다. 에베소서를 보면 "우리의 씨름은 혈과 육을 상대하는 것이 아니요 통치자들과 권세들과 이 어둠의 세상 주관자들과 하늘에 있는 악의 영들을 상대함이라"(엡 6:12)고 했습니다. 우리는 예수님을 믿고 구원을 받았습니다. 하나님의 자녀가 되었습니다. 여기까지만 믿지 말고 우리가 사탄의 모든 세력을 이길 능력을 받았다는 사실을 믿고 인정하기를 바랍니다. 그리고 그 능력을 활용해야 합니다. 내 마음에 마귀의 유혹과 공격이 올 때, 내 마음에 인간적인 감정과 걷잡을 수 없는 여러 가지 상념들이 쏟아져 올 때 우리가 그것을 이길 수 있다는 사실을 믿어야 합니다.

제자들의 이런 상황에 대해 들으신 예수님은 "믿음이 없고 패역한 세대여"라고 하시면서 귀신들린 아이를 데려오라고 하셨습니다. 그리고 귀신을 꾸짖으셨습니다.

이에 예수께서 꾸짖으시니 귀신이 나가고 아이가 그때부터 나으니라(마 17:18).

우리는 마귀를 대적해야 합니다. 기도와 말씀과 믿음과 성령의 능력으로 담대하게 사탄의 역사를 대적하고 더러운 귀신을 꾸짖어야 합니다. 마가복음 9장 20절 이하를 보면 이 어린아이에 대해 좀 더 자세히 기록하고 있습니다. 어린아이를 예수님에게 데려오니 귀신이 예수님을 보고 아이에게 심한 경련을 일으키게 했다고 설명합니다. 귀신이 발작할 때 우리는 보통 당황합니다. 그러나 귀신이 자기 정체를 드러낼 때는 일단 안심하십시오. 떠날 때가 됐다는 뜻입니다. 귀신은 예수님 앞에서 여러 가지 복잡한 현상들을 보여 주었습니다. 예수님의 능력이 이미 임했기 때문입니다. 귀신은 어린아이에게서 떠나갔고 그 순간에 아이는 다시 정상으로 돌아왔습니다. 얼마나 놀라운 일인지 모릅니다. 특별히 이런 일을 경험한 사람들은 너무 기뻐서 춤을 추고 뛰는 것을 볼 수 있습니다.

"나의 믿음 없는 것을 도와주소서"

귀신을 쫓는 데 실패한 제자들은 조용히 예수님에게 찾아와 이렇게 질문합니다.

이때에 제자들이 종용히 예수께 나아와 이르되 우리는 어찌하여 쫓아내지 못하였나이까(마 17:19).

우리는 제자들의 입장을 충분히 이해할 수 있습니다. 사람들 많은 데서 물어보기가 부끄러우니까 조용히 예수님을 따로 만나서 "우리는 왜 안 됩니까?" 하고 물어본 것입니다. 이것은 단순히 귀신을 쫓지 못했다는 문제에만 한정된 것이 아닙니다. 우리는 왜 안 됩니까? 능력도 있고 병도 고치고 기적도 일으키면 얼마나 좋겠습니까? 그러나 안 됩니다. 죄를 안 지으면 좋겠는데 왜 안 됩니까? 용서하고 싶은데 왜 안 됩니까? 전도하고 싶은데, 사랑하고 싶은데, 기도하고 싶은데 왜 안 됩니까? 20절에 예수님의 대답이 있습니다.

> 이르시되 너희 믿음이 작은 까닭이니라 진실로 너희에게 이르노니 만일 너희에게 믿음이 겨자씨 한 알 만큼만 있어도 이 산을 명하여 여기서 저기로 옮겨지라 하면 옮겨질 것이요 또 너희가 못할 것이 없으리라(마 17:20).

그렇습니다. 우리 신앙생활의 궁극적인 문제는 인식의 문제가 아니고 믿음의 문제입니다. 성경공부를 아무리 많이 해도 그것이 지식으로 끝나면 소용없습니다. 믿음을 가져야 합니다. 이 믿음을 우리가 소유한다면 얼마나 좋겠습니까? 겨자씨만 한 믿음이 있으면 못 할 것이 없다고 했습니다. 우리는 분명히 믿음은 태산을 움직이는 하나님의 능력임을 믿습니다. 모든 것을 가능하게 하시는 하나님의 비밀의 능력이 바로 이 믿음 안에 감추어져 있는 것을 믿습니다.

오늘 우리에게 절실히 필요한 것은 진실한 믿음입니다. 형식적이고 흉내내는 믿음이 아니라 진짜 하나님을 신뢰하는 믿음이 우리에게 필요합니다. 믿음으로 구원받고, 믿음으로 성령 충만하고, 믿음으로 나가는 것입니다. 아홉 명의 제자들의 문제는 예수님에 대한 지식의 부족이 아니라 믿음의 부족이었습니다.

이 믿음의 부족 문제는 제자들만이 아니라 귀신들린 아이의 아버지의 문제기도 했습니다. 마가복음 9장 22절에서 아이의 아버지가 예수님에게 한 마지막 말을 보십시오.

"그러나 무엇을 하실 수 있거든 우리를 불쌍히 여기사 도와 주옵소서."

그 말을 들으신 예수님은 "할 수 있거든이 무슨 말이냐 믿는 자에게는 능히 하지 못할 일이 없느니라"(막 9:23)고 하셨습니다. 그러자 아이의 아버지가 말을 바꾸며 "내가 믿나이다 나의 믿음 없는 것을 도와주소서"(막 9:24) 하고 예수님에게 간곡히 도움을 청합니다.

오늘 주님이 우리에게 요구하시는 기도가 이것입니다. 내게 믿음이 없다고 포기하는 것이 아니라, 말씀대로 믿는다고 선포하십시오. 그리고 나 자신이 믿음 없는 현실을 아파하고 회개하고 고민하며 "주여, 내게 믿음이 없는 것을 도와주시옵소서" 하고 요청하라는 것입니다. 그 후에 예수님은 귀신을 쫓아 주셨습니다.

마가복음에는 마태복음과 다른 이야기가 또 하나 있습니다. 제자들이 조용히 예수님에게 찾아가서 "우리는 어찌하여 능히 그 귀신을 쫓아내지 못하였나이까"(막 9:28) 하고 묻습니다. 그랬더니 예수님이 "기도 외에 다른 것으로는 이런 종류가 나갈 수 없느니라"(막 9:29)고 대답하셨습니다. 그렇다면 대답이 두 가지입니까? 아닙니다. 이 말들은 같은 의미입니다. 우리가 "믿습니다" 하고 백 번 외친들 믿음이 옵니까? 그렇지 않습니다.

믿음이란 결국 확신입니다. 그러면 언제 믿음이 생깁니까? 기도하면 믿음이 생깁니다. 처음에는 이상한 일도 자꾸 기도하면 믿어집니다. 기도하면 모든 능력이 퍼져나갈 것 같습니다. 그러지 기도하지 않으면 걱정이 앞섭니다. 기도와 믿음은 같은 개념입니다. 기도하면 믿음이 생기고 하나님의 것과 세상 것이 구분됩니다. 우리는 큰 믿음, 위대한 믿음을 가져야 합니다. 큰 믿음, 그것은 성공하는 믿음이라는 뜻이 아닙니다. 예수님 안에서 진실한 성령의 믿음을 가지십시오. 그런 믿음을 갖기 위해서는 기도해야 합니다.

●

30

하나님 나라를 살듯
이 땅을 살라

마태복음 17:24-27

●

성전세를 받는 사람의 시비

본문 말씀에서 예수님은 그리스도인들은 세금에 대해 어떤 태도를 취해야 하는가 하는 아주 독특하고 재미있는 주제로 말씀하고 계십니다. 예수님도 세금에 대해 관심을 가지셨던 것입니다.

> 가버나움에 이르니 반 세겔 받는 자들이 베드로에게 나아와 이르되 너의 선생은 반 세겔을 내지 아니하느냐(마 17:24).

어떤 사람이 와서 베드로에게 시비를 걸고 있습니다. 여기 "반 세겔 받는 자"가 나오는데 이 부분은 약간의 해석이 필요합니다. 당시 이스라엘에서는 예루살렘 성전을 유지하기 위해 세금을 받았는데, 이 성전세를 받는 사람을 가리켜 '반 세겔 받는 자'라고 했습니다.

출애굽기 30장 13-15절을 보면 20세 이상의 모든 유대인 남자들은 매년 반 세겔의 성전세를 내도록 되어 있습니다.

> 무릇 계수 중에 드는 자마다 성소의 세겔로 반 세겔을 낼지니 한 세겔은 이십 게라라 그 반 세겔을 여호와께 드릴지며 계수 중에 드는

모든 자 곧 스무 살 이상 된 자가 여호와께 드리되 너희의 생명을 대속하기 위하여 여호와께 드릴 때에 부자라고 반 세겔에서 더 내지 말고 가난한 자라고 덜 내지 말지며(출 30:13-15).

성전세는 부자나 가난한 자나 다 똑같이 내라고 되어 있습니다. 또 16절을 보면 "너는 이스라엘 자손에게서 속전을 취하여 회막 봉사에 쓰라 이것이 여호와 앞에서 이스라엘 자손의 기념이 되어서 너희의 생명을 대속하리라"고 했습니다.

예루살렘 성전에 가보면 이 성전은 어마어마하게 크고 화려합니다. 이것은 그 옛날에 회막에서부터 시작된 것입니다. 그런데 이 성전을 유지하기 위해서는 막대한 경비가 들었습니다. 제사장의 생활비 전부를 대야 했습니다. 제사장이 입는 옷만 해도 얼마나 돈이 많이 드는지 모릅니다. 게다가 매일매일 제사를 드려야 했습니다. 이러한 모든 것을 하기 위해서는 막대한 경비가 들었는데, 그 경비를 일 년에 반 세겔 내는 성전세로 충당했습니다.

반 세겔은 두 드라크마에 해당하는 금액으로 노동자의 이틀 치 품삯 정도입니다. 그러니까 그렇게 큰 액수는 아니라고 할 수 있습니다. 그러나 노동자의 이틀 치 품삯을 모두가 다 내면 성전을 일 년 동안 잘 관리할 수 있는 재산이 되는 것입니다.

하나님의 아들은 면세가 된다

이러한 성전세 받는 자들이 지금 베드로에게 찾아와서 세금 내는 문제로 시비를 겁니다. '너의 선생도 성전세를 내느냐'고 질문하는 것입니다. 솔직히 세금 내는 것을 기뻐하는 사람은 별로 없습니다. 꼭 내야 하는 것인데도 늘 빼앗겼다는 느낌을 갖게 되는 것이 세금입니다. 그래서 세금 받으러 오는 사람들은 환영받지를 못합니다. 지금 우리가 사는 시대뿐만 아니라 예수님 당시에도 똑같았습니다.

"너의 선생도 세금을 내느냐?" 하는 물음에 베드로는 우리 선생님은 세금을 내신다고 대답했습니다. 그러고 나서 예수님이 계신 곳으로 들어왔습니다. 베드로와 반 세겔 받는 자의 대화를 들으신 예수님은 베드로가 들어오자마자 이렇게 말씀하셨습니다.

> 예수께서 먼저 이르시되 시몬아 네 생각은 어떠하냐 세상 임금들이 누구에게 관세와 국세를 받느냐 자기 아들에게냐 타인에게냐 (마 17:25).

영적인 문제만을 계속 말씀하시던 예수님이 이제 세상적인 문제에 대해 베드로와 대화하십니다. 예수님의 말씀은 두 가지 의미로 해석해야 합니다. 첫째는 어느 한 나라가 다른 나라를 정복해서 식민지로 만들었을 때 자기 나라 국민에게 세금을 걷지 않고 식민지 된 국민에게 세금을 거둬들입니다. 이와 마찬가지로 하나님의 나라에 있어서도 하나님의 백성은 세금을 내지 않고 면세되어야 한다는 뜻입니다.

둘째는 한 왕이 국민에게 세금을 부과할 때 국민들은 세금을 내지만 왕의 아내, 아들 등 왕의 가족이나 권속들은 세금을 내지 않도록 되어 있습니다. 마찬가지로 예수 그리스도는 하나님의 아들이신데 성전세를 내야 하느냐를 예수님이 지금 물으시는 것입니다.

여기서 '관세'란 지방세이며 물질세를 의미합니다. '정세'란 국세이며 인두세를 의미합니다. 이런 관세나 정세를 받을 때 왕이 국민에게 세금을 받느냐, 자기 아들에게 세금을 받느냐고 질문하셨습니다. 이에 대해 베드로는 "타인에게니이다"라고 대답했습니다. 왕은 자기 아들에게 아버지를 위해서 세금을 내라고 하지 않는다고 대답한 것입니다. 예수님은 이 말을 들으시고 다음과 같이 말씀하십니다.

예수께서 이르시되 그렇다면 아들들은 세를 면하리라(마 17:26).

이 말씀은 무슨 뜻입니까? 하나님의 집인 성전을 위해 세금을 내는데 하나님의 아들이신 예수님이 세금을 내야 하느냐는 문제에서 하나님의 아들이신 예수님은 면세가 된다는 뜻입니다.

그러면 예수님이 세금을 안 내시겠다는 뜻일까요? 지금 초점은 거기에 있지 않습니다. 예수님이 하나님의 아들이라는 데 있습니다. "사람들이 인자를 누구라 하느냐"(마 16:13)고 예수님이 물으셨을 때, 제자들은 "더러는 세례 요한, 더러는 엘리야, 어떤 이는 예레미야나 선지자 중의 하나라 하나이다"(마 16:14)라고 이야기했습니다. 그때 예수님이 베드로에게 "너희는 나를 누구라 하느냐"(마 16:15)고 물으시자 베드로는 "주는 그리스도시요 살아 계신 하나님의 아들이시니이다"(마 16:16)라고 대답했습니다. 하나님의 아들이면 하나님의 집인 성전에 세금을 내지 않게 되어 있다는 것입니다. 그것을 지금 예수님이 베드로에게 설명해 주고 계십니다.

세상의 질서 안에서 하나님의 방법으로

그런데 이렇게 영적으로는 자신이 하나님의 아들이시기 때문에 성전세를 내지 않아도 된다고 분명히 말씀하셨지만, 그럼에도 불구하고 세금을 내야 한다고 재미있는 말씀을 하십니다.

> 그러나 우리가 그들이 실족하지 않게 하기 위하여 네가 바다에 가서 낚시를 던져 먼저 오르는 고기를 가져 입을 열면 돈 한 세겔을 얻을 것이니 가져다가 나와 너를 위하여 주라 하시니라(마 17:27).

우리는 세상을 잠깐 거쳐 가는 나그네입니다. 우리의 고향은 하늘나라입니다. 우리의 시민권은 하늘나라에 있습니다. 우리는 이 세상에서 영원히 살 사람들이 아닙니다. 우리는 땅에서 살지만 동시에 하나님 나라에 속한 사람들입니다. 그러나 예수님은 세금 문제를 통해 우리가 이 땅에 잠깐 사는 동안 세상과 어떤 관계를 가져야 할지 교훈해 주십니다.

첫 번째, 모든 그리스도인은 이 세상이 영원한 것이 아니요 자신이 세상에 속한 사람은 아니지만 세상에 살면서 세금은 정당하게 내야 한다고 말씀하십니다. 세례를 받지 않으셔도 되셨지만 우리를 위해서 세례를 받으신 것처럼, 예수님은 이 세상에서 성전세를 안 내도 되시지만 하나님 나라가 오해받지 않기 위하여 세금을 내라고 말씀하셨습니다.

예수 믿는 사람들이 이런 부분을 극단적으로 오해해서 세상의 질서를 어그러뜨리는 경우가 가끔 있습니다. 우리는 하나님만 믿으면 된다, 혹은 나는 하나님의 백성이요 하나님 나라의 시민이기 때문에 세상일은 등한시하고 무책임해도 된다는 식의 태도를 취하는 사람들이 종종 있습니다. 그래서 예수 믿는 사람들이 불신자들에게 손가락질을 받고 교회가 비난 받는 일들을 종종 목격하게 됩니다. 하나님 나라는 세상 나라와 다릅니다. 시민권이 다르고 질서와 통치의 원리가 다릅니다. 우리가 비록 하나님 나라의 백성이요 하나님의 자녀요 하나님의 통치를 받는 자지만, 이 세상 나라에서 살 때는 이 세상 나라의 질서를 따라야 합니다.

로마서를 보면 "각 사람은 위에 있는 권세들에게 복종하라 권세는 하나님으로부터 나지 않음이 없나니 모든 권세는 다 하나님께서 정하신 바라"(롬 13:1)고 말씀합니다. 이어서 "모든 자에게 줄 것을 주되 조세를 받을 자에게 조세를 바치고 관세를 받을 자에게 관세를 바치고 두려워할 자를 두려워하며 존경할 자를 존경하라"(롬 13:7)고 했습니다.

어떤 정부나 어떤 독재자들은 이 말씀을, 기독교인들을 여러 가지 잘못된 정책에 동의하도록 만드는 구절로 오용할 때가 종종 있었습니다. 그래서 뜻있는 사람들한테 비판을 받았던 일이 있습니다. 이 말씀은 남용되어서도 안 되고 오용되어서도 안 됩니다. 그러나 동시에 이 말씀은 무시되어서도 안 됩니다. 남용되고 오용될 가능성이 있기 때문에 우리가 기피해서도 안 된다는 뜻입니다.

모든 그리스도인은 세상에서 정직하게 세금을 내야 하며 국민의 신성한 의무를 지켜야 합니다. 군대에 가야 합니다. 세금을 내야 합니다. 법을 지켜야 합니다. 이것이 그리스도인의 올바른 태도입니다. 내가 그 질서에 속한 사람은 아니로되 그러나 그렇게 하라고 예수님이 말씀하셨습니다. 어떤 이유로든지 이러한 시민 정신을 포기하는 것은 잘못입니다.

여기서 이런 질문을 할 수 있습니다. 만약 어떤 그리스도인이 공산주의 사회 속에 살게 될 때 그 공산사회에서 세금을 내야 합니까, 안 내야 합니까? 군대를 가야 합니까, 안 가야 합니까? 물론 세금을 내야 합니다. 군대에 가야 합니다. 예수님 당시를 생각해 보면 이 문제를 더 정확하게 이해할 수 있습니다.

예수님 당시는 어떤 시대였습니까? 우리 시대보다 더 심각한 로마 식민지 시대였습니다. 예수님이 빌라도 총독에게 재판을 받고 십자가에 처형당했던 것을 생각해 보십시오. 예수님은 "가이사의 것은 가이사에게, 하나님의 것은 하나님께"(마 22:21)라고 말씀하셨습니다. 예수님이 정치적인 투쟁이나 민족 해방의 투쟁 같은 것을 하신 흔적은 사복음서 어디에서도 찾아볼 수 없습니다.

그렇다면 예수님이 민족을 사랑하지 않는 분이십니까? 아닙니다. 예수님은 누구보다도 민족을 사랑하셨고 "예루살렘아 예루살렘아"(마 23:37) 하시면서 눈물을 흘리셨던 분입니다. 문제는 사랑하는 방법이 달랐던 것입니다. 투쟁이나 반항을 통해서 이기는 것이 아니라 사랑과 순종과 용서를 통해서 그 독재 체제를 부숴 버리고 말았던 것입니다. 로마를 이길 수 있었던 힘이 무엇입니까? 바로 사랑이었습니다. 그들은 사자의 이빨 속에서, 톱으로 몸이 켜지는 그런 순교의 어려움을 겪으면서 주님의 말씀에 순종했기 때문에 로마를 이기고 만 것입니다. 이것은 방법의 차이입니다.

우리는 이 말씀을 가지고 이렇게도 적용해 볼 수 있습니다. 학생들이 아무리 불만스럽다 하더라도 등록금 내기를 거부해서는 안 됩니다. 등록금을 내면서 투쟁해야 합니다. 아무리 고통스럽다 하더라도 질서와 법을 파괴해서는 안 됩니다. 아무리 주장이 옳다 하더라도 법정에서 소란을 피우는 것은 정당한 태도가 아닙니다. 방법이 없기 때문에 그런 극단적인 방법을 쓴다고 설명할 것입니다. 그런 상황을 이해 못 하는 것은 아닙니다. 그러나 그것은 세상적인 태도일 뿐 바른 그리스도인의 태도는 아닙니다.

예수님은 그런 방법을 택하지 않으셨습니다. 예수님은 아무리 억울한 재판을 당한다 할지라도, 빌라도의 법정에서 사형을 언도 받고 십자가에 못 박힌다 할지라도 "아버지여, 저들의 죄를 용서해 주소서"라고 하셨지, 소란을 피우거나 재판을 거부하는 일이 전혀 없으셨습니다.

어떤 사람은 악법은 지킬 필요가 없다고 주장합니다. 하지만 그렇지 않습니다. 악법을 폐기하기 위해 우리가 노력할 뿐입니다. 악법을 폐기하도록 노력하는 것은 정당합니다. 그러나 법과 질서를 파괴하는 것은 예수님의 방법이 아닙니다. 고통을 당하고 죽는 한이 있어도 우리는 최선을 다해서 노력해야 합니다.

왜 순교가 있습니까? 왜 비폭력이 있습니까? 오늘 우리 사회에서 법을 지키지 않고 질서를 무시하는 것을 무슨 영웅이나 열사처럼 생각하는 풍조는 분명히 잘못된 것임을 우리는 예수님의 태도를 통해서 선포해야 합니다.

이런 이야기를 하면, 저에게 편지가 많이 옵니다. 도대체 당신의 정체가 뭐냐며 따집니다. 그러나 저는 예수님의 말씀으로 이 말씀을 하지 않을 수가 없습니다. 이제는 세상의 이런 분위기 때문에 목회자들이 진리를 선포하는 데도 겁을 먹는 상황입니다. 옳은 것은 옳고, 틀린 것은 틀린 것입니다.

우리가 질서와 법을 추종하면서도 비폭력으로 악을 몰아내는 이유는 약자의 변명이 아니라 강자의 인내라는 사실을 알아야 합니다. 러시아와 중국 등 공산권이 무너지는 것을 보십시오. 그것은 궁극적으로 잘못된 정부, 잘못된 권력, 잘못된 제도는 스스로 붕괴하게 된다는 사실을 보여 주는 것입니다. 하나님이 하시는 일입니다. 잘못을 파괴하기 위하여 또 하나의 잘못을 저지르는 것은 잘못입니다. 선으로 악을 이겨야지 악으로 악을 이길 수는 없습니다.

그래서 순교가 있는 것입니다. 왜 순교합니까? 왜 억울한 죽음을 당합니까? 반항할 줄 몰라서 그렇습니까? 데모할 줄 몰라서 그렇습니까? 주장은 굽힐 수 없되 폭력을 쓰지 않고 질서 안에서 행하고자 하기 때문입니다. 그래서 사자의 이빨 속에 들어가는 것입니다. 그래서 초대교회 교인들이 젖은 나무에 화형을 당했던 것입니다. 여기에 방법론의 차이가 있습니다.

세금을 내는 바람직한 태도
두 번째, 예수님은 세금을 내기 위해서 어떻게 하느냐는 문제에 관해 말씀해 주십니다.

그러나 우리가 그들이 실족하지 않게 하기 위하여 네가 바다에 가서 낚시를 던져 먼저 오르는 고기를 가져 입을 열면 돈 한 세겔을 얻을 것이니 가져다가 나와 너를 위하여 주라 하시니라(마 17:27).

이 말씀을 복잡하게 생각하지 마십시오. 세금을 내기 위해 바다에 가서 고기를 잡으라는 말입니다. 공짜로 하지 말고, 남의 돈 훔쳐서 세금 내지 말고, 노력하고 일해서 세금을 내라는 것입니다. 베드로의 직업이 무엇입니까? 어부입니다. 그래서 베드로에게 고기 잡으러 가라고 하셨습니다. 만약 베드로가 학교 선생님이었다면 예수님이 다른 방법으로 명령하셨을지 모릅니다. 학교 선생은 칠판과 분필 속에서 자기의 삶을 설계합니다. 전기공은 자기의 기술을 통하여, 야구 선수는 방망이와 야구공과 글러브를 가지고 살아갑니다. 음악가는 피아노나 바이올린이나 목소리를 가지고 자기의 삶을 살아가는 것입니다. 아주 생생하고 실제적인 교훈입니다.

하나님은 우리의 전공을 사용하기를 원하십니다. 하나님은 우리 모두에게 각기 은사를 주셨습니다. 예수님은 이 세상을 살아가며 세금 내는 문제에 대해 은사 사용법을 제안하신 것입니다.

여기서 우리는 한 가지 더 살펴볼 수 있습니다. 바다에 가서 낚시를 던져 먼저 오르는 고기를 가져 입을 열면, 거기서 한 세겔을 발견한다고 하셨습니다. 가끔 고기를 잡아보면 뱃속에서 별것이 다나옵니다. 고기 속에서 고기가 나오기도 하고 이상한 물건이 나오기도 합니다. 제일 먼저 오르는 고기를 잡아서 입을 열어 보면 돈 한 세겔이 있다고 했습니다. 여기서 우리는 내가 벌었던 것 가운 데 가장 중요한 것을 성전세로 바치는 모습을 그려볼 수 있습니다.

또한 예수님은 나와 너를 위하여 세금을 내라고 하셨습니다. 우리는 은혜로 구원을 받습니다. 모든 것이 하나님으로부터 온 것이며, 어느 것 하나 은혜가 아닌 것이 없습니다. 그러므로 은혜에 보답하는 심정으로 우리는 이 지상에서 기쁨을 가지고 열심히 일하면서 살아야 합니다. 어떤 사람은 예수만 전하면 모든 것을 다 하나님이 책임지신다면서 이 집 저 집 다니며 식객 노릇을 합니다.

이것은 잘못된 태도입니다. 어떤 경우에 특별히 남의 신세를 지지 않을 수가 없을 때도 있지만, 전문적으로 신세 지는 사람이 되어서는 안 됩니다. 예수님은 열심히 노력하고 일을 해서 살라고 말씀하셨고, 세금을 내라고 말씀하셨고, 그중에 값진 것을 하나님을 위해 바치라고 말씀하셨습니다. 그러니 교회가 시민 정신을 다시 발휘해야 할 때입니다.

우리는 하나님 나라의 시민입니다. 그러나 이 세상 속에 우리는 예수님의 태도를 잃지 않아야 합니다. 우리가 먼저 질서를 지키고 우리가 먼저 예수님의 방법대로 간다면 세상은 분명히 좋아질 것입니다.

31

어린아이의 믿음에
천국이 있다

마태복음 18:1-5

제자들에 대한 예수님의 관심은 그들이 천국에 합당한 인물이 되도록 하는 데 있었습니다. 특히 십자가를 지실 때가 다가올수록 예수님은 대중에게서 벗어나 제자들과 더 많은 시간을 보내시며 그들에게 구체적인 교훈을 주셨습니다. 예수님은 제자들의 부족함과 믿음 없음을 너무나 잘 알고 계셨습니다.

사복음서 전체를 놓고 '제자'가 어떤 사람인가 생각해 본다면 '항상 실망시키는 사람'이라고 말할 수 있습니다. 한 번도 만족을 주지 못한 사람들, 늘 미숙하고 부족하며 연약하고 세속적인 사람들이 열두 제자들이었습니다. 그럼에도 불구하고 예수님은 실망하지 않으시고 끊임없이 인내하고 기다리며 사랑하고 용서하셨습니다. 넘어지면 일으켜 세워 주셨고, 잘못하면 고쳐 주셨고, 실수하면 어루만져 주셨습니다. 천국 가실 때까지, 사명을 완수하실 때까지 예수님은 제자들을 향한 사랑을 포기하지 않으셨습니다.

'누가 크니이까'

마태복음 18장을 보면, 예수님이 제자들에게 천국 백성이 되기 위한 두 가지 중요한 교훈을 말씀하십니다. 그것은 바로 겸손과 용서의 문제입니다. 여기서는 먼저 겸손에 대해 말씀을 살펴보겠습니다.

그때에 제자들이 예수께 나아와 이르되 천국에서는 누가 크니이까 (마 18:1).

이 질문을 보면 제자들이 아직도 영적으로 미숙한 상태에 있다는 것을 알게 됩니다. 제자들의 관심은 무엇입니까? 누가 크냐 하는 것입니다. 천국에서는 도대체 누가 서열이 높은가, 이것이 제자들의 관심이었습니다. 이것은 사실 제자들뿐만 아니라 모든 죄인의 공통된 관심사이기도 합니다.

대부분의 남자에게는 누가 월급을 많이 받나, 누가 더 많은 영향력과 권력을 가지고 있는가가 굉장히 중요한 관심사입니다. 겉으로는 그렇게 말하지 않습니다. 아주 멋있고 겸손하게 말하지만, 그 내면을 파고들면 결국은 자기 자리 문제, 위치 문제에 연연하는 것을 봅니다. 여자들도 마찬가지입니다. 다 그런 것은 아닙니다만, 일반적으로 여자들의 관심은 누가 더 예쁜가입니다. 아무리 못난 사람이라도 자기 외모에 지대한 관심이 있습니다. 그리고 누가 더 큰 집에서 사는가, 누가 더 멋진 새 옷을 입었는가, 누가 더 좋은 자동차를 탔는가로 서로 비교하고 평가합니다.

이러한 관심들은 세속의 관심입니다. 그리고 죄인의 관심입니다. 바로 이것이 인류를 불행하게 만들었습니다. 우리가 지금 불만족스럽다, 불행하다고 말하는 이유는 거의 대부분 내 위치에 대한 갈등으로 인한 것이지 영생을 소유하지 못한 것 때문이 아닙니다. 예수님의 제자들도 이런 관심에서 벗어나지 못했기에 "천국에는 과연 서열이 있는 것일까, 서열이 있다면 누가 첫째가 될 것인가" 하는 문제를 질문한 것입니다.

'그때에'라는 말의 배경

1절에서 '그때에'라는 말에는 두 가지 배경이 있습니다. 첫째, 그때란 예수님이 십자가에 못 박혀 돌아가실 시기가 임박했음을 제자들에게 공포한 때를 말합니다. 마태복음 17장에서 이 사실을 볼 수 있습니다.

> 갈릴리에 모일 때에 예수께서 제자들에게 이르시되 인자가 장차 사람들의 손에 넘겨져 죽임을 당하고 제삼일에 살아나리라 하시니 제자들이 매우 근심하더라(마 17:22-23).

드디어 예수님은 가이사랴 빌립보에서의 고백 이후 처음으로 자기의 죽음을 예고하십니다. '내가 이제 곧 죽게 된다'는 이 말을 들은 제자들은 심히 두려웠습니다. 마가복음에는 그들이 예수님에게 다시 묻기조차 무서워했다고 했습니다.

그러나 제자들은 이 말씀을 깨닫지 못하고 묻기도 두려워하더라
(막 9:32).

예수님은 이제 십자가에 못 박히실 때가 되었습니다. 그리고 그 사실을 제자들에게 말씀하셨습니다. 그렇다면 이런 상황에서 마땅히 제자들이라면 예수님과 함께 십자가의 수난을 생각하고 죽음을 앞둔 안타까움으로 같이 고민해야 하지 않겠습니까? 그런데 바로 그때에 제자들은 천국에서 누가 크냐의 문제로 토론을 벌였습니다. 이것은 마치 병으로 죽어 가는 아버지의 병상에서 자식들이 어떻게 하면 아버지를 살릴 수 있을까가 아니라, 아버지가 죽으면 누가 더 많이 상속받는가를 토론하는 것과 똑같습니다. 예수님이 십자가에 못 박혀 죽으시는 상황이 임박했는데도 제자들은 이런 토론을 벌인 것입니다.

'그때에'란 말에는 또 한 가지 배경이 있습니다.

가버나움에 이르러 집에 계실새 제자들에게 물으시되 너희가 길에서 서로 토론한 것이 무엇이냐 하시되 그들이 잠잠하니 이는 길에서 서로 누가 크냐 하고 쟁론하였음이라(막 9:33-34).

예수님과 함께 길을 가다가 뒤따라오던 제자들 사이에 논쟁이 벌어진 것입니다. 예수님이 조용히 집에 돌아오셔서 "너희가 길

에서 토론한 내용이 무엇이냐?"고 물으셨을 때 제자들은 잠잠했습니다. 베드로와 요한이 일 번이냐 이 번이냐, 누구 서열이 높으냐로 열심히 토론했기 때문에 부끄러워서 대답을 못 한 것입니다.

마가복음 10장 35-40절을 보면 세베대의 아들들이 예수님에게 부탁하는 장면이 나옵니다.

"세베대의 아들 야고보와 요한이 주께 나아와 여짜오되 선생님이여 무엇이든지 우리가 구하는 바를 우리에게 하여 주시기를 원하옵나이다 이르시되 너희에게 무엇을 하여 주기를 원하느냐 여짜오되 주의 영광 중에서 우리를 하나는 주의 우편에, 하나는 좌편에 앉게 하여 주옵소서 예수께서 이르시되 너희는 너희가 구하는 것을 알지 못하는도다 내가 마시는 잔을 너희가 마실 수 있으며 내가 받는 세례를 너희가 받을 수 있느냐 그들이 말하되 할 수 있나이다 예수께서 이르시되 너희는 내가 마시는 잔을 마시며 내가 받는 세례를 받으려니와 내 좌우편에 앉는 것은 내가 줄 것이 아니라 누구를 위하여 준비되었든지 그들이 얻을 것이니라."

그런데 이 말씀 바로 전에도 예수님이 제자들에게 수난에 대해 예고하시는 모습을 볼 수 있습니다.

보라 우리가 예루살렘에 올라가노니 인자가 대제사장들과 서기관들에게 넘겨지매 그들이 죽이기로 결의하고 이방인들에게 넘겨 주겠고 그들은 능욕하며 침 뱉으며 채찍질하고 죽일 것이나 그는 삼

일 만에 살아나리라 하시니라(막 10:33-34).

이 말씀을 하셨는데도 제자들은 하나는 주의 우편에, 하나는 주의 좌편에 앉는 데만 관심이 있었습니다.

천국에는 서열이 없다

1절 말씀에서 우리가 하나 더 생각할 것은 "천국에서 누가 더 크냐?" 하는 질문 자체가 잘못되었다는 것입니다. 세상에서는 서열과 계급이 있습니다. 이것이 역사를 움직이는 중요한 하나의 원리가 됩니다. 그러나 천국에서는 보잘것없는 영혼이 없습니다. 천국에서는 서열도 계급도 없습니다. 그러므로 제자들의 이 질문은 의미 없는 질문입니다.

마태복음 11장 11절에서 예수님이 세례 요한에 대해서 이렇게 말씀하신 적이 있습니다.

"여자가 낳은 자 중에 세례 요한보다 큰 이가 일어남이 없도다."

그런데 그다음 말씀이 중요합니다.

"그러나 천국에서는 극히 작은 자라도 그보다 크니라."

천국에는 작은 자가 없습니다. 서열이 낮은 자가 없습니다. 다 하나님의 자녀일 뿐입니다. 이것이 천국입니다. 우리는 모두 하나님의 자녀입니다. 약속의 자녀요, 축복의 자녀일 뿐입니다.

오늘날 교회와 그리스도인의 비극은 천국 질서 대신 세상 질서를 좋아하는 데 있습니다. 어떤 교회는 장로석이 따로 있는데, 득표 순대로 앉는다고 합니다. 이것은 교회가 스스로 계급을 만드는 것입니다. 목사도 그렇습니다. 목사 자리는 단 위 높은 곳에 화려하고 멋진 의자로 마련합니다. 가운도 입습니다. 이는 인위적인 권위를 만드는 것입니다. 목사를 교회에서 제일 높은 사람으로 만드는 것입니다. 세상 질서를 교회에 그대로 가져오고 만 것입니다. 이것이 교회의 타락입니다. 교회의 타락은 천국 질서를 포기하고 세상 질서를 그대로 교회에 가져오는 데 있습니다.

그래서 어떤 사람은 말하기를 자기는 믿음도 없고 성경도 잘 모르지만 교회에 와 보면 뭔가 불편하다고 합니다. 교회에 와서도 세속 질서 속에 살아야 한다는 것에 실망하는 이들이 있다는 말씀입니다. 목사나 장로, 안수 집사, 권사는 계급이 아닙니다. 하나님이 목사를 가장 사랑하시고, 장로를 두 번째로 사랑하시고, 평신도는 세 번째로 사랑하시는 것이 아닙니다. 똑같이 사랑하십니다. 목사는 하나의 직책일 뿐입니다. 받은 은사요, 봉사하는 하나의 방법일 뿐입니다. 목사의 기도는 더 잘 들어 주시고 평신도의 기도는 덜 들어 주셔서 꼭 목사를 통해서 기도해야 하는 그런 하나님이 아닙니다.

하나님은 우리를 똑같이 사랑하십니다. 우리의 기도를 똑같이 들어주십니다. 천국에는 계급이 없고, 버림받은 존재가 없고, 관심

받지 못하는 존재가 하나도 없습니다. 우리 모두는 하나님의 아들, 딸로서 높임을 받고 존귀함을 받는 영혼입니다.

어린아이와 같은 믿음

예수님은 이런 어처구니없는 질문을 제자들에게서 받고 아마 망연자실하시지 않았을까 생각해 봅니다. 어떻게 대답해야 할지 고민하셨을 것 같습니다. 그러다가 아주 웅변적인 한 가지 행동을 하십니다.

> 예수께서 한 어린아이를 불러 그들 가운데 세우시고 이르시되 진실로 너희에게 이르노니 너희가 돌이켜 어린아이들과 같이 되지 아니하면 결단코 천국에 들어가지 못하리라 그러므로 누구든지 이 어린아이와 같이 자기를 낮추는 사람이 천국에서 큰 자니라(마 18:2-4).

예수님은 마침 그 옆을 지나가던 어린아이를 부르시고 앞에 세우셨습니다. 그러고는 "너희가 이 어린아이와 같이 되지 않으면 결단코 천국에 들어갈 수 없다"고 하신 것입니다. 그런데 예수님이 이 말씀을 하실 때 "진실로 너희에게 이르노니" 하시면서 아주 많이 강조하셨습니다. 또 '결단코'라는 표현을 써서 확고한 의지로 말씀하신 것을 볼 수 있습니다.

그렇다면 예수님이 지적하신 어린아이와 같아야 된다는 것은 무슨 뜻일까요? "그러므로 누구든지 이 어린아이와 같이 자기를 낮추는 사람이 천국에서 큰 자니라"고 했는데 여기서 초점은 어린아이가 아닙니다. 모든 어린 아이가 천국에 간다는 뜻이 아닙니다. 예수님이 말씀하시려는 초점은 어린아이와 같이 자기를 낮추는 겸손한 마음입니다. 자기가 아무것도 아니라고 생각하는, 계급과 서열이 중요하지 않다고 생각하는 겸손한 마음 상태가 곧 천국의 열쇠라는 뜻입니다.

우리는 그동안 마태복음을 통해 천국에 들어가는 원리를 많이 배웠습니다. 마태복음 4장 17절에서 예수님은 천국에 들어가기 위한 가장 중요한 원리가 회개라고 가르쳐 주셨습니다. 이것은 세례 요한이 외쳤던 말씀이기도 합니다.

회개하라 천국이 가까이 왔느니라(마 3:2).

회개가 곧 천국의 열쇠였습니다. 예수님이 말씀하신 천국에 들어가기 위한 두 번째 원리는 마음이 가난해야 한다는 것입니다. 마태복음 5장 3절에서 "심령이 가난한 자는 복이 있나니 천국이 그들의 것임이요"라고 하셨습니다. 마음이 가난한 자가 천국을 소유할 수 있다는 말씀입니다. 그러면 마음이 가난하다는 것은 무슨 뜻일까요? 그것은 자기 영혼의 파산 상태를 의미합니다. 나는 하나님 앞에 설 존재가 되지 못한다고 고백하는 사람, 사업이 부도나듯이 영혼이 부도나 버린 사람, 더 이상 하나님 앞에서 숨도 쉴 수 없이 완전히 항복한 사람이 마음이 가난한 사람입니다. 이런 사람이 천국에 들어갈 수 있다고 가르쳐 주신 것입니다.

계속해서 마태복음 7장 21절을 보면, 예수님이 제자들에게 이렇게 말씀하셨습니다.

"나더러 주여 주여 하는 자마다 다 천국에 들어갈 것이 아니요 다만 하늘에 계신 내 아버지의 뜻대로 행하는 자라야 들어가리라."

천국은 인간의 뜻으로, 인간의 업적과 노력, 생각으로 들어가는 것이 아니라 하나님 아버지의 뜻대로 행하는 사람이 들어간다고 말씀하셨습니다. 세상에서 칭찬받는다고 천국에서 상 받는 것이 아니며 세상에서 노벨상 받았다고 천국에서 상 받는 것이 아닙니다. 천국은 어린아이와 같은 믿음, 어린아이와 같은 겸손을 갖지 않으면 들어갈 수 없습니다. 그런 의미에서 천국에서는 겸손한 사람, 자기를 낮추는 사람이 높은 자가 됩니다.

전에 이에 대한 깨달음을 주시기 위해 하나님이 저희 집에 아주 위대한 선교사 한 분을 보내셨습니다. 그는 감비아에서 왔는데, 이재환 선교사님의 외아들 주열 군입니다. 이재환 선교사님이 선교관에 사시기 때문에 주열이가 저희 집에 매일 심방을 왔습니다. 매일 눈뜨면 오고 눈감으면 가는데, 제 아이들에게서 못 느꼈던 것을 주열이를 통해 볼 수 있었습니다. 주열이는 감비아에서 왔기 때문에 무공해 식품과 같았습니다. 텔레비전에 오염이 안 되어 있고, 서울 학교에 오염이 안 되어 있었습니다. 하나님이 보내 주신 자연 그대로의 아이였습니다. 말하는 것, 생각하는 것이 그렇게 자연스러울 수가 없었습니다.

주열이가 노는 것을 보면서 제가 몇 가지 배운 것이 있습니다. 자기를 높일 줄 모른다는 것입니다. 소꿉장난을 할 때 보면 졸병이 되어도 갈등이 없습니다. 날 따르라, 내 말 들어라, 이런 것이 아닙니다. 교만이 없고 뽐내는 것이 없습니다. 자기 얼굴이 예쁘게 생겼다, 밉게 생겼다가 별로 중요하지 않습니다. 순종 잘 하고 꾸밀 줄 모르는 어린아이의 단순성을 주열이가 그대로 보여 주었습니다.

저희 집에서 하도 재미있게 잘 놀아서 제가 그랬습니다. "주열아, 엄마 아빠는 감비아 가시라 하고 너는 우리랑 살자." 그런데 주열이가 정색하며 이렇게 말하는 것입니다. "안 돼요. 나는 감비아 가야 해요." 그렇게 재미있게 놀다가도 감비아는 꼭 가야 한다고 했습니다. 웬만하면 편한 생활을 택할 수도 있을 것 같은데 엄마 아빠 따라 감비아에 가야 한다는 것입니다. 어린아이는 의존적입니다. 자기의 삶을 전적으로 부모에게 의지합니다. 우리는 얼마나 하나님에게 의존하는지 스스로를 돌아보아야 합니다.

어린아이는 불완전하고 미숙합니다. 그렇지만 천국은 완전한 자를 요구하지 않습니다. 미숙한 자가 천국에 갈 수 있도록 완숙해지는 것뿐이지, 천국은 처음부터 완전한 자를 요구하지 않습니다.

우리의 믿음이 얼마나 교활하고 계산적인지 주열이를 통해 하나님이 많은 공부를 시켜 주셨습니다.

겸손은 자기를 죽이고 예수님을 바라보는 것

마태복음 19장 13-15절을 보면, 사람들이 예수님에게 안수받고 기도 받기를 바라고 어린아이들을 데리고 왔습니다. 이때 제자들이 꾸짖었습니다. 그러자 예수님은 "어린 아이들을 용납하고 내게 오는 것을 금하지 말라 천국이 이런 사람의 것이니라"(마 19:14)고 하셨습니다. 예수님은 어린아이와 같은 믿음을 가장 위대한 믿음이라고 선언하신 것입니다. 어린아이와 같이 자기를 높일 줄 모르는 믿음, 꾸밀 줄 모르는 믿음, 순종하고 의존하는 그런 믿음이 천국에 들어가는 믿음입니다.

야고보서에서도 "하나님이 교만한 자를 물리치시고 겸손한 자에게 은혜를 주신다"(약 4:6)고 했습니다. 그리고 "주 앞에서 낮추라 그리하면 주께서 너희를 높이시리라"(약 4:10)고 했습니다. 마가복음에서는 예수님이 "누구든지 첫째가 되고자 하면 뭇 사람의 끝이 되며 뭇 사람을 섬기는 자가 되어야 하리라"(막 9:35)고 말씀하시면서 어린아이를 데려다가 안아 주시고 안수하셨다고 했습니다.

천국의 질서는 무엇입니까? 계급과 서열이 아니라 겸손입니다. 자기를 낮추는 것입니다. 교회의 질서는 무엇입니까? 교회의 참된 지도력은 무엇입니까? 겸손입니다. 목사나 장로나 집사라는 직분이 아니라 겸손에서 지도력이 나옵니다. 누가 이 교회를 진정으로 인도할 수 있습니까? 겸손한 사람, 자기를 낮추는 사람입니다. 남모르는 곳에서 예수님의 심정으로 발을 닦아 주고 섬기고 꼴찌가 되어 주는 사람이 교회의 진정한 지도자요 천국의 모습을 나타내는 자입니다. 예수님은 지금 우리에게 이것을 말씀하시고 계신 것입니다.

겸손은 세월이 갈수록 어렵다는 생각이 듭니다. 예수 처음 믿을 때는 다 할 것 같지만, 세월이 지날수록 어렵게 느껴지는 것이 자기를 낮추는 것입니다. 죽어도 살아나고, 또 죽어도 살아나는 존재가 자기입니다. 어떤 사람은 자아가 왕창 깨졌다고 말합니다. 하지만 말처럼 완전하게 자아가 깨진 사람은 없습니다. 그것은 또 다른 교만에 지나지 않습니다. 인간은 일어나 기도하고 주 앞에 붙잡히지 않으면 교만해집니다. 그래서 하나님은 할 수 없이 고난의 방법으로 인간을 다스리는 것입니다. 고난을 당하지 않으면 인간은 겸손해지지 않습니다. 왜냐하면 인간은 자신의 잘남을 노출시키고 자기의식에 빠지는 존재기 때문입니다. 대인관계나 자신과의 관계가 불만족스럽다는 것은 내가 강조되었기 때문입니다. 예수님이 강조되었을 때에는 어떤 상황에서도 불만이 없습니다. 그러나 뭔가 불평스럽고, 갈등이 있고, 괴롭다는 것은 내가 살아났기 때문입니다.

그렇다면 어떻게 해야 겸손해질 수 있을까요? 방법은 하나입니다. 바로 자기를 죽이는 것입니다. 겸손하지 못하는 이유는 자기가 살아 있기 때문입니다. 자기가 의식되는 곳에는 언제나 교만이 뒤따르기 마련입니다. 죄란 자기의식입니다. 그러면 자기를 어떻게 부인할 수 있습니까? 자기보다 큰 분을 바라보아야 합니다. 예수 그리스도를 바라볼 때 자기가 죽게 됩니다. 태양 앞에서는 촛불이 의미가 없습니다. 예수님이 내 안에 크게 거하시면 자기는 무의미해집니다. 그러므로 겸손의 비결은 자기를 죽이고 예수님을 바라보는 길뿐입니다. 지금 이 순간 우리 자신을 부인해야 합니다. 내 생각, 내 방법, 내 원리, 내 감정이 있다면 이것을 죽여 달라고 기도해야 합니다.

예수님은 하나님이셨지만 인간이 되셨고 제자들의 발을 씻어 주셨습니다. 하물며 인간인 우리가 그것을 못 하면 되겠습니까? 남편의 발도, 아내의 발도, 내가 미워하는 사람의 발도 씻어 줄 수 있는 마음을 달라고, 나를 낮추게 하시고 예수님을 바라보게 해달라고 기도해야 합니다.

겸손해지는 방법을 두고 우리가 배울 것이 한 가지 더 있습니다. 3절에 '돌이켜'라는 말이 나옵니다. "돌이켜 어린아이들과 같이 되지 아니하면." 겸손하기 위해서는 우리 마음을 의지적으로 돌이켜야 합니다. 나를 낮추어야 합니다. 나보다 크신 분인 예수 그리스도를 바라보아야 합니다. 그분에게서 우리는 진정한 겸손을 배우게 될 것입니다.

o

32

사소한 죄도
그냥 넘어가지 마라

마태복음 18:5-10

o

예수님은 어린아이와 같은 믿음을 소유한 사람이 천국에 들어갈 수 있다고 하셨습니다. 진실로 예수님은 꾸밀 줄 모르고 과장할 줄 모르는 순수한 어린아이의 믿음을 우리에게 요구하십니다. 그런데 본문 말씀을 보면, 예수님이 우리에게 한 가지를 더 요구하십니다.

또 누구든지 내 이름으로 이런 어린아이 하나를 영접하면 곧 나를 영접함이니(마 18:5).

예수님은 여기서 "어린아이를 내 이름으로 영접하라"고 권면하십니다. 때묻고 자기중심적인 성인의 탈을 벗어버릴 뿐만 아니라, 순수하고 겸허한 어린아이를 영접함으로 우리의 마음을 천국으로 만들라고 명령하시는 것입니다. 하나님의 자녀란 이미 세속에 물들어 굳을 대로 굳어 버린 어른이 아닙니다. 하나님의 자녀는 거칠고 교만하고 이기적인 인간도 아닙니다. 그는 변화된 새로운 피조물이며 영적으로 새로 태어난 어린아이와 같은 존재입니다. 그러므로 우리의 마음 상태가 어린아이와 같이 변해야 합니다. 이것을 예수님이 기뻐하십니다. 우리가 교회에 나와서 예배드리는 것만도 하나님이 기뻐하십니다. 그러나 우리가 앞뒤 재면 가지 못할 곳을 예수님 이름으로 가고, 이것저것 계산하면 하지 못할 일을 예수님 때문에 하는 것을 보실 때 하나님은 정말 기뻐하실 것입니다.

우리는 여기서 천국을 발견합니다. 천국은 우리가 세상을 떠나는 날에 들어가게 됩니다. 그러나 예수님은 이미 이 땅에서부터 천국을 경험하게 해 주셨습니다. 어른은 어린아이를 영접하지 못합니다. 어린아이가 어린아이를 영접합니다. 천국을 소유한 사람이 천국을 영접하게 되는 것입니다.

우리와 동일시하신 예수님

'어린아이를 영접하는 것이 곧 나를 영접하는 것'이라는 말씀에서 첫째로 배우게 되는 것은 예수님과 우리는 불가분의 관계라는 사실입니다. "주의 말씀이 내 안에 내가 주 안에", "예수님은 포도나무요 우리는 가지니"라는 말씀에서 보듯이 말입니다. 누가복음에서 주님은 전도하러 가는 제자들에게 이렇게 말씀하셨습니다.

> 너희 말을 듣는 자는 곧 내 말을 듣는 것이요 너희를 저버리는 자는 곧 나를 저버리는 것이요 나를 저버리는 자는 나 보내신 이를 저버리는 것이라(눅 10:16).

성경 여러 곳에서 예수님의 이런 표현을 발견할 수 있습니다. 예수님은 자신과 하나님의 자녀를 하나로 보신 것입니다. 특별히 마태복음 25장 35-45절에서 보다 분명하고 구체적으로 적용된 것을 볼 수 있습니다. 예수님이 의인들에게 말씀하셨습니다.

"내가 주릴 때에 너희가 먹을 것을 주었고 목마를 때에 마시게 하였고 나그네 되었을 때에 영접하였고 헐벗었을 때에 옷을 입혔고 병들었을 때에 돌보았고 옥에 갇혔을 때에 와서 보았느니라."

의인들이 "주여, 우리가 어느 때에 주님을 대접하였나이까? 그런 적이 없습니다"라고 하자, 예수님은 "너희가 병든 자, 옥에 갇힌 자, 외로운 자, 헐벗은 자를 도운 것이 곧 내게 한 것이었다"고 하셨습니다. 그리고 악인들이 "어느 때에 우리가 주님을 대접하지 않았습니까?" 했을 때, 예수님은 "너희는 주린 자, 목마른 자를 돌보지 않았고 헐벗은 자, 옥에 갇힌 자를 돌보지 않았고 나그네를 거절하지 않았느냐? 그것이 곧 나를 거절한 것이다"라고 말씀하셨습니다.

주님은 나그네, 병든 자, 소외된 자, 힘 없는 자, 무능한 자, 옥에 갇힌 자가 나와 같은 사람이라고 말씀하고 계십니다. 눈에 보이는 사람을 사랑하지 못하는 사람이 어찌 보이지 않는 하나님을 사랑할 수 있겠느냐는 말씀입니다. 우리는 흰옷을 입고 빛이 나는 예수님만 생각하고 있습니다. 그러나 예수님은 벌써 우리 안에 계시고, 헐벗은 자들 속에 계십니다. 예수님은 자기 백성과 자기 자신을 동일시하십니다.

하나님의 백성을 '하나님의 자녀'라고 말합니다. 예수님은 우리를 사랑해야 할 객관적인 대상으로 여기신 것이 아니라, 우리와 자신을 한 몸으로 여기셨습니다. 예수님은 우리를 단순히 사랑해 줘야 할 불쌍한 존재, 동정해주고 병 고쳐 줘야 할 존재로 보신 것이 아니라, 바로 자기 자신이 실제로 아픈 것처럼 고통을 느끼는 관계로 우리를 보신 것입니다.

우리는 거리를 지나가다가 불쌍한 사람을 보고 그 사람을 도와줄 수 있습니다. 돈도 주고 평생 돌봐 주겠다고 약속할 수도 있습니다. 헐벗은 사람이 있으면 옷을 벗어줄 수도 있습니다. 그러나 예수님은 그렇지 않습니다. 자식처럼 돌보신다는 것입니다. 내 뱃속에서 나온 자식을 돌보는 것과 불쌍한 사람 구제하는 것은 다릅니다. 예수님은 우리를 불쌍한 거지를 동정하듯, 헐벗은 한 사람을 동정하듯 돌봐 주는 관계가 아니라, 자기 몸에서 태어난 자식처럼 떼어버릴 수 없는 관계로 사랑하시고 돌보십니다.

우리 주위에 보면 힘없고 돈 없고 권력 없는, 세상적으로 볼 때 보잘것없는 그리스도인이 있습니다. 세상에서는 그들이 그렇게 가난하고 처절한 생활을 한다 할지라도 하나님은 그들을 이 세상 어떤 것보다도 고귀한 존재로 돌보십니다. 저는 선교사님들을 통해서 이 사실을 배웠습니다. 어느 누구도 사랑해 주지 않는 아프리카의 오지에 버려진 아이들, 그들도 하나님이 십자가에서 피 흘려 죽기까지 사랑하신 존재라는 것입니다. 왜 중국에, 러시아에 가려고 합니까? 사람들이 가지 않으려는 그곳에 왜 모든 문화적인 혜

택을 거부하고 가려고 합니까? 그것은 그곳 사람들도 하나님의 사랑을 받아야 할 존재라는 것을 복음 안에서 느꼈기 때문입니다. 그래서 평생을 기쁜 마음으로 희생하는 것입니다.

국내에서도 가난한 자와 함께 열악한 환경에 스스로 들어가려는 목회자들이 많습니다. 그들도 하나님의 백성이기 때문에, 그리고 아무도 그들을 돌보지 않기 때문에 그리스도의 사랑을 깨달은 사람은 그들을 감싸주고 그리스도의 사랑을 전해 주려고 그곳으로 들어가는 것입니다.

예수님이 우리에게 말씀하십니다. "이 버림받은 무능한, 아무것도 아닌 작은 자 하나를 영접하는 것이 곧 나를 영접하는 것이다. 사랑받지 못한 사람을 사랑하라. 잊혀진 사람들을 예수님의 이름으로 가서 기억하라. 벌거벗은 사람을 감싸 안아 주어라. 배고픈 사람에게 먹을 것을 주어라. 이것이 곧 나를 사랑하는 것이다."

죄짓게 만드는 사람

둘째로 지극히 작은 자 하나를 죄짓게 하지 말라는 명령입니다.

> 누구든지 나를 믿는 이 작은 자 중 하나를 실족하게 하면 차라리 연자 맷돌이 그 목에 달려서 깊은 바다에 빠뜨려지는 것이 나으니라(마 18:6).

이는 아주 무서운 말씀입니다. 저는 이 말씀을 통해 저 자신이 바로 이러한 존재가 아닌가 싶어서 회개를 많이 했습니다. 가만 보면 목사가 교인들을 실족하게 하는 죄를 참 많이 짓습니다. 본의 아니게 목사 때문에 상처받는 사람들이 있습니다. 그래서 문득 이런 생각을 했습니다. '일 년에 꼭 한 번은 교인들에게 정중하게 머리를 숙이고 용서를 빌어야겠다.' 왜냐하면 작은 자 하나를 실족하게 하느니 차라리 연자 맷돌을 목에 걸고 깊은 바다에 빠지는 게 낫다고 했기 때문입니다.

한 그리스도인이 있습니다. 그는 예수님을 진실로 믿는 순수한 사람입니다. 그런데 그는 세상적으로 능력도 없고 힘도 없는 약한 존재입니다. 공부도 많이 못 했습니다. 인물도 잘나지 못했습니다. 남의 집에서 일하는 사람입니다. 억울한 일을 당해도 방어할 능력이 없습니다. 예수님은 이런 사람들을 무시하지 말라고 하셨습니다. "상처를 주지 말라. 그도 하나님의 자녀. 세상에서는 낮은 위치에 있을지 몰라도 천국에서는 가장 큰 자. 그를 결코 실족하게 하지 말라." 주님은 약한 성도, 사람들에게 외면당하는 성도, 잊혀진 성도를 철저하게 기억하시고 찾으시고 보호하십니다.

그러면 다른 사람을 실족하게 하는 죄란 무엇일까요? 이것은 다른 사람으로 하여금 죄를 짓도록 유혹하고, 자극하고, 가르치는 것을 의미합니다. 여기서 우리가 굉장히 놀라운 사실을 발견합니다. 죄는 혼자 스스로 짓는 법이 없다는 것입니다. 반드시 유혹을 받아서 죄를 짓게 됩니다. 마귀가 직접 유혹하거나 사람을 시켜서 유혹하게 합니다. 유혹이 없으면 죄가 없습니다. 사탄은 이브를 유혹했습니다. 죄를 짓는 데는 죄를 짓도록 격려하고 도전하는 유혹의 손길이 있게 마련입니다. 사람은 처음부터 큰 죄를 짓지 않습니다. 조금씩 조금씩 죄를 짓다가 나중에는 엄청난 죄를 짓는 것입니다.

사람들은 죄를 지으면서도 죄를 짓는다고 생각하기 싫어서 자기의 죄를 여러 가지 방법으로 합리화합니다. 지성으로 합리화하고, 상황으로 합리화합니다. 감옥에는 들킨 죄인들이 있고, 감옥 밖에는 안 들킨 죄인들이 있습니다. 우리가 쇠고랑을 찰 이유가 없어서 여기 앉아 있는 것이 아니라, 어쩌면 우리도 전부 노출되었다면 감옥에 같이 들어가야 할 존재들이 아닌가 생각해 봅니다.

아론이 왜 금송아지를 만들었습니까? 충동질하고 유혹하는 군중이 있었기 때문입니다. 다윗이 왜 간음하게 되었습니까? 옷을 벗고 목욕하는 우리아의 아내 밧세바가 있었기 때문입니다. 유대인들은 가장 용서할 수 없는 죄가 다른 사람들이 죄를 짓도록 유혹하는 죄라고 생각했습니다. 일반적으로 세상에서는 죄를 지은 장본인을 큰 죄인이라고 합니다. 그러나 성경은 죄를 짓게 한 사람이 더 크게 정죄받는다고 했습니다. 돈 많은 사람은 자기들은 죄짓지 않습니다. 아랫사람을 죄짓게 만듭니다. 사장은 죄짓지 않습니다. 부하 직원들을 죄짓게 만듭니다. 그러나 예수님은 보고 계십니다. 죄를 지은 그 사람보다도 죄를 짓게 한 검은 세력, 유혹하는 세력을 주님은 더 날카롭게 정죄하고 비판하십니다. 하나님은 속지 않으십니다. 사람은 속일 수 있어도 하나님은 속일 수 없습니다.

실족하게 하는 죄에 대한 경고

> 만일 우리가 우리 죄를 자백하면 그는 미쁘시고 의로우사 우리 죄를 사하시며 우리를 모든 불의에서 깨끗하게 하실 것이요(요일 1:9).

우리가 회개하면 동에서 서가 먼 것처럼 죄를 멀게 할 것이요, 죄를 등 뒤에 던질 것이요, 깊은 물에 빠지게 만들 것이라고 했습니다. 간음했습니까? 용서받습니다. 살인했습니까? 용서받습니다. 도적질했습니까? 용서받습니다. 열일곱 명을 죽였습니까? 그래도 회개하면 하나님은 용서하십니다. 우리가 어떤 죄를 지었다 할지라도 진심으로 회개하면 주님은 용서해 주십니다.

그러나 용서하시긴 하되 우리에게 너무나 무섭도록 경고하시는 죄가 있습니다. 바로 죄를 짓게 하는 죄입니다. 차라리 유혹을 받아서 죄지은 사람은 회개하면 됩니다. 그러나 죄짓게 한 사람은 그렇게 간단하지 않습니다. 죄짓게 하는 죄, 실족하게 하는 죄에 대해 예수님이 세 가지 무서운 경고를 하셨습니다.

"누구든지 나를 믿는 이 작은 자 중 하나를 실족하게 하면 차라리 연자 맷돌이 그 목에 달려서 깊은 바다에 빠뜨려지는 것이 나으니라."

연자 맷돌은 집에서 아낙네들이 콩으로 비지를 만들 때 쓰는 맷돌이 아니라 당나귀가 원을 그리며 끄는 큰 맷돌입니다. 이십여 명이 들어도 들 수 없는 돌, 그것을 목에 매고 깊은 바다에 들어가는 것이 차라리 낫다고 했습니다. 이 죄에 대해 얼마나 심각하게 생각했으면 예수님이 이런 비유를 드셨겠습니까?

실족하게 하는 일들이 있음으로 말미암아 세상에 화가 있도다 실족하게 하는 일이 없을 수는 없으나 실족하게 하는 그 사람에게는 화가 있도다(마 18:7).

왜 세상이 이렇게 악해집니까? 실족하게 하는 죄들, 남을 죄짓게 하는 일들이 너무 많기 때문입니다. 어떤 사람이 이런 회개를 했습니다. 어렸을 때 자동차 길에 표시된 화살표 방향을 바꿔 놓았다고 합니다. 자기는 간단하게 바꾼 것이지만 수많은 차가 반대 방향으로 가고 말았습니다. 남을 실족하게 만드는 죄가 세상을 얼마나 복잡하게 만들고 악하게 만드는지를 알아야 합니다.

세상에는 실족하게 하는 일이 없을 수 없지만 실족하게 하는 그 사람에게는 화가 있다고 했습니다. 사람들이 보기에는 죄 없다 할지 모르지만 죄짓는 데 동기를 부여한 사람이라면 저주가 있으리라는 것입니다. 잠언을 보면 죄를 짓게 하는 유혹자들이 있다는 말씀을 여러 번 반복하고 있습니다.

> 만일 네 손이나 네 발이 너를 범죄하게 하거든 찍어 내버리라 장애인이나 다리 저는 자로 영생에 들어가는 것이 두 손과 두 발을 가지고 영원한 불에 던져지는 것보다 나으니라 만일 네 눈이 너를 범죄하게 하거든 빼어 내버리라 한 눈으로 영생에 들어가는 것이 두 눈을 가지고 지옥 불에 던져지는 것보다 나으니라(마 18:8-9).

이 얼마나 두려운 경고입니까? 물론 이 말씀의 뜻은 반드시 두 손과 두 발을 다 찍어 버리고 두 눈을 빼어 버리라는 것이 아닙니다. 만약 그렇다면 우리가 눈 뺄 일이 너무나 많습니다. 손을 찍어 버릴 일이 너무나 많습니다.

어떤 장로님이 젊었을 때 도박을 무척 좋아했습니다. 그래서 부인과 싸우기도 하고 이혼 직전까지 가기도 했는데, 하루는 그분이 다시는 도박을 안 하리라 결심하고 부인 앞에서 엄지손가락을 찍었습니다. 그런데도 또 하더랍니다. 손을 찍는다고 안 하는 것이 아닙니다. 그 장로님이 진짜 도박을 끊게 된 계기는 성령 받고 거듭났을 때부터였습니다.

'손을 찍어 버리라. 발을 찍어 버리라. 눈을 빼 버리라'는 것은 차라리 그것이 낫다는 말씀입니다. 예수님은 간음하다 현장에서 붙잡힌 여인도 용서하셨고, 남편 다섯 있는 여인도 용서하셨고, 오른편 강도도 용서하셨습니다. 그러나 남을 죄짓게 하는 죄에 대해서는 세 번씩이나 강조해서 경고하셨다는 사실을 우리는 명심해야 합니다.

연약한 자들을 위한 해산의 수고

우리는 이 시간 이후 다시는 다른 사람에게 상처 주고, 실족하게 하고, 무시하는 일을 해서는 안 될 것입니다. 예수님이 이렇게 경고했는데도 또다시 형제의 가슴을 아프게 한다면 더 이상 어떻게 할 수 있겠습니까? 죄 문제가 해결되지 않으면, 죄에 대해 무감각해지면 사회 전체가 미치광이 사회가 됩니다. 이 세상에서 정신병적인 현상을 없애려면 회개해야 합니다. 죄 문제를 해결해야 합니다. 그러면 세상의 도덕성과 영성은 회복됩니다. 손, 발을 찍어 버리고 눈을 빼 버리는 심정으로 우리는 유혹하는 모든 세력을 끊어야 합니다.

특별히 개인적인 유혹은 도덕적 유혹이 제일 큽니다. 리처드 포스터가 쓴 《돈 섹스 권력》(두란노 역간)이라는 책이 있습니다. 그리스도인이 돈과 섹스와 권력의 문제를 어떻게 다루어야 할 것인가를 아주 실제적으로 썼는데, 개인적인 유혹을 꺾는 비결이 세 가지 영역에서 다루어져 있습니다.

또 교회적으로 유혹하는 세력이 있습니다. 개인적으로 유혹하는 세력은 우리의 도덕성을 흔들어 놓고, 교회적으로 유혹하는 세력은 우리의 신앙을 흔들어 놓습니다. 가끔씩 예수님이 곧 오신다면서 극단적으로 성도들을 유혹하는 세력이 있습니다. 교회 안에도 들어와서 이 교회는 지성적이지만 성령이 없다는 등 성경을 백번 읽으면 만사형통한다는 등 어처구니없는 소리를 해서 연약한 성도들을 혼란에 빠뜨리게 합니다.

사회적으로도 세상을 악하게 만드는 세력이 있는데, 그들 때문에 마약, 인신매매, 성범죄, 투기, 부정부패 등 여러 가지 일들이 사회 곳곳에서 속출하는 것을 봅니다.

예수님은 우리를 죄로부터 분리시키기를 원하십니다. 연약한 성도들을 보호하기를 원하십니다. 마태복음 5장에서도 간음에 대해 말씀하시면서 "만일 네 오른 눈이 너로 실족하게 하거든 빼어 내버리라 네 백체 중 하나가 없어지고 온 몸이 지옥에 던져지지 않는 것이 유익하며 또한 만일 네 오른손이 너로 실족하게 하거든 찍어 내버리라 네 백체 중 하나가 없어지고 온 몸이 지옥에 던져지지 않는 것이 유익하니라"(마 5:29-30)고 하셨습니다.

삼가 이 작은 자 중의 하나도 업신여기지 말라(마 18:10).

이 말씀은 예수님이 보시기에는 우리가 무시하고 돌보지 않고 잊어버린 한 사람의 영혼이 천하보다 귀하다는 뜻입니다. 그 말은 동시에 이 작은 자를 보호하라, 이 작은 자에게 마음을 써 주라는 뜻입니다. 건강한 자식보다는 약한 자식에게 부모의 마음이 더 쓰이듯이, 연약하고 보잘것없는 버림받은 영혼에 대해 하나님의 관심이 더 많이 간다는 사실입니다.

하나님의 사랑은 철저하게 자기 백성을 보호하시는 사랑이며, 우리가 가난하고 병 들고 소외된 연약한 성도들을 시험 들게 하지 않도록 하시는 사랑입니다. 로마서 14장 1절에서 "믿음이 연약한 자를 너희가 받되 그의 의견을 비판하지 말라"고 했습니다. 믿음이 좋은 자는 믿음이 연약한 자를 쉽게 정죄하지 말아야 할 것입니다. 그들의 기도가 서툴고, 예수 믿다가 죄짓고, 예배드리고 나가서 술 한 잔 한다고 그들을 비판하지 말아야 합니다. 그들의 자리에 같이 들어가서 격려해 주고 어루만져 주며 끌고 올라와야 합니다. 이런 해산의 수고를 우리가 해야 합니다.

> 믿음이 강한 우리는 마땅히 믿음이 약한 자의 약점을 담당하고 자기를 기쁘게 하지 아니할 것이라(롬 15:1).

어린아이와 같은 믿음을 가지며 어린아이를 거절하지 말고 영접해야 합니다. 그리고 연약한 성도를 실족하게 해서는 안 됩니다. 그들을 격려하고 천국까지 인도해 주어야 할 것입니다.

33

목자에겐
잃은 양 한 마리가 더 귀하다

마태복음 18:10-14

예수님은 본문 말씀에서 작은 자를 업신여기지 말라고 부탁하십니다.

> 삼가 이 작은 자 중의 하나도 업신여기지 말라 너희에게 말하노니 그들의 천사들이 하늘에서 하늘에 계신 내 아버지의 얼굴을 항상 뵈옵느니라(마 18:10).

예수님은 연약한 그리스도인을 죄짓게 하는 일, 특히 믿음이 있는 척하는 사람들이 믿음 약한 사람들을 억압하는 것을 아주 경계하시고 싫어하셨습니다. 뿐만 아니라 예수님은 지금, 연약한 성도들을 업신여기는 것도 큰 죄라고 말씀하고 계십니다. 업신여기지 않는 것은 죄짓게 하지 않는 것보다 더 어려운 일입니다. 왜냐하면 죄짓게 하는 것은 눈에 보이는 것이지만 업신여기는 것은 내면에서 일어나는 죄이기 때문입니다. 우리는 겉으로 죄를 짓지 않을 수도 있고, 남이 죄를 짓지 않도록 할 수도 있습니다. 그러나 그러면서도 속으로는 사람을 깔보고 무시할 수 있습니다.

형제를 업신여기는 죄

마태복음 5장에서 예수님은 이렇게 말씀하셨습니다.

> 나는 너희에게 이르노니 형제에게 노하는 자마다 심판을 받게 되고
> 형제를 대하여 라가라 하는 자는 공회에 잡혀가게 되고 미련한 놈
> 이라 하는 자는 지옥 불에 들어가게 되리라(마 5:22).

실제로 살인하는 것만이 살인이 아니라 마음속으로 형제를 미
워하는 것이 곧 살인이라고 하셨습니다. 사실 우리는 너무나 쉽게
형제를 비판하고 공격합니다. 생각해 보면 별일도 아닌데 화를 낼
때가 있습니다. 그리고 머리가 나쁘다느니, 감정적이라느니, 버릇
이 없다느니 하면서 깔보기 쉽습니다. 또 어떤 사람은 자기가 상
처를 받거나 무시당했을 때 상대방에게 두 배, 세 배로 상처를 줍
니다. 사실 상처를 받았다고 불평하는 사람도 결국 보면 상처받았
다는 이유로 다른 사람을 욕하고 비방합니다. 똑같습니다. 상처를
주면서 형제를 비방하는 것이나, 상처를 받으면서 비방하는 것이
나 결과는 마찬가지입니다. 문제는 형제를 업신여긴다는 데 있습
니다.

예수님은 형제가 형제에 대해서, 그리스도인이 특별히 연약한
그리스도인에 대해서 어떤 이유에서든지 비판하고 정죄하지 말라
고 하십니다. 비록 그가 잘못했을지라도 사랑과 인내와 용서로 대

해야 한다는 것입니다. 참 어려운 말씀입니다. 용서처럼 어려운 일도 없습니다.

예수님은 "비판을 받지 아니하려거든 비판하지 말라"(마 7:1)고 하셨습니다. 또 사도 바울은 "남을 판단하는 사람아, 누구를 막론하고 네가 핑계하지 못할 것은 남을 판단하는 것으로 네가 너를 정죄함이니 판단하는 네가 같은 일을 행함이니라"(롬 2:1)고 했습니다. 사실 우리는 판단할 자격도, 비판할 자격도 없습니다. 판단하고 비판할 때 자칫 잘못하면 자기가 하나님의 위치로 가고 맙니다. 자기는 완전하다고 착각하게 되는 것입니다. 지금 성경은 "너는 불완전한 인간이다. 네가 그 한 면에 있어서는 잘났을지 모르지만, 또 다른 면에 있어서는 정죄를 받을 만한 장본인이 아니냐?"고 묻습니다.

성경은 참된 그리스도인에 대해 이렇게 말합니다.

> 서로 마음을 같이하며 높은 데 마음을 두지 말고 도리어 낮은 데 처하며 스스로 지혜 있는 체하지 말라 아무에게도 악을 악으로 갚지 말고 모든 사람 앞에서 선한 일을 도모하라 할 수 있거든 너희로서는 모든 사람과 더불어 화목하라(롬 12:16-18).

"할 수 있거든… 모든 사람과 더불어 화목하라"는 말씀은 참 깊고도 오묘한 말씀이요, 실천하기 어려운 말씀입니다. 그러나 성령 안에 있으면 아주 쉬운 말씀이기도 합니다.

예수 잘 믿는 사람들을 보면 어떤 면에서는 약간 매력이 없는 듯한 느낌을 줍니다. 그리스도인은 더 친한 사람도 덜 친한 사람도 없습니다. 모두 다 그리스도 안에서 형제일 뿐입니다. 너무 갑자기 친하고 갑자기 좋아하는 것은 좀 위험합니다. 덜 친할 것도 없고 더 친할 것도 없이 우리는 그리스도 안에서 다 형제입니다. 비판자가 되기보다는 격려자가 되는 것이 좋다고 성경은 말합니다. 격려자의 은사를 사모하십시오. 화해자의 은사를 사모하십시오. 사랑의 은사를 사모하십시오. 그것이 하나님에게도 유익이고 모든 사람에게도 유익이 됩니다.

이 땅에는 정의의 칼을 드는 사람들이 너무나 많습니다. 사랑과 용서가 기초되지 않은 정의의 칼은 사람을 죽이고 파괴합니다. 오히려 무서운 독이 됩니다. 우리는 정죄하는 자가 아닌 평화를 심는 사람으로 존재해야 합니다.

천사의 보호를 받는 존재

본문 말씀에서 예수님은 "연약한 자라 할지라도 하나님의 자녀가 업신여김을 받을 수는 없다. 하나님의 자녀는 천하보다도 더 귀하고 소중한 존재다"라고 말씀하십니다. 이제 그 이유를 찾아보겠습니다.

첫째, 하나님의 자녀들은 천사들의 보호를 받는 존재이기 때문입니다.

삼가 이 작은 자 중의 하나도 업신여기지 말라 너희에게 말하노니 그들의 천사들이 하늘에서 하늘에 계신 내 아버지의 얼굴을 항상 뵈옵느니라(마 18:10).

'그들의 천사들'이라는 말은 업신여기는 작은 자를 지키는 천사가 있다는 말입니다. 사람마다 그를 보호하는 하나님의 천사가 있습니다. 누가복음을 보면 예수님이 겟세마네 동산에서 땀이 피가 되도록 기도하실 때 천사가 예수님의 기도를 도왔다는 말씀이 있습니다. 천사는 우리의 기도를 돕습니다. 우리가 예배드릴 때 우리의 예배를 돕고, 우리가 찬양할 때 같이 찬양합니다. 히브리서 1장 14절에서 천사는 하나님의 부리는 영으로 구원받은 백성을 보호하기 위해 보냄을 받은 존재라고 설명하고 있습니다. 천사는 분명히 있습니다. 천사는 우리에게 기쁜 소식을 전해 주기도 하며, 사탄의 세력에서 우리를 보호하기도 하며, 위기에서 건져 주기도 합니다.

사도행전 12장을 보면 재미있는 사건이 나타납니다. 베드로가 전도하다가 붙잡혀서 아주 깊은 감옥에 갇혔습니다. 간수들이 겹겹이 지키고 있었는데 밤에 천사가 나타났습니다.

천사가 이르되 띠를 띠고 신을 신으라 하거늘 베드로가 그대로 하
니 천사가 또 이르되 겉옷을 입고 따라오라 한대 베드로가 나와서
따라갈새 천사가 하는 것이 생시인 줄 알지 못하고 환상을 보는가
하니라(행 12:8-9).

베드로도 누가 와서 그러는지 몰라 환상을 보는 것으로 착각했
다고 했습니다.

이에 첫째와 둘째 파수를 지나 시내로 통한 쇠문에 이르니 문이
저절로 열리는지라 나와서 한 거리를 지나매 천사가 곧 떠나더라
(행 12:10).

문이 저절로 열린 것은 천사가 열어 주었기 때문입니다. 예수님
이 부활하셨을 때에도 제자들에게 천사가 나타났습니다. 또 승천
하셨을 때에도 천사가 나타나서 "갈릴리 사람들아 어찌하여 서서
하늘을 쳐다보느냐 너희 가운데서 하늘로 올려지신 이 예수는 하
늘로 가심을 본 그대로 오시리라"(행 1:11)고 말했습니다. 하나님
은 믿는 성도 한 사람 한 사람에게 천사를 보내셔서 지켜 주시고
격려하시고 보호하십니다.

가끔 우리가 이런 간증을 듣습니다. 어떤 사람이 차를 타고 가다
가 교통 사고가 나서 자동차가 휴지처럼 구겨졌는데 사람은 머리

털 하나 다치지 않고 기적적으로 살아났다는 이야기입니다. 아마도 천사가 보호했기 때문인지도 모릅니다. 심각한 상황에서 우리 성도를 보호하는 역할을 천사가 하는 것입니다.

하나님이 천사를 보내어 지켜 주시고 보호하시는 존재가 바로 우리임을 믿기 바랍니다. 본문 말씀을 보면, 우리를 도와주는 천사가 하나님의 얼굴 앞에 항상 있다고 했습니다. 이 말은 우리가 어려움에 처해 있을 때 하나님이 즉시 보호하는 천사를 보내 주신다는 약속을 의미합니다. 우리의 천사는 항상 하나님의 얼굴 앞에 서 있습니다.

하나님의 절대 사랑

하나님의 자녀가 귀한 둘째 이유는, 그가 예수님의 특별한 사랑을 받는 존재이기 때문입니다. 11절의 난외주를 보면 "인자가 온 것은 잃은 자를 구원하려 함이니라"고 되어 있습니다. 이 말씀이 빠져 있다 할지라도 그다음 말씀에서 예수님은 11절과 같은 의미의 살아 있는 생생한 비유를 보여 주셨습니다.

너희 생각에는 어떠하냐 만일 어떤 사람이 양 백 마리가 있는데 그 중의 하나가 길을 잃었으면 그 아흔아홉 마리를 산에 두고 가서 길 잃은 양을 찾지 않겠느냐 진실로 너희에게 이르노니 만일 찾으면 길을 잃지 아니한 아흔아홉 마리보다 이것을 더 기뻐하리라(마 18:12-13).

우리는 이 이야기에서 굉장히 중요한 몇 가지 교훈을 발견하게 됩니다.

첫 번째는 하나님에게 양 아흔아홉 마리나 한 마리나 같다는 사실입니다. 하나님의 사랑은 양적인 사랑이 아니라 질적인 사랑입니다. 하나님은 우리를 절대 사랑의 가치로 보고 계십니다. 주님은 양 아흔아홉 마리에 만족하지 않으셨습니다. 깊은 밤 산 속에서 눈물을 흘리며 헤매는 한 마리 잃어버린 양에게 생명을 거셨습니다. 자기 생명을 바쳐서 그 잃은 양 한 마리를 찾으셨습니다. 경제적으로 계산한다면, 한 마리 양을 구하는 데 드는 고생과 수고가 훨씬 더 많습니다. 그 밤에 그런 고생을 하느니 차라리 죽게 버려두는 것이 더 이익입니다. 그렇게 하는 것이 세상적인 가치입니다. 세상의 기준은 사람을 그렇게 취급합니다.

그러나 하나님의 사랑은 안전한 곳에 있는 아흔아홉 마리 양에게 있는 것이 아니라 산에서 길을 잃은 상처투성이의 한 마리 양에게 있다는 것입니다. 우리가 사랑받을 만한 가치가 있거나 유용하고 이익이 될 만한 존재여서 하나님이 우리를 사랑하시는 것이 아닙니다.

하나님은 조건 없이 우리를 사랑하시고 구원하셨습니다. 내게 사랑받을 만한 조건이 없지만, 또 그만 한 가치가 없지만 하나님은 나를 사랑하시는 것입니다. 하나님에게는 양 아흔아홉 마리의 가치나 잃어버린 한 마리의 가치나 같습니다. 하나님에게는 부자나 가난한 자나 동일합니다. 배운 자나 못 배운 자나 동일합니다. 하나님에게 있어서는 온 천하보다 귀한 것이 한 생명입니다.

그런데 우리는 사람을 구별해서 사귑니다. 높은 사람, 부자, 영향력 있는 사람은 더 귀하게 생각하고 낮은 사람, 가난한 사람, 영향력이 없는 사람은 덜 귀하게 생각합니다. 교회의 본질은 이러한 하나님의 사랑이 구현되는 데 있습니다. 교회에서는 이러한 하나님의 사랑의 질이 그대로 존재해야 합니다.

이 비유에서 두 번째로 발견하는 것은 하나님은 우리의 잘못을 조건 없이 용서하신다는 사실입니다. 우리는 어떤 흉악한 죄도 용서받을 수 있는 특권이 있는 존재입니다. 양이 길을 잃어버린 것은 목자의 실수입니까, 양의 실수입니까? 양의 실수입니다. 목자가 가지 말라고 한 곳에 양이 몰래 간 것입니다.

교회에는 이런 골치 아픈 양들이 종종 있습니다. 아주 제멋대로 신앙 생활 하는 사람이 있습니다. 몇 달 동안 안 나오다가 잊을 만하면 한 번씩 교회에 나오고, 술 한 잔 하고 예배 한 번 드리고, 나쁜 짓 한 번 했다가 예배 한 번 드리는 속 썩이는 양이 있습니다.

우리가 고생하고 어려움을 겪는 것은 하나님의 실수 때문이 아니라 우리의 실수 때문입니다. 우리가 잘못해서, 교만해서, 버릇이 없어서 이리 부딪치고 저리 부딪쳐 온몸이 상처투성이가 되는 것입니다. 하나님이 실수해서 우리가 잘못되는 것이 아닙니다. 그런데 본문 말씀을 보면, 목자가 양의 실수에 대해 야단치거나 정죄하지 않고 있다는 점입니다. 하나님의 관심은 우리의 실수보다도, 우리의 허물보다도 우리를 불쌍히 여기는 데 있습니다. 그래서 어떠한 희생의 대가를 치르더라도 포기하지 않고 우리를 구원하기를 원하십니다.

하나님은 실수하지 않으셨습니다. 우리가 실수했습니다. 그렇지만 하나님은 우리 잘못 때문에 구원을 포기하거나 하나님의 사랑을 유보하시지 않습니다. 여전히 하나님은 우리를 찾으시고, 기억하시고, 구원하기를 원하십니다.

> 우리가 아직 죄인 되었을 때에 그리스도께서 우리를 위하여 죽으심으로 하나님께서 우리에 대한 자기의 사랑을 확증하셨느니라(롬 5:8).

하나님은 우리가 완전한 사람이 되어서 교회에 오기를 원하시는 것이 아니라 죄인인 채 오기를 원하십니다. 우리가 지금 인간적으로 여러 가지 문제를 안고 있는 것을 하나님은 너무나 잘 아십니다. 그것을 다 해결하고 오라는 것이 아닙니다. 그 모습 그대로 나오라고 하십니다. 주님은 실수하고 죄짓고 허물 많은 우리를 그대로 용납하십니다. 인간들은 이기적이고 교만하고 자기 중심적입니다. 인간은 본질상 진노의 자식입니다. 인간은 스스로 절망을 선택했고 불행을 자초했습니다. 그러나 하나님은 이처럼 교만하고 어리석은 인간을 조건 없이 사랑하셔서 외아들을 세상에 보내어 십자가에서 대신 죽게 하셨습니다. 이 비유에서 바로 이러한 하나님의 사랑을 보게 됩니다.

세 번째로 하나님의 사랑은 기다리시는 사랑이 아니라 찾으시는 사랑입니다. 우리가 위기 상황에 몰려 있을 때 하나님은 적극적으로 개입하시는 분인 것을 볼 수 있습니다. 목자는 양이 제 발로 걸어 들어올 때까지 기다리는 분이 아닙니다.

탕자의 비유는 어떻습니까? 탕자가 집을 나갔다가 다시 회개하는 마음으로 돌아왔습니다. 그럴 때 아버지는 집 안에 앉아서 기다리지 않았습니다. 문 밖에 나가 기다리다가 아들의 모습을 보고 뛰어와 얼싸안고 반기며 맞아 주었습니다. 그 아버지는 탕자가 집을 떠났을 때부터 벌써 아들을 용서하고 있었습니다. 하나님은 우리가 죄 지을 때부터 용서하고 계십니다. 떠날 때부터 용서하고 계셨고, 문을 열고 계셨고, 기다리고 계셨습니다. 아들이 돌아왔을 때 아버지는 아들을 얼싸안고 귀걸이를 달아 주고 반지를 끼워 주고 송아지를 잡아 잔치를 벌였습니다. 하나님은 우리를 이렇게 맞아 주시는 분입니다.

죄인 가운데 두 부류가 있습니다. 스스로 회개하고 돌아올 가능성이 있는 죄인이 있습니다. 탕자가 되었어도, 하나님을 등 뒤로 하고 세상에 가서 인간적으로 살고 고민하고 죄에 빠져 괴로워하다가도 마지막에는 하나님을 생각하는 사람이 있습니다. 이런 죄인에 대해서는 하나님이 문을 열고 밤이나 낮이나 기다리십니다.

그런데 또 하나의 죄인은, 스스로는 절대로 죄 가운데서 빠져 나올 수 없는 죄인이 있습니다. 이런 죄인을 위해서 목자는 기다리는 것이 아니라 찾아갑니다. 산을 넘고 물을 건너서 그 엄청난 고난의 길을 걸어서 찾아옵니다. 우리를 만나기 위해 예수님은 2천 년 동안 걸어오셨습니다. 2천 년의 세월을 거쳐 여기까지 오셔서 우리를 찾으셨습니다.

우리가 돌아올 수 없는 상황일지라도 주님은 우리를 포기하시지 않는다는 사실을 기억하십시오. 우리가 더 이상 어찌할 수 없는 상황에 있을지라도 하나님은 우리를 절대로 포기하지 않으십니다.

이 비유에서 네 번째로 배우는 것은 하나님은 우리를 찾으시고 잔치를 베풀고 기뻐하신다는 사실입니다. 부모가 자녀를 낳으면 그냥 좋아합니다. 시간 가는 줄 모르고 그냥 보며 좋아합니다. 하나님이 그렇게 우리를 좋아하십니다. 탕자라도, 못된 짓을 평생 했을지라도 자녀라고 그냥 기뻐하고 좋아하시는 분이 하나님입니다. 잃었다가 다시 찾은 양에 대해서 야단치거나 충고하거나 멸시의 눈초리를 보내지 않습니다. 오직 기뻐할 뿐입니다. 잃었다가 찾은 양을 어깨에 메고 돌아와 환호성을 울리며 잔치를 베푸는 모습을 상상해 보십시오.

우리는 가끔 회개하고 돌아온 사람에게 너무나 가혹하게 대할 때가 있습니다. 우리는 그 사람의 과거 때문에 그가 현재 변했음에도 불구하고 그를 정죄하거나 경계합니다. 우리 사회는 전과범에 대해 너무나 냉대하고 경멸하여 그에게 기회를 주기를 꺼려 합니다. 그러나 하나님은 그렇지 않으십니다. 우리의 허물과 죄를 보시지 않고, 잃었다가 다시 찾은 기쁨과 감격만으로 어쩔 줄 몰라 하십니다.

한 영혼도 버려두지 않으시는 하나님

> 이와 같이 이 작은 자 중의 하나라도 잃는 것은 하늘에 계신 너희 아버지의 뜻이 아니니라(마 18:14).

하나님의 자녀가 업신여김을 받지 않고 귀한 셋째 이유는 그것이 하나님의 뜻이기 때문입니다. 사람은 불편하고 귀찮으면 쉽게 포기하고 돌아서 버립니다. 전도하다가도 잘 안 되면 금세 포기합니다. 양육 받다가 힘들면 안 나옵니다. 양은 원래 그런 존재입니다. 양은 항상 삐쭉거리고 말을 안 듣습니다. 그런데 이런 양 하나하나가 하나님에게는 소중합니다. 작은 자 중에 하나라도 잃어버린 것이 있다면 그것은 하나님의 뜻이 아닙니다. 하나님은 버려진 한 사람의 영혼에 더 관심이 많습니다.

여기에 우리의 고민과 갈등이 있습니다. 그 사람 하나쯤 포기하고 싶은데 하나님의 뜻은 그것이 아닙니다. 그렇게 밉고 힘들고 어려운 사람을 몇 십 년 붙들고 앉아 있어야 합니다. 그 사람 때문에 갈 길도 못 가고, 그 사람 때문에 할 일을 못 해도 하나님의 관심이 그에게 있기 때문에 그와 함께 있어야 합니다. 그 한 사람을 하나님은 기억하고 계십니다. 이것이 본문 말씀에서 말하는 하나님의 뜻입니다.

다수 때문에 소수가 희생되는 것을 하나님은 원하시지 않습니다. 만약에 하나님이 나와 같은 형편없는 존재를 쉽게 잊어버리고 포기하셨다면, 나는 어떻게 되는 것입니까? 생각해 보십시오. 하나님이 내 모습 그대로 나의 구원의 가능성을 평가하셨다면, 하나님이 나를 포기하셔도 몇 번을 포기하셔야 했고, 나를 버려도 몇 번을 버리셔야 했을 것입니다. 하나님이 나를 버리지 않으시고 지금까지 참고 기다리신 이유는 바로 이 작은 자 하나도 버리지 않는 사랑 때문입니다. 하나님은 결코 우리를 포기하시지 않습니다. 이런 하나님의 마음이 우리가 선교사를 보내는 이유입니다.

저는 분명히 믿습니다. 이북에도 하나님의 어린 양들이 있다는 사실을 말입니다. 하나님이 자기 생명을 다 주고도 구원하고자 하시는 귀한 생명이 북녘 땅에도 있다는 것입니다. 우리 그리스도인의 관심은 단순한 민족 통일이 아닙니다. 물론 민족이 통일되는 것도 중요합니다. 그러나 그보다 더 중요한 것은 하나님의 어린 양이 그 땅에 있다는 것입니다. 하나님의 어린 양은 공산권에도 있고, 모슬렘 속에도 있습니다.

예수님이 목자의 비유를 들어서 말씀하신 것처럼, 우리는 엄청난 재정적 대가와 인력과 시간 소모를 치르더라도 한 영혼을 건져야 합니다. 하나님이 기뻐하시는 일이기 때문입니다. 그것이 선교의 본질입니다. 제도나 형식이나 모든 관계의 울타리를 떠나서 우리가 하나님의 마음과 뜻을 알 수 있다면, 우리는 진정으로 하나님의 사람이 될 것입니다.

34

스스로에게
용서와 회개의 기회를 주라

마태복음 18:15-17

본문 말씀에서 예수님은 형제가 내게 죄를 범했을 때 어떻게 해야 하는가 하는 문제를 말씀하고 계십니다. 예수님은 "작은 자를 실족하게 하지 말라, 업신여기지 말라"고 하셨습니다. 그런데 만일 어떤 형제가 연자 맷돌을 목에 매어야 하고, 두 손과 두 발을 찍고 두 눈을 빼어 버려야 할 죄를 지었을 때, 나를 실족하게 하고 업신 여겼을 때, 나는 그 형제에게 어떻게 해야 되느냐는 것입니다. 여기서의 죄는 윤리적이고 도덕적인 죄입니다. 교회 안에서도 여러 가지 사기 사건, 간음 사건 등이 있을 수 있습니다. 그럴 때 어떻게 해야 하는가 하는 문제를 예수님이 말씀하십니다.

죄를 미워하시는 하나님

그런데 이 문제를 이야기하기 전에 먼저 살펴봐야 할 것은 죄의 문제를 하나님이 어떻게 생각하시느냐는 것입니다. 하나님이 가장 미워하시고 싫어하시는 것이 죄입니다. 창세기 3장을 보면 하나님이 먹지 말라고 하신 선악과를 인간이 따먹었습니다. 죄가 인간 속에 들어오고 만 것입니다. 이것은 하나님에 대한 불순종이었습니다. 죄의 본질은 하나님에 대한 불순종입니다. 하나님을 거역하는 것입니다. 하나님의 존재를 인정하지 않는 것입니다. 그것이 죄입니다. 죄가 인간에게 들어옴으로 말미암아 첫째, 하나님과 인간 사이에 분리가 생겼습니다. 하나님은 하나님의 세계에서 인간을 쫓아버리셨습니다. 죄가 인간과 하나님 사이에 장벽을 만든 것입니다. 둘째, 죄는 인간과 인간 사이에 갈등을 만들었습니다. 인간이 인간을 축출한 것입니다. 셋째, 인간이 자연으로부터 축출당하게 되었습니다. 죄는 인류에게 죽음을 가져왔습니다. "죄의 삯은 사망"(롬 6:23)이라고 했습니다. 죽음에는 육체적인 죽음도 있지만 영혼의 죽음도 있습니다. 영원한 죽음도 있습니다. 사망에는 죄의 그림자라 불리는 현상이 있습니다. 절망, 질병, 어둠, 거짓, 불이익, 간음, 우상숭배, 살인, 분쟁, 도둑질, 악독, 시기 등 모든 죄의 그림자가 있는 것입니다. 육신을 입고 사는 동안 이 죄의 그림자 속에 갇혀 사는 것이 인간의 본질입니다. 이 죄의 모든 현상은 어느 날, 결정적인 죽음이라는 실존 앞에 우리를 몰고 갑니다. 이것이 어디서 왔습니까? 죄로부터 왔습니다. 그래서 성경을 보면 하나님은 죄를 철저하게 미워하십니다. 하나님은 털끝만 한 죄도 용납하시지 않습니다.

거룩과 순결이 능력이다

사람들은 능력을 원합니다. 무엇이 능력입니까? 죄가 없는 거룩을 가리켜 능력이라고 합니다. 거룩이 능력입니다. 순결이 능력입니다. 거룩보다 더 큰 능력이 없으며, 순결보다 더 큰 능력이 없습니다. 세상에서 제일 무서운 사람은 돈 있고 권력 있는 사람이 아니라 깨끗한 사람입니다. 때 묻지 않은 사람, 순수한 사람, 거룩한 사람을 보면 우리는 옷깃을 여미게 됩니다. 이유는 바로 그 거룩에서 능력이 나타나기 때문입니다.

무언가를 취하는 사람이 아니라 포기하는 사람을 보면 우리는 두려워합니다. 제일 무서운 사람이 무소유의 사람입니다. 예수님에게는 거룩의 능력이 있었습니다. 예수님은 철저하게 죄가 없으셨기 때문에 완벽한 능력을 소유하고 계셨습니다. 우리도 일주일만 금식하면 능력이 생기고 거룩해지는 것을 느낄 수 있습니다. 우리가 어느 기도원에 들어가서 죄를 짓지 않고 거룩함 속에 몇 달만 있어 보면 자신이 변하며 내면에서 새로운 힘이 솟아나는 것을 느끼게 될 것입니다.

시편은 "내가 나의 마음에 죄악을 품었더라면 주께서 듣지 아니하시리라"(시 66:18)고 했습니다. 내 안에 죄가 있으면 하나님께서 내 기도를 듣지 않으십니다. 내 안에 죄가 있으면 하나님이 느껴지지 않습니다. 하나님이 없어서 하나님이 느껴지지 않는 것이 아닙니다. 똑같이 예배를 드리면서도 어떤 사람은 하나님을 강하게 느끼고 있고, 어떤 사람은 전혀 못 느끼고 졸고 있습니다.

여호와의 손이 짧아 구원하지 못하심도 아니요 귀가 둔하여 듣지 못하심도 아니라 오직 너희 죄악이 너희와 너희 하나님 사이를 갈라 놓았고 너희 죄가 그의 얼굴을 가리어서 너희에게서 듣지 않으시게 함이니라 이는 너희 손이 피에, 너희 손가락이 죄악에 더러워졌으며 너희 입술은 거짓을 말하며 너희 혀는 악독을 냄이라(사 59:1-3).

우리가 하나님과 통하지 못하는 이유가 하나님에게 있는 것이 아니라 우리에게 있다는 것입니다. 왜 교회가 능력이 없습니까? 교회 안에 죄가 있기 때문입니다. 죄가 있으면 능력이 없습니다. 개인이나 교회나 하나님이 원하시지 않는 죄가 있으면 능력이 없습니다.

죄에 대해 한 가지 더 생각할 것이 있는데, 죄의 배후에는 언제나 사탄의 세력이 존재한다는 사실입니다. 우리가 원하든 원하지 않든, 죄를 지었다면 그 뒤에는 반드시 우리를 조종하는 사탄이 있다는 사실을 알아야 합니다. 죄는 환경으로부터 오는 것이 아닙니다. 죄는 상황으로부터 오는 것도 아니고 구조로부터 오는 것도 아닙니다. 요즘 사회학적으로 구조학이라는 것을 내세워 "아무리 선한 사람이라도 악의 구조 속에 들어가면 죄를 지을 수밖에 없다. 상황이 그렇게 죄짓게 하였다. 환경이 그런 죄를 짓게 하였다. 환경을 개선하면, 제도와 체제를 바꾸면, 정권을 바꾸면 죄를 짓지 않을 것이다"라고 주장하는 사람이 있습니다. 그러나 그렇지 않습니다. 죄는 환경이나 상황이나 제도나 구조가 아닙니다.

어떤 사람은 죄가 심리학적인 현상이라고 합니다. 또 어떤 사람은 가난이 죄라고 합니다. 그러나 먹을 것이 없어서 이 나라에 이렇게 죄가 많습니까? 먹을 것을 주면 죄가 없어집니까? 사람이 배부르면 죄가 더 많아집니다. 배부른 사람이 저지르는 죄는 배고픈 사람이 저지르는 죄보다 더 큽니다. 어떤 사람은 무식이 죄라고 합니다. 못 배운 게 죄라고 생각하여 엄청난 과외를 시키며 삼수, 사수 해 가면서 대학에 넣으려고 합니다. 그러면 많이 공부하고 배우면 죄 안 짓습니까? 배운 사람은 더 기술적으로 죄를 짓습니다. 못 배워도 죄를 짓고 잘 배워도 죄를 짓고, 배고파도 죄를 짓고 배불러도 죄를 짓습니다. 그러나 사람들은 죄짓는 이유를 자꾸 제도나 환경이나 구조나 상황에 전가하려고 합니다.

인간이 죄를 짓는 이유는 인간이 죄인이기 때문입니다. 그래서 가난한 자도, 부자도, 배운 자도, 못 배운 자도 예수 믿어야 합니다. 어떤 사람들은 "죄란 죄라고 생각하면 죄고, 아니라고 생각하면 죄가 아니다. 왜 간음이냐? 하나님이 성본능을 주신 것이 아니냐? 밥을 먹듯이 성본능을 사용하는 것은 자연스러운것이다"라고 말합니다. 그러나 그것은 죄입니다. 그 배후에는 사탄의 세력이 있습니다.

죄는 우리를 죽음으로 몰고 갈 것입니다. 죄는 하나님과 우리의 관계를 끊어 버리고 우리를 비참하게 만들 것입니다. 죄는 우리를 무능하게 만들고 우리의 육체와 인격을 파괴하고 마음의 기쁨을 다 빼앗아 가버리고 말 것입니다. 그러므로 하나님이 독생자 예수 그리스도를 세상에 보내어 대신 십자가에 죽게 하심으로 인간의 죄 문제를 해결해 주신 것입니다.

구체적으로 죄를 지적하고 권고하라

이제 죄지은 형제에 대해 예수님이 어떤 태도를 취하라고 하시는지 살펴보겠습니다. 결론적으로 죄인은 용서하되 죄는 용납하지 말라는 것이 예수님의 기본적인 태도입니다.

> 네 형제가 죄를 범하거든(마 18:15).

여기서 형제는 같이 예수 믿는 사람, 예수 믿는 공동체를 의미합니다. 그 곳에 도덕적·윤리적으로 죄를 짓는 사람이 있을 수 있습니다. 교회란 완전한 사람이 모인 곳이 아닙니다. 갖가지 사람들이 모입니다. 그러면서도 그들이 날마다 성화되어 가고 변화되어 가는 곳이 교회입니다. 교회에는 언제나 여러 가지 문제가 생길 수 있습니다. 그런데 어떤 사람이 나에게 도덕적이고 윤리적인 죄를 지었을 때 어떻게 해야 되느냐는 것입니다.

죄를 지으면 일시적으로 하나님과의 관계가 끊어집니다. 죄를 지으면 기도하기가 어려워집니다. 무릎 꿇고 앉아 있어도 기도가 되지 않습니다. 죄를 지으면 교회 공동체와 단절됩니다. 이때 그 죄지은 형제에 대해서 교회는 어떻게 해야 합니까? 그를 내어 쫓으면 안 됩니다. 그를 포기해서도 안 됩니다. 오히려 그가 죄의 문제를 해결하고 돌아올 수 있도록 적극적으로 도와줘야 합니다. 예수님은 죄지은 형제에게 취할 태도를 세 단계로 가르쳐 주십니다.

첫 번째 단계를 살펴보겠습니다.

> 네 형제가 죄를 범하거든 가서 너와 그 사람과만 상대하여 권고하라 만일 들으면 네가 네 형제를 얻은 것이요(마 18:15).

예수님은 먼저 죄를 지은 형제를 찾아가라고 하셨습니다. 방황하거나 소극적인 태도를 취하지 말고 잘못한 형제가 있거든 적극적으로 찾아가서 이야기하라는 말씀입니다. 그리고 다른 사람을 개입시키지 말고 단둘이 만나서 그에게 권면하라는 것입니다. 우리는 일반적으로 뒤에서 헐뜯고 흉보고 소문을 퍼뜨립니다. 그리고 속으로 경멸합니다. 그러나 그 사람을 만나면 이해하는 것처럼 웃고 위선적으로 행동합니다. 과연 어떤 태도가 형제를 진정으로 사랑하는 태도일까요? 다른 사람을 개입시키지 않고 단도직입적으로 만나서 그 사람에게 권면하는 것이 옳은 태도입니다.

그다음에는 권고하라고 하셨습니다. 이 말의 뜻은 그 사람이 나에게 저지른 죄가 있다면 그 허물을 구체적으로 지적하라는 뜻입니다. 뒤에서 돌려서 말하지 말고 직접 이야기하라는 뜻입니다. 참 어려운 일입니다. 일대일로 만나서 죄를 구체적으로 지적하고 분명하게 깨우쳐 주는 일은 성령의 능력을 받지 않고는, 성령의 도우심이 없이는 못 할 일입니다. 왜냐하면 자칫 잘못하면 내가 하나님의 위치에 가게 되고, 내가 충고하는 입장이 되기 때문입니다. 권고는 충고하는 것도 야단치는 것도 아닙니다. 하나님 앞에서 죄의 문제를 우리가 같이 해결하자는 마음에서 하는 일입니다. 그런데 자칫하면 야단치고 충고하는 입장이 되기 쉽습니다. 우리는 정말 사랑하는 입장에서 같이 눈물 흘리고 아파하면서 권고해야 합니다.

여기서 '권고하라'는 말은 해도 좋고 안 해도 좋다는 것이 아니라 하지 않으면 안 된다는 강력한 의지가 내포되어 있습니다. 참으로 우리가 성령 충만하여 기도의 능력과 아울러 사랑으로 그 사람의 죄를 지적하고 같이 기도하며 눈물을 흘릴 때, 성령님은 역사하셔서 우리를 위로하고 용서하시고 어려운 상황에서 건져 주십니다.

"만일 들으면 네가 네 형제를 얻은 것이요."

형제가 죄를 지었다 할지라도 하나님이 바라시는 것은 그를 다시 찾는 것입니다. 그를 죄의 깊은 수렁에서 끌어내는 것입니다. 그것은 잃어버린 한 마리의 양을 다시 찾아 목자가 어깨에 메고 돌아오는 것이요, 집에 돌아온 탕자를 아버지가 껴안는 것입니다. 여기에 하나님의 목적이 있고, 교회의 목적이 있고, 권면의 목적이 있습니다. 이 과정이 몹시 힘들고 귀찮고 고통스럽고 외롭다 할지라도 교회의 존재는 건물 짓는 데, 사회사업 하는 데, 어떤 행사를 많이 하는 데 있는 것이 아니라 잃어버린 한 영혼을 찾는 데 있습니다. 하나님은 잃어버린 한 영혼을 찾는 데 모든 관심을 기울이십니다.

끝까지 포기하지 말라

두 번째, 형제가 권면했는데도 안 들을 경우에는 포기하지 말라고 하셨습니다.

> 만일 듣지 않거든 한두 사람을 데리고 가서 두세 증인의 입으로 말마다 확증하게 하라(마 18:16).

이 말씀은 약점을 잡아서 그 사람이 도망 못 가게 증인을 세우라는 뜻이 아니라, 두세 사람을 데리고 가서 더 권면하라는 뜻입니다. 이는 신명기 19장 15절에 나타난 규례로, 이렇게 두 번씩이나 권면하는 것은 죄를 변명하지 못하게 하려는 이유도 있지만 그 사람을 쉽게 포기하지 말라는 뜻입니다.

세 번째, 그래도 강퍅하여 마음을 돌이키지 않고 회개하지 않으면 그때에는 교회의 힘을 동원하라고 하셨습니다.

> 만일 그들의 말도 듣지 않거든 교회에 말하고(마 18:17).

이것은 교회 공동체의 기도와 권면과 훈계를 뜻하는 것입니다. 마지막으로 교회의 권면도 거절할 경우에는 "이방인과 세리와 같이 여기라"(마 18:17)고 하셨습니다. 참으로 무섭고 가슴 아픈 말입니다. 그러나 이 말씀의 요점은 이방인과 세리처럼 취급하는 데 있는 것이 아니라 '끝까지 노력하라, 최선을 다하라' 하는 데 있습니다. 예수님의 마음은 그 사람을 세리와 이방인처럼 취급하는 마음이 아니라, 끝까지 그 영혼을 위해 기도하여 그를 찾으려는 마음입니다. 하나님의 관심은 심판이 아니라 구원에 있습니다.

> 하나님이 세상을 이처럼 사랑하사 독생자를 주셨으니 이는 그를 믿는 자마다 멸망하지 않고 영생을 얻게 하려 하심이라(요 3:16).

하나님의 목적은 멸망이 아니라 영생에 있습니다. 하나님은 우리 영혼이 지옥에 가는 것을 원하지 않으시고, 우리 영혼이 마귀에게 붙잡히는 것을 원하지 않으십니다. 그렇기 때문에 하다 하다 안되면 육신은 마귀에게 주어 버린다 할지라도 그 영혼은 데려오게 하십니다. 이것이 하나님의 사랑입니다.

형제가 죄를 범했을 때 형제의 실수를 조소거리로 만들어서는 안 됩니다. 흉보는 일도 없어야 합니다. 어떤 개인의 잘못이 있으면 일대일로 직접 만나서 기도해야 합니다. 철저하게 회개시켜 하나님의 백성이 되어 천국에 갈 수 있도록 하라는 것이 예수님의 뜻입니다.

우리는 형제가 죄를 범하면 용서하는 사람이 되어야 합니다. 우리의 인간관계가 불편한 것은 미운 사람 때문입니다. 그러나 용서하기로 결정한다면 자유할 것입니다. 주의 이름으로 용서해야 합니다. 용서하는 마음을 달라고 기도해야 합니다. 한 사람이라도 원수로 만들지 말아야 합니다. 모든 사람과 더불어 평화해야 합니다. 우리는 평화의 사도입니다.

35

용서는
천성이 아니라 습관이다

마태복음 18:18-35

이 세상에는 용서받지 못해 고통받는 사람이 있는 반면, 용서할 수 없어서 고통받는 사람도 있습니다. 용서받아야 함에도 불구하고 용서받지 못했을 때, 그 사람처럼 피곤하고 곤고한 사람이 없습니다. 하나님 앞에서나, 사람 앞에서나 마찬가지입니다. 용서받지 못한 사람은 언제나 무엇인가에 쫓기며 삽니다. 불안과 두려움에 사로잡혀 있습니다. 아무리 좋은 집에서 잠을 자고 맛있는 음식을 먹어도 용서받지 못한 상태이면 그 영혼은 참으로 곤고합니다. 반면에 용서해야 함을 알고도 용서할 수 없는 상태에 있는 사람이 있습니다. 용서가 되지 않습니다. 입술로는 몇 번씩이나 용서해야 된다고 하면서도 실제로는 그 마음에서 용서하지 못합니다. 이런 사람의 내면에는 형제에 대한 미움과 분노, 죽이고 싶은 마음과 저주의 마음이 깊이 자리 잡고 있습니다.

어떤 사람은 "나는 그 사람에게 더 이상 용서받을 것도 없고 용서할 것도 없다. 그리고 나는 그 사람 때문에 더 이상 괴로워하지도 않고 고통당하지도 않는다"고 말하기도 합니다. 하지만 그것은 사실 거짓말입니다. 그처럼 그가 냉소적이고 초연한 척하는 것은 그만큼 상처가 깊다는 반증일 뿐입니다. 인간은 누구나 용서받아야 할 때 용서받아야 하고, 용서해야 할 때 용서해야 합니다. 그때 마음의 평화가 있고 천국이 있습니다. 그러나 왜 이렇게 용서가 되지 않을까요? 그것은 용서는 죄인인 인간의 성품이 아니기 때문입니다. 인간에게는 용서라는 것이 없습니다. 용서를 덕으로 생각하는 사람이 있습니다. 어떤 윤리적인 결단이나 도덕적인 결단으로 용서하려고 합니다. 그러나 용서는 죄인 된 인간의 본능이 아닙니다. 죄인의 본능에는 미움과 저주와 갈등과 분노가 있을 뿐입니다.

결정적인 그리스도인의 표적

용서는 하나님 아버지의 성품입니다. 진정한 용서는 하나님의 것입니다. 그러므로 하나님을 나의 아버지로 모시지 않은 사람에게는 용서란 있을 수 없습니다. 용서는 하나님 아버지를 모신 거듭난 그리스도인에게서만 발견할 수 있는 독특한 하나님의 성품입니다. 그래서 많은 사람이 용서받기를 원하고 용서하기를 원하지만 실제로는 안 되는 것입니다.

우리가 예수 그리스도를 믿고 하나님의 자녀가 되었을 때, 우리의 모든 허물과 죄가 예수님의 보혈로 씻김을 받고 용서를 받게 됩니다. 이것이 구원입니다. 하나님으로부터 내가 용서를 받고 내 존재가 하나님에게 받아들여진 것입니다. 하나님에게 내가 받아들여졌다는 것은 하나님의 성품이 나에게 왔다는 것을 의미합니다. 거듭난 그리스도인에게 오는 하나님의 성품, 그것이 바로 용서입니다.

　누가 진정한 그리스도인입니까? 교회 열심히 나오는 것이 표적일 수도 있습니다. 헌금을 많이 하거나 전도하거나 봉사하는 것이 그리스도인이라는 표적일 수 있습니다. 그러나 가장 결정적인 그리스도인의 표적은 용서하는 것입니다. 많은 설교자가 설교하면서도 분노를 품을 수 있습니다. 어떤 그리스도인이 겉보기에는 훌륭하고 생애 동안 하나님을 위해 엄청난 일을 했다 할지라도 그의 마음에 분노와 미움이 있다면 진정한 그리스도인이라고 말하기 어렵습니다. 진정한 그리스도인은 하나님의 마음을 갖는 사람이요, 용서할 수 있는 사람이요, 용서를 받아들일 수 있는 사람입니다.

　머리로는 수많은 성경적 지식이 있고 교리적으로는 완벽할 수 있습니다. 그러나 용서하는 마음을 갖지 못할 수가 있는 것입니다. 특별히 사역자들 중에서도 용서하지 못하는 분들을 많이 보게 됩니다. 주의 일을 할 때 주님의 이름으로 분노를 품을 수 있습니다. 주님의 이름으로 미워할 수 있습니다.

　"하나님이 세상을 이처럼 사랑하사"(요 3:16)라고 했는데, 구체적으로 인간에게 나타난 하나님의 사랑은 십자가의 용서입니다. 하나님의 은혜란 무엇입니까? 값없이 주어지는 그 은혜는 바로 우리의 죄를 값없이, 조건 없이 용서해 주시는 하나님의 행동입니다. 그것이 십자가에서 자기의 아들 예수 그리스도를 죽임으로써 나타난 것입니다.

허물의 사함을 받고 자신의 죄가 가려진 자는 복이 있도다(시 32:1).

허물의 사함을 얻고 그 죄가 덮어질 수만 있다면 그 사람만큼 행복한 사람은 없습니다. 우리가 괴로워하는 것은 우리 안에 있는 허물과 죄 때문입니다. 우리 영혼의 가장 깊은 고민과 고독과 아픔은 우리 안의 죄에서, 그리고 그 죄가 용서받지 못한 데서 오는 것입니다. 그렇기 때문에 죄가 가림을 받고 허물이 사함을 받는 자는 가장 복이 있다고 했습니다.

용서받은 기쁨과 해방을 맛본 적이 있습니까? 하나님과의 관계에서 오는 구원의 기쁨과 감격을 맛보았습니까? 뿐만 아니라 세상살이에서도 정말 화해할 수 없는 사람과 화해했다든지, 용서할 수 없는 사람을 용서하여 눈물과 감격을 경험한 적이 있습니까? 이런 일은 부부 간에도, 고부 간에도, 친척 간에도, 형제 간에도 있을 수 있습니다.

우리는 용서하지 못하는 상태에서, 미워하는 상태에서, 아니면 미워하지도 용서하지도 않는 냉소적인 무관심 상태에서 살아가는 일이 얼마나 많습니까? 그래서 우리는 좋은 집에서 좋은 음식을 먹고 살면서도 고독하고 외롭습니다. 남을 용서하지도 못하고, 용서를 받아들이지도 못했기 때문에 그 영혼에 깊은 고독이 있는 것입니다.

내가 입을 열지 아니할 때에 종일 신음하므로 내 뼈가 쇠하였도다 주의 손이 주야로 나를 누르시오니 내 진액이 빠져서 여름 가뭄에 마름같이 되었나이다(시 32:3-4).

이것이 바로 용서받지 못한 영혼의 상태입니다. 뼈가 녹아내리는 것같이 고통스럽고 몸속의 진액이 여름 가뭄의 마름처럼 말라 버렸다는 것입니다. 내 영혼이 완전히 말라 버렸다는 뜻입니다. 거기에 무슨 감격과 기쁨과 감사와 찬송이 있겠습니까? 교회에 왔다 갔다 한들 그 눈에 무슨 눈물이 있겠습니까? 주님의 일을 많이 하고 복음을 많이 전한다 할지라도 그 마음은 냉소적이고 비판적일 수 있습니다.

형들을 용서한 요셉

성경을 보면 진정으로 하나님의 용서의 마음을 깨달은 사람들이 있습니다. 그들은 자신의 삶을 통해 그 마음을 그대로 실행했습니다.

첫째, 구약의 요셉입니다. 그는 형들의 질투와 미움을 받아 어린 나이에 애굽에 팔려갔습니다. 참으로 깊은 상처가 있었을 것입니다. 요셉은 한 아버지에게서 태어난 형들에게 미움을 받고 노예가 되어 팔려갔기 때문입니다. 아마도 갈등 가운데 가장 큰 갈등은 형제지간의 갈등일 것입니다. 요셉은 그 후 상상할 수 없는 고난과 역경을 겪게 됩니다.

그러나 하나님의 성품을 가졌던 요셉은 어디를 가나 하나님을 경외하였고, 고통과 역경 속에서도 결국 애굽의 총리대신까지 되었습니다. 성경의 예언대로 온 지면에 심한 기근이 칠 년간 계속되었을 때, 요셉을 판 형들이 양식을 구하러 애굽으로 오게 됩니다. 그리하여 자기들이 팔아 버렸던 동생을 만납니다. 형들은 과거의 잘못으로 인해 이제 죽게 되었다고 생각했으나 놀라운 일이 벌어집니다. 분노와 복수심에 가득 차 있을 줄 알았던 요셉에게 하나님의 마음, 용서의 성품이 있었던 것입니다. 요셉은 형들에게 말했습니다.

당신들이 나를 이곳에 팔았다고 해서 근심하지 마소서 한탄하지 마소서 하나님이 생명을 구원하시려고 나를 당신들보다 먼저 보내셨나이다(창 45:5).

과연 우리가 이렇게 말할 수 있겠습니까? 내 인생을 망친 사람에게 이렇게 말할 수 있겠습니까? 이는 인간의 성품이 아닙니다. 요셉이 형들을 보는 순간 눈물을 참지 못하고 통곡했다고 했습니다. 요셉에게는 분노나 미움보다 긍휼과 사랑이 더 깊었던 것입니다. 과연 이럴 수가 있습니까? 우리에게 이런 마음을 주시기를 하나님에게 기도해야 합니다.

내 인생을 망친 사람, 내 행복을 통째로 빼앗아가 버린 사람을 향하여 이런 마음을 가지는 것, 이것이 바로 성경이 말하는 용서입니다. 세상이 말하는 용서와 성경이 말하는 용서는 다릅니다. 인간의 고도의 덕으로 훈련된 용서는 성경이 말하는 용서가 아닙니다. 우리는 고도의 의지적인 훈련으로 초연한 척 감정 표현을 하지 않을 수도 있습니다. 그렇다고 그것이 용서는 아닙니다.

예수 믿기 전에 많은 상처와 분노, 미움의 세월을 보냈지만 예수님을 만나 죄 사함 받은 후에는 사람이나 환경을 원망하지 않고 도리어 그러한 저주와 미움의 사건이 하나님의 섭리요 축복이었다고 말할 수 있는 사람, 그 사람이 그리스도인입니다. 우리가 할 수 있는 간증 가운데 최대의 간증은 "내가 미워했던 사람을 용서할 수 있었다"는 간증입니다. 만약 이 간증이 없다면 우리의 신앙은 아직 그리스도의 보혈의 깊은 곳에 들어가지 않은 것입니다. 우리가 복음 깊은 곳에 들어갔다면 하나님의 용서를 느꼈을 것이고, 하나님의 용서의 영이 내게 들어왔다면 내가 용서할 수 없는 사람을 붙들고 울면서 그리스도의 이름으로 용서하게 될 것입니다.

형들이 요셉을 시기하여 애굽에 노예로 판 사실에 대해 요셉은 하나님이 형들을 사랑하셔서 형들이 음식을 공급받고 생명을 보호받게 하려고 앞서 자기를 보내신 것이라고 해석했습니다. 이렇게 해석하는 것이 믿음입니다. 우리 중에 고난받은 사람, 억울하게 누명 쓴 사람, 억울하게 평생을 감옥에서 산 사람이 있습니까? 그것을 분노로 느낍니까? 용서하십시오. 이것이 하나님의 마음입니다.

야곱이 죽자 요셉의 형들은 다시 불안해지기 시작했습니다. 왜 냐하면 아버지가 죽었기 때문에 요셉이 복수하지 않을까 염려했 기 때문입니다. 용서해 주었음에도 불구하고 용서를 받지 못한 사 람은 평생 불안해합니다. 예수님이 우리를 위하여 십자가에 못 박 혀 돌아가셨다는 사실이 있음에도 불구하고, 그것을 믿음에도 불 구하고, 받아들이지 않는 사람은 또다시 불안한 것입니다. 교회 올 때는 좀 덜 불안하지만 교회 밖으로 나가자마자 불안한 사람이 있 습니다. 무슨 사고가 나거나 병이 들면, 하나님에게 매 맞는 것이 아닌가 하고 불안해합니다. 용서를 받아들이지 못했기 때문입니 다. 용서에 대한 확신이 없기 때문입니다. 요셉의 형들이 그러하 였습니다.

형들은 복수가 두려워 요셉을 찾아가 스스로 종이 되겠다며 지난 날의 죄를 용서해 달라고 합니다. 그때 요셉은 이렇게 말했습니다.

두려워하지 마소서 내가 하나님을 대신하리이까 당신들은 나를 해 하려 하였으나 하나님은 그것을 선으로 바꾸사 오늘과 같이 많은 백성의 생명을 구원하게 하시려 하셨나니 당신들은 두려워하지 마 소서 내가 당신들과 당신들의 자녀를 기르리이다(창 50:19-21).

원수를 용서할 뿐 아니라 그 원수의 자식까지도 책임지고 돕겠 다는 것이 용서입니다. 거듭나지 않은 사람에게 어찌 이런 하나님의 마음이 생길 수 있겠습니까? 그러나 예수 그리스도의 십자가의 용서를 체험하고 받아들인 사람에게는 놀랍게도 그가 무식하거나 가난하거나 상관없이 하나님이 용서의 영을 부어 주십니다.

하나님의 마음에 합한 사람, 다윗

하나님의 용서의 마음을 가진 또 한 사람은 '하나님의 마음에 합한 사람' 다윗입니다. 다윗은 사울 왕의 질투와 미움을 받아 억울하게 쫓기는 신세가 됩니다. 사울 왕 때문에 그는 모든 것을 잃었습니다. 심지어는 친구와 아내와 조국까지 떠나야만 했습니다. 사울은 피해의식과 강박관념 때문에 온 군대를 동원하여 다윗을 죽이려고 했습니다. 사울은 다윗이 살아 있는 한 자신이 불행하리라고 생각했던 것입니다. 다윗은 집에서 살 수가 없어 이곳저곳을 유리하면서 방황했습니다. 그때 쓰인 글들이 시편입니다. 먹지 못하고 들에서 잠을 자고 쫓기며 살았던 그에게 분노와 미움, 저주가 가득 차야 당연할 터인데 놀랍게도 다윗은 자기를 비참하게 만든 사울을 한 번도 비판하지 않았습니다.

그는 사울을 죽일 수 있는 기회가 두 번씩이나 있었습니다. 그러나 사울을 죽이지 않고 옷자락만 잘라 갑니다. 이것이 용서입니다. 이것이 하나님의 마음입니다. 비록 사울이 잘못된 사람이었지만 하나님이 기름 부은 왕이었으므로 그를 비판하거나 대적하지 않았습니다. 사무엘상 24장 9절 이하에서 다윗은 사울을 향해 호소합니다. "왕이여, 어찌하여 나를 죽이려고 하십니까? 내게 무슨 죄가 있습니까? 왜 사람들의 말을 듣고 오해하십니까? 당신은 하나님에게 기름 부음 받은 종이 아닙니까? 내 어찌 당신을 대적할 수 있겠습니까? 내 손을 보소서. 내 손에는 당신의 옷자락만 벤 것이 있습니다. 나는 당신을 죽일 수도 있었지만 죽일 수 없었습니다. 내 손으로 왕을 해하지 않겠습니다. 하나님이 이 일을 판단하시기를 바랍니다." 과연 우리는 이렇게 말할 수 있습니까? 주님은 우리가 여기까지 이르기를 바라고 계십니다. 단순히 어떤 잘못을 내가 너그럽게 봐 주는 것이 아니라 하나님의 성품인 용서에까지 이를 수 있어야 하는 것입니다.

오늘 우리는 주위에서 용서할 수 없는 많은 죄를 봅니다. 용서할 수 없는 사람들을 봅니다. 그래서 정의와 진리의 이름으로 우리는 그들을 정죄하고 비판하게 됩니다. 그런데 분노하고 비판하다 보니 어느새 우리 자신이 하나님을 대신하는 입장에 서게 되었습니다. 이런 일들은 사회뿐만 아니라 교회 안에서도 있을 수 있습니다. 같이 일하다가 마음에 들지 않는 사람, 독주하는 사람들이 나타납니다. 그러면 비판하고 정죄하기 시작합니다. 그리고 예수의 이름으로 그를 미워하기 시작합니다. 일단 누구를 미워하고 분노하게 되면 내 마음의 평화는 사라지고 맙니다. 우리가 하나님으로부터 용서받은 것처럼 우리도 다른 사람을 이해하고 용서해야 합니다.

어떤 무거운 죄를 지었다 할지라도 모든 인간은 하나님 앞에서 용서받을 자격이 있습니다. 죄는 미워하되 죄인은 용서하라고 하는데, 과연 그것이 가능합니까? 그 죄인이 정죄를 받고 처벌을 받아야만 그 죄가 없어지는 것이 아닙니까? 어쩌면 불가능한 말이기도 합니다. 그래서 세상 법정에서는 죄지은 자에게 십 년, 이십 년 언도를 내립니다. 심지어는 사형을 시키기도 합니다. 그렇다고 죄가 없어집니까? 제도가 죄를 없앨 수 있습니까? 죄는 법이나 제도나 힘으로 다스려서가 아니라 용서해야만 없어집니다. 하나님의 긍휼이 있어야만 죄가 없어지는 것입니다.

또 죄가 없는 사람이 말해야 합니다. 누가 누구를 야단치겠습니까? 재판장, 정치인, 목사가 야단칠 자격이 있습니까? 죄를 야단칠 수 있는 자격이 있는 예수님이 우리를 용서함으로 우리의 죄를 없애신 것입니다. 예수님이 우리를 용서하셨습니다. 복음의 능력만이 죄와 죄를 조종하는 사탄의 힘을 제거할 수 있습니다. 성령의 능력만이 죄를 물리칠 수 있습니다. 인간의 영혼 깊은 곳에 뿌리박은 사탄의 세력과 죄의 세력은 용서함으로 없어지는 것입니다. 사랑함으로 없어지는 것입니다. 비판하고 분노하고 칼을 들면 죄는 숨어버립니다. 없어지지 않습니다. 그리고 나중에 더 큰 죄로 둔갑합니다.

오늘 우리 시대에 죄를 없애는 비결은 용서입니다. 교회가 이 용서의 마음이 있을 때, 교회가 사랑과 긍휼의 마음을 포기하지 않을 때, 세상의 죄는 소리 없이 자취를 감추게 될 것입니다.

용서의 십자가를 진 스데반

신약에서 하나님의 용서를 몸으로 체험한 사람이 있는데, 그가 바로 스데반입니다. 그는 복음을 전했다는 이유로 사람들의 미움을 받아 돌에 맞아 죽습니다. 그런데 죽을 때 그의 얼굴은 천사와 같았다고 했습니다. 우리는 누가 자신을 조금만 욕해도 화가 나고 얼굴이 붉어지기 마련인데 스데반은 자기를 돌로 치는 사람을 보고 "주여 이 죄를 그들에게 돌리지 마옵소서"(행 7:60)라고 기도했습니다. 이것이 용서입니다. 이것이 기독교입니다. 우리는 이런 마음을 가져야 합니다. 나를 미워하고 저주하고 나에게 손해를 끼치는 사람에게 축복의 기도를 해 줄 수 있겠습니까? 예수님은 우리가 그렇게 되기를 바라십니다. 교회가 야단을 친다 해도 세상은 눈 하나 깜빡하지 않습니다. 누군가 십자가를 져야 합니다. 누군가 용서의 십자가를 져야 합니다. 누군가 사랑의 십자가를 져야 합니다. 그리고 매 맞고 돌을 맞고 죽어야 합니다. 그래야만 죄가 없어집니다.

교회의 연합도 마찬가지입니다. 정죄하고, 비판하고 그 사람의 약점과 허물을 뒤집으면 냄새만 납니다. 죄를 용납하라는 것이 아니라 사랑하고 덮어 주고 기도할 때 용서의 능력을 발휘하게 된다는 것입니다. 세상에서 제일 큰 능력은 용서의 능력입니다. 용서처럼 큰 능력은 없습니다. 주님은 십자가에서 피 흘려 돌아가시면서 자기에게 침을 뱉고 조롱하고 창으로 찌르는 사람들을 향해 말씀하셨습니다.

> 아버지 저들을 사하여 주옵소서 자기들이 하는 것을 알지 못함이니이다(눅 23:34).

이 용서의 기도가 오늘 우리 사회를 개혁할 수 있는 원리입니다. 십자가에 달려 죽으면서 저들을 용서해 달라고 하는 기도가 교회 갱신의 원리요 우리 가정의 평화와 축복의 비결입니다.

마태복음 18장 15-20절을 다시 상고해 보겠습니다. 어떤 사람이 나에게 잘못을 했습니다. 또는 교회에 잘못을 했습니다. 그때 우리는 어떻게 해야 합니까? 그 죄의 문제를 어떻게 처리해야 합니까? 예수님은 먼저 가서 일대일로 만나라고 하셨습니다. 그래도 말을 듣지 않으면 한두 사람을 데려가서 두세 증인의 입으로 말마다 확증하게 하고, 그래도 듣지 않으면 교회에 선포하라고 하셨습니다. 그래도 듣지 않으면 이방인과 세리 취급해서 내쫓으라는 것입니다. 그러면 그 사람은 어떻게 해야 할까요? 교회에서 내쫓으면 끝일까요? 아닙니다. 그러면 교회는 왜 그렇게 할까요? 교회는 하나님의 거룩한 집이요, 그리스도의 몸입니다. 그래서 회개하지 않는 죄를 교회에 남겨 두어서는 안 됩니다. 이것이 교회를 순수하게 지키는 비결입니다.

적당히 예수 믿고 적당히 죄를 짓고 또 적당히 직분을 맡는 것, 이것을 하나님은 제일 싫어하십니다. 교회는 모이는 숫자가 중요한 것이 아니라 제대로 믿는 사람들이 모이는 것이 중요합니다. 외형적인 것을 말하는 것이 아니라 도덕적, 윤리적, 신앙적으로 분명히 믿는 사람들이 있어야 합니다. 하나님 앞에 바로 선 사람들이 몇 사람이라도 있어야 합니다. 그래야 세상이 변합니다. 교회는 건물의 크기와 아름다움과 그 교회 영적 수준과 다릅니다. 헌금이 많이 나온다고 그 교회가 훌륭하다고 단정할 수 없습니다. 교회의 본질은 거룩입니다. 거룩이 무너지면 교회는 다 무너지기 때문에 거룩을 위해서 내쫓으라고 말하는 것입니다. 그러면 그렇게 떠난 사람은 어떻게 됩니까? 하나님이 버리시는 것입니까? 그 사람이 어떤 죄를 지었다 하더라도 하나님은 그를 버리지 않으십니다. 우리가 교회를 떠날 수는 있으나 하나님은 우리를 떠나시지 않습니다.

예수님은 형제가 죄를 범할 때 이렇게 하라고 말씀하십니다.

진실로 너희에게 이르노니 무엇이든지 너희가 땅에서 매면 하늘에서도 매일 것이요 무엇이든지 땅에서 풀면 하늘에서도 풀리리라 진실로 다시 너희에게 이르노니 너희 중의 두 사람이 땅에서 합심하여 무엇이든지 구하면 하늘에 계신 내 아버지께서 그들을 위하여 이루게 하시리라 두세 사람이 내 이름으로 모인 곳에는 나도 그들 중에 있느니라(마 18:18-20).

그러자 베드로가 주님에게 묻습니다. "주님, 형제가 죄를 범하면 제가 일곱 번까지 용서해야 할까요?" 그러자 예수님은 "일곱 번뿐 아니라 일곱 번을 일흔 번까지라도 할지니라"(마 18:22)고 말씀하십니다. 이 말씀은 하나님의 용서에는 끝이 없다는 뜻입니다. 우리가 교회에서 버림을 받을 수는 있으나 우리의 영혼이 버림받은 것은 아닙니다. 하나님은 우리가 회개하고 돌아오기를 끝까지 기다리십니다. 즉 탕자를 문간에서 기다리시는 아버지의 마음입니다.

오늘 우리가 가져야 할 가장 중요한 것은 하나님의 성품인 용서가 내 영혼에 충만하게 깃드는 일입니다. 용서 못 한 사람이 없기를 바랍니다. 그리고 용서의 경험을 할 수 있게 되기를 바랍니다. 신앙의 경험은 바로 용서의 경험입니다. 분노하고 미워하고 갈등하며 남을 비판하는 마음이 있는 한 하나님이 우리 마음속에 들어올 수 없습니다. 우리가 용서할 때 하나님은 거기 계십니다. 그리고 하나님의 거룩의 능력과 사랑의 능력이 우리에게 전달될 것입니다.

•

36

용서 받은 만큼
용서하라

마태복음 18:18-35

•

용서는 인간의 마음이 아닙니다. 용서는 하나님의 본질에 해당하는 성품입니다. 그렇기 때문에 성령을 체험하고 거듭난 사람이 용서하게 되면 그 사람은 이미 하나님의 마음을 가진 자입니다. 그리고 용서할 수 있다는 것은 하나님의 성품이 이미 그 사람 속에 임재한 것을 의미합니다. 반대로 미움은 죄로 타락한 인간의 마음이요, 사탄의 본질에 해당하는 성품입니다. 그러므로 미움으로 가득 찬 사람은 이유야 어떻든지 이미 사탄의 종노릇하는 사람이라고 해도 과언이 아닙니다. 이미 사탄의 영향권에 빠진 사람입니다. 그래서 성경에는 예수님이 우리에게 용서하라고 간곡히 권면하신 기록이 여러 곳에 나타납니다.

너희가 사람의 잘못을 용서하면 너희 하늘 아버지께서도 너희 잘못을 용서하시려니와 너희가 사람의 잘못을 용서하지 아니하면 너희 아버지께서도 너희 잘못을 용서하지 아니하시리라(마 6:14-15).

서서 기도할 때에 아무에게나 혐의가 있거든 용서하라 그리하여야 하늘에 계신 너희 아버지께서도 너희 허물을 사하여 주시리라 (막 11:25).

서로 친절하게 하며 불쌍히 여기며 서로 용서하기를 하나님이 그리 스도 안에서 너희를 용서하심과 같이 하라(엡 4:32).

또한 하나님은 우리를 용서하신 하나님의 용서를 생각하며 다른 사람도 용서하라고 하셨습니다.

누가 누구에게 불만이 있거든 서로 용납하여 피차 용서하되 주께서 너희를 용서하신 것같이 너희도 그리하고 이 모든 것 위에 사랑을 더하라(골 3:13-14).

성경은 우리 힘으로 용서하라는 말을 하지 않습니다. 우리 자신의 힘으로는 용서할 수 없습니다. "주님이 너희를 용서하신 것처럼 너희도 용서하라"는 말은 용서받은 경험이 없는 사람은 용서할 수 없다는 뜻입니다. 인간의 도덕이나 윤리나 고도로 발달된 의지적 훈련으로 용서하는 것이 아니라는 뜻입니다. 그렇습니다. 하나님으로부터 선택받고 성령을 받은 우리가 해야 할 가장 중요한 일이 용서입니다. 용서하는 순간 하나님의 마음을 이해할 수 있습니다.

우리는 미움이라고 불리는 애굽 땅에서 살고 있습니다. 그런데 하나님이 우리에게 용서라고 불리는 가나안 땅으로 가라고 명령하십니다. 미움의 애굽 땅에서 용서의 가나안 땅으로 가려면 홍해를 건너야 하고 광야를 거쳐야 하고 요단강을 건너야 합니다. 용서는 결코 쉬운 일이 아닙니다. 이 문제 앞에 많은 사람이 절망하고 좌절하고 괴로워합니다.

구약을 보면 용서라는 말에는 세 가지 특별한 의미가 있습니다. 첫째, '죄를 덮는다'는 뜻입니다. 용서한다는 것은 상대방의 죄와 허물을 덮어 준다는 것입니다. 하나님이 우리 죄를 덮어 주셨습니다. 하나님이 우리 죄를 계산하셨다면 아무도 이 자리에 있을 자가 없을 것입니다. 둘째, '치워 버린다'는 뜻입니다. 죄를 가지고 논쟁해서는 안 됩니다. 죄는 덮어야 합니다. 치워야 합니다. 셋째, '죄를 멀리 떠나 보낸다'는 뜻이 있습니다. 하나님이 우리를 용서하시되 우리 죄를 동이 서에서 먼 것같이 멀리하겠다고 하셨습니다.

신약에서 용서는 분리의 개념을 내포하고 있습니다. 죄와 죄인을 분리하는 것입니다. 이 분리가 거룩입니다. 용서의 시험은 영적으로 가장 깊은 시험입니다. 신앙의 바로미터는 용서입니다. 봉사를 잘할 수 있고, 전도를 잘 할 수 있고, 성경을 잘 가르칠 수 있고, 설교를 잘 할 수도 있습니다. 그러나 용서는 하지 않을 수 있습니다. 내가 진정한 그리스도인인가는 용서의 문 앞에 섰을 때 내가 어떻게 하는가로 드러납니다.

용서는 하나님이 주신 특권

예수님은 먼저 용서에 연관되는 교회의 관계를 설명하십니다.

진실로 너희에게 이르노니 무엇이든지 너희가 땅에서 매면 하늘에서도 매일 것이요 무엇이든지 땅에서 풀면 하늘에서도 풀리리라(마 18:18).

이 말씀은 하나님이 주의 몸 된 교회에게 주신 놀라운 특권입니다. 이 말씀의 뜻은 문맥상 앞의 15-17절과 연관해서 생각해야 합니다. 죄를 범한 형제가 있을 때 직접 만나서 문제를 해결하도록 하고 그래도 회개하지 않으면 두세 증인을 데려가서 말하라고 하셨습니다. 그래도 안 들으면 교회의 권위를 가지고 말하고 그래도 안 들으면 세리와 이방인처럼 여기라 하시고 이 말씀을 하신 것입니다.

이 말씀의 뜻은 죄 문제에 대해 교회가 내리는 결정에는 하늘의 권위와 능력이 내포되어 있다는 것입니다. 여기서 예수님은 그리스도의 몸인 교회, 곧 성도들에게 있는 영적 능력과 특권이 어떤 것인가를 설명해 주고 계십니다. 즉 그리스도의 지체인 지상의 교회들이 땅에서 묶으면 하늘에서도 묶일 것이요, 땅에서 풀면 하늘에서도 풀린다는 것입니다. 교회의 영적, 도덕적 결정은 이렇게 놀라운 능력이 있다는 말씀입니다. 이 말씀은 사실이요, 그런 특권이 우리에게 주어졌다는 것은 충격입니다. 또 하나의 충격은 이런 특권을 우리가 너무나 무시하고 살아왔다는 것입니다. 교회가 이런 특권을 전혀 사용하지 못한 채 세상의 빛과 소금이 되기는커녕 오히려 세상 조직의 한 부분으로 존재하고 있는 이 무능력 앞에 충격을 받게 됩니다.

"교회의 결정이 묶이면 하늘에서도 묶이고 교회의 결정이 풀리면 하늘에서도 풀린다."

이 얼마나 엄청난 사실입니까? 그러나 실제로 오늘날의 교회가 세상에 어떤 영향을 줍니까? 교회가 많은 것만큼, 성도가 많은 것만큼 영향을 주지 못하고 있습니다. 교회나 세상이나 거의 비슷비슷한 상태에 놓여 있습니다. 만약 하나님의 거룩하고 진실한 말씀에 바로 선 교회가 기도한다면 기적이 일어날 것입니다. 교회가 진심으로 합심하여 기도하면 이 사회가 변할 수 있습니다. 이런 특권을 우리에게 주셨습니다. 그런데 안타깝게도 이 엄청난 특권을 우리 교회는 사용하지 못하고 있습니다.

교회의 위대한 능력, 기도

진실로 다시 너희에게 이르노니 너희 중의 두 사람이 땅에서 합심하여 무엇이든지 구하면 하늘에 계신 내 아버지께서 그들을 위하여 이루게 하시리라(마 18:19).

정말 우리는 그리스도의 몸입니까? 우리는 성령을 받은 사람들입니까? 구원받은 사람들입니까? 맞습니다. 그러기에 예수님이 "두세 사람이 내 이름으로 모여서 기도할 때 땅에서 무엇이든지 매면 그대로 매일 것이요 풀면 풀리리라"고 말씀하신 것입니다.

우리는 이 말씀을 믿어야 합니다. 그 능력이 우리에게 있다고 말입니다. 교회에게 이 능력이 있다는 것입니다. 그런데 우리는 이런 능력을 한 번도 사용해 본 적이 없습니다. 세상의 돈 앞에서, 권력 앞에서, 세상 풍조 앞에서 교회는 자기 하나 지키기에 급급해하는 실정입니다. "그리스도의 몸인 교회가, 두세 사람이 내 이름으로 모여 합심하여 기도하면 내가 이루어 주리라"고 하나님이 말씀하셨습니다.

우리가 진정 그리스도의 심정을 가지고 범죄한 형제를 위해서 기도하면 이 땅의 폭력과 마약과 성범죄와 인신매매가 사라질 수 있다고 믿습니다. 형제의 죄를 내가 대신하고, 민족의 죄를 내가 대신하는 마음으로 진정 기도하면 기적이 일어남을 믿습니다. 우리 민족이 여기까지 올 수 있었던 것은 일제 시대나 6.25 때 이름 없이 기도하면서 순교했던 수많은 사람의 기도 덕분이라고 생각합니다. 갖은 박해를 받으며 고통 속에서 이름 없이 죽어 간 사람들이 무슨 기도를 했을까요? 북한에 숨어서 기도하는 사람들은 무슨 기도를 했을까요? 공산 치하에 있는 성도들은 무슨 기도를 했을까요? 우리같이 편안하게 기도한 것은 아닐 것입니다. 생명을 거는 기도를 했을 것입니다. 그 기도가 바로 땅에서 묶으면 하늘에서도 묶이고, 땅에서 풀면 하늘에서도 풀리는 기도입니다.

성령을 받고 거듭난 사람들은 말을 함부로 하지 말아야 합니다. 욕하거나 저주하면 안 됩니다. 가끔 그 말이 역사할 가능성이 있습니다. 성령을 받고 거듭난 사람들이 해야 할 말은 축복의 말입니다. 저주의 말을 해서는 안 됩니다.

구약에 하나님이 의인 열 명의 기도는 소돔과 고모라를 구원할 능력이 있다고 하셨습니다. 이것이 교회의 능력입니다. 이것이 교회가 세상을 깨끗하게 할 수 있는 영적 능력입니다. 우리는 이런 능력이 회복되기를 간절히 기도해야 합니다. 교회의 능력은 얼마나 사람이 많이 모이는가, 얼마나 헌금이 많은가, 얼마나 건물이 아름다운가로 결정되는 것이 아닙니다. 그리스도의 몸인 성도들이 합심하여 기도하는 데서 교회의 능력이 결정됩니다.

예수님의 이름이 있는 곳, 교회

두세 사람이 내 이름으로 모인 곳에는 나도 그들 중에 있느니라(마 18:20).

교회는 교파가 아닙니다. 직제가 아닙니다. 우리는 이 직분 때문에 너무나 많이 자신을 기만해 왔습니다. 교회는 두세 사람이 예수님의 이름으로 모인 곳입니다. 교회는 개인이 아닙니다. 이기적인 곳은 교회가 될 수 없습니다. 교회는 언제나 공동체적으로 존재해야 합니다. 교회는 예배 공동체입니다. 하나님을 예배하는 곳이 교회입니다. 모든 순서에 경배하며 찬양하는 것이 없으면 그것은 교회가 아닙니다. 교회는 성령 공동체입니다. 교회의 탄생은 성령으로부터 시작되었습니다. 성령 충만하지 않은 곳은 교회가 아닙니다. 성령의 역사가 없는 곳은 교회가 아닙니다. 인간들이 모인 곳은 교회가 아닙니다. 교회는 나눔의 공동체입니다. 전도하고, 구제하고, 가난한 자를 돕고, 내 안에 있는 것을 나누어 줄 수 있는 그런 공동체가 바로 교회입니다.

예수님은 '두세 사람이 내 이름으로 모인 곳'이 교회라고 하셨습니다. 예수님의 이름이 있는 곳이 교회입니다. 교회에 예수 이름이 없다면 교회가 아니라 세상 집단입니다. 처음도 예수 이름이요, 나중도 예수 이름입니다. 예수 이름의 능력과 예수 이름의 영광을 온 천하에 선포하는 것이 교회입니다. 우리는 그리스도의 지체입니다. 그리스도는 교회의 머리십니다. 그런데 그리스도가 보이지 않는 교회는 목 없는 시체나 마찬가지입니다. 오늘 이 세상에 목 없는 시체들이 너무나 많습니다. 그것은 교회가 아닙니다. 두세 사람이 예수님의 이름으로 모인 모임, 그것이 교회입니다. 거기에 능력이 있고, 하늘의 권위가 있고, 기도하면서 땅에서 묶으면 하늘에서도 묶이고, 땅에서 풀면 하늘에서도 풀리는 역사가 있습니다.

인간의 용서와 하나님의 용서

그러면 영적인 교회가 회개하지 않는 죄인에 대하여 이방인과 세리처럼 여기도록 결정했을 때 용서의 문제는 과연 어떻게 되는 것입니까? 그 사람은 영원히 버림받는 사람이 되는 것입니까? 베드로는 예수님에게 다음과 같이 질문하여 이 문제에 대한 해답을 구했습니다.

> 그때에 베드로가 나아와 이르되 주여 형제가 내게 죄를 범하면 몇 번이나 용서하여 주리이까 일곱 번까지 하오리이까(마 18:21).

용서는 어디까지 해야 합니까? 이방인같이 취급하라고 하면 그 사람은 구원받을 길이 없는 것입니까? 놀랍게도 베드로는 예수님에게 일곱 번 제안했습니다. 그 당시 랍비들은 하나님이 인간을 세 번 용서하시는 것으로 이해했습니다. 그래서 세 번까지는 용서하되 네 번째는 용서하지 말라고 했습니다. 그런데 베드로는 여유 있게 "일곱 번까지 용서하리이까"라고 질문한 것입니다. 당시의 종교 지도자들에 비해 두 배 이상 용서의 횟수를 제안한 셈입니다.

베드로의 용서는 인간적으로 보면 엄청난 관용 같지만, 그것은 인간의 한계, 도덕의 한계, 양심의 한계를 보여 줍니다. 즉 인간이 할 수 있는 용서의 한계인 것입니다. 예수님은 이러한 베드로의 질문에 대해 "네게 이르노니 일곱 번뿐 아니라 일곱 번을 일흔 번까지라도 할지니라"(마 18:22)고 대답하셨습니다. 베드로의 용서는 인간의 용서요, 예수님의 용서는 하나님의 용서입니다. 일곱 번을 일흔 번까지 하라는 말은 사백아흔 번을 용서하라는 뜻이 아닙니다. 그것은 인간의 율법과 도덕과 양심의 세계를 초월한 영원하고 무한한 하나님의 세계, 하나님의 용서를 보여 주는 말씀입니다. 하나님이 우리를 사랑하실 때 이런 사랑으로 우리를 사랑하셨고 이런 용서로 우리를 용서해 주셨다는 것입니다.

> 여호와께서 말씀하시되 오라 우리가 서로 변론하자 너희의 죄가 주홍같을지라도 눈과 같이 희어질 것이요 진홍같이 붉을지라도 양털같이 희게 되리라(사 1:18).

사람들이 죄를 지을 때는 다양하게 짓기보다는 지은 죄를 다시 짓는 경우가 더 많습니다. 사람마다 죄를 잘 짓는 부분, 특히 약한 부분이 있습니다. 그러면 계속 반복해서 죄를 지어도 하나님은 용서하실까요? 용서하십니다. 하나님의 용서에는 조건도, 제한도 없습니다.

교회에서 우리가 버림받았을지라도 하나님은 우리를 버리지 않으십니다. 인간이 짓는 어떠한 죄도 결코 예수 그리스도의 십자가의 죽음보다 더 클 수 없습니다. 인간의 죄가 하나님의 사랑보다 더 클 수 없습니다. 인간이 지은 죄의 능력과 영향력이 아무리 커도 예수 그리스도가 십자가에서 흘리신 보혈의 능력보다 크지 않습니다. 그러므로 그리스도의 보혈의 능력은 우리의 죄를 용서하고도 남습니다. 하나님의 사랑은 어떠한 반복적인 죄라 할지라도 그 죄에서 우리를 구원하고도 남습니다.

예수님은 이러한 용서의 무한성에 대해 다음과 같은 비유를 들어 주셨습니다.

> 그러므로 천국은 그 종들과 결산하려 하던 어떤 임금과 같으니 결산할 때에 만 달란트 빚진 자 하나를 데려오매 갚을 것이 없는지라 주인이 명하여 그 몸과 아내와 자식들과 모든 소유를 다 팔아 갚게 하라 하니 그 종이 엎드려 절하며 이르되 내게 참으소서 다 갚으리이다 하거늘 그 종의 주인이 불쌍히 여겨 놓아 보내며 그 빚을 탕감하여 주었더니(마 18:23-27).

왕과 종 사이의 부채 관계를 비유로 들어 예수님은 쉽게 설명하셨습니다. 종은 왕에게 일만 달란트를 빚졌습니다. 이 액수는 종이 평생 노동해서 번 돈과 그 생명을 판 값, 부인과 자식을 판 값, 그리고 가지고 있는 모든 소유를 다 합해도 부족합니다. 일만 달란트는 약 육천만 데나리온에 해당하는 액수인데, 한 데나리온은 보통 노동자의 하루 품삯입니다. 육천만 일 동안 일해야 갚을 수 있는 돈이 일만 달란트입니다. 당시 그 지방에서 걷힌 일 년 세금의 총액이 이백 달란트라고 하니, 일만 달란트가 얼마나 큰 돈인지 알 수 있습니다.

이것이 바로 우리가 하나님으로부터 받은 용서의 가치입니다. 하나님은 우리의 죄값을 치르기 위해 자기 아들인 예수 그리스도를 십자가에 못 박혀 죽게까지 하셨습니다. 우리는 그만큼 가치 있고 귀중한 값을 가진 사람들입니다. 우리는 예수님이 우리를 위해서 십자가에 못 박혀 죽으실 만큼 고귀한 존재입니다. 일만 달란트는 허물과 죄로 죽었던 우리, 본질상 진노의 자식이었던 우리, 공중권세 잡은 사탄에게 종노릇하며 이미 지옥 자식으로 등록되어 있던 우리를 건져내는 값입니다. "너희가 예전에는 약속 밖에 있었고, 할례 밖에 있었고, 하나님 밖에 있었지만 이젠 내가 값을 다 치렀다"고 주님은 말씀하십니다.

중심으로 용서하라

그런데 이 엄청난 빚을 탕감받은 종이 나가다가 자기에게 백 데나리온을 빚진 동료를 만났습니다. 백 데나리온은 백일 동안의 노동에 대한 품삯입니다. 종은 이 사람을 만나자마자 빚을 갚으라고 하며 감옥에 처넣었습니다.

그 종이 나가서 자기에게 백 데나리온 빚진 동료 한 사람을 만나 붙들어 목을 잡고 이르되 빚을 갚으라 하매 그 동료가 엎드려 간구하여 이르되 나에게 참아 주소서 갚으리이다 하되 허락하지 아니하고 이에 가서 그가 빚을 갚도록 옥에 가두거늘 그 동료들이 그것을 보고 몹시 딱하게 여겨 주인에게 가서 그 일을 다 알리니(마 18:28-31).

일만 달란트와 일백 데나리온은 비교할 수도 없을 만큼 차이가 많이 납니다. 우리가 세상에서 받는 상처, 용서할 수 없는 분노와 미움 등 모든 것이 이 일백 데나리온에 해당합니다. 그런데 사람들은 자기 것은 굉장히 중요하게 생각합니다. 자기 감기는 다른 사람의 열병보다 더 큽니다. 자기가 받는 상처는 아주 중요하게 생각합니다. 그러나 자기가 상처 주는 것은 그렇게 무지할 수가 없습니다. 인간이 용서하지 못하는 모든 문제는 백 데나리온에 해당하는 것에 불과합니다. 그런데 그것을 일만 달란트로 착각하는 것입니다.

이 소식을 들은 주인은 화가 났습니다.

이에 주인이 그를 불러다가 말하되 악한 종아 네가 빌기에 내가 네 빚을 전부 탕감하여 주었거늘 내가 너를 불쌍히 여김과 같이 너도 네 동료를 불쌍히 여김이 마땅하지 아니하냐 하고 주인이 노하여 그 빚을 다 갚도록 그를 옥졸들에게 넘기니라(마 18:32-34).

이 비유를 마치시고 예수님은 다음과 같은 결론을 내려 주셨습니다.

니다.

> 너희가 각각 마음으로부터 형제를 용서하지 아니하면 나의 하늘 아버지께서도 너희에게 이와 같이 하시리라(마 18:35).

우리는 용서하지 못하는 자의 저주를 받지 말고, 그리스도의 사랑으로 용서하는 축복을 받아야 합니다. 내 힘으로, 덕으로, 윤리로, 고도로 훈련된 지성과 의지의 힘만으로는 용서할 수 없습니다. 그것은 겉으로는 용서하는 척하지만 분노의 함정만 더 커지는 것입니다. 우리는 먼저 십자가에서 우리를 용서하신 하나님 아버지의 용서를 깊이 깨달아야 합니다. 그리고 내 마음의 중심으로 형제를 용서해야 합니다. 이 용서의 능력이 우리를 향하신 하나님의 은혜입니다.

교회의 능력은 얼마나 사람이 많이 모이는가, 얼마나 헌금이 많은가, 얼마나 건물이 아름다운가로 결정되는 것이 아닙니다. 그리스도의 몸인 성도들이 합심하여 기도하는 데서 교회의 능력이 결정됩니다.

5부

천국 열쇠를 주신 그리스도

마태복음 19:1 - 20:34

순진하고 솔직하고 단순한 어린아이의 성품을 가진
하나님의 백성, 천국은 이런 자들의 것입니다.
어린아이의 모습이란 심령이 가난한 모습의 한 형태입니다.
모든 어린 아이가 천국 간다는 뜻이 아닙니다.
자기가 아무것도 아니라고 생각하는,
계급과 서열이 중요하지 않다고 생각하는
겸손한 마음 상태가 곧 천국의 열쇠라는 뜻입니다.

37

이혼 증서보다
복음 증서를 건네라

마태복음 19:1-12

마태복음 19장에는 예수님이 갈릴리 사역을 마치시고 그다음 사역지인 예루살렘으로 가시는 모습이 나타납니다. 예수님이 예루살렘으로 가시는 것은 십자가를 향해서 가는 것을 의미합니다.

> 예수께서 이 말씀을 마치시고 갈릴리를 떠나 요단 강 건너 유대 지경에 이르시니(마 19:1).

나사렛에서 자라나신 예수님은 갈릴리를 중심으로 사역을 펼쳐 나가셨습니다. 우리는 마태복음 4장부터 18장까지 갈릴리를 중심으로 일하신 예수님을 만났습니다. 천국 복음을 전파하시고 말씀을 가르치시고 병든 자와 모든 약한 것을 고쳐 주시는 예수님, 능력이 많으시며 부드러우시며 사랑이 넘치는 예수님입니다. 새찬송가 134장에 이러한 예수님의 모습이 잘 나타나 있습니다.

> 나 어느 날 꿈속을 헤매며 어느 바닷가 거닐 때 그 갈릴리 오신 이 따르는 많은 무리를 보았네 나 그때에 확실히 맹인이 눈을 뜨는 것 보았네 그 갈릴리 오신 이 능력이 나를 놀라게 하였네 내가 영원히 사모할 주님 참 사랑과 은혜 넘쳐나 뵈옵고 그 후로부터 내 구주로 섬겼네.

예루살렘으로 가시는 예수님의 심정

놀라우신 예수 그리스도, 그분이 이제 갈릴리 사역을 마치고 예루살렘으로 가십니다. 이때 예루살렘으로 가시는 예수님의 심정은 어떠했겠습니까? 마가복음 10장 34-35절에서 예수님은 제자들에게 이렇게 말씀하셨습니다.

"보라 우리가 예루살렘에 올라가노니 인자가 대제사장들과 서기관들에게 넘겨지매 그들이 죽이기로 결의하고 이방인들에게 넘겨 주겠고 그들은 능욕하며 침 뱉으며 채찍질하고 죽일 것이나 그는 삼 일 만에 살아나리라 하시니라."

여기서 우리는 예루살렘으로 향하시는 예수님의 심정을 이해할 수 있습니다. 자신을 기다리는 대중의 분노와 침 뱉음과 채찍질과 저주를 예수님은 미리 아셨습니다. 십자가에서 참혹하게 처형당할 것을 미리 아셨습니다. 뿐만 아니라 죽은 후 3일 만에 다시 부활할 것도 아셨습니다.

우리는 어떤 심정으로 교회에 나가고 있습니까? 겉은 멀쩡해 보여도 속은 보통 속이 아닐 것입니다. 기막힌 심정이 있는 사람도 있을 것입니다. 남모르는 병 때문에 눈물 흘리는 사람도 있을 것입니다. 십자가를 향해 죽으러 가시는 예수님의 심정을 본문 말씀에서 읽을 수 있습니다.

이러한 심정을 가지신 예수님에게 네 종류의 사람이 나타나서 예수님을 마지막으로 만납니다. 첫째 종류의 사람은 육체적 질병으로 고생하는 사람들입니다(마 19:1). 둘째 종류의 사람은 어떻게 해서든지 예수님을 곤경에 빠뜨리려고 하는 나쁜 동기를 가진 사람들로서, 가장 신학적이고 종교적인 질문을 던진 바리새인들입니다(마 19:3). 셋째 종류의 사람은 자기의 사랑하는 자녀들이 예수님에게 안수기도 받기를 바라며 혼잡한 사이를 뚫고 들어오는 부모, 특별히 어머니들입니다(마 19:13). 넷째 종류의 사람은 영생의 문제를 질문함으로써 율법적으로 완벽성을 보여 주고자 했던 어리석은 한 청년 같은 사람들입니다(마 19:16). 여기서는 먼저 첫째와 둘째 종류의 사람을 살펴보겠습니다.

병을 고쳐 주신 예수님

수많은 박해와 능욕을 예견하시면서 예루살렘으로 떠나는 예수님에게 큰 무리가 찾아왔습니다. 그들 가운데는 병든 자도 있었습니다. 우리가 이 지상에 사는 동안에 겪는 많은 문제 가운데 가장 고통스러운 것은 병입니다. 병에 걸려본 사람만이 얼마나 심각한지를 압니다. 감기 걸린 것은 별 문제가 없습니다. 그런 병이 아니라 고칠 수 없는 질병, 보통 사람과 함께 살 수 없는 질병을 가진 사람들이 가장 고통스럽습니다. 예수님은 긍휼과 사랑과 자비의 마음으로 아파하며 그들을 만나 주셨고 치료해 주셨습니다. 생각해 보십시오. 성경에 얼마나 많은 불치병 환자들이 예수님에게 와서 고침을 받았습니까? 문둥병자가 나음을 얻었습니다. 베드로의 장모가 열병에서 놓여났습니다. 열두 해 동안 혈루증을 앓던 여인이 치유를 받았습니다. 손 마른 자가 고침을 받았습니다. 앉은뱅이가 일어나고 장님이 눈을 떴습니다. 귀신 들려 미친 사람들이 온전해졌습니다. 심지어 무덤에 사흘 동안 있었던 시체까지도 예수님은 살려 주셨습니다. 이분이 예수 그리스도십니다.

예수님은 우리의 영혼에만 관심이 있으신 것이 아니라 우리의 육체적, 구체적인 삶에도 관심이 있으십니다. 인간의 육체란 무엇입니까? 죄로 말미암아 죽게 된 우리의 육체는 한낱 땅 속에 썩어질 물질에 불과합니다. 그런데 우리는 천년만년 살 것처럼 착각합니다. 우리는 이 썩어질 육체를 안락하게 하고, 멋지게 입히는 데 온 신경을 다 쏟습니다. 그런데 유감스럽게도 그 육체는 병이 듭니다.

예수님은 그런 육체의 병을 고쳐 주셨습니다. 그러면 그 사람은 영원히 병들지 않는 것입니까? 아닙니다. 또 병들게 되는 것이 인간입니다. 예수님이 나사로를 살려 주셨습니다. 그러면 나사로는 영원히 죽지 않습니까? 아닙니다. 그는 그 후 어느 때에 다시 죽었을 것입니다. 이것이 인생입니다. 이런 유한한 인간의 몸을 하나님이 고쳐 주셨다는 것은 놀라운 일입니다. 지상에서 사는 동안 병과 싸우며 고통을 겪는 절망적인 인간에게 예수님은 친히 오셔서 어루만져 주시고 고쳐 주시고 새로운 삶과 인격을 주셨습니다.

큰 무리가 따르거늘 예수께서 거기서 그들의 병을 고치시더라 (마 19:2).

우리는 우리의 현실적인 삶에 깊은 관심을 가지신 예수님을 찬양해야 합니다. 죽고 사는 것은 하나님에게 속한 문제입니다. 사실 그리스도인에게 죽고 사는 것은 그렇게 중요한 문제가 아닙니다. 죽음은 오히려 영광스러운 것입니다. 천국으로 들어가는 문이기 때문입니다. 그러나 우리 주님은 치료하시는 하나님입니다. 지금 육체의 질병으로 고생하는 사람, 말 못 할 질병으로 고생하는 사람, 의사나 현대 의학의 도움을 받을 수 없는 사람이 있다면 걱정하지 마십시오.

주님은 우리와 아주 가까이 계십니다. 저는 치유를 믿습니다. 하나님은 사도행전 때만 역사하신 것이 아니라 지금도 역사하십니다. 성령의 역사가 있는 곳에는 하나님의 기적이 있으며 그리스도의 손길이 있다는 것입니다.

질병으로 고통을 겪는 이가 있다면, 예루살렘으로 향하면서도 병든 자를 치료해 주신 예수님을 만나기 바랍니다. 그 병이 죄로 인해 왔든, 사탄이 공격했든, 또는 병리학적으로 왔든, 주님은 우리의 고통에 참여하십니다. 우리 주님이 우리의 병을 치료해 주시기를 바랍니다. 우리 한 명 한 명을 어루만져 주시는 놀라운 성령의 기름 부으심이 우리에게 있기를 바랍니다.

바리새인들의 관심

바리새인들이 예수께 나아와 그를 시험하여 이르되 사람이 어떤 이
유가 있으면 그 아내를 버리는 것이 옳으니이까(마 19:3).

바리새인들은 예수님에게 은혜받기 위해 나온 것이 아니었습니
다. 차라리 병이 들었다면 그는 고침을 받고 은혜를 받았을 것입니
다. 그런데 여기서는 오히려 건강한 것이 문제입니다. 그들은 최고
의 종교 지도자급에 속한 사람들입니다. 그러나 그들이 예수님에
게 나온 동기는 예수님을 시험하기 위해서였습니다.

교회에도 이런 태도로 찾아오는 사람들이 가끔 있습니다. 그들
은 교회를 비판하고 교회에 어떤 부정이 있는지에만 관심이 있습
니다. 그러나 교회라는 건물이나 제도는 중요하지 않습니다. 우리
가 하나님에게 나올 때는 하나님에게 관심이 있어야 합니다. 방법
이나 제도에 대해서는 그렇게 많은 관심이 필요하지 않습니다. 그
것이 우리의 신앙생활의 근거가 되어서는 안 됩니다.

우리가 교회에 와서 가져야 할 최대의 관심은 성가대도 아니요,
목회자의 설교도 아닙니다. 바로 하나님입니다. 설교를 통해 하나
님이 나타나시면 "아멘" 하는 것입니다. 아무리 좋은 설교라도 거
기에 하나님이 없고 그리스도가 없고 성령이 없다면 쓰레기통에
나 던져 버릴 이야기입니다. 우리의 관심은 오직 그리스도에게 있

습니다. 그러나 바리새인들은 예수님에게 오긴 왔는데 시험하러 왔다고 했습니다. 이 사람들은 과거에도 그런 일이 있었습니다.

간음하다 현장에서 붙잡힌 여자를 데리고 와서 예수님을 골탕 먹이려고 했던 것입니다. 그들은 가장 종교적인 언어를 사용합니다. 그들이 선택한 주제는 가장 종교적인 주제입니다. 그러나 유감스럽게도 그들은 진리에 대해서는 관심이 없었습니다. 이들이야말로 병든 사람들입니다.

성경의 원리로 돌아가라

예수께서 대답하여 이르시되 사람을 지으신 이가 본래 그들을 남자와 여자로 지으시고 말씀하시기를 그러므로 사람이 그 부모를 떠나서 아내에게 합하여 그 둘이 한 몸이 될지니라 하신 것을 읽지 못하였느냐 그런즉 이제 둘이 아니요 한 몸이니 그러므로 하나님이 짝지어 주신 것을 사람이 나누지 못할지니라 하시니(마 19:4-6).

"어떤 이유가 있으면 그 아내를 버리는 것이 옳으니이까"(마 19:3)라고 질문했던 사람에게 예수님이 이렇게 대답하셨습니다. 이 질문과 대답 사이에 우리가 좀 더 해석해야 할 부분이 있습니다. 악한 동기에서 나온 바리새인들의 질문에는 사실 교활한 함정이 있었습니다. 그것은 예수님을 인간적인 전통과 율법에 대한 해석과 논쟁으로 끌어들이려는 것이었습니다.

그 당시 이혼 문제는 지금 우리 사회의 이혼이나 결혼 문제처럼 아주 예민하고 중요한 주제였습니다. 예수님이 오시기 바로 전에 바리새인들은 힐렐파와 샴마이파로 나뉘어 이 문제를 논쟁하고 있었습니다. 힐렐파에서는 여자가 부도덕할 뿐 아니라 여자답지 않으면 이혼 조건이 된다고 주장했습니다. 그러니까 이들의 주장은 예를 들어 요리를 못 한다든가, 얼굴이 마음에 안 든다든가 하면 이혼할 수 있다는 것입니다. 반면 샴마이파에서는 이혼할 수 있는 조건은 오직 한 가지, 여자가 간음했을 경우뿐이라고 했습니다. 그들은 이 논쟁 속에 예수님을 끌고 들어가려 했던 것입니다. 사실 구약에는 간음한 경우 외에는 이혼할 수 없게 되어 있기 때문에, 예수님을 논쟁에 끌어들임으로써 하나님의 권위를 낮추려는 것이 이 질문의 함정이었습니다. 그런데 예수님이 아주 정확하면서도 이들의 함정에 빠지지 않는 지혜로운 말씀으로 대답하셨습니다.

예수께서 대답하여 이르시되 사람을 지으신 이가 본래 그들을 남자와 여자로 지으시고 말씀하시기를 그러므로 사람이 그 부모를 떠나서 아내에게 합하여 그 둘이 한 몸이 될지니라 하신 것을 읽지 못하였느냐(마 19:4-5).

지금 이 말씀은 어디에 나오는 말씀입니까? 구약 창세기에 나오는 말씀입니다. 예수님은 이혼의 문제를 인간의 해석이나 전통으로 풀려 하지 않으시고 하나님의 말씀으로 푸셨습니다. 이것이 참 놀랍습니다. 예수님이 사탄의 시험을 만나셨을 때 어떤 대답을 하셨습니까? 사람의 권위를 가지고 대답하지 않으시고 하나님의 말씀으로 문제를 풀어가셨습니다. 여기에 예수 그리스도가 우리에게 주시는 해답이 있습니다.

삶 가운데서 우리는 여러 가지 어려운 문제에 부딪히게 됩니다. 낙태, 환경오염, 도덕과 정의, 정치, 경제, 사회, 교육의 모든 문제가 우리 주변에 있습니다. 사람들이 아주 교활한 방법으로 낙태법을 통과시키려고 합니다. 또한 아이들 교육과 과외 문제, 주일에도 공부하는 문제를 놓고 해결책을 선택할 때 그 기준을 세상 풍조에 두고 있습니다. 성경의 원리야 어떻든 우선 눈에 보이는 현실에 입각해서 많은 사람이 하는 대로 따라가며 적당하게 사는 것입니다. 양심에 갈등이 생기지만 가능하면 그 갈등을 느끼지 않도록 양심을 무디게 만듭니다. 그 방법은 죄를 자주 짓는 것입니다. 그러면서 자기를 합리화시킵니다. 이것이 예수님 당시의 종교 지도자들의 모습이었습니다. 말씀대로 살기가 너무 힘드니까 그들은 적당히 타협하고 재해석했던 것입니다.

그러나 예수님은 전통이나 율법이나 습관을 따라서 해석하는 것을 원하지 않으시고 언제나 성경으로 돌아가셨습니다. 성경이 어떻게 말씀하고 있는가, 이것이 예수님의 해답이었습니다. 성경의 원리로 돌아가야 합니다. 그것을 교회가 다시 선포하고, 하나님을 믿는 사람들이 그런 삶을 살아가면 이 세상은 성경대로 변하게 될 것입니다.

예전에 어머니가 서울에 올라오셨다가 어느 분의 장례식 때문에 갑자기 내려가신 일이 있었습니다. 그분은 신부전증으로 고생하다가 초등학생 아들 둘을 남기고 돌아가셨습니다. 부인은 남편을 간호하며 어려운 살림을 꾸려 나가다가 지쳐서 오래전에 도망가고 말았습니다. 그래서 그분이 혼자 아이들 밥해 먹이고 빨래하고, 동네 사람들이 주는 돈으로 병원 다니면서 살다가 제 어머니가 방문한 날 돌아가셨다는 것입니다. 다행히 어머니가 그분을 전도하셨고 장례식도 잘 치렀다고 합니다.

저는 그 사건을 통해 결혼이란 무엇인가에 대해 가만히 생각해 보았습니다. 남편이 아파서 돈을 벌 수 없고 고생하면 부인은 남편을 버리고 떠나는 것이 결혼입니까? 부자하고 결혼했다가 망해서 거지가 되면 이혼하는 것입니까? 얼굴이 예쁜 여자와 결혼했다가 집에 불이 나서 얼굴에 화상을 입으면 그 여자를 버릴 것입니까? 왜 사람들이 이혼합니까? 물론 할 수 없이 이혼하는 경우도 있습니다. 그러나 대부분의 이혼은 세상 풍조를 따라갑니다. 성격 차이라는 이유는 너무 사치스럽습니다. 가정이 파괴되는 가장 근본적인 동기는 하나님이 정해 주신 성경의 원리를 이해하지 못한 데 있습니다. 하나님의 원리를 모르는 채 아이 낳고 키우며 살다 보면 반드시 세상 풍조가 들어와서 어느 순간 그 가정에 금이 갈 수 있습니다.

모세의 이혼 증서

바리새인들이 예수님에게 두 번째 질문합니다.

> 여짜오되 그러면 어찌하여 모세는 이혼 증서를 주어서 버리라 명하였나이까(마 19:7).

이때 예수님이 이렇게 대답하셨습니다.

> 모세가 너희 마음의 완악함 때문에 아내 버림을 허락하였거니와 본래는 그렇지 아니하니라(마 19:8).

이혼의 동기는 대부분 죄입니다. 이기심입니다. 그 마음속에 어떤 이기적인 동기가 있기 때문에 배우자를 버리려는 것입니다. 도중에 포기하려는 것입니다. 인간의 마음 깊은 곳에는 죄가 있습니다. 대부분은 그 죄 때문에 이혼하는데도, 그렇게 말하면 안 되니까 누가 봐도 그럴 듯한 적당한 이유를 내세우는 것입니다. 예수님은 모세가 이혼 증서를 주라고 한 것은 우리 마음의 완악함 때문이라고 하셨습니다. '본래는 그렇지 아니하니라'는 말씀은 모세의 본래 뜻은 이혼이 아니라는 것입니다. 이혼 증서를 써 주는 이유는 이혼의 합리성을 갖게 하기 위해서가 아니라 그 여자를 보호해 주기 위해서라는 것입니다. 그냥 버리면 그 여자는 간음죄로 돌에 맞아 죽습니다. 그래서 합리적으로 여자를 보호해 주고 재혼할 수 있는 길을 열어 주기 위해 이혼 증서를 써 주라고 했는데, 바리새인들은 다른 여자를 얻기 위한 방편으로 이혼 증서를 써 주라는 것으로 생각했습니다. 이혼 증서만 써 주면 하나님이 나를 용서하실 것이라고 생각한 것입니다.

우리 편한 대로 성경을 해석하면 안 됩니다. 성경의 원리로 돌아가야 합니다. 하나님의 자녀들에게 이혼은 불가능합니다. 우리가 진정 하나님의 사람이라면 이혼은 생각조차 않을 것입니다. 아내가 평생 식물인간이 되어도, 남편이 교도소에 들어가도 이혼은 안 됩니다. 더구나 아기 못 낳는 것 때문에 이혼해서도 안 됩니다. '어떤 이유에서도 안 된다'는 것이 성경의 원리입니다. 우리가 이 성경의 원리를 지킨다면 세상에 간음이 없어질 것입니다. 모든 부정이 없어질 것입니다. 그리하여 가정은 거룩해질 것입니다.

내가 너희에게 말하노니 누구든지 음행한 이유 외에 아내를 버리고 다른 데 장가 드는 자는 간음함이니라(마 19:9).

이 말씀은 비록 남편이나 아내가 성적인 실수를 할지라도 이혼해서는 안 된다는 것입니다. 그 실수보다 사랑이 더 크며, 그 실수보다 용서가 더 크며, 그 실수보다 하나님의 결혼에 대한 의도가 더 깊습니다. 구약의 호세아를 보십시오. 창녀로 돌아간 아내 고멜을 용서하는 사랑, 그것은 바로 수없이 배신한 음란한 고멜과 같은 우리를 사랑하시는 하나님의 사랑 이야기입니다. 아무리 힘들어도 우리는 성경의 원리대로 부부 생활을 해야 하며 자녀 교육을 해야 합니다. 세상의 풍속이 들어오지 못하도록 우리가 우리의 가정을 거룩한 가정으로 지켜야 합니다.

독신의 은사와 결혼 생활의 의무

이때 예수님의 제자들이 다음과 같은 질문을 합니다.

> 제자들이 이르되 만일 사람이 아내에게 이같이 할진대 장가 들지 않는 것이 좋겠나이다(마 19:10).

가만 들어보니까 결혼이 보통 골치 아픈 것이 아닙니다. 그래서 제자들이 결혼을 안 하고 사는 것이 낫지 않겠는가 하고 질문합니다. 이 질문은 바리새인들의 질문과 다릅니다. 바리새인들의 질문은 시험하려는 질문이나 제자들의 질문은 진리를 알기 위한 질문입니다. 여기에 대한 예수님의 대답을 들어 보십시오.

예수께서 이르시되 사람마다 이 말을 받지 못하고 오직 타고난 자라야 할지니라(마 19:11).

특별히 하나님이 택한 사람, 결혼을 안 해도 될 만한 사람이 있습니다. 결혼 안 하고 혼자 능히 살아갈 수 있는 사람은 혼자 살라는 말씀입니다. 사실 결혼 안 하고 살 수 있으면 가장 좋습니다. 독신은 은사입니다. 아무나 하는 것이 아닙니다. 독신의 은사를 받지 않고 혼자 살면 죄를 짓습니다. 그래서 타고난 자라야만 합니다.

독신에는 세 가지 종류가 있습니다. 육체적으로 결혼할 수 없는 몸을 가진 사람들이 있습니다. 그러면 결혼할 수 없습니다. 두 번째는 사람이 만들어서 고자 된 자가 있다고 말씀합니다. 중요한 것은 세 번째입니다. 천국을 위하여 스스로 고자 된 자가 있다고 말씀했습니다. 신부나 수녀들은 결혼하지 않는데, 그들이 다 독신의 은사를 받았다면 괜찮지만 은사를 받지 않은 경우에는 계속 내면적으로 죄를 짓습니다. 그러면 안 됩니다.

사람에게는 하나님의 말씀대로 생육하고 번성해야 할 책임이 있습니다. 결혼해야 하고 결혼했으면 하나님의 명령대로 죽으나 사나 한 사람만 위해 살아야 합니다. 능력이 있고 없고는 상관없습니다. 예쁘고 안 예쁘고는 상관없습니다.

아내라는 이름 때문에, 남편이라는 이름 때문에 살아야 합니다. 이것을 감당할 수 있으면 천국에서 상급이 있습니다. 이는 우리의 신앙적 태도와 상관이 있습니다. 인간은 연약합니다. 실수할 수밖에 없는 것이 인간입니다. 그래서 우리의 연약함을 의지하고 살면 우리는 끝장납니다. 돌아가는 세상 풍조대로 살면 끝이 비참합니다. 성경을 붙잡고 예수님이 살라는 대로 살면 천국 갈 때까지 승리하며 살게 됩니다. 하나님의 축복을 받게 됩니다. 하나님의 축복이 우리 모두에게 있기를 바랍니다.

38

어린아이와 같이
천국을 소유하라

마태복음 19:13-15

우리는 예루살렘으로 향하시는 예수님에게 나타난 몇몇 사람들을 만나 보았습니다. 첫째는 병든 자들이었습니다. 예수님은 그들을 치료해 주셨습니다. 둘째는 바리새인들이었습니다. 그들이 예수님에게 어떤 진리와 교훈을 배우려 한 것은 아니었지만, 예수님은 그들의 질문을 통해 도덕적이고 윤리적인 삶의 원리들을 가르쳐 주셨습니다. 이제 예수님을 만나러 온 이들 가운데 세 번째 부류의 사람들을 보겠습니다.

> 그때에 사람들이 예수께서 안수하고 기도해 주심을 바라고 어린 아이들을 데리고 오매 제자들이 꾸짖거늘(마 19:13).

성경에는 여러 종류의 사람이 있습니다. 그러나 가만히 생각해 보십시오. 본문 말씀에 나오는 이 부모들처럼 귀한 이들이 어디 있습니까? 대부분의 사람은 자기의 문제를 해결받기 위해 예수님에게 나왔습니다. 그런데 자기 자녀들의 신앙을 위해서 여러 가지 어렵고 곤란한 상황에도 불구하고, 주위의 꾸짖음과 박해에 굴하지 않고 와서 예수님에게 간구하는 부모들을 만나게 됩니다.

자녀들을 예수님에게 데려온 부모들

부모들이 예수님을 찾아왔을 때는 두 가지 목적이 있었습니다. 하나는 자기 자녀들이 예수님에게 안수를 받게 하기 위해서입니다. 또 하나는 안수와 거의 같은 개념일 수도 있겠지만, 예수님에게 기도를 받게 하고 싶어서입니다. 얼마나 아름답고 거룩한 신앙입니까? 자식을 사랑하지 않는 부모가 어디 있겠습니까? 그러나 자식을 사랑하는 방법은 부모마다 다릅니다. 예수님에게 찾아온 이 부모들처럼 거룩한 목적과 꿈을 가진 부모를 보셨습니까? '예수님에게 안수를 받고 싶다'는 말은 무슨 뜻입니까? 내 자식이 하나님과 깊은 관계를 가지는 아이, 하나님의 성품을 닮아가는 아이, 하나님의 축복을 받는 아이로 키우고 싶다는 말입니다. 사실 우리 자녀들에게 있어서 가장 중요한 것은 하나님의 방법으로 자라는 것입니다. 부모들이 해야 할 가장 큰 일은 자녀들에게 어렸을 때부터 성경의 가치관을 심어 주는 것입니다.

새벽부터 자정까지 자식들을 학교에, 학원에 맡기는 것이 우리의 현실입니다. 그래서 학교 선생님한테 부모들이 얼마나 공을 들이는지 모릅니다. 치맛바람이라는 말까지 생길 정도로 말입니다. 모두가 천재교육, 영재교육, 일류병에 휩싸였습니다. 생각해 보면 끔찍하지만, 또 현실적으로 그 끔찍한 일을 자기만 안 할 수도 없습니다. 그래서 다 교육의 현실을 비판하면서도 그 교육에 열심히 참여하는 것입니다. 더욱이 문제는 부모들이 아이들에게 가장 치명적인 가치관을 서슴없이 심어 준다는 데 있습니다. "너는 뒤쳐지면 안 된다. 좀 그릇된 방법으로라도 무조건 이기고 승리해야 한다"고 몰아칩니다. 이런 식으로 우리 아이들을 경쟁 사회의 한 구성원으로만 키웁니다. 게다가 사회에는 우리 아이들을 오염시키는 수많은 유혹이 널려 있습니다. 이것이 우리의 현실입니다. 그래서 대부분의 성도가 세상은 세상이고 교회는 교회라고 갈라서 생각합니다.

어떤 믿음 좋은 부모가 주일에 자녀를 친구 생일잔치에 보내는 것을 보았습니다. 하필이면 예배시간에 생일잔치가 있었는데, 그 부모가 아무런 갈등 없이 "생일잔치에 가라. 교회 학교는 하루쯤 쉬어도 돼"라고 하면서 아이를 친구 집에 보내는 것을 보고 깜짝 놀란 적이 있습니다.

아이들이 주일에 공부하지 않고 교회 와서 성경 공부하는 것에 부모들이 얼마나 예민한지 모릅니다. 아이들이 한 시간 정도 교회 가는 것은 괜찮지만 하루 종일 교회에서 보내는 것은 안 된다는 부모들이 많습니다. 우리는 세상적인 자녀 교육도 잘 시켜야 합니다. 그러나 현실은 그 정도가 너무 지나칩니다. 대부분의 부모는 무엇을 위해 자식들에게 그렇게 열심을 내는지에 대한 대답을 제대로 하지 못합니다.

저는 본문 말씀의 부모들을 생각합니다. 예수님 앞에 자기 자식들을 데려왔던 이들은 어떤 마음을 가진 사람들이었을까요? 이들은 제자들이 막는 것도 무릅쓰고 예수님을 만날 기회만을 엿보았습니다. 예수님을 만나서 안수받게 하고 싶었고, 기도받게 하고 싶었습니다. 순전히 자식들을 위해서 말입니다.

제가 우리 교회를 목회하면서 반성하는 많은 것들 가운데 아주 중요한 반성은, 초창기 때부터 우리 교회 학교 어린이들이나 중고등부 학생들에게 교육 공간을 제대로 마련해 주지 못한 것입니다. 어린아이가 존중되는 사회, 어린아이가 대접받는 교회, 이것이 예수님이 원하시는 요점입니다. 예수님은 어린아이를 그렇게 사랑하셨고, 영접하셨고, 안아 주셨고, 기도해 주셨습니다.

하나님을 가르쳐 주는 일의 중요성

본문 말씀에서 우리가 무엇을 읽어야 하는지 생각할 필요가 있습니다. 첫째로 이 부모들에게서 배울 점을 찾아보겠습니다. 이들 생각에 가장 중요한 것은 예수님과 어린 자녀가 만나는 것이었습니다. 이 말을 다른 말로 바꾸면, 자녀들에게 가장 중요한 것은 하나님을 가르쳐 주는 것이란 뜻입니다.

또 어려서부터 성경을 알았나니 성경은 능히 너로 하여금 그리스도 예수 안에 있는 믿음으로 말미암아 구원에 이르는 지혜가 있게 하느니라(딤후 3:15).

혹시 어려서부터 부모님의 기도 가운데 자라났습니까? 주일학교 이전부터 찬송 소리를 듣고 자라났습니까? 디모데는 어려서부터 성경을 배웠다고 했습니다. 이것이 부모가 해야 할 첫 번째 일입니다. 디모데의 믿음은 어디서 생겼습니까?

이는 네 속에 거짓이 없는 믿음이 있음을 생각함이라 이 믿음은 먼저 네 외조모 로이스와 네 어머니 유니게 속에 있더니(딤후 1:5).

외조모로부터 내려온 믿음의 전승이 디모데를 낳았다고 했습니다. 얼마나 놀랍습니까? 오늘 우리는 자녀들을 정말 잘 키우고 있는가, 바르게 키우고 있는가를 깊이 생각해야 합니다.

저는 어린아이들이 방언하는 것을 들었습니다. 아이들도 성령을 받으면 방언합니다. 아이들도 성령 충만하면 전도합니다. 어린아이도 어른과 똑같이 하나님 앞에서 하나의 인격입니다. 성령의 그릇입니다. 말씀으로 가르치면 아이들은 변합니다. 기도에 부진한 아이들이 변합니다. 자폐증 아이들도 변하며, 이상 성격의 아이들도 변하며, 불안신경증을 가진 아이들도 영적 치유가 가능합니다. 아이들도 하나님의 은혜에 감격하여 눈물 흘리며 예배하고 찬양합니다. 물론 예배가 끝나면 까르르 웃고 놀고 게임기 앞에 가지만, 하나님을 진심으로 찬양합니다.

그러나 우리 어른들이 '아이들은 공부나 하고 저리 가서 있도록'

만들어 놓았습니다. 은혜는 어른들만 받는 것이라고 단정하고, 아이들이 은혜 받는 것은 별다른 관심을 쏟지 않습니다. 새찬송가 199장을 보면 "나의 사랑하는 책 비록 해어졌으나 어머니의 무릎 위에 앉아서 재미있게 듣던 말 그때 일을 지금도 내가 잊지 않고 기억합니다"라는 가사가 나옵니다. 저는 어렸을 적에 어머니가 이 찬송을 자주 불러 주셨던 기억이 있습니다. 어머니가 이북에 계셨을 때 주일학교 반사를 하셨는데, 이 찬송을 부르시면서 저를 키우고 가르치셨습니다. 지금도 그 나지막하게 들려오던 찬송 소리가 귀에 선합니다.

어린아이들이 이런 감격과 추억 속에서 자라야 합니다. 우리가 찬송 속에서, 기도 속에서 배웠던 그 신앙을 우리의 자녀에게도 물려주어야 합니다. 우리가 어렸을 때 받은 신앙이 얼마나 귀합니까? 우리가 자녀를 공부시키는 정열, 그 열심의 십 분의 일만 하나님에게 바치면 우리 아이들은 엄청나게 변할 것입니다. 십 분의 일만 아이들에게 믿음의 교육을 위해 투자한다면 우리 자녀들은 하나님 앞에서 아름답게 자라날 것입니다.

부모가 아이를 맡길 데가 없어서 어른 예배에 데리고 들어옵니다. 그러면 꼭 우는 아이들이 있습니다. 그래도 아이와 함께 예배에 참여한다는 것이 얼마나 좋은 일입니까? 좀 시끄럽긴 하지만 괜찮습니다. 아이들은 떠드는 게 본질입니다. 부모가 조심스럽게 잘 챙기면 얼마든지 아이와 함께 예배드릴 수 있습니다. 어려서부터 아이들이 그런 분위기에서 자랄 때 그들의 믿음도 함께 자라게 됩니다.

자녀에게 안수하고 기도하라

우리는 우리의 자녀들을 붙들고 매일 안수해 주어야 합니다. 그냥 기도하지 말고, 손을 꼭 잡아 주거나, 머리에 손을 얹거나, 가슴에 품으며 기도하는 것이 좋습니다. 우리 자녀의 머리에 안수하십시오. 안수는 목사만 하는 것이 아니라, 성령을 받은 사람은 다 할 수 있습니다. 그리고 아이를 위해서 매일 기도해 주기를 부탁합니다. 이것은 예수님의 방법입니다.

언젠가 어떤 분의 집에 저녁식사 초대를 받아서 간 적이 있었습니다. 남편은 경제학 교수였고 아내는 방송을 가르치는 사람이었습니다. 그들 부부는 나이 오십이 넘어서 예수님을 알게 되었습니다. 물론 전에 교회에 다니지 않은 것은 아니었지만 한참 뒤에야 예수님을 진정으로 만나는 경험을 했습니다. 그들은 충격을 받고, 자신들의 남은 생애를 믿지 않는 사람들을 변화시키는 데 바치기로 하고 선교단체에 들어갔습니다. 그들은 집도 다 팔았고 가난했지만, 무척 평안해 보였습니다. 가족 사진을 보니 딸이 둘 있었습니다. 첫째는 대학생이 되었고, 둘째는 고등학교 3학년이라고 했습니다. 그들은 대학에 들어간 딸에게 일 년 동안 학교 공부를 쉬게 하고 아프리카에 전도훈련을 가도록 권유했다고 합니다. 그 딸이 아프리카에서 보낸 편지를 보니까 부모에 대한 사랑, 자기의 환경에 대한 감사, 하나님을 발견한 일, 자신에게 일어난 성령님의 역사 등을 상세히 기록하고 있었습니다. 부모는 딸이 3개월 전도 훈련을 마치고 돌아오면 9개월 동안 성경을 다섯 번 읽는 곳에 참여시키고, 그러고 나서 대학에 보낼 거라고 했습니다.

저는 그 말을 듣고 큰 도전을 받았습니다. '그렇다. 이렇게 가르치고 길러야 한다'고 생각했습니다. 집에 돌아와서 제 아내에게 우리 아이들도 그렇게 하자고 했습니다. 대학교 좀 늦게 간다고 큰일 날 것 없다고, 하나님에 대한 가치관, 인생에 대한 가치관을 먼저 만들어 놓고 그다음에 더 공부하게 하자고 했습니다. 그 생각을 하고 나서 저는 마음에 평화를 얻었습니다. 우리 아이들이 대학에 가서 얼마나 많은 가치관의 시련과 고민과 갈등을 겪습니까? 부모가 그 아이들이 하나님의 자녀로 자라는 데 기초를 만들어 줘야 합니다.

본문 말씀에 근거해서 보면, 오늘날의 교회 교육에 몇 가지 수정이 필요합니다. 교회 학교 교육과 성인 교육이 만나야 합니다. 아이들 교육은 아이들 교육이고, 어른 교육은 어른 교육이 아니라, 가족 단위로 하는 프로그램을 만들어 가야 합니다. 어린아이를 한 인격으로 대하는 분위기를 가꾸어야 합니다. 그래서 부모들은 어린이 프로그램에 적극적으로 참여하고 어린이들은 어른 프로그램에 자연스럽게 참여하게 해서 하나님의 가족이라는 의식이 뿌리 내려야 합니다. 나 혼자 예수 믿는 것이 아니라 우리 가족 전체가 하나님 앞에 바쳐지고 드려지게 해야 합니다. "자녀 교육의 첫째 순위는 하나님이다. 그다음이 세상 교육이다. 그러기 위해서는 몇 가지를 희생해도 좋다"라는 결단이 믿음의 부모와 자녀에게 있어야만 이 세상이 변할 것입니다.

하나님의 가족이 드리는 예배

이제 두 번째로 제자들의 반응에 대해서 잠깐 생각해 보겠습니다.

제자들이 꾸짖거늘(마 19:13).

이것이 오늘 우리 교회의 실수입니다. 제자들은 예수님을 사랑하는 사람들입니다. 믿음이 있다는 사람들입니다. 그런데 믿음이 있다는 사람들 가운데 자녀 때문에 고민하는 사람들이 얼마나 많습니까? 다 우리 책임입니다. 특별히 옛날에는 성직자 자녀치고 문제아 아닌 아이가 드물었습니다. 아버지는 존경받는 거룩한 목회자요, 자식은 깡패인 경우가 많았습니다. 요즈음에도 부모는 교회에서 존경받는 장로요 집사인데 자녀는 형편없는 아이로 지목받는 경우가 허다합니다. 이런 이원론적인 신앙에서 우리가 돌아서야 합니다. 부모들은 아이들을 사랑의 공동체로, 하나님의 가족으로 만드는 데 최우선을 두어야 합니다. 그것이 하나님이 기뻐하시는 일입니다. '하나님의 가족'이라는 개념이 교회에서 다시 일어나야 합니다. 저는 예수님을 찾아온 이 부모들을 통해 가족에 대한 비전을 봅니다. 어떻게 살아야 하는가의 해답을 바로 여기서 보는 것입니다.

그러나 제자들은 아이들을 꾸짖었다고 했습니다. 이러한 분위기를 쉽게 상상할 수 있습니다. 아이들을 앞세우고 오는 부모들과 제자들이 실랑이하는 그림을 한번 그려 보십시오. 제자들은 팔을 벌려 막으며 가까이 오면 안 된다고 소리치고, 부모와 아이들은 어떻게 해서든지 예수님에게 조금이라도 가까이 가려고 안간힘을 썼을 것입니다. 우리는 여기서 그 제자들이 우리가 아닌가 하고 깊이 반성해야 합니다. 우리가 아이들이 은혜받는 일을 가로막고 있지는 않은지 생각해야 합니다.

제자들은 왜 이들을 꾸짖었을까요? 그 당시에는 어린아이와 여자들을 천대하는 사상이 사회를 지배하고 있었습니다. 또 어린아이는 조그맣고 약하고 보잘것없기 때문에 무시하고 가볍게 취급했을 것입니다. 제자들은 어쩌면 예수님에 대한 잘못된 충성심에서 어린아이들을 꾸짖었을지도 모릅니다. 마치 교회에서 목사님 설교를 방해하는 아이들이 있는 부모는 따로 저쪽에 가서 예배드리라는 식입니다. 그러나 아이들이 있는 부모도 똑같이 아이와 함께 와서 예배드려야 합니다. 예배 시간이 좀 시끄러워도 아이와 같이 있어야 합니다. 그러면 아이들도 함께 은혜를 받는 것입니다.

하나님을 경외하는 믿음의 자녀들

그러나 제자들은 이러한 예수님의 마음을 읽지 못하고 잘못된 충성심에서 아이들을 내어 쫓았습니다. 이에 대해 예수님이 어떻게 말씀하셨습니까?

> 예수께서 이르시되 어린 아이들을 용납하고 내게 오는 것을 금하지 말라 천국이 이런 사람의 것이니라 하시고 그들에게 안수하시고 거기를 떠나시니라(마 19:14-15).

예수님은 먼저 '어린 아이를 용납하라'고 명령하셨습니다. 그렇습니다. 우리는 자녀들을 용납해야 합니다. 그리고 자녀들이 "예수님에게 가는 것을 막지 말아야 합니다." 예수님과 우리의 자녀가 만나게 되길 기도하십시오. 제일 좋은 방법은 교회 학교에 아이들을 보내는 것입니다. 아이들이 은혜받을 수 있는 곳으로 가게 하는 것입니다. 그리고 우리의 아이들을 맡은 선생님을 집에 초대하십시오. 그들을 존경하십시오. 그 선생님들이 우리 자녀의 영혼의 문제를 책임지고 있습니다.

교회는 어린아이의 천국이 되어야 합니다. 어린아이들이 예수님을 만나고, 찬양하고, 기뻐하도록 해줘야 합니다. 제가 어떤 교사에 대한 이야기를 들었습니다. 우리 교회에서 파송한 한 선교사님의 아이들이 선교지 공동체에서 공부하는데 그 아이들을 맡은 선생님이 한국말을 모르는 분이었습니다. 그 선생님은 육십이 넘으신 할머니였는데, 이분이 한국 학생을 만나더니 하룻저녁에 한 시간씩 한국말을 가르쳐 달라고 하더랍니다. 왜 그러시는지 이유를 물었더니 영어를 모르는 아이들에게 한국말로 성경을 가르치기 위해서라고 했답니다. 영어를 모르는 한국 아이 두 명에게 하나님의 말씀을 듣게 해주려고 할머니가 한국말을 배우고 있다는 이야기를 들은 저는 깊은 감동을 받았습니다. 이런 희생이 우리 안에 있어야 합니다.

예수님은 또 '천국이 이런 사람의 것이니라'고 말씀하셨습니다. 천국이 어린아이와 같은 이들의 것이라는 말씀입니다. 가장 성숙한 사람은 어떤 사람입니까? 어린아이와 같은 성품이 있는 사람입니다. 순진하고 솔직하고 단순한 어린아이의 성품을 가진 하나님의 백성, 천국은 이런 자들의 것입니다. 어린아이의 모습이란 심령이 가난한 모습의 한 형태입니다. 우리의 어린아이들에게서 이런 것을 배울 수 있기를 바랍니다.

예수님은 어린아이들에게 "안수해 주셨다"(마 19:15)고 했습니다. 그 부모들은 얼마나 좋았겠습니까? 우리 자녀를 예수님이 안수해 주시기를 기원해야 합니다. 그리고 우리의 자녀들이 예수님의 품 안에서 자라나 하나님을 경외하고 하나님을 위해 살려는 헌신과 결단이 어렸을 때부터 있어야 할 것입니다.

39

부자 청년이 되지 말고
주의 청년이 되라

마태복음 19:16-22

이제 우리는 예루살렘으로 향하시는 예수님에게 나아온 네 번째 종류의 사람을 만나게 됩니다.

어떤 사람이 주께 와서 이르되 선생님이여 내가 무슨 선한 일을 하여야 영생을 얻으리이까(마 19:16).

이 사람은 아주 놀라운 사람입니다. 영생이라는 굉장한 주제를 가지고 예수님을 찾아왔습니다. 그래서 본문에서 이 사람은 어떻게 보면 가장 이상적이고 진실한 사람으로 나타납니다. 아무튼 우리는 마태복음, 마가복음, 누가복음에 나타난 기사를 종합해서 좀 더 자세하게 이 사람의 신상을 살펴보도록 하겠습니다.

예수님을 찾아온 부자 청년 관원

먼저 마태복음 19장 20절을 보면, 본문에 나타난 사람의 신분은 노인도 아니고 어린아이도 아닌 청년입니다. 그리고 22절을 보면, 재물이 많은 사람임을 알 수 있습니다. 마태복음에만 그렇게 기록된 것이 아니라 마가복음과 누가복음에도 이 청년이 부자였다고 설명합니다. 특별히 누가복음에는 이 사람이 관원이었다는 말을 덧붙이고 있습니다.

어떤 관리가 물어 이르되 선한 선생님이여 내가 무엇을 하여야 영생을 얻으리이까(눅 18:18).

여기서 관리는 유대 회당의 지도자나 산헤드린 회원에 해당하는 사람을 말합니다. 그렇다면 예수님을 찾아온 이 사람은 세상 사람이 가장 부러워하는 세 가지 조건이 있는 사람입니다. 첫 번째는 젊음입니다. 두 번째는 재물입니다. 그리고 세 번째는 권력 또는 명예입니다. 젊음이 있다는 것이 얼마나 부러운 일입니까? 청년, 그것은 무엇과도 바꿀 수 없는 인생의 꽃입니다. 삶의 절정이라고 말씀드릴 수 있습니다. 나이든 이들은 청년 시절을 그리워합니다. 청년이란 젊음, 꿈, 건강, 미래, 소망, 환상을 상징하는 말이라고 할수 있습니다. 이 사람은 젊은 사람입니다. 건강한 사람입니다. 무한한 가능성이 있습니다. 그리고 대부분의 젊은이는 돈이 없지만, 이 사람은 놀랍게도 청년이면서도 부자였습니다. 생각해 보십시오. "젊음이 있고 돈이 있다." 이 사람은 분명히 자신만만했을 것입니다. 도도하고 의기양양했을 것입니다.

이 사람의 신분은 이 정도로 끝나지 않습니다. 그 당시에는 종교 지도자가 곧 정치 지도자였고, 사회와 경제를 총괄하는 지성인이었습니다. 이 사람은 누가 봐도 부족함 없는 지위가 있었습니다. 그런데 이것이 끝이 아닙니다. 대개 명예가 있고 돈이 있고 젊음이 있는 사람들은 도덕적인 약점이 있기 마련입니다. 여자 문제나 문란한 생활로 문제가 많을 수 있습니다. 그러나 이 사람은 도덕적으로나 윤리적으로도 완벽한 삶을 살았습니다.

> 이르되 어느 계명이오니이까 예수께서 이르시되 살인하지 말라, 간음하지 말라, 도둑질하지 말라, 거짓 증언 하지 말라, 네 부모를 공경하라, 네 이웃을 네 자신과 같이 사랑하라 하신 것이니라 그 청년이 이르되 이 모든 것을 내가 지키었사온대 아직도 무엇이 부족하니이까(마 19:18-20).

이렇게 말할 정도면 도덕적으로 아주 완벽한 삶을 산 것을 알 수 있습니다. 마가복음과 누가복음에는 더 재미있는 말이 있습니다.

> 어려서부터 다 지키었나이다(막 10:20; 눅 18:21).

즉, 성인이 되어서, 좀 철이 들어서 완벽한 도덕적 삶을 산 것이 아니라, 어렸을 때부터 훈련받고 도덕적으로 살아왔다는 것입니다.
'선한 선생님이여!'
그런데 놀라운 것은, 이 사람의 성품이 여기서 끝나지 않습니다.

종교적인 외경심까지 있었습니다. 당시 종교 지도자들인 바리새인들이나 사두개인들과는 다른 그의 구도적인 태도가 참 아름답습니다. 마가복음 10장 17절을 보면 "예수께서 길에 나가실새 한 사람이 달려와서 꿇어 앉아 묻자오되"라고 되어 있습니다. 유대인 가운데 그 정도의 신분과 위치에 있는 사람이면 대개 예수님에 대해서 빈정대는 태도를 취했지만, 이 사람은 예수님이 길에 나오시자마자 달려가 꿇어앉았다고 했습니다. 신앙적인 겸손까지 갖춘 사람입니다. 저는 가끔 이런 사람을 보면 기가 질려 말이 잘 안 나옵니다. 부족한 것 하나 없이 다 갖춘 사람이기 때문입니다.

우리는 이 사람에게서 또 하나 놀라운 사실을 발견합니다. 달려와서 무릎을 꿇고 예수님에게 어떻게 말했습니까? "선한 선생님이여…"라고 말했습니다. 그는 예수님까지 알아봤습니다. 당시의 종교 지도자들은 예수님을 보는 눈이 없었습니다. 예수님을 비방의 대상으로 생각했지, 존경과 경외의 대상으로는 생각하지 않았습니다. 그런데 그는 예수님이 보통 사람이 아니라는 것을 빨리 눈치챘습니다. 예수님이 행하신 기적이 초자연적인 기적이라는 것도 알았습니다. 그래서 그는 최대의 경의를 표현한 것입니다. "당신은 선한 선생님이십니다." 게다가 그가 예수님에게 질문한 내용은 우리를 더 놀라게 합니다. 그것은 자기 명예나 지위나 물질에 관한 질문이 아니고, 영혼의 문제에서도 가장 핵심적이고 본질적인 문제를 꼭 집어 질문한 것입니다. 그것은 영생에 관한 질문이었습니다. 예수를 믿어도 헛되게 믿는 사람이 많습니다. 핵심을 찌르지 못하고 주변 문제를 가지고 왔다 갔다 하는 사람이 많습니다. 그런데 그는 아주 정확하게 신앙의 본질에 해당하는 단어 하나를 택했습니다. 그것은 '영생'입니다. 영생이란 무엇입니까? 왜 이것이 부자 청년에게 중요했습니까? 영생은 말 그대로 영원한 생명을 뜻합니다. 현재부터 시작해서 죽음 이후에까지 이르는 생명입니다. 부자 청년은 그가 이 지상에서 얻을 것은 다 얻었습니다. 건강, 돈, 명예, 신앙적 겸손, 도덕적으로 완벽한 삶 등 이 땅에서 얻을 수 있는 것은 다 얻었습니다. 그런데 이 사람의 야망은 여기서 끝나지 않습니다. 내세까지 그렇게 살고 싶은 것입니다. 자기가 돈을 벌듯이, 명예를 취하듯이, 건강을 누리듯이, 죽음 이후의 영혼의 문제까지도 안전하게 확보해 두고 싶었던 것입니다.

이 짧은 한 문장에서 우리는 한 남자로서, 한 인간으로서 그가 소유하고자 했던 완벽한 야망을 발견할 수 있습니다. 그러나 예수님은 이 청년의 영적 갈급함과 요구가 진정한 영혼의 구원과는 아무 상관이 없는 허구라는 사실을 꿰뚫어 보셨습니다. 이 청년은 자기의 완벽한 삶과 논리 때문에 자신이 얼마나 허구성이 있는 인간이라는 것을 몰랐습니다. 주변 사람들은 더더욱 그의 신앙을 정확하게 판단할 수가 없었습니다. 그러나 예수님은 놓치지 않으셨습니다.

영생과 선한 행위의 관계

그러면 이 청년의 신앙에 어떤 허구성이 있을까요? 첫째로, 이 청년이 영혼에 대해서 관심이 있지만 영생을 얻고자 하는 방법에 문제가 있음을 발견하게 됩니다. 다시 말하면, 은혜와 믿음으로 영생을 얻는 것이 아니라 행위로 얻을 수 있다는 생각이 있었습니다. 그는 선의 문제, 율법과 도덕의 문제, 행위의 문제는 피를 흘리면서까지 투쟁하면서 완벽하게 자기의 삶을 살아왔던 사람입니다. 그래서 그는 예수님을 선한 선생님이라고 불렀고, 영생을 얻는 것도 행위로 얻어질 수 있다고 굳게 믿고 있었습니다.

그러나 성경에서 말하는 영생은 그가 생각하는 영생과 전혀 달랐습니다. 성경에서 말하는 영생은 고대 이방 사상이나 헬라 철학에서 말하는 끝없는 세계가 아닙니다. 그것은 진화론적인 사고의 열매인 무한한 미래도 아니요, 뉴에이지 운동에서 말하는 몇 억겁 만년의 회귀 사상에서 온 개념도 아닙니다. 영원불멸은 영생이 아닙니다.

첫째로 성경에서 말하는 영생은 하나님 자신을 의미합니다.

> 아브라함은 브엘세바에 에셀 나무를 심고 거기서 영원하신 여호와의 이름을 불렀으며(창 21:33).

이 말씀에서 우리는 하나님 자신이 바로 영생의 본질인 것을 볼 수 있습니다. 참된 영생의 개념은 '무한하고 영원한 시간'이 아닙니다. 그것은 영생하시는 하나님의 시간을 의미합니다. 영생하시는 하나님의 인격적인 삶에 동참하는 것을 영생이라고 말하는 것입니다.

사실 무한히 영원토록 산다는 것이 얼마나 불안합니까? 만약 우리가 150세까지 산다면 얼마나 힘들겠습니까? 하나님 없이 영원한 시간은 불안합니다. 하나님 없는 무한한 세계는 우주의 고아와 같습니다. 우리는 가끔 인공위성이 우주의 미아처럼 떠돌아다니는 것을 볼 수 있습니다. 얼마나 불안하고 초조하고 외로운 일입니까? 그것은 영생이 아닙니다. 영생이란 영원하신 하나님의 사랑과 인격의 품에 안겨서 그분과 동행하는 것입니다.

> 내가 지극히 높으신 이에게 감사하며 영생하시는 이를 찬양하고 경배하였나니 그 권세는 영원한 권세요 그 나라는 대대에 이르리로다
> (단 4:34).

진정한 영생의 개념이 여기에 있습니다. 우리가 말하는 영생은 죽음 후의 무한한 세계가 아니라, 영원하신 하나님에게 속하는 것을 뜻하는 개념입니다. 참된 영생이란 어디에 있습니까? 영원하신 하나님 자신에게 있습니다. 그래서 거기에는 경배와 존귀와 찬양이 가능한 것입니다. 하나님의 인격이 없는 영생에 대해 어떻게 우리가 찬양할 수 있겠습니까? 하나님이 없는 영원한 세계에 대해서

우리가 무엇을 노래할 수 있겠습니까? 그것은 죽은 인격에 불과합니다.

또 한 가지, 성경에서 말하는 영생의 개념은 그리스도 자신을 의미합니다.

> 너희가 성경에서 영생을 얻는 줄 생각하고 성경을 연구하거니와 이 성경이 곧 내게 대하여 증언하는 것이니라(요 5:39).

영생하시는 하나님이 인간의 몸을 입고 세상에 오셨습니다. 그분이 예수 그리스도십니다. 예수 안에 참된 영원과 구원이 있습니다.

이것을 아주 잘 표현한 말씀이 요한일서 5장 11-12절입니다. 영생을 가진 사람만이 영생을 줄 수 있습니다. 하나님이 없는 진화론적인 무한한 세계는 결코 영생이 될 수 없습니다. 하나님이 없는 수억 겁만 년의 회귀 사상도 영생이 될 수 없습니다. 많은 철학과 종교가 여기에 속고 있습니다. 그래서 하나님이 이렇게 말씀하셨습니다.

> 또 증거는 이것이니 하나님이 우리에게 영생을 주신 것과 이 생명이 그의 아들 안에 있는 그것이니라 아들이 있는 자에게는 생명이 있고 하나님의 아들이 없는 자에게는 생명이 없느니라(요일 5:11-12).

이는 그를 믿는 자마다 멸망하지 않고 영생을 얻게 하려 하심이라
(요 3:16).

독생자를 믿는 자에게 영생이 있다고 말했습니다. 요한복음 4장 14절에서는 예수님 안에 영생하도록 솟아나는 샘물이 있다고 했습니다. 요한복음 6장 51절에서는 예수님이 "나는 하늘에서 내려온 살아 있는 떡이니 사람이 이 떡을 먹으면 영생하리라"고 하셨습니다. 또 요한복음 6장 54절에서는 "내 살을 먹고 내 피를 마시는 자는 영생을 가졌고 마지막 날에 내가 그를 다시 살리리니"라고 말씀하셨습니다.

영생은 죽음이 없는 것입니다. 죽음을 초월하는 것입니다. 영생은 죽어서 갖는 것이 아닙니다. 예수 그리스도를 영접하는 순간에 하나님의 영원한 생명이 우리 안에 있어서 이 세상에 사는 동안 영생의 진정한 축복과 맛을 느끼며 사는 것입니다. 그래서 어떤 죽음의 세력이, 어떤 절망이 우리를 괴롭히지 못합니다. 비록 내가 암에 걸려 죽을지라도 영생을 가진 사람에게는 육신이 그렇게 큰 의미가 없습니다. 실패가 두렵지 않습니다. 사업하다 부도 나는 일이 우리를 근본적으로 절망하게 하지 못합니다. 상황적인 고민은 줄 수 있어도 절망은 줄 수 없습니다. 남편이 죽어도, 아내가 죽어도, 자식이 병들어 죽어도 영생을 가진 사람은 근본적으로 절망하지 않습니다. 왜냐하면 영생은 하나님의 생명이고 그 하나님의 생명

이 예수 그리스도로 말미암아 우리에게 주어졌기 때문입니다. 그러므로 영생을 가진 사람들은 자유가 있습니다. 평안함이 있습니다. 말할 수 없는 소망이 그 안에 있습니다.

> 내가 그들에게 영생을 주노니 영원히 멸망하지 아니할 것이요 또 그들을 내 손에서 빼앗을 자가 없느니라(요 10:28).

하나님이 맺어 주신 결혼을 사람이 이혼시킬 수 없듯이, 하나님이 주신 생명은 세상의 어떤 세력도 빼앗을 수가 없습니다. 우리는 요한복음 17장 3절에서 영생에 대한 종합적인 정의를 발견하게 됩니다.

"영생은 곧 유일하신 참 하나님과 그가 보내신 자 예수 그리스도를 아는 것이니이다."

여기서 안다는 말은 단순한 지적 이해를 넘어서 한 신앙 인격의 연합을 뜻합니다. 참 영생을 가졌느냐 안 가졌느냐는 다음 테스트를 통해 알 수 있습니다. 예수님을 믿으면서도 아직 불안한 사람은 영생이 없는 사람입니다. 진짜 영생을 가진 사람은 어떤 경우에 있어서도 근본적인 삶의 불안이 없습니다. 그런데 이 청년은 영생에 관심이 있고 영생을 가지고 싶은 간절한 마음을 가졌지만, 늘 불안했습니다. 그 증거가 무엇입니까? 예수님을 찾아온 것을 보면 알 수 있습니다. 그는 예수님에게 와서 확인받고 싶었던 것입니다.

하나님의 선물, 영생

이것이 성경에서 말하는 영생이라면 우리는 여기서 자연스런 결론을 하나 내릴 수 있습니다. 그것은 영생이나 구원은 인간의 선행이나 노력이나 수양으로 이루어질 수 없다는 것입니다. 영생은 은혜로 주어지는 것입니다. 영원한 생명이신 예수 그리스도를 믿음으로, 은혜로 그를 영접함으로써 그 영생이 우리에게 임하는 것입니다. 그런데 부자 청년은 영생을 자기가 선을 행함으로써 얻을 수 있는 것으로 착각했습니다. 자신이 지상의 것을 다 소유했듯이 영혼의 것도 그렇게 소유하고 싶어서 예수님에게 나아와 질문한 것입니다. 이 청년을 보면서 예수님은 이렇게 말씀하십니다.

어찌하여 선한 일을 내게 묻느냐 선한 이는 오직 한 분이시니라 네가 생명에 들어가려면 계명들을 지키라(마 19:17).

아주 놀라운 접근입니다. 지금 부자 청년에게 가장 예민한 부분은 선한 행위입니다. 그는 자기가 윤리적, 도덕적으로 완벽한 삶을 살아왔기 때문에 영생을 위해서도 자기의 선한 행위가 필요하다고 생각했습니다. 그는 예수님을 선한 선생님이라고 불렀습니다. 이런 그에게 예수님은 믿음으로 접근하신 것이 아니라 선의 문제로 접근하십니다. 아마 우리 같으면 영생을 얻기 위해서는 믿음이 필요하다고 했을 것입니다. 그런데 예수님은 하나님의 계명들을 다 잘 지키라고 하셨습니다. 예수님의 말씀을 들은 청년은 미소를 짓기 시작했습니다. 그 부분에서는 자신만만했던 것입니다.

이르되 어느 계명이오니이까(마 19:18).

이 얼마나 도덕과 선행에 흠이 없다는 자부심 가득한 표현입니까? 부자 청년은 눈이 반짝반짝해지면서 속으로 '아, 됐다. 이제 내가 영생을 살 수 있다'고 생각했을 것입니다. 우리 주위에서도 가끔 이런 사람들을 발견합니다. 좀 헐렁헐렁하게 사는 사람은 전도하기 쉽습니다. 그런데 도덕적으로 완벽하다는 사람은 전도하기가 어렵습니다. 그런 사람들은 어려서부터 좋은 교육을 받고 예절 바르게 아주 잘 살아왔습니다. 거짓말하지 않고 양심에 거스르는 일을 하지 않는 사람, 이런 사람은 참 교만합니다. 바늘 하나 들어갈 구멍이 없습니다. 본문의 청년이 바로 이런 사람입니다.

부자 청년의 질문을 들으신 예수님은 일부러 모르는 척하면서 어린아이같이 십계명을 이야기해 주십니다. 재미있는 것은, 인간이 하나님에 대해서 지킬 계명은 말씀하시지 않고 인간이 인간에게 지킬 계명만 골라서 말씀해 주셨다는 것입니다.

예수께서 이르시되 살인하지 말라, 간음하지 말라, 도둑질하지 말라, 거짓 증언하지 말라, 네 부모를 공경하라, 네 이웃을 네 자신과 같이 사랑하라 하신 것이니라(마 19:18-19).

이제 청년은 완전히 안심하고 웃습니다. 처음에는 미소를 지었다가 예수님의 이 말씀이 나오자 완전히 웃을 수가 있었습니다. '드디어 됐다'고 생각한 것입니다.

그 청년이 이르되 이 모든 것을 내가 지키었사온대 아직도 무엇이 부족하니이까(마 19:20).

이 청년의 자신만만한 미소가 상상이 됩니까? 마가복음과 누가복음에는 "어려서부터"라는 표현이 첨가되어 있습니다. 이것은 "그런 정도는 어렸을 적부터 다 지키고 살아온 사람입니다"라는 의미가 있는 말입니다. 이때 예수님이 그 영혼을 꿰뚫어 보셨습니다.

예수께서 이르시되 네가 온전하고자 할진대 가서 네 소유를 팔아 가난한 자들에게 주라 그리하면 하늘에서 보화가 네게 있으리라 그리고 와서 나를 따르라 하시니(마 19:21).

예수님은 이 청년의 내면 깊은 곳을 보고 계셨습니다. 하나님은 우리의 외모를 보지 않으십니다. 우리 영혼의 깊은 곳을 하나님은 손으로 딱 짚고 계십니다. 사람마다 자기 내면 깊은 곳에 하나님이 아닌 다른 무엇을 둘 수 있지만 이 사람의 경우는 물질에 대한 애착, 물질에 대한 집념이 있었습니다. 예수님이 그것을 찌르신 것입니다. 예수님이 '가서 네 소유를 팔아 가난한 자들에게 주라'고 하셨는데 자칫하면 이 말씀을 오해하기 쉽습니다. 여기서 꼭 하나 기억할 것이 있습니다. 물질을 포기하는 것이 구원의 조건이 아니라는 사실입니다. 예수를 잘 믿으려면, 구원받으려면 당장 집에 가서 재산을 다 팔아 가난한 사람에게 준 다음에 와서 예수 믿으라는 뜻이 아닙니다. 구원은 은혜로, 믿음으로 받는 것입니다. 그러나 이 청년에게는 물질이 문제가 되었다는 것입니다.

만약 어떤 사람이 하나님이 원하시지 않는 여자와 교제하고 있는데, 그가 와서 헌금도 하고 봉사도 잘합니다. 그에게 하나님이 그 여자 놔두고 나를 섬기라고 하면 그가 당황하기 시작합니다. 어떤 좋은 지위에 있는 사람에게 예수님이 그 지위를 버리고 와서 나를 섬기라고 말씀하실 수 있습니다. 이럴 때 그가 주저하고 망설인다면, 그에게 우상은 무엇입니까? 숨어 있는 내면의 장애물은 무엇입니까? 사랑이라는 감정이요, 지위입니다. 부자 청년에게 있어서 구원의 장애물은 물질이었습니다. 그것을 예수님이 보시고 딱 집어내신 것입니다.

근심하고 돌아오라

그 청년이 재물이 많으므로 이 말씀을 듣고 근심하며 가니라(마 19:22).

부자 청년은 돈이 있었고, 젊음이 있었고, 명예가 있었고, 삶도 도덕적이었습니다. 게다가 신앙적 겸손이 있었습니다. 예수님 앞에 무릎 꿇고 나아와 영생에 관한 질문을 하기도 했습니다. 그런데 예수님은 그것들을 보시지 않으셨습니다. 거기에는 관심도 없으셨습니다. 예수님은 그 청년의 심령 깊은 곳에 물질에 대한 집착이 있음을 보시고 그것을 찌르셨습니다. 그러자 이 청년이 깜짝 놀랐습니다. 엄청난 충격을 받은 것입니다. 그리고 갈등하고 고민하기 시작했습니다.

이처럼 말씀을 들으면 갈등하고 고민합니다. 누구든지 하나님의 말씀을 들으면 갈등하고 고민하게 됩니다. 우리의 우상은 무엇입니까? 지금 하나님과 우리의 깊은 관계를 막는 벽은 무엇입니까? 예수님은 그것을 보고 계십니다. 우리는 "할렐루야"를 외치며 하나님을 섬기는 척하지만, 하나님은 하나도 안 들으십니다. 우리 앞의 우상을 바라보고 계십니다. "너, 헛소리하지 말고 이걸 빨리 치워라"고 하십니다. 놀랍게도 하나님은 우리의 우상을 정확히 짚어 내십니다.

주의 손이 주야로 나를 누르시오니 내 진액이 빠져서 여름 가뭄에 마름 같이 되었나이다(시 32:4).

하나님이 우리에게 주시는 말씀은 바로 이것입니다. 하나님이 치워 버리라고 말씀하실 때 우리는 고민하게 됩니다. 지적받았을 때 우리는 고민해야 합니다. 괴로워해야 합니다. 그러나 이 청년처럼 근심하고 떠나지는 말아야 합니다. 그의 비극은 무엇입니까? 예수님의 말씀을 듣고 근심하는 것까지는 좋았습니다. 그러나 근심하고 나서 그냥 떠나 버렸습니다. 이것이 문제입니다. 우리는 근심하고, 돌아와야 합니다. 그물을 버리고 주님을 따랐던 갈릴리의 사람들처럼, 하나님의 말씀으로 지적받은 영적 갈등을 치워 버리고 주님을 따라야 합니다.

40

바늘귀를 통과하겠다고
자만하지 마라

마태복음 19:23-30

어리석은 부자 청년이 떠나자, 예수님은 제자들에게 부자 청년의 사건에서 배울 수 있는 영적 진리를 가르쳐 주셨습니다.

> 예수께서 제자들에게 이르시되 내가 진실로 너희에게 이르노니 부자는 천국에 들어가기가 어려우니라 다시 너희에게 말하노니 낙타가 바늘귀로 들어가는 것이 부자가 하나님의 나라에 들어가는 것보다 쉬우니라 하시니(마 19:23-24).

여기서 예수님은 같은 내용의 말씀을 두 번 강조해서 말씀하십니다. "부자는 천국 가기가 심히 어렵다." 아주 고민스러운 말씀입니다. 돈 좀 있다는 사람은 천국 가기가 굉장히 어렵다는 것입니다. 비유를 들어서 낙타가 바늘구멍에 들어가는 것보다 더 어렵다고 하셨습니다. 낙타가 바늘구멍으로 들어간다는 말은 하나의 속어, 관용구입니다. 당시에 어떤 곳에서는 낙타 대신 코끼리라는 말을 썼다고 합니다. 거의 불가능한 일을 나타내는 데 사용한 말입니다. 예수님이 이 진리를 말씀하실 때 강조하셨다는 것을 알 수 있는 또 하나의 증거는 '내가 진실로 너희에게 이르노니'라는 표현입니다. 예수님은 특별히 강조하실 때 이런 표현을 사용하셨습니다.

그렇다면 문제가 있습니다. '부자는 모두 다 구원받을 수 없고 천국에 갈 수 없다는 말인가?' 하는 의문이 생깁니다. 이 의문이 왜 우리에게 직접 관계가 있습니까? 그것은 모든 사람이 부자 되기를 원하기 때문입니다. 부자 되는 것을 거부하는 사람은 찾아보기 어렵습니다. 그런데 부자가 되면 천국 가기가 어렵다고 하니, 보통 문제가 아닙니다. 이런 갈등은 우리뿐만 아니라 예수님의 제자들도 똑같이 가졌던 것 같습니다. 그래서 우리가 하고 싶은 질문을 제자들이 합니다.

제자들이 듣고 몹시 놀라 이르되 그렇다면 누가 구원을 얻을 수 있으리이까(마 19:25).

몹시 놀랐다는 것을 보면 제자들이 충격을 받았던 것 같습니다. 그러나 우리는 예수님이 말씀하신 의도를 좀 더 깊이 공부할 필요가 있습니다. 예수님이 그토록 중요하게 강조하셨고, 우리가 그처럼 이 말씀을 받기가 어렵다면 분명히 여기에는 깊은 의미가 있습니다.

'부자'의 의미

예수님의 말씀을 가만히 묵상해 보면, 부자라고 다 천국에 들어갈 수 없다는 말씀은 아닙니다. 그다음 구절에 "사람으로는 할 수 없으나 하나님으로서는 다 하실 수 있느니라"는 말씀이 있습니다. 이로 보아 부자라고 다 천국에 못 들어간다고 하신 것은 아닙니다. 그러나 '부자'라는 것이, '물질의 소유'라는 것이, 우리가 천국 백성이 되는 데 얼마나 장애가 되는가를 보여 주시는 말씀임에는 틀림 없습니다.

부자란 무엇입니까? 돈을 얼마만큼 가지고 있어야 부자라고 말합니까? 세상에는 가짜 부자들이 참 많습니다. 당장 사업을 정리하면 부도날 사람들이 많습니다. 그런 사람들도 바깥에서는 재벌이라고 합니다. 또 겉보기에는 별로 돈이 없는 것 같은데 속을 파보면 돈이 많은 사람이 있습니다. 그러니 누가 진정 부자입니까? 우리는 부자라는 말을 좀 더 면밀히 해석해 봐야 합니다.

여기서 부자는 돈의 위력을 아는 사람, 돈의 가치를 아는 사람이라고 할 수 있습니다. 사실 돈이란 하나님 다음 가는 능력 있는 어떤 실체입니다. 요즘은 이북에서도 돈으로 다 통한다는 이야기를 듣고 놀랐습니다. 돈을 주면 안 될 일도 된다는 것입니다. 돈의 힘, 이것은 때로는 권력보다도 큽니다. 이 사실을 예수님이 인정하셨습니다.

한 사람이 두 주인을 섬기지 못할 것이니 혹 이를 미워하고 저를 사랑하거나 혹 이를 중히 여기고 저를 경히 여김이라 너희가 하나님과 재물을 겸하여 섬기지 못하느니라(마 6:24).

이 말씀에는 돈이 하나님 못지않게 능력을 발휘할 수 있다는 의미가 담겨 있습니다. 그래서 하나님을 섬기든지 재물을 섬기든지 하라는 것입니다. 같이는 안 된다는 말씀입니다.

이 세상에서 가장 힘 있는 신이 있다면 아마도 재물의 신일 것입니다. 자본주의의 가장 치명적인 약점이 이것입니다. 어떤 분이 이야기하기를 통일이 된다면 제일 두려운 것은 자본주의의 가장 나쁜 점, 바로 돈의 위력이 먼저 북한을 침범하는 것이라고 했습니다. 지금 공산주의 체제가 무너진다고 해서 자본주의가 완벽하게 옳다는 것이 아닙니다. 자본주의의 치명적인 약점인 물질주의가 있다는 것을 우리는 알아야 합니다. 물질을 초월하고, 물질과 비교할 수 없는 더 높은 가치가 있다는 하나님에 대한 신앙이 없는 한, 자본주의는 망하게 되어 있습니다. 물질은 그렇게 위험합니다.

예수님은 "사람이 만일 온 천하를 얻고도 자기 목숨을 잃으면 무엇이 유익하리요 사람이 무엇을 주고 자기 목숨과 바꾸겠느냐"(막 8:36-37)라고 하셨습니다. 여기서 '온 천하'란 바로 물질세계를 뜻합니다. 창고에 수많은 재물을 쌓아 놓았다 하더라도 하나님이 내 생명을 거둬 가신다면 무슨 소용이 있느냐는 말씀입니다. 그러나 실제로는 어떻습니까? 물질이 얼마나 놀라운 능력이 있는지 사람들은 자기의 생명을 주고라도 물질을 택하려고 합니다. 죽어가면서도 돈을 벌려는 것이 인간입니다. 돈이 얼마나 좋으면 인간까지 물건처럼 사고팝니까? 환경 문제도 그렇습니다. 생명이 죽는 줄 알면서도 돈을 벌려고 나쁜 짓을 저지릅니다. 이런 극단적인 경우가 아니더라도 우리가 일상적으로 돈 때문에 양심을 팔고, 신앙을 파는 사례가 얼마나 많습니까?

> 부하려 하는 자들은 시험과 올무와 여러 가지 어리석고 해로운 욕심에 떨어지나니 곧 사람으로 파멸과 멸망에 빠지게 하는 것이라 돈을 사랑함이 일만 악의 뿌리가 되나니 이것을 탐내는 자들은 미혹을 받아 믿음에서 떠나 많은 근심으로써 자기를 찔렀도다(딤전 6:9-10).

돈은 좋은 것, 귀한 것, 필요한 것, 능력 있는 것이기에 우리는 돈을 잘 사용해야 합니다. 돈만을 사랑하게 되면 일만 가지 악이 그것에서 나옵니다. 이것이 돈의 본질적 속성입니다. 그런데 놀랍게도 많은 사람이 이 돈의 위력을 과소평가하고 있습니다. 그리고 서서히 돈의 노예가 되어가고 있습니다. 마약을 주면 그 사람이 폐인이 되어 죽는다는 것을 알면서도 돈 몇 푼 벌려고 어떻게 해서든지 마약을 쓰도록 유혹합니다. 생명을 돈과 바꾸는 것들이 세상의 철학이요 가치관입니다. 예수 믿는다는 사람들조차도 교회에 올 때는 괜찮다가 예배 끝나고 나가면 세상의 질서에 쉽게 젖어버립니다. 이것을 예수님이 말씀을 통해 통렬하게 지적하고 계십니다.

돈에 대한 목마름 vs 하나님에 대한 목마름

부자란 돈이 많은 사람이라기보다는 돈을 하나님처럼 생각하는 사람, 돈의 가치를 최우선으로 생각하는 사람입니다. 이런 사람이 겸손해질 수 있습니까? 이런 사람이 애통하는 마음을 가질 수 있습니까? 하나님을 정말 신뢰할 수 있습니까? 어렵습니다. 놀라운 사실은, 돈을 가진 사람은 심지어 예수님도 돈으로 살 수 있다고 생각합니다. 구원도 돈으로 살 수 있다고 생각합니다. '내가 헌금 좀 하지', '개척 교회 하나 지어 주지' 하면서 은연중에 '그러면 하나님이 좀 봐 주시겠지'라고 생각합니다. 이것이 무서운 함정입니다.

제가 어느 집회에 참석했을 때의 일입니다. 여러 사람이 돌아가면서 간증하는 순서였는데 오십이 다 된 어떤 미국 사람의 차례가 되었습니다. 그는 잠깐 자기소개를 하더니 갑자기 말을 잇지 못하고 눈물을 흘렸습니다. 눈물을 참으려고 무진 애를 쓰다가 한참 만에 한마디 하는데, "하나님에 대해서 목마릅니다"라고 하는 것입니다. 저는 처음에 잘못 들은 줄 알고 아내에게 물었습니다. "저 사람이 무슨 말을 했지?", "하나님에 대한 갈망이 있대요." 아내가 낮은 소리로 말해 줬습니다. 저는 그 사람을 다시 쳐다보았습니다. 그는 그러고도 한 2, 3분간 말을 못 했습니다. 저는 지금까지 그런 간증을 들어본 적이 없었습니다. "나는 하나님의 은혜를 말할 수 없이 갈망합니다. 나는 지금 아무것도 중요하지 않습니다. 직업도,

돈 버는 것도 다 문제가 되지 않습니다. 하나님을 지금 만나고 싶어 목마를 뿐입니다." 저는 그 말에 굉장한 충격과 도전을 받았습니다.

혹시 우리 가운데 "나는 돈에 목마릅니다. 돈을 갈망합니다"라고 말하는 사람은 없습니까? 하고 있는 일을 포기할 만큼 하나님에 대한 갈증이 있습니까? 하나님에 대한 너무도 간절한 목마름, 그것이 우리에게 필요합니다. 이 세상에는 돈의 노예가 된 사람들이 많습니다. 교활한 사람들은 자기가 돈의 노예가 되었다는 사실을 숨기고 삽니다. 실제로는 돈의 노예지만 그것이 자존심이 상하니까 아닌 것처럼 숨기면서 열심히 돈을 찾습니다. 교회도 다니고 직분도 있습니다. 누구보다도 교회를 잘 섬깁니다. 그러나 예수님은 속지 않으십니다.

문제는 돈의 양에 있는 것이 아니라 돈을 생각하는 태도에 있습니다. 돈보다 하나님을 더 가치 있게 생각하느냐, 아니냐에 있는 것입니다. "부자가 천국에 들어가는 것이 낙타가 바늘구멍으로 들어가는 것보다 어렵다"는 예수님의 말씀을 이런 시각에서 이해할 수 있습니다. 충격을 받은 제자들에게 예수님은 놀라운 대답을 해 주셨습니다.

예수께서 그들을 보시며 이르시되 사람으로는 할 수 없으나 하나님으로서는 다 하실 수 있느니라(마 19:26).

이 말씀은 제자들의 물음에 대한 대답도 되지만, 다른 여러 가지 일반적인 원칙에서도 적용되는 말씀입니다. 사람은 불가능하나 하나님은 하실 수 있다는 이 말씀은, 인간의 본질로 보면 돈의 위력과 유혹에서 벗어날 인간이 하나도 없다는 것입니다. 아무리 수양을 하고 도덕과 윤리가 탄탄해도 다 돈에 넘어간다는 말입니다. 그러나 하나님은 하실 수 있다는 말은 그럼에도 불구하고 어떤 부자들에게 성령이 임하면 그렇지 않을 수 있다는 것입니다.

재물보다 하나님을 더 귀하게 여기는 부자가 있습니다. 부자가 되십시오. 그러나 예수님의 이 말씀을 잘 기억하고 부자가 되기를 바랍니다. 돈을 많이 벌어서 하나님을 위해 잘 사용할 수 있기를 바랍니다. 우리가 이 말씀 때문에 일부러 가난해질 필요는 없습니다. 열심히 일해서, 또 하나님이 주신 지혜로 돈을 많이 벌어야 합니다. 그러나 돈의 함정에 빠진다면 돈을 안 버느니만 못합니다. 돈이 있으면서도 돈의 노예가 되지 않고 욕심의 터널에서 헤매지 않는 사람, 하나님을 경외하고 겸손히 내 인생의 주인으로 섬길 수 있는 사람이 되어야 합니다.

부자에는 세 가지 유형이 있습니다. 첫째는, 철저한 돈의 노예로서 구두쇠형입니다. 돈이 한번 들어가면 죽어도 안 나오는 사람, 가난한 자에게나 불쌍한 사람에게 아주 냉정한 사람, 철저하게 돈을 우상으로 삼고 살아가는 사람입니다. 둘째는, 돈의 위력으로 다른 사람을 조종하려는 사람입니다. 아주 교활하고 사특한 사람입니다. 이 사람은 돈의 위력을 알기 때문에 겉으로는 이 사람, 저 사람에게 돈을 잘 씁니다. 그러나 그의 동기는 돈의 힘으로 모든 것을 조종하려는 것입니다. 셋째는, 하나님 앞에 붙잡혀서 하나님이 주신 재물을 잘 관리하고 이름도 빛도 없이 하나님이 기뻐하시는 일을 하는 사람입니다.

주님에게 헌신한 자에게 주시는 영광

예수님의 말씀을 듣고 제자들은 충격을 받아서 한동안 말을 잊었을 것입니다. 그러다가 베드로가 굉장히 유치한 질문을 하나 합니다.

> 이에 베드로가 대답하여 이르되 보소서 우리가 모든 것을 버리고 주를 따랐사온대 그런즉 우리가 무엇을 얻으리이까(마 19:27).

바로 전에 베드로는 부자 청년이 고민하며 떠나는 것을 봤습니다. 그 순간 베드로는 신앙적 우월감에 사로잡혔을 것입니다. '그렇지, 나는 주님을 안 떠났지' 하는 생각을 하게 된 것입니다. 그래서 이런 질문을 했습니다. "주여, 우리는 모든 것을 버리고 주를 따랐으니 우리가 얻을 것이 무엇입니까?" 그러나 예수님은 베드로의 이런 유치함을 책망하지 않으시고 놀라운 말씀을 해주십니다.

예수께서 이르시되 내가 진실로 너희에게 이르노니 세상이 새롭게
되어 인자가 자기 영광의 보좌에 앉을 때에 나를 따르는 너희도 열
두 보좌에 앉아 이스라엘 열두 지파를 심판하리라(마 19:28).

예수님을 위해 모든 것을 버리고 포기한 사람, 주님을 위해 살기
로 결심한 사람은, 열두 보좌에 앉게 해 주시고 열두 지파를 심판
하는 지위에 있게 해주신다고 약속하신 것입니다. 비록 물질의 부
요와 세상의 권력과 명성과 지위는 없을지라도, 세상적으로는 박
수를 받는 사람이 아닐지라도 주님을 위해 자기 삶을 헌신한 사람
에게는 인자가 자기 영광의 보좌에 앉을 때 똑같이 축복을 주신다
는 것입니다. 바로 이것이 세상의 가난함이 하나님 나라의 부요함
이요, 세상의 고난이 하나님 나라의 풍성함인 것을 보여 주는 말씀
입니다. 우리는 무엇을 택할 것입니까? 세상에서 부요하게 살고
하늘나라에서 비참하게 살겠습니까? 세상에서는 가난하게 살고
하늘나라에서 영광스럽게 살겠습니까? 고통스러울지라도 하나님
앞에서 거룩하게 살며, 복음을 위해 박해를 받을지라도 그것을 기
뻐하는 삶을 살아야 할 것입니다.

하나님이 바라시는 온전한 헌신

또 내 이름을 위하여 집이나 형제나 자매나 부모나 자식이나 전토를 버린 자마다 여러 배를 받고 또 영생을 상속하리라(마 19:29).

어떤 사람은 이 말씀을 악용합니다. 자기가 복음에 헌신했기 때문에 부모에게 편지도 안 하고 전화도 안 합니다. 그 이유를 물으면 성경 말씀처럼 부모까지 다 버렸기 때문이라고 합니다. 이것은 잘못된 것입니다. 이 말씀의 뜻은 무엇입니까? 부모, 형제, 자식, 전토들은 보통 사람들이 세상을 살아가면서 굉장히 중요하게 여기는 대상입니다. 집 한 칸을 얻기 위해 우리가 얼마나 고생합니까? 어떤 사람은 핏줄에, 자기 식구에 강하게 집착하기도 합니다. 땅을 무척 중요하게 여기는 사람들이 많습니다. 이 말씀은 우리가 소중하게 생각하는 것들을 다 버리고 주님을 위해 내 삶을 드리는 헌신을 의미합니다. 그런 사람은 자신이 포기한 것과 비교할 수 없는 여러 배의 축복과 보상을 받을 것이요 영생을 상속하게 될 것이라고 하셨습니다.

과연 우리는 이런 것들을 담대하게 포기할 수 있습니까? 내 삶의 중요한 대상, 어쩌면 나는 이런 것들을 위해 교회에 나왔는지도 모릅니다. 내 자식, 내 직장, 내 집, 내 인생의 길을 보호받는 것이 중요해서 하나님 앞에 나와서 기도하고 있는지도 모릅니다. 교회를 잘 다니는 어떤 사람이 있습니다. 그는 가정과 직장 생활이 원만합니다. 이웃을 잘 섬깁니다. 가난한 자를 잘 돕습니다. 그렇다면 그는 완성된 신앙이 있는 사람입니까? 어떤 사람은 교회 와서 열심히 성경공부하고 전도도 열심히 하고 헌금도 잘 냅니다. 남보다 시간을 많이 내고 남보다 힘을 내서 열심히 봉사합니다. 그렇다고 이 사람의 헌신이 완성된 것입니까? 아닙니다. 그것으로 완성된 것이 아닙니다. 더 온전한 헌신을 하나님은 원하십니다.

예를 들어 온전한 헌신이란 이런 것입니다. 과거에는 주님을 위해서 시간을 내었습니다. 주님을 위해서 헌금도 하고 봉사도 했습니다. 그런데 그 시간과 돈과 힘의 주인이 누굽니까? 나입니다. 내시간이요, 내 돈이요, 내 재능입니다. 내 재능을 제공하면 세상에서 돈을 많이 벌 수 있는데 그것을 교회에 와서 무료로 제공하니까 신앙이 아주 좋은 것처럼 보입니다. 그러나 하나님의 기준에는 미치지 못합니다. 하나님이 원하시는 것은 우리 자신입니다. 자기 아들을 십자가에 못 박혀 죽게 하기까지 사랑하신 우리 한 사람, 한 사람을 원하시는 것입니다. 이렇게 헌신한 사람에게는 이제 모든 것이 거꾸로 됩니다. 과거에는 우리 자신이 주님에게 시간을 드린다고 했는데 이제는 "하나님, 제가 이 시간을 이렇게 써도 될까요?"라고 합니다. 이것이 온전히 헌신한 사람의 태도입니다. 어떤 사람은 교회에 올 때 '나와 주는' 것인 양 옵니다. 예배를 '드려주는' 양 합니다. 이런 예배는 하나님이 절대로 받지 않으십니다. 끝으로 예수님의 경고를 보겠습니다.

> 그러나 먼저 된 자로서 나중 되고 나중 된 자로서 먼저 될 자가 많으니라(마 19:30).

우리는 과연 먼저 된 자입니까, 나중 된 자입니까? 주님은 우리가 하나님 앞에 헌신된 사람이 되기를 바라십니다. 열두 보좌에 우리를 앉히시고, 심판 날에 우리와 함께 심판하기를 원하시며, 우리가 주님을 위해 포기한 것과 비교할 수 없는 엄청난 하늘의 축복으로 우리를 축복하기를 원하십니다. 영생을 상속하기를 원하십니다.

41

품삯은
주인의 뜻에 달렸다

마태복음 20:1-16

본문 말씀은 천국 품꾼의 비유로서, '천국은 어떤 곳입니까? 누가 천국에 들어갈 수 있습니까?' 하는 내용의 말씀입니다. 부자 청년 이야기가 영생의 문제를 다룬 것이라면, 이번에는 천국 문제를 이야기하고 있습니다. 사실 영생이나 천국은 같은 주제에 속합니다. 영생을 소유한 사람이 곧 천국을 소유한 사람이고, 천국을 소유한 사람이 곧 영생을 소유한 사람입니다.

특별히 마태복음 19장 30절과 20장 16절을 비교해 보면, 예수님이 똑같은 말씀으로 결론을 내리시는 것을 볼 수 있습니다. 천국 비유의 결론으로서 성경은 "그러나 먼저 된 자로서 나중 되고 나중 된 자로서 먼저 될 자가 많으니라"(마 19:30)고 했습니다. 본문 말씀에서 보는 천국 비유의 결론도 마찬가지입니다. "이와 같이 나중 된 자로서 먼저 되고 먼저 된 자로서 나중 되리라"(마 20:16)고 하셨습니다.

> 천국은 마치 품꾼을 얻어 포도원에 들여보내려고 이른 아침에 나간 집 주인과 같으니(마 20:1).

이 비유를 보면 천국은 마치 포도원 주인이 포도원에 들여보내려고 품꾼과 맺은 고용 계약과 같습니다. 이어지는 2절에서 그 계약이 나옵니다. "그가 하루 한 데나리온씩 품꾼들과 약속하여 포도원에 들여보내고."

여기서 집 주인과 일꾼들이 하루 품삯이 한 데나리온이라는 계약을 합니다. 이것은 성도들이 천국에 들어가는 하나의 약속과도 같습니다. 예수 그리스도를 믿음으로 천국에 들어가는 복을 말하는 것입니다. "내 말을 듣고 또 나 보내신 이를 믿는 자는 영생을 얻었고 심판에 이르지 아니하나니"(요 5:24)라는 말씀처럼, 누구든지 예수 그리스도를 믿으면 하나님의 자녀가 된다는 약속과 같다고 볼 수 있습니다.

하나님 나라의 원리는 은혜의 원리

그런데 문제가 생겼습니다. 일꾼들이 포도원에 들어가는 시간이 각각 달랐습니다. 예를 들어 3절을 보면, '제 삼 시에' 포도원에 들어가는 사람이 있습니다. 유대인 시간으로 제 삼 시면 오전 9시에 해당하는 시간입니다. 5절에는 '제 육 시'와 '제 구 시'로 되어 있습니다. 이것은 정오와 오후 3시를 말합니다. 또 6절에는 '제 십일 시'에 들어가는 노동자들이 있습니다. 이것은 우리 시간으로 말하면 오후 5시에 해당하는 시간입니다. 오전 9시에 들어간 사람, 정오에 들어간 사람, 오후 3시에 들어간 사람, 그리고 오후 5시에 들어간 사람, 이렇게 들어간 시간이 다 다릅니다. 그런데 일이 끝나는 시간은 오후 6시입니다. 일을 마치고 이제 주인이 품삯을 줍니다.

> 저물매 포도원 주인이 청지기에게 이르되 품꾼들을 불러 나중 온
> 자로부터 시작하여 먼저 온 자까지 삯을 주라 하니(마 20:8).

여기서 주인이 청지기에게 참 재미있는 명령을 내립니다. 일을
마친 후 품삯을 주는데 제일 먼저 온 사람부터 주지 않고 제일 나
중에 온 사람부터 주라는 것입니다. 제일 늦게 온 사람은 오후 5시
에 온 사람입니다. 일이 오후 6시에 끝났으니 이 사람은 한 시간밖
에 일하지 못했습니다. 청지기가 품삯을 주기 시작하는데, 제일 마
지막에 온 사람에게 한 데나리온을 주었습니다. 이때 그 옆에 있
던 오전 9시에 온 사람, 낮 12시에 온 사람, 오후 3시에 온 사람들
이 그것을 보고 입가에 살짝 미소를 띠었습니다. '한 시간 일했는
데 한 데나리온을 준다면 우리는 좀 더 많이 줄 것이다.' 아마 이런
기대를 했을 것입니다.

그런데 10절을 보십시오. 무슨 일이 생겼습니까?

"먼저 온 자들이 와서 더 받을 줄 알았더니 그들도 한 데나리온
씩 받은지라."

문제가 생겼습니다. 한 시간 일한 사람에게 한 데나리온 준 것을
보고, 여러 시간 일한 사람들이 기대하는 마음으로 받아봤는데 똑
같이 한 데나리온이었던 것입니다. 그들 마음에 섭섭함이 생겼습

니다. '뭔가 좀 불공평하다'는 생각이 들었습니다. 그리고 그 섭섭함이 변해서 원망이 되고 결국 불평으로 표현되었습니다.

그들이 하는 말을 들어보십시오.

받은 후 집 주인을 원망하여 이르되 나중 온 이 사람들은 한 시간밖에 일하지 아니하였거늘 그들을 종일 수고하며 더위를 견딘 우리와 같게 하였나이다(마 20:11-12).

이 말씀을 보면 원망했다는 말이 나옵니다. 이렇게 불공평한 처사가 있을 수 있는가 하는 감정이 생긴 것입니다. 여기서 우리는 세상의 노동 가치와 하나님 나라의 노동 가치가 본질적으로 다르다는 것을 발견합니다. 한 시간 일한 사람이나 여덟 시간 일한 사람이나 똑같이 한 데나리온씩을 주는 것이 천국의 가치관입니다. 특별히 노동의 가치관입니다. 세상의 가치관은 천국의 가치관과 다릅니다. 일한 만큼 보상합니다. 우리는 세상의 노동 가치나 원리가 공로의 원리라는 것을 알고 있습니다. 그러나 하나님 나라의 원리는 은혜의 원리입니다.

천국의 질서는 높고 낮음이 없다

세상에서는 한 시간 노동한 사람과 여덟 시간 노동한 사람이 결코 같을 수 없습니다. 뿐만 아니라 사람 위에 사람 없고 사람 밑에 사람 없다고 하지만, 같이 한 시간을 일해도 많이 배운 사람과 적게 배운 사람 사이에는 엄청난 차이가 있습니다. 사실 공부가 그렇게 쉬운 일이 아닙니다. 죽을힘을 다해 공부한 사람과 공부하지 않은 사람이 세상에서 대우가 같을 수 없습니다. 또 있는 사람과 없는 사람 사이에 엄청난 차이가 있습니다.

한 번은 제가 비행기를 타려는데 어떤 분이 공항에서 제 비행기 표를 1등석 표로 바꾸어 주었습니다. 역시 1등석 자리는 일반석과 확연히 달랐습니다. 음식도 다르고, 슬리퍼나 스카프 등 주는 선물도 많습니다. 이것이 세상 질서입니다. 말로는 다 같다고 하지만, 현실은 결코 그렇지 않습니다. 이러한 차이 때문에 우리는 많은 갈등과 비극, 그리고 비인격적인 관계들을 경험합니다.

그런데 성경은 천국이 전혀 다른 질서와 가치관이 있음을 보여 줍니다. 주인이 말합니다.

주인이 그중의 한 사람에게 대답하여 이르되 친구여 내가 네게 잘못한 것이 없노라 네가 나와 한 데나리온의 약속을 하지 아니하였느냐(마 20:13).

이 말씀은 천국에서는 높고 낮음이 없다, 우리는 그리스도 안에서 한 형제요, 같이 구원받은 백성이지 여기에 더 높은 계급이 있고 더 낮은 계급이 있을 수 없다는 것입니다. 하나님이 우리 모두에게 약속하신 것은 '한 데나리온'입니다.

만약 천국의 질서와 가치관이 세상의 질서와 가치관과 같다면 우리가 얼마나 혼돈에 빠지겠습니까? 불완전하긴 하지만 그런 천국의 질서와 가치관이 지상에서 실현되는 곳이 교회입니다. 그런데 우리는 세상에서만 살아왔기 때문에 교회에서도 세상의 가치와 질서를 그대로 적용하고 있습니다. 교회에서도 돈 많은 사람, 지위 있는 사람, 공부 많이 한 사람이 대접받는다는 생각이 자기도 모르게 드는 것입니다. 영적인 질서는 갈등을 주지 않습니다. 그러나 계급적인 질서는 사람들에게 갈등을 줍니다.

> 네 것이나 가지고 가라 나중 온 이 사람에게 너와 같이 주는 것이 내 뜻이니라 내 것을 가지고 내 뜻대로 할 것이 아니냐 내가 선하므로 네가 악하게 보느냐(마 20:14-15).

먼저 온 사람의 역할

우리는 이 비유에서 몇 가지 놀라운 적용과 교훈을 발견합니다.

첫째, 예수님이 왜 이 말씀을 하셨을까 하는 것입니다. 이 비유는 예수님의 제자들에게 하고 계시는 비유입니다. 예수님의 제자들은 성령으로 거듭나기 전에는 굉장히 인간적이었습니다. 예수님을 따라다니면서도 그들 머릿속에는 늘 '누가 높으냐?' 하는 생각이 있었습니다. 그런 제자들의 사고 방식을 보신 예수님이 지금 이 비유를 들어서 설명하십니다. "착각하지 마라. 천국의 질서는 그런 것이 아니다"라고 가르쳐 주십니다. 세례 요한을 생각해 보겠습니다. 세례 요한은 주님보다 먼저 와서 주님이 오시는 길을 닦아 놓는 역할을 합니다. 그는 이 길 닦는 역할을 위해 석청을 먹고 가죽옷을 입고 광야에서 잠을 잡니다. 세상의 명예와 인기, 모든 것을 포기하고 외치는 자의 소리로 등장합니다. 그리고 급기야는 왕에게 도전함으로 말미암아 목이 잘리는 최후의 순간을 맞습니다. 선임자의 역할이 바로 이렇습니다. 자기보다 늦게 온 사람들, 후임자를 위해 준비하는 역할입니다.

교회의 경우에도 똑같이 이 말씀이 적용됩니다. 남보다 먼저 와서 교회를 개척한 분들이 있습니까? 수고의 땀을 더 흘린 분이 있습니까? 먼저 오고 더 많이 수고했다고 해서 그것이 우리에게 특권과 지위를 부여하는 것이 아닙니다. 우리는 먼저 받은 축복을 늦게 온 사람들에게 나눠 주기 위한 심부름꾼에 불과합니다.

특권 의식이 빚는 오해들

둘째, 이것이 유대인들을 위한 말씀이라는 것입니다. 유대인들은 선택된 백성입니다. 그래서 그들은 선민의식이 아주 강했습니다.

몇 천 년 동안 그들은 하나님이 자기들을 택하셨다는 자부심으로 존재해 왔습니다. 오늘날 지구상에 팔레스타인이라는 한 땅덩어리가 존재하는 것은 바로 이 선민사상 때문입니다.

하나님이 왜 유대인을 택하셨을까요? 하나님이 왜 아브라함을 택하시고 다윗을 택하시고, 그 가운데서 메시아가 나오게 하셨을까요? 그것은 이스라엘 백성에게 특권을 주시기 위해서가 아니라, 그들을 인류 구원의 불쏘시개로 삼으시기 위해서였습니다. 인류의 메시아를 선포하는 하나의 모형을 만들기 위해 하나님이 이스라엘을 택하신 것입니다. 그러나 그들은 자기들이 인류의 구원에 봉사하기 위한 수단으로 선택됐다는 것을 깨닫지 못하고, '하나님은 우리만의 하나님'이라고 착각했습니다.

그래서 유대주의는 이방인들에게는 구원이 없고 이방인들은 개, 돼지와 같다고 단정 지었습니다. 그것이 얼마나 많은 역사의 비극을 낳았습니까? 결국 예수 그리스도가 세상에 오셨을 때, 유대인을 버리고 이방인에게로 발걸음을 돌리시게 만들었습니다. 유대인들이 이 '선민'을 자기들의 명예와 특권으로 생각했기 때문에 이스라엘은 지금까지도 역사적 시련의 주인공으로 나타나고 있습니다. 수십만 명이 학살을 당했고, 지금도 그 땅에서는 전쟁이 그칠 날이 없는 것입니다.

선택받았다는 것은 중요한 사실입니다. 그러나 자기만을 위해서, 자기의 영광과 특권을 위해서 이 선택이 사용될 때는 하나님의 목적과 다릅니다. 하나님이 우리 모두에게 주신 것은, 유대인이든 이방인이든 한 데나리온입니다. 처음 온 사람이나 늦게 온 사람이나 똑같이 주시는 구원의 축제는 한 데나리온입니다.

그러면 일찍 온 사람의 기쁨은 어디에 있습니까? 두 데나리온을 받는 데 기쁨이 있는 것이 아니라, 늦게 온 사람도 같이 한 데나리온을 받는 것을 보고 "할렐루야" 하는 기쁨입니다. 그것이 남이라면 쉽게 수긍이 안 되지만 자기 자식이라고 생각하면 금방 이해됩니다. 도대체 구원받을 수 없고 은혜받을 수 없는 자식 하나가 있는데 5시에 포도원에 왔습니다. 다른 사람들은 저놈 주지 말라고 아우성을 치는데, 부모라면 똑같이 주었으면 하는 마음이 있을 것입니다. 그런데 주님이 한 데나리온을 주니까 부모가 "할렐루야" 하는 것입니다. 자기가 덜 받는 것은 중요하지 않습니다. 자기 자식이 받은 게 기쁜 것입니다. 그것이 바로 하나님의 마음, 그리스도인의 마음입니다. 그것이 바로 하나님 나라의 가치관입니다.

나중 온 자에게 임하는 은혜

셋째, 우리가 이 말씀을 적용해야 할 부분이 있습니다. 그것은 '나중 온 자에게 임하는 하나님의 은혜'입니다. 우리 가운데는 젊어서 예수 믿은 사람도 있고, 늙어서 예수 믿은 사람도 있습니다. 심지어 죽기 바로 전에 구원받는 사람도 있습니다. 그러나 구원에 있어서 주어지는 보상은 똑같은 한 데나리온입니다. 이런 이유로 어리석은 사람은 신나게 놀다가 죽기 전에 하나님 믿자고 합니다. 비록 그렇다 할지라도 그것은 사실입니다.

예수님이 십자가에 못 박혀 돌아가실 때 옆에 있던 한 강도를 보십시오. 그 강도는 예수님을 평소에 만나 본 일도 없고, 예수님에게 제자훈련을 받은 일도 없었습니다. 그저 십자가에서 만났을 뿐입니다. 한 강도가 예수님에게 저주하자, 그는 그 강도를 야단치면서 "예수여, 당신의 나라에 임하실 때에 나를 기억하소서"(눅 23:42)라고 한마디 했습니다. 그러자 예수님은 놀랍게도 "오늘 네가 나와 함께 낙원에 있으리라"(눅 23:43)고 하셨습니다. 이 강도는 그 생애의 마지막 순간에 예수님을 만난 것입니다. 예수님은 그에게도 하나님의 은혜와 관용을 베풀어 주셨습니다.

노동은 하나님의 영광을 위한 행위

넷째, 참된 노동의 가치는 노동의 양이 아니라 질로 결정된다는 것입니다. 대부분의 사람은 노력의 대가로 보수를 받습니다. 얼마만큼의 노동을 제공하고 얼마만큼의 보수를 받습니다. 이것이 세상의 관점이고 질서입니다. 그러나 천국의 관점은 전혀 다릅니다.

제 십일 시에도 나가 보니 서 있는 사람들이 또 있는지라 이르되 너

희는 어찌하여 종일토록 놀고 여기 서 있느냐 이르되 우리를 품꾼
으로 쓰는 이가 없음이니이다 이르되 너희도 포도원에 들어가라 하
니라(마 20:6-7).

여기에 나타난 품꾼은 하루 벌어 하루 먹는 노동자입니다. 직장
에 있는 노동자들은 며칠 쉬어도 굶지는 않습니다. 사회제도의 보
장을 받기 때문입니다. 그러나 날품팔이 노동자는 하루 일하지 않
으면 하루 굶어야 합니다. 이른바 인간 노동 시장에 가서 그날 어
떤 사람을 만나서 자기가 팔려가야 합니다. 오늘 팔렸다고 해서 내
일 또 팔릴 수 있을지는 아무도 보장하지 못합니다. 이 사람들이
오후 5시까지 기다렸다는 말은 오후 5시에 왔다는 뜻이 아니라 아
침 9시부터 자기가 팔리기를 기다렸다는 뜻입니다. 이 사람들이
"오늘 장사가 안 된다" 하고 그냥 갈 수 있으면 좋은데, 이들은 그
럴 수가 없는 사람들입니다. 그나마 한 시간 벌이라도 해야 그날
저녁에 식구들을 먹일 수 있기 때문입니다.

주인이 "왜 종일토록 놀고 여기 섰느냐?"고 물으니까, 이들은 "우
리를 품꾼으로 쓰는 이가 없기 때문"이라고 대답합니다. 이 사람들
의 심정을 이해할 수 있겠습니까? 저녁 5시까지 기다려도 일자리를
못 얻었지만 남은 한 시간만이라도 일해서 아이들에게 밥을 먹이려
는 불쌍한 노동자입니다. 천국은 이런 사람에게 어떻게 대합니까?
여덟 시간 일한 사람이나 한 시간 일한 사람이나 그 노동의 질을 볼

때는 똑같습니다. 일하고 싶으나 취업의 기회가 없어서 노동하지 못한 사람을 천국에서는 무시하지 않았습니다. 이런 의미에서 노동은 천국의 관점에서 볼 때 돈 벌기 위한 행위가 아니라 하나님의 영광을 위한 행위라는 것을 알 수 있습니다. 노동 그 자체는 신성한 것이고 즐거운 것이며 하나님과 이웃을 섬기기 위한 행위입니다.

마지막 시간까지도 기다리시는 하나님

다섯째, 우리가 이 비유에서 발견하는 것은, 하나님은 긍휼이 깊으신 분이요 관대하신 분이라는 사실입니다.

> 네 것이나 가지고 가라 나중 온 이 사람에게 너와 같이 주는 것이 내 뜻이니라(마 20:14).

이 말씀이 지닌 분위기는 어떤 것입니까? 주인은 언짢아하면서 "내가 너와 약속한 것과 다른 것이 뭐가 있느냐" 합니다. 한 데나리온 주기로 해서 그만큼 준 것인데, 다른 사람에게 잘해 주는 걸 왜 그리 나쁘게 보느냐는 것입니다.

> 내 것을 가지고 내 뜻대로 할 것이 아니냐 내가 선하므로 네가 악하게 보느냐(마 20:15).

우리 하나님은 은혜의 하나님이요, 긍휼의 하나님이십니다. 고용의 기회가 주어지지 못해 늦게까지 기다린 사람에게 처음에 온 사람과 똑같은 복을 주고 싶어 하시는 분입니다.

그러면 이제 불평하는 사람들은 어떤 시각에서 보았기에 그런 불평이 나왔는지 살펴보겠습니다. 먼저 그들은 '공의'라는 시각으로 보았습니다. 그들의 정의감으로 볼 때는 이렇게 말할 수 있습니다. "나는 8시간 일했고 이 사람은 1시간 일했는데 계약이 아무리 한 데나리온이라 할지라도 이것은 공평의 원리에 어긋난 것입니다." 맞는 말입니다. 그들의 공의가 잘못은 아닙니다. 그러나 그것은 사랑에 기초하지 않은 공의입니다.

사랑에 기초하지 않는 공의는 칼입니다. 사람을 죽입니다. 공의는 수술하는 역할이 있습니다. 수술만 해서 다 되느냐 하면, 그렇지 않습니다. 싸매야 합니다. 수술한 다음에 싸매지 못하면 죽는 것입니다. 오늘 우리 사회가 정의를 부르짖습니다. 공의를 부르짖습니다. 그런데 정의를 그토록 외치는데 왜 정의가 안 생깁니까? 그것은 사랑에 기초하지 않았기 때문입니다. 파괴하고 분쇄하고 죽이려는 정의, 정의의 이름으로 자기의 정치적 목적을 달성하고 자기의 이익을 추구하려는 정의는 절대로 정의를 이루지 못합니다. 정말 사랑하기 때문에, 내가 그 사람을 위해 죽을 마음이 있기 때문에 부르짖는 정의는 의를 이룹니다. 여기 본문에 나와 있는 주인에게 항의했던 사람들의 시각은 바로 칼 노릇을 하는 정의의 시각입니다. 그러나 주인의 시각은 사랑의 시각이요 긍휼의 시각입니다. 그 사람이 늦게 왔을지라도, 허물이 있을지라도, 그 사람이 죄가 있을지라도 온전한 복을 주고 싶은 것이 우리 하나님의 마음입니다.

비슷한 비유가 성경에 하나 더 있습니다. 돌아온 탕자의 비유입니다. 탕자가 돌아왔을 때 아버지는 이렇게 할 수 있습니다. "요놈 봐라. 내가 용서를 해주되 한 번 혼쭐을 내고 용서해 주마." 대부분의 사람이 그렇게 합니다. 그런데 탕자의 아버지는 그러지 않았습니다. 자존심 게임을 하지 않았습니다. 문 밖에서 기다리고 있다가 아들이 오는 것을 발견하고 먼저 달려갔습니다. 이것이 하나님의 마음입니다. 냄새 나는 그 아들을 껴안고 입을 맞추고 반지를 끼워주고 새 옷으로 갈아입히고 동네 사람을 다 초대해서 잔치를 벌이는 것입니다. 죄인을 영접하시는 하나님입니다. 늦게 온 사람도 똑같이 반기시는 하나님입니다.

그런데 이것을 보고 아주 떫은 표정을 짓는 사람이 있습니다. 바로 큰아들입니다. 큰아들은 기분이 나빴습니다. 동생은 아버지가 수년 모은 재산을 가지고 나가 방탕하게 살다 왔지만 자기는 재산을 축내지도 않았고 아버지를 모시고 고생하면서 착실하게 살아왔습니다. 그런데 그동안 자신한테 반지를 끼워 준 적도 없고, 자신을 위해 잔치를 베풀어 준 적도 없습니다. 누구든 큰아들의 섭섭함을 이해할 것입니다. 그가 마음이 곱지 않은 나쁜 사람이라서 그런 생각을 하는 것이 아닙니다. 그렇다면 큰아들은 자기 동생을 무슨 시각으로 봤을까요? 공의의 시각으로 보았습니다. 율법의 시각으로 보았습니다. 이것은 바로 9시에 온 사람의 시각과 똑같습니다.

그러나 아버지의 관점은 아들의 관점과 다릅니다. 아버지는 큰아들에게 "너는 나와 항상 함께 있었지만 이 아들은 죽었다가 산 아들이 아니냐"고 말합니다. 아버지의 안타까움은 "내가 이 아들을 사랑해서 이렇게 기뻐하는 것처럼 너도 왜 그렇게 기뻐해 주지 못하느냐" 하는 것입니다. 큰아들은 아버지의 사랑과 긍휼의 심정을 몰랐습니다.

천국은 이런 사랑과 긍휼이 있으신 하나님, 마지막 시간까지도 우리를 기다리시는 하나님 아버지가 계신 곳입니다. 하나님은 8시간 일한 사람에게 약속대로 한 데나리온을 주시면서, 그가 1시간 일한 사람에게 베푸시는 하나님의 관용을 함께 기뻐하기를 원하십니다. 먼저 온 사람이 특권을 주장하는 것이 아니라 오히려 나중 온 사람에게 "여기 따뜻한 곳에 와서 앉으십시오"라고 말할 수 있는 곳이 천국이요, 교회라고 말씀하시는 것입니다. 그리고 나서 이런 경고의 말로 결론을 내리십니다.

이와 같이 나중 된 자로서 먼저 되고 먼저 된 자로서 나중 되리라 (마 20:16).

42

어떻게 죽을지를
지금 정하라

마태복음 20:17-19

본문 말씀을 보면 갈릴리 사역을 마치고 예루살렘으로 올라가시는 예수님이 나타납니다. 지금 예수님은 분명하고 확실하게 자신의 사역을 제자들에게 설명해 주고 계십니다.

예수께서 예루살렘으로 올라가려 하실 때에 열두 제자를 따로 데리시고 길에서 이르시되 보라 우리가 예루살렘으로 올라가노니 인자가 대제사장들과 서기관들에게 넘겨지매 그들이 죽이기로 결의하고 이방인들에게 넘겨 주어 그를 조롱하며 채찍질하며 십자가에 못 박게 할 것이나 제 삼 일에 살아나리라(마 20:17-19).

예수님은 제자들에게 예루살렘으로 가는 목적을 세 가지로 분명하게 설명하셨습니다. "첫째는 대제사장들과 서기관들에게 죽임을 당하게 될 것이다. 둘째는 죽임을 당하기 전에 이방인들의 손에 넘겨져서 능욕과 채찍질을 당하게 될 것이다. 그리고 셋째는 십자가에 못 박혀 죽은 후에 삼 일 만에 다시 살아나게 될 것이다." 그는 고난과 십자가의 죽음과 부활을 말씀하신 것입니다.

세 번 반복하신 말씀

예수님이 이런 말씀을 하신 것은 지금이 처음이 아닙니다. 벌써 세 번째 말씀하시는 것입니다. 그런데 예수님의 제자들은 다 잊어버렸습니다. 사람들은 이상합니다. 중요한 것은 잘 잊어버립니다. 그리고 시시한 것은 열심히 기억합니다. 사람 사는 것도 그렇습니다. 중요한 이야기는 제대로 하지 못하고 삽니다. 쓸데없는 말들만 하고 삽니다. 인생을 봐도 그렇습니다. 죽을 때 헛살았다고 하는 사람이 참 많습니다. 다 불필요한 일에 바쁘고 열심을 내고 시간을 보내다가 죽음 앞에 섰을 때 '아, 내가 무엇을 위해 살았던가' 하는 회의를 갖게 되는 것이 보통입니다.

예수님이 베드로에게 '너는 나를 누구라 하느냐'라고 물으셨을 때, 베드로가 성령에 감동되어 '주는 그리스도시요 살아 계신 하나님의 아들이십니다'라고 고백했습니다. 예수님은 이 고백을 듣고 '바요나 시몬아, 이것을 네게 알게 한 이는 혈육이 아니다. 하나님의 성령에 감동되어 이것을 고백한 것이다'라고 하시면서 그 고백 위에 축복해 주셨습니다.

그러면서 한 번도 말하지 않은 비밀을 말씀하십니다. 그것이 마태복음 16장 21절인데, "이때로부터 예수 그리스도께서 자기가 예루살렘에 올라가, 첫째로 장로들과 대제사장들과 서기관들에게 많은 고난을 받고, 둘째로 죽임을 당하고, 셋째로 제 삼 일에 살아나야 할 것을 제자들에게 비로소 가르쳤다"고 했습니다.

두 번째는 마태복음 17장 22-23절에서 똑같이 말씀하셨습니다. 갈릴리에서 예수님이 성령에 충만하여 기적과 이적을 베푸시며 말씀을 전하고 계셨을 때입니다. "갈릴리에 모일 때에 예수께서 제자들에게 이르시되 인자가 장차 사람들의 손에 넘겨져 죽임을 당하고 제 삼 일에 살아나리라 하시니 제자들이 매우 근심하더라" 고 했습니다. 인간적인 시각으로 예수님의 말씀을 본 것입니다. 그리고 본문 말씀이 세 번째입니다.

삶의 목적을 아셨던 예수님

우리는 본문 말씀에서 중요한 몇 가지 사실들을 배우게 됩니다.

첫째, 예수님은 자신이 어떻게 죽어야 할지를 분명히 알고 계셨습니다. 자기가 세상에 왜 왔는지를 정확하게 알고 계셨던 것입니다. 예수님이 세상에 오신 것은 죽기 위해서였습니다. 많은 사람은 살기 위해 여러 가지 일을 합니다. 잘살기 위해, 행복하고 성공하기 위해 열심히 삽니다. 그러나 예수님은 자기가 세상에 온 목적을 아셨습니다. 언제 죽어야 할지를 아신 것입니다.

갈릴리 사역에서 예수님의 인기는 하늘을 찌를 듯했습니다. 죽은 자가 살아나고, 병든 자가 일어나고, 바다가 잠잠하고, 말씀을 들을 때마다 놀라운 역사가 일어났습니다. 오병이어의 기적이 있었습니다. 사람들이 구름 떼처럼 모였습니다. 박수갈채를 받았습니다. 그러나 예수님은 자기 때를 아시고 이제 갈릴리 사역을 마치고 예루살렘으로 가십니다. 예수님은 자기의 목적을 분명하게 인식하고 계셨기 때문입니다.

예를 들어 영화에서 보면 어느 특공대원들이 난공불락의 적의 요새를 파괴하는 임무를 맡아 출발합니다. 가다가 사람들도 만나고, 연애도 하고, 또 밥도 먹고 속이기도 하면서 갑니다. 그러나 이 사람들이 가는 목적은 연애하려고 가는 것이 아닙니다. 술 먹으러 가는 것도 아닙니다. 많은 사람을 만나고 많은 사건을 만나지만, 이 사람들의 목표는 그 요새에 들어가는 것입니다. 영화의 스토리는 대개 그들이 그 요새에 들어가서 결국은 폭파 장치로 요새를 폭파시키고 그중 몇 사람은 죽고 한두 사람만 살아서 나오는 것으로 끝납니다.

그렇습니다. 예수님이 세상에 오셨습니다. 그는 요단강에서 세례 요한에게 세례를 받으십니다. 세례를 받을 때 하늘 문이 열리고 성령이 비둘기처럼 임합니다. 성령의 기름 부음을 받으신 예수님 앞에서 귀신들은 통곡하며 떠납니다. 병든 자들의 병이 낫습니다. 예수님이 말씀을 선포할 때마다 하늘의 권세가 그에게 임합니다. 초자연적인 놀라운 사건이, 하나님 자신의 사역이 예수님을 통해 나타나는 것을 우리는 보게 됩니다.

예수님은 남편이 다섯이나 있는 불행하고 고독한 한 여자를 만나서 그에게 영원한 생명수를 줍니다. 그 여자는 모든 수치감과 상처에서 해방을 받고 구원을 얻고 맨발로 마을에 뛰어가면서 찬양하는 놀라운 여자로 변하게 됩니다. 간음하다 현장에서 붙잡힌 한 여자를 만나 율법의 돌멩이로부터 건져 주시고 "나도 너를 정죄하지 아니하노니 가서 다시는 죄를 범하지 말라"(요 8:11)고 말씀해 주십니다. 어느 날은 수건을 허리에 두르시고 제자들의 발을 씻겨 주십니다. 그러나 이 모든 것들은 예수님의 삶의 한 과정이었고 부분이었습니다. 그것이 목표는 아니었습니다.

그러면 예수님의 목표는 무엇입니까? 예수님의 삶의 본질, 사역의 본질은 무엇입니까? 십자가에서 피 흘려 죽는 것입니다. 십자가에서 피를 흘려서 죄인들을 위한 영원한 속죄를 단번에 이루시는 데 있었습니다. 그것을 예수님은 한 번도 잊어버린 적이 없으셨습니다. 그래서 가장 인기 절정일 때 예수님은 예루살렘으로 발걸음을 옮기기로 결정하신 것입니다. 사람들의 모든 시선과 인기를 벗어버리고 제자들을 챙기기 시작하십니다. 그전까지는 많은 대중을 만나셨습니다. 그러나 이제 예수님은 대중을 상대하지 않으시고 선택된 소수의 사람을 만나 그들을 교훈하고 가르치십니다.

그렇다면 우리의 삶의 의미와 목표는 무엇입니까? 왜 세상에 태어났는지, 무엇을 하러 지금 여기 와 있는지, 왜 결혼했으며 아이들은 왜 키우는지 생각해 보았습니까? 어떤 사람들은 자녀 잘 키우는 것을 삶의 목표로 삼습니다. 그것은 마치 난공불락의 요새를 목표로 놓고 가다가 그만 딴 일에 빠져 버린 사람과 똑같습니다.

결혼이 우리 삶의 목표입니까? 자녀를 출세시키는 것이 삶의 목표입니까? 사업을 하는 것이 우리 삶의 목표입니까? 아닙니다. 우리가 자녀를 키울 수 있고 사업을 할 수 있으나 그것이 우리 삶의 목표는 아닙니다. 그것은 우리가 어떤 목표를 향해 가기 위한 과정에 불과합니다. 우리 삶의 한 부분일 뿐입니다.

사람들이 삶의 의미와 목표를 잃어버린 채 현실에 안주하고 살다 보면 삶을 하나의 운명으로 받아들이기 시작합니다. "이게 다 팔자야 팔자. 이렇게 시집 온 것도 팔자요, 당신 만난 것도 다 운명이오. 내가 어찌 운명을 거스를 수가 있겠소." 그러면서 체념하며 살아갑니다. 그리고 자기는 그 운명에서 헤어날 수 없다고 생각합니다. 어떤 사람들은 좀 철학적으로 이렇게 생각합니다. "삶이라는 것은 무의미한 것이다. 하나의 허무다. 우리는 깊은 허무의 강을 건너가는 것이다." 이렇게 근본적인 허무와 무의미, 절망을 안고 살아가는 사람도 있습니다. 하나님이 없는 사람들은 "삶은 하나의 우연이다. 하나의 본능이다. 우리가 육체라는 것을 부여받았기 때문에 동물처럼 먹고 입고 자식을 낳는 것이다. 그 이상도 그 이하도 아니다"라고 삶을 규정하고 살아갑니다. 심지어 어떤 사람은 그저 죽지 못해 살아가기도 합니다.

우리는 지금 어떻게 살아가고 있습니까? 우리의 삶을 운명이라고 생각합니까? 허무라고 생각합니까? 삶을 하나의 본능처럼 살아가고 있습니까? 아니면 내가 죽을 때 "아멘. 할렐루야!" 할 수 있는, 분명한 삶의 의미와 목표를 가지고 살아갑니까?

본문 말씀을 보면 예수님은 자기가 이 세상에 와서 하나님의 아들로서 언제 어떻게 죽어야 하는지, 무엇을 위해 살아야 하는지 철저하게 인식하고 계셨습니다. 참된 그리스도인은 자기를 위해 사는 사람이 아닙니다.

그런데 가만 보면 기도할 때 우리 자신이 딱 드러납니다. "하나님 아버지!" 하고 간절히 불러 놓고는 "나에게 믿음을 주시고, 나에게 건강을 주시고, 나에게 성령 충만을 주시고"라고 기도합니다. 가만 들어보면 다 자기를 위한 것입니다. 물론 우리가 신앙의 초기 단계에서는 자기를 벗어날 수가 없습니다. 그래서 믿음이 조금 좋은 사람은 "주여, 이 민족을 주시옵소서"라고 기도합니다. 그래서 굉장히 거룩한 것 같습니다. 그래도 자기 민족을 벗어나지 못합니다.

교회에는 참 위험한 벽이 하나 있습니다. 자기 교회라는 벽, 즉 우리 교회만 복 달라는 것을 탈피하지 못합니다. 주님의 교회라는 생각을 못 합니다. 이웃 교회를 생각하지 못합니다. 병든 교회들을 생각하지 못합니다. 기도해도 자기 민족에 국한됩니다. 나와 상관없는 민족을 위해, 나와 상관없는 백성을 위해, 하나님의 눈으로, 하나님의 시각으로 기도하는 사람은 찾아보기 어렵습니다.

어떤 사람은 이런 말을 합니다. "제 코도 못 푸는 사람이 왜 남의 코를 풀어 주려고 합니까?" 그러면서 해외 선교를 비판합니다. 그러나 이것은 자기라는 이기적인 신앙 테두리를 못 벗어난 것입니다. 나와 상관없는 사람, 나와 상관없는 민족을 위해 자기의 삶을 헌신하고 삶의 목표를 하나님으로부터 받아서 사는 사람들이 그리 많지 않음을 보게 됩니다.

우리가 하나님의 사람이라면 하나님의 마음을 가져야 합니다. 우리가 하나님의 사람이라면 하나님의 시각을 가져야 합니다. 하나님이 가지신 관심을 우리가 똑같이 가져야 합니다. 사도 바울이 그런 사람이었습니다. 그는 유대인이었지만 이방인을 위해 택한 그릇으로 부름을 받았습니다. 동족에게 미움을 받으면서 그는 복음을 받을 수 없는 사람들을 위해 평생을 살았습니다. 로마서에서 사도 바울은 이런 말을 했습니다.

우리 중에 누구든지 자기를 위하여 사는 자가 없고 자기를 위하여 죽는 자도 없도다 우리가 살아도 주를 위하여 살고 죽어도 주를 위하여 죽나니 그러므로 사나 죽으나 우리가 주의 것이로다(롬 14:7-8).

우리의 고백이 이런 고백이 되기를 원합니다. "주여, 주를 위하여 내 삶이 결정되기를 원합니다. 주님이 내 삶의 전부십니다."

갈라디아서에서 "내가 그리스도와 함께 십자가에 못 박혔나니 그런즉 이제는 내가 사는 것이 아니요 오직 내 안에 그리스도께서 사시는 것이라 이제 내가 육체 가운데 사는 것은 나를 사랑하사 나를 위하여 자기 자신을 버리신 하나님의 아들을 믿는 믿음 안에서 사는 것이라"(갈 2:20)고 했습니다. 우리의 삶도 이렇게 분명히 정리해야 합니다. "내가 사는 것은 이제 내 안에 계신 예수 그리스도를 위해 사는 것이다. 나의 결혼의 목적도 여기에 있고 돈을 벌고 자녀를 키우는 목적도 여기에 있다"고 생각해야 합니다.

예수님은 30세에 부름을 받고, 성령의 기름 부음을 받아 3년 동안 사역하셨습니다. 그는 33세에 하나님의 뜻을 확인하고 죽기로 결정하셨습니다. 사람들의 모든 칭찬과 인기와 박수갈채를 거둬버리시고 그는 조용히 죽음을 향해 삶의 방향을 바꾸셨습니다. 그것이 예루살렘으로 올라가신 예수님의 첫 번째 메시지입니다.

고난과 죽음을 두려워하지 않으신 예수님

둘째, 예수님은 예루살렘에 올라가면 고난과 죽음이 기다리고 있다는 사실을 알면서도 가셨습니다. 고난과 죽음을 두려워하지 않으셨다는 것입니다. 누가복음 18장 31-33절에 본문 말씀과 같은 말씀이 기록되어 있는데 거기에는 한 가지 말이 더 첨가되어 있습니다. "이것이 바로 구약의 선지자들이 예언한 것의 응답이었다." 예루살렘으로 가는 것은 구약 예언자들의 예언의 응답이었습니다. 이것은 예수님이 혼자 잠깐 생각해 보고 하신 것이 아니라, 하나님의 놀라운 섭리요 계획이었습니다.

메시아는 고난을 받아야 했습니다. 메시아는 죽어야 했습니다.

그리고 그 메시아는 다시 부활해야만 합니다.

그는 멸시를 받아 사람들에게 버림받았으며 간고를 많이 겪었으며 질고를 아는 자라 마치 사람들이 그에게서 얼굴을 가리는 것같이 멸시를 당하였고 우리도 그를 귀히 여기지 아니하였도다(사 53:3).

또한 이사야 53장 7절에는 이런 말씀이 있습니다.

"그가 곤욕을 당하여 괴로울 때에도 그의 입을 열지 아니하였음이여 마치 도수장으로 끌려가는 어린 양과 털 깎는 자 앞에서 잠잠한 양같이 그의 입을 열지 아니하였도다."

이는 예수 그리스도의 모습이 예언자들을 통해 그려진 것입니다.

예수님이 예루살렘에 올라가셔서 첫 번째로 겪으셔야 했던 것은 고난입니다. 18절을 보면 예수님은 대제사장과 서기관들에게 죽임을 당하도록 되어 있다고 했습니다. 그리고 십자가의 죽음 이전에 능욕을 당하고 채찍질을 당한다고 했습니다. 실제로 예수님이 예루살렘에 도착하셨을 때, 그가 체포당하고 십자가를 지셨을 때 어떤 일이 있었습니까? 사람들은 그에게 가시로 만든 관을 씌워 주었습니다. "네가 유대인의 왕이냐? 면류관을 써라." 그 얼굴은 가시에 찢겨졌고 피가 나기 시작했습니다. 예수님은 실제로 십자가를 지시기 전에 못이 달린 가죽 채찍으로 수없이 맞아서 그 살갗이 찢어지고 온통 멍이 드셨습니다. 고문을 당하신 것입니다. 그

뿐입니까? 사람들은 예수님의 얼굴에 침을 뱉었다고 말했습니다. 침을 뱉을 뿐만 아니라 말로써 예수님을 모욕했다고 했습니다.

> 그가 찔림은 우리의 허물 때문이요 그가 상함은 우리의 죄악 때문이라 그가 징계를 받으므로 우리는 평화를 누리고 그가 채찍에 맞으므로 우리는 나음을 받았도다(사 53:5).

예수님은 고난받는 메시아셨습니다. 예수님은 인간입니다. 그는 하나님이며 인간입니다. 그러므로 우리와 똑같이 아프시고, 똑같이 외롭고, 똑같이 고독하셨습니다. 그러나 예수님은 고난 속으로 뛰어들어 가셨습니다.

고난은 그리스도인의 표지입니다. 우리가 진정한 그리스도인이라면 그리스도를 위해 고난과 박해를 받게 되어 있습니다. 박해를 받는 시대뿐만 아니라 오늘날의 한국과 같은 상황에서도 우리가 정말 그리스도인이라면 예수의 이름으로 고난받는 것이 있어야 합니다. 예수의 이름으로 박해받는 것이 있어야 합니다. 억울하게 누명을 쓰고 고난을 받을지라도 도살장에 끌려가는 양처럼 사는 것이 그리스도인이요, 털 깎는 자 앞에 잠잠한 양처럼 사는 것이 그리스도인입니다. 반항하지 않고 대들지 않고 순종과 믿음으로 그 고난을 이겨서 정복하는 것입니다.

고난을 억울하게 생각하지 마십시오. 억울하게 누명 쓰는 것을 분하게 생각하지 마십시오. 그것은 당신이 그리스도인이라는 하나님의 반증입니다. 얼마나 영광스러운 일입니까!

예수님이 예루살렘에 올라가서 두 번째로 당해야 할 일은 죽음이었습니다. 18-19절을 보면 대제사장들과 서기관들이 예수를 죽이기로 결심하고 이방인에게 넘겨주어 죽게 했다고 했습니다. 예수님은 "나는 의인을 부르러 온 것이 아니요 죄인을 부르러 왔노라"(마 9:13)고 하셨습니다. 또한 "인자가 온 것은 섬김을 받으려 함이 아니라 도리어 섬기려 하고 자기 목숨을 많은 사람의 대속물로 주려 함이니라"(막 10:45)고 하셨습니다.

예수님이 세상에 오신 것은 처음부터 죽기 위해서였습니다. 이것이 분명한 목표입니다. 죽기로 결심한 사람은 두려운 게 없습니다. 살려고 하니까 문제가 있는 것입니다. 좀 더 잘 살려고 하니까 부정에도 눈 감고 적당히 살아가는 것입니다. 죽기로 결심한 사람에게는 더 이상 그를 괴롭힐 사건이 없습니다.

빌립보서를 보면 "오히려 자기를 비워 종의 형체를 가지사 사람들과 같이 되셨고 사람의 모양으로 나타나사 자기를 낮추시고 죽기까지 복종하셨으니 곧 십자가에 죽으심이라"(빌 2:7-8)고 했습니다. 예수님이 세상에 오신 참된 목적은 십자가에서 피를 흘림으로 말미암아 영원한 속죄를 단번에 이루시는 데 있습니다. 히브리서에서는 "염소와 송아지의 피로 하지 아니하고 오직 자기의 피로 영원한 속죄를 이루사 단번에 성소에 들어가셨느니라"(히 9:12)고 설명하고 있습니다. 그가 예수 그리스도십니다. 예수 그리스도의 삶에는 갈등이 없습니다. 주저함이 없습니다. 정확한 때에 정확하게 행동하십니다.

세 번째로 예수님이 예루살렘에 올라가셔서 겪어야 할 일은 부활이었습니다. 예수님이 죽으면 하나님이 다시 부활시켜 주실 것을 확실히 믿으셨습니다. 고난과 죽음이라는 흑암 속에 나타난 부활의 광채를 확신하신 것입니다. 고난, 죽음 그리고 부활이 통시적으로 예수님의 심령 속에 있었습니다.

요한복음에서 "예수께서 이르시되 나는 부활이요 생명이니 나를 믿는 자는 죽어도 살겠고 무릇 살아서 나를 믿는 자는 영원히 죽지 아니하리니"(요 11:25-26)라고 했습니다. 여기서 예수님은 자신을 부활이요 생명이라고 하셨습니다. 예수님의 믿음 속에는 이런 부활의 믿음과 생명의 믿음이 있었습니다. 그 자신이 부활이시고 생명이셨습니다.

이런 부활의 믿음, 생명의 믿음을 가진 구약의 한 사람이 아브라함입니다. 히브리서 11장 17절에서 그것을 설명하고 있습니다.

"아브라함은 시험을 받을 때에 믿음으로 이삭을 드렸으니 그는 약속들을 받은 자로되 그 외아들을 드렸느니라."

19절을 보면 이삭을 바친 사건을 히브리서 기자는 이렇게 해석합니다.

"그가 하나님이 능히 이삭을 죽은 자 가운데서 다시 살리실 줄로 생각한지라."

아브라함에게는 부활의 믿음이 있었습니다. 하나님이 이삭을 바치라고 했을 때 죽은 자를 다시 살리시는 하나님을 그가 믿었던 것입니다. 이러한 부활 신앙이 있었기 때문에 자기 아들을 죽이기로 결정한 것입니다.

우리 가운데 아무리 믿음이 좋아도 예수의 이름으로 자기 자식을 죽일 수 있는 이가 있겠습니까? 그러나 아브라함은 그것을 실행에 옮기려 했습니다. 칼이 이삭의 심장에 꽂히려는 순간 하나님은 "아브라함아, 내가 네 믿음을 보았다. 내가 너를 위하여 어린 양을 준비했노라"고 하셨습니다. 이것이 부활입니다. 이삭의 부활입니다. 그것은 먼 훗날 독생자 예수 그리스도가 십자가에 못 박혀 죽었을 때 다시 삼 일 만에 부활하는 사건의 한 예표였던 것입니다.

사망아 너의 승리가 어디 있느냐 사망아 네가 쏘는 것이 어디 있느냐(고전 15:55).

사도 바울은 이것을 가리켜 "생각하건대 현재의 고난은 장차 우리에게 나타날 영광과 비교할 수 없도다"(롬 8:18)라는 표현을 썼습니다. 부활의 신앙이야말로 모든 믿음의 뿌리요 근원입니다. 부활의 신앙은 곧 생명의 신앙입니다. 어떤 고난과 죽음도 이길 수 있다는 신앙입니다.

하나님이 부활이라는 사실, 예수 그리스도가 부활이라는 사실을 믿는 사람들에게 이 세상의 고난은 더 이상 고난일 수가 없으며 세상의 죽음은 더 이상 죽음일 수 없습니다. 그런 까닭에 그리스도인은 죽음을 두려워하지 않습니다.

우리의 삶을 계수해야 할 때

우리는 언제, 어떻게 죽어야 할지를 깨닫는 사람이 되어야 합니다. 하나님을 위해 끊임없이 우리 자신을 치고, 끊임없이 절제하고, 끊임없이 경계해서 하나님이 원하시는 방향으로 움직일 수 있어야 합니다. 그분이 원하시는 때에, 원하시는 방향으로, 원하시는 방법으로 우리가 산 제물이 될 수 있게끔 스스로를 준비해야 합니다.

우리가 주님을 위해 얼마나 더 일할 수 있다고 생각합니까? 이제 우리의 삶을 계수해야 할 때가 왔습니다. 잘 살면 칠십이고 건강하면 팔십이라는 모세의 기도가 있습니다. 지나간 세월을 보면 유수와 같지 않습니까? 일할 시간이 많지 않습니다. 주님이 우리를 부르실 날이 그렇게 멀지 않습니다.

성령님이 우리 마음속에 임하셔서 우리가 자신의 삶을 읽을 수 있게 되기를 바랍니다. 자기의 삶을 오늘 결정하십시오. 방황하지 마십시오. 삶의 과정에 빠져서 시간을 지체하지 마십시오. 우리는 주님을 위해 살아야 하는 존재입니다.

43

섬기는 사람이
주님의 수제자다

마태복음 20:20-28

이 세상의 기준에서 볼 때, 위대한 사람이란 일반적으로 타인을 지배할 수 있는 사람이나 명령을 내릴 수 있는 위치에 있는 사람들을 가리킵니다. 말 한마디로 모든 것들이 움직이고 손만 척 흔들면 대부분의 소원이 성취되는 사람들입니다. 이런 사람일수록 엄청난 야망이 있고 실제로 다른 사람보다 능력이 뛰어납니다. 또 밤새고 굶으면서라도 어떤 일을 성취해 내는 열심이 있습니다.

사람들은 집념이 강하고 야망이 많은 사람을 영웅 대접합니다. 그런 사람은 과거에 로마 총독으로 나타나기도 했고, 동방의 군주나 왕으로 존재하기도 했습니다. 알렉산더나 나폴레옹이 바로 그런 사람이고, 나쁜 형태로는 히틀러와 스탈린이 있습니다.

요즘 우리 시대로 말한다면 성실하게 일했거나 어떤 역경에서 승리했거나, 특별히 입지전적인 성공 신화를 이룬 사람들입니다. 유명한 연예인들이나 인기 있는 스포츠 선수들, 때로는 혁명 투사나 대통령도 여기에 해당될 수 있습니다. 대통령은 인격보다는 그가 갖고 있는 야망, 능력, 꿈, 이런 것들이 더 주요하게 작용합니다.

제자들의 세상적 가치관

세상적인 기준에서 볼 때 흔히 위대한 사람이라고 말하는 사람들을 보면 공통점이 있습니다. 그들은 대부분 하나님 중심이라기보다는 자기 중심적입니다. 물론 외적으로는 언제나 정신적이고 고상한 것을 앞세우지만, 그 이면을 보면 하나님의 영광을 위해서라기보다는 자기 영광을 위하고, 하나님 중심이라기보다는 자기 중심적인 모습이 많이 나타납니다. 이런 사람들은 정신을 앞세우면서도 정신적이기보다는 물질적입니다. 내세적이라기보다는 현세적인 모습이 있습니다. 이러한 모습은 예수님의 제자도 예외는 아니었습니다.

본문 말씀을 보면 제자들에게도 바로 이 세상적인 가치관과 사고가 똑같이 작용했던 것을 알 수 있습니다. 예수님은 때가 이른 줄을 아시고 갈릴리 사역을 마치고 예루살렘으로 가시면서 제자들에게 자기가 당할 일을 미리 말씀해 주셨습니다. "내가 예루살렘에 돌아가면 환영을 받거나 대중의 인기를 끌거나 하지 않을 것이다. 그곳에 가면 고난이 나를 기다리고 있다. 많은 사람이 나를 죽이려고 할 것이다. 그리고 실제로 나는 고난을 받아 십자가에 죽게 될 것이다. 그러나 그 죽음 속에는 너희들이 상상할 수 없는 하나님의 부활이 있다." 그런데 예수님의 제자들은 예수님과 그렇게 오래 같이 살았고 말씀을 들었고 기적까지 보았지만 놀랍게도 예수님과 생각이 아주 달랐습니다. 적어도 3년 동안 먹고 자고 마시고 동행했다면 어느 정도는 예수님의 생각과 비슷해야 하지 않습니까? 아니, 비슷하지는 않더라도 예수님의 말씀을 이해하는 정도는 됐어야 했습니다. 그러나 막상 제자들의 신앙의 뚜껑을 열어 보니 예수님과는 거리가 너무나도 멀었습니다. 제자들은 세상적인 가치관과 성공관을 그대로 가지고 있었습니다.

> 그때에 세베대의 아들의 어머니가 그 아들들을 데리고 예수께 와서 절하며 무엇을 구하니 예수께서 이르시되 무엇을 원하느냐 이르되 나의 이 두 아들을 주의 나라에서 하나는 주의 우편에, 하나는 주의 좌편에 앉게 명하소서(마 20:20-21).

여기서 세베대의 두 아들은 예수님과 혈연관계가 있었던 야고보와 요한을 의미합니다. 마가복음 10장 35절을 보면 야고보와 요한이 예수님에게 말한 것으로 되어 있습니다. 이 두 본문을 합하여 생각해 보면 야고보와 요한은 예수님과 친척이라는 사실 때문에 자기들이 좀 더 높은 위치에 갈 수 있으리라고 여겼습니다. 그런데 직접 말하기가 창피하니까 어머니를 시켜서 부탁한 것입니다. 문제는 그 부탁 내용입니다. 하나님 나라에서 하나는 주의 우편에 앉게 해주시고, 하나는 주의 좌편에 앉게 해달라는 부탁입니다. 요즘 말로 하면 친인척을 빙자한 인사 청탁입니다.

그렇다면 야고보와 요한만 그런 생각을 했느냐, 또 그 어머니만 그런 생각을 했느냐 하는 것입니다. 성경을 보면 그렇지 않습니다. 나머지 열 명의 제자들도 똑같은 생각을 하고 있었음을 발견하게 됩니다.

열 제자가 듣고 그 두 형제에 대하여 분히 여기거늘(마 20:24).

열 제자는 말할 기회가 없었고, 말하자니 창피해서 주춤거리고 있었을 뿐이었습니다. 그러나 실제로 그들도 주의 좌편과 우편에 앉고 싶은 마음이 있었습니다. 그래서 화가 난 것입니다. 침묵한다고 다 거룩한 것이 아닙니다. 제자들은 모두 똑같은 생각을 하고 있었습니다. 그것은 마치 아버지의 장례식 때 겉으로는 눈물을 흘리고 슬퍼하지만 실제로는 누가 더 유산을 많이 차지할까를 생각하는 형제들의 모습과도 같습니다.

예수님을 그렇게 따랐고 기적을 목격했던 제자들이었지만 그들은 아직도 세속적인 사고방식에서 벗어나지 못하고 있었습니다. 어떤 면에서 그들은 예수 그리스도가 세상적 메시아라고 생각했습니다. 당시 사람들은 정치적 메시아, 군사적 메시아, 경제적 메시아, 사회적 메시아가 나타나기를 기다렸습니다. 자기들을 질병과 가난과 정치적인 혼돈 속에서 구원해 줄 메시아를 기다리고 있었습니다. 그러나 구약의 예언의 말씀대로 참된 메시아는 고난받는 종이라는 사실을 그들은 인정하려 하지 않았습니다. 이것이 바로 예수님이 그렇게 사랑하셨던 열두 제자의 모습이었습니다.

자기 자신을 알지 못하는 인간

이런 부탁에 대해 예수님은 어떻게 반응하셨습니까?

> 예수께서 대답하여 이르시되 너희는 너희가 구하는 것을 알지 못하
> 는도다 내가 마시려는 잔을 너희가 마실 수 있느냐 그들이 말하되
> 할 수 있나이다(마 20:22).

여기서 말하는 예수님이 마셔야 할 잔이란 무엇입니까? 그것은 고난의 잔이요, 죽음의 잔입니다. 그러나 제자들은 이것을 완전하게 이해하지 못했습니다. 일반적으로 사람들은 자기가 하는 말의 뜻이 무엇인지 모르고 열심히 말합니다. 거의 대부분의 사람은 자기를 읽지 못합니다. 주제 파악이 덜 된 것입니다. 사람들은 열심히 결정을 내리고 어떤 행동을 합니다. 그러나 그 행동의 결과가 어떻게 나타날지 잘 모릅니다. 그 증거로 사람이 죽음을 앞두게 되면 인생을 헛살았다고 고백합니다. "평생 헛소리만 하고 살았구나. 진정 삶의 의미가 있는 시간, 가치 있는 시간은 내 인생에 별로 없었구나"라고 후회하는 것입니다.

우리는 열심히 말하고 주장하지만 그것이 얼마나 옳은 것인가,

얼마나 바른 것인가를 미처 깨닫지 못하고 자기 아집과 고집과 환상에 속아서 열심히 살아갑니다. 그래서 예수님이 "네가 구하는 것이 무엇인지 네 자신도 모르고 있다"고 하신 것입니다.

우리가 구하는 것이 과연 무엇인지 우리는 알고 있습니까? 그 영적 의미를 우리는 다 깨닫고 있습니까? 우리가 추구하는 것이 하나님 보시기에 옳은 것입니까? 옳은 기도였습니까? 기도가 아무리 많아도 기도하는 내용이 하나님 보시기에 옳지 않다면 우리는 얼마나 헛기도를 하는 것입니까? 우리가 열심히 살았다 하더라도 하나님 보시기에 옳지 않다면 우리 삶은 허무합니다. 우리는 자신을 잘 읽어야 합니다. 우리가 구하는 것, 행동하는 것이 무엇을 위한 행동인가를 영적으로 잘 깨달으며 살아야 합니다.

그러나 하나님보다 자기가 더 우수하고, 하나님의 주장보다 자기 주장이 더 옳다고 생각하는 사람이 있습니다. 성경의 말씀보다는 내 생각이 더 옳다고 생각하는 사람, 상식과 이성과 합리성을 더 내세우는 사람이 있습니다. 하나님을 믿지 않는 사람, 하나님을 거부하는 사람이 많습니다.

예수님이 "내가 마시려는 잔을 너희가 마실 수 있느냐"고 물으셨을 때 제자들은 놀랍게도 "할 수 있나이다"라고 대답했습니다. 참 대단한 제자들입니다. 무지는 만용을 낳습니다. 무식한 사람은 용기가 있습니다. 성령으로 거듭나지 못한 사람들의 신앙 위에는 겸손이 없고 교만이 있습니다. 베드로가 그런 사람입니다. 예수님이 베드로의 신앙 고백을 듣고 나서 너무 감격하여 "이것을 알게 하신 이는 네 안에 계신 성령이라" 하시면서 "이제 내가 예루살렘으로 돌아가서 십자가에서 죽음을 당하고 부활할 것이라"고 말씀하십니다. 베드로는 너무나 용감하고 충성스럽게 "주여, 그리 마옵소서. 이 일은 결코 주님께 미치지 아니하리이다"라는 말을 했습니다. 이때 예수님이 즉각 "사탄아, 내 뒤로 물러가라. 너는 하나님의 일을 생각하지 아니하고 도리어 사람의 일을 생각하는도다"라고 하셨습니다. 영적으로 거듭나거나 성령으로 인침을 받지 못하면 누구든지 인간적일 수밖에 없습니다.

한계가 없으신 하나님

인간의 최고의 기준은 이성과 상식과 합리성입니다. 어떻게 인간의 이성과 상식과 합리성에 하나님이 포착될 수 있겠습니까? 하나님은 인간의 이성보다 크신 분입니다. 하나님은 인간의 상식보다 크신 분입니다. 하나님의 능력은 인간의 경험보다 큽니다. 어찌 인간이 하나님을 다 경험할 수 있겠습니까? 그럼에도 불구하고 사람들은 자기의 이성과 상식과 합리로 포착할 수 있는 것만이 옳다고 생각합니다.

　육적인 인간은 육적일 수밖에 없습니다. 그가 IQ가 아무리 높고 세상 지식이 많고 경험이 많다 할지라도 인간은 인간일 뿐입니다.

육으로 난 것은 육이요 영으로 난 것은 영이니 내가 네게 거듭나야 하겠다 하는 말을 놀랍게 여기지 말라(요 3:6-7).

어떤 사람은 내가 느끼고 만져야만 모든 것을 알 수 있다고 생각합니다. 내가 만질 수 있는 부분은 지극히 작습니다. 내가 보는 세계는 극히 작습니다. 보는 것만이 진리라고 한다면 내 시야에 갇혀있는 공간 외에는 볼 수 없습니다. 그러나 보이는 세계는 하나님의 세계에 비할 때 점의 점의 점의 점도 안 되는 것입니다. 보이지 않는 세계, 즉 하나님의 세계는 엄청나게 큽니다. 그러나 육의 세계는 아주 단순합니다. 그것은 시간과 공간의 제한을 받는 아주 미세한 것입니다.

그런데 인간이 자기 눈으로 봐야만 되고 손으로 만져야만 되고 귀로 들어야만 한다면 이 얼마나 어리석은 일입니까? 그 안에서 하나님을 우리가 알 수 있다고 주장한다면 이 얼마나 어리석은 일입니까? 우리가 우주가 돌아가는 소리를 들을 수 있습니까? 우리는 못 듣습니다. 영음을 듣습니까? 못 듣습니다. "살리는 것은 영이니 육은 무익하니라 내가 너희에게 이른 말은 영이요 생명이라"(요 6:63)고 한 뜻이 바로 여기에 있습니다.

영적으로 유치한 사람들

제자들이 할 수 있다고 말했을 때 예수님은 어떻게 반응하셨습니까?

> 이르시되 너희가 과연 내 잔을 마시려니와 내 좌우편에 앉는 것은 내가 주는 것이 아니라 내 아버지께서 누구를 위하여 예비하셨든지 그들이 얻을 것이니라(마 20:23).

우리는 예수님의 말씀을 검토하기 전에 먼저 예수님의 태도를 살펴볼 필요가 있습니다. 나이 많고 지식 있고 세상적으로 훌륭한 사람이라도 영적으로는 아주 유치할 수 있습니다. 이 영의 세계에서는 아직도 아무것도 아닌 사람이 있을 수 있습니다. 그래서 믿음 좋은 사람들이 믿음 연약한 사람들을 보면 자기도 모르게 한심하다는 듯이 보게 됩니다.

그러나 예수님은 영적으로 유치한 제자들에게 야단치거나 냉소적인 태도를 보이지 않으십니다. 오히려 불쌍히 여기시면서 따뜻한 연민으로 제자들에게 말씀하시는 것을 볼 수 있습니다. 사실 신앙이 깊은 사람들은 신앙이 얕은 사람들을 더 사랑하고 감싸는 영적 태도를 보여야 합니다.

우리가 어떻게 주님의 쓴 잔을 마실 수 있고, 주님의 십자가 죽음의 잔을 같이 마실 수 있겠습니까? 육을 가진 인간이, 거듭나지 못한 인간이, 성령을 받지 못한 인간이 어찌 그렇게 할 수 있겠습니까? 물론 성령을 받으면 순교할 수 있습니다. 그러나 거듭나지 못한, 육의 생각을 벗어나지 못한 사람들에게 있어서 그것은 불가능합니다. 그러나 예수님은 "그래, 혹시 그래도 네가 내 잔을 마실 수 있을지 모르겠다"고 하셨습니다. 사실 베드로는 예수님이 돌아가신 후 오순절 날 성령을 받고 나서 그 잔을 마셨습니다. 베드로는 그렇게 순교하며 주님의 잔에 같이 동참하는 데까지 나아갔습니다. 그러나 본문 말씀에서는 그런 의미가 아닙니다. "네가 내가 마시는 잔을 같이 마실 수 있다고 가정해 보자. 그러나 네가 지금 요구한 좌편과 우편에 앉는 것은 내가 지금 줄 것이 아니다"라고 하셨습니다.

여기서 예수님이 말씀하신 뜻은 좌편, 우편이 없다는 뜻도 아니고 예수님이 줄 능력이 없다는 뜻도 아닙니다. 마태복음 19장에서 예수님의 제자들이 열두 보좌에 앉아서 심판을 같이 한다는 사실을 우리가 보았습니다. 그러나 예수님이 지금 말씀하시는 것은 "네가 혹시 내 잔을 마실 수 있을지 모르지만 지금 네가 요구하는 것은 참된 요구가 아니다"라는 뜻입니다. 네가 지금 바라는 그 바람은 하나님 나라의 질서가 아니라는 뜻입니다. "그것은 내가 줄 것이 아니다. 내 아버지께서 누구를 위하여 예비하셨든지 간에 그들이 얻을 것이다." 예수님의 제자들은 희생 없는 성공과 행복을 추구하고 있는 듯 보입니다. 그런 제자들을 향해 예수님은 다음과 같이 말씀하십니다.

> 예수께서 제자들을 불러다가 이르시되 이방인의 집권자들이 그들을 임의로 주관하고 그 고관들이 그들에게 권세를 부리는 줄을 너희가 알거니와 너희 중에는 그렇지 않아야 하나니 너희 중에 누구든지 크고자 하는 자는 너희를 섬기는 자가 되고 너희 중에 누구든지 으뜸이 되고자 하는 자는 너희의 종이 되어야 하리라 (마 20:25-27).

이 말씀은 실로 엄청난 선언이요 혁명입니다. 예수님이 말씀하신 대로 세상의 권력자들, 권력형의 인간들은 임의로 주관합니다. 독재합니다. 이것이 세상적인 모든 질서입니다. 세상적인 모든 사고방식입니다. 그래서 많은 사람이 자꾸 높은 자리에 올라가려 하고 많이 소유하려고 합니다. 그리고 권력을 가질 수만 있다면 내 인격이나 무엇을 다 버려서라도 거기에 줄을 서려고 하는 것입니다.

참된 섬김의 자세

그러나 하나님의 나라는 정반대입니다. "누구든지 큰 사람이 되려면 섬기는 자가 되고 으뜸이 되려면 종이 되어라." 이것이 하나님 나라의 질서입니다. 여기에 참된 하나님 나라의 리더십이 있습니다. 믿음이 성숙한 사람들은 나서는 사람들이 아닙니다. 섬기는 사람입니다. 종이 되는 사람입니다. 예수님이 이 말씀을 하시는 데 위대함이 있는 것이 아니라 실제로 그렇게 사셨다는 데 위대함이 있는 것입니다.

예수님은 섬김을 받으려고 세상에 오시지 않았습니다. 그래서 예수님은 마구간을 통해 오셨습니다. 예수님은 왜 창녀와 세리, 그리고 배고픈 자와 병든 자와 세상에서 버림받은 자와 함께 계셨습니까? 그것은 바로 예수님의 삶 자체가 섬김이라는 것을 의미합니다.

하나님 나라나 교회의 참된 리더십은 섬기는 위치에 있는 사람입니다. 이 세상에서는 권력을 휘두르고 능력을 과시하고 영향력이 많은 사람을 무서워하고 두려워 하지만 하나님 나라에서는 정반대입니다. 봉사하고 희생하고 헌신하는 사람들이 존경받습니다. 남몰래 궂은 일, 험한 일을 찾아서 하고, 병든 자들과 외로운 자들을 조용히 심방하고 위기에 처해 있는 사람들을 위로하고 용기를 주는 사람, 분쟁이 있는 곳에 가서 화해를, 미움이 있는 곳에 사랑을 심는 사람들이 바로 하나님 나라의 으뜸 되는 자들이라고 말씀하고 있습니다.

교회에서 제가 참 존경하는 분들이 주차 안내하는 분들입니다. 교회의 영적 모습이 어디 있느냐 하면 주차장에 있습니다. 새로 온 사람을 위해서 교회 앞 주차 자리를 내놓고, 교회 나온 지 일 년 된 사람은 멀리 있는 주차장으로, 2년 된 사람은 더 멀리 있는 주차장으로 갑니다. 남보다 더 고생하고 봉사하고 낮아지는 데 진정한 하나님 나라의 모습이 있습니다.

세상 질서가 교회에 들어와서는 절대로 안 됩니다. 세상의 높은 사람이 교회에서 높고, 세상에서 부자면 교회에서도 부자여야 되고, 세상에서 대접받으면 교회에서 대접받는 것은 결코 교회가 아닙니다. 그것은 하나님의 나라가 아닙니다. 하나님 나라의 질서는 높을수록 낮아지는 것입니다. 으뜸이 될수록 종이 되어 섬기며, 남모르게 희생하고, 남모르게 고생하고, 남모르게 십자가를 지면서 주님을 섬기는 것이 교회의 모습입니다.

교회 나와서 설교만 듣고 가는 것으로 우리의 신앙 생활이 완성되지 않습니다. 직장에서든, 가정에서든 우리의 삶에 섬기는 자의 모습, 종의 모습, 희생하는 자의 모습이 있을 때 빛과 소금의 역사가 일어나게 됩니다.

예수님의 삶의 목적인 섬김

예수님은 이제 마지막으로 이런 결론을 우리에게 내려주십니다.

> 인자가 온 것은 섬김을 받으려 함이 아니라 도리어 섬기려 하고 자기 목숨을 많은 사람의 대속물로 주려 함이니라(마 20:28).

예수님은 자기가 세상에 오신 목적을 분명하게 말씀하셨습니다. 이 말씀은 예수님이 자기 중심의 삶을 사시지 않았다는 것을 뜻합니다. 예수님의 관심은 오로지 하나님이었습니다. 하나님의 뜻을 이루기 위하여, 하나님의 영광을 위하여 그의 삶이 결정된 것입니다. 자기에게 관심이 있는 사람은 언제나 문제가 많습니다. 섭섭한 것이 많고 갈등이 많습니다. 그러나 그리스도에게 관심이 있는 사람은 자기가 그리스도에게 쓰임 받는 사람이므로 어느 곳, 어느 상황에서 어떤 대우를 받든지 문제가 되지 않습니다. 사람들은 어떤 대우를 받느냐로 자기의 위상을 결정하지만, 그리스도인은 어떻게 섬기느냐로 자기의 위상이 결정됩니다. 우리 교회가 이 세상에 존재하는 것은 섬기기 위해서입니다. 우리는 교회의 보이지 않는 곳에서 종의 모습으로 섬겨야 합니다. 자동차 안내하는 것을 보고 교회 처음 나오는 분들이 "야, 놀라운 교회다. 이렇게 질서 정연할 수 있느냐. 먼저 온 사람들이 이렇게 자기를 희생할 수 있느냐" 할 때 그것이 예수님에게 마음의 문을 여는 시초가 됩니다.

가정에도 이런 놀라운 역사가 있기를 바랍니다. 가정은 섬기는 가정이 되어야 합니다. 권위주의적인 생각을 버리고, 자기 중심적인 태도를 버리고, 서로 섬기십시오. 여기에 예수 그리스도의 모습이 있습니다. 자기보다 높은 사람을 섬기는 것은 쉽습니다. 자기보다 권력 있는 사람을 섬기는 것은 쉽습니다. 그러나 자기 아래에 있는 사람을 섬기는 것은 어렵습니다. 거기에서 그리스도의 모습이 나타납니다. 우리가 종이 되어 섬기려면 체면이 문제가 될 것입니다. 자존심이 문제가 되고 권위가 문제가 될 것입니다. 그러나 하나님 나라의 권위는 낮아지는 데 있습니다. 하나님 나라의 권위는 포기하는 데 있습니다. 우리가 정말로 낮아지면 높아집니다. 사람들이 우리를 마음속으로 존경하게 될 것입니다. 전에는 머리만 숙였으나 이제는 마음으로 숙이게 될 것입니다.

예수님은 자기 목숨을 많은 사람의 대속물로 주러 왔다고 하셨습니다. 섬김의 끝은 영광이 아니라 죽음입니다. 섬김을 받고 그즉시 영광을 받을 생각은 하지 말아야 합니다. 그렇다면 부활과 영광은 어디에 있습니까? 그것은 죽은 다음에 오는 것입니다. 죽음 속에 부활이 있으며, 죽음 속에 하나님의 영광과 부활이 있습니다.

예수님이 오신 목적을 우리 삶의 목표로 세워야 합니다. 내가 세상에 온 것은 공부 잘 해서 좋은 대학 들어가서 좋은 사람과 결혼하고, 남보다 더 큰 집에 살고 영향력을 미치면서 몇 천 명, 몇 만명을 내 수하에 거느리고 사는 데 목적이 있는 것이 아닙니다. 내가 세상에 온 목적은, 공부하는 목적은, 내가 결혼하는 목적은, 직장을 가진 목적은, 내가 돈을 버는 목적은 섬기기 위해서입니다. 그리고 내 생명을 바치기 위해서입니다.

44

원하는 것이 있다면
더욱 외쳐라

마태복음 20:29-34

예수님이 여리고로 떠나실 무렵에 길가에 앉아서 구걸하는 두 거지를 만나셨습니다. 그런데 이들은 맹인이었습니다. 마가복음에는 두 사람 중 한 사람의 이름을 밝히고 있는데, 디매오의 아들 바디매오라고 했습니다.

우리는 맹인 거지 두 사람이 길가에 앉아 있다는 단순한 사실을 가지고 몇 가지를 쉽게 추측해 볼 수 있습니다. 이 사람들에게 있어서 오늘이란 무슨 의미가 있을까요? 어제와 똑같은 것이 오늘입니다. 어제나 오늘이나 그들의 삶에는 변화가 없습니다. 몸부림쳐도 변화가 없습니다. 애를 써도 그는 그 상황을 벗어날 수 없는 사람입니다. 내일을 기대할 수 없는 나날을 보내고 있는 사람입니다.

어떤 사람은 내일이 더 불안합니다. 늙게 돼서 불안합니다. 사업이 망할까 봐 불안합니다. 병들어 죽게 될까 불안합니다. 미래가 감격스럽고 찬란하고 화려한 기대감에 찬 사람은 그렇게 많지 않습니다. 과연 우리의 내일은 어떻게 느껴집니까? 우리의 노후는 어떨 것이라고 생각합니까? 더 성숙하고 더 깊어지고 더 능력 있게 되리라는 기대가 있습니까? 아니면 불행한 자기의 종말을 생각하십니까? 이 맹인 거지 바디매오는 자기의 육체적인 조건으로 인해 소망을 가질 수 없는 사람이었습니다.

이 사람의 꿈이란 그날 돈을 몇 푼 더 얻을 수 있는가에만 있습니다. 결혼한다든지, 직장을 가진다든지, 좋은 집을 가져 본다는 것은 상상할 수 없는 그림의 떡입니다. 현실적으로 가능하지 않습니다. 누군가의 인도를 받아 그 자리에 앉아서 하루 종일 지나가는 사람들의 자비스러운 동냥을 받는 것이 인생의 전부일 뿐입니다.

충격적인 소문

그런데 어느 날 갑자기 많은 사람의 발자국 소리가 이 두 사람의 귓가에 들리기 시작했습니다.

> 그들이 여리고에서 떠나 갈 때에 큰 무리가 예수를 따르더라 맹인 두 사람이 길가에 앉았다가 예수께서 지나가신다 함을 듣고 소리 질러 이르되 주여 우리를 불쌍히 여기소서 다윗의 자손이여 하니 (마 20: 29-30).

마가복음과 누가복음을 종합해 보면 이렇습니다. 그 거지들이 앉아 있다가 갑자기 어떤 사람들이 지나가는 발자국 소리를 듣게 되었습니다. 이들은 갑자기 생기가 돌았습니다. 아마 눈을 떴다면 눈이 반짝거리고, 매우 흥분되었을 것입니다. "야, 사람이 지나간다"라는 말은 '동정을 많이 받을 수 있다. 한꺼번에 돈을 많이 얻을 수 있다'라는 기대감과 직결됩니다. 그래서 그들은 지나가는 발자국 소리, 사람들의 소리에 예민하게 반응했고, 오늘은 아주 재수좋은 날, 팔자가 좋은 날로 생각했을 것입니다.

당연히 이 사람들은 저 발자국 소리가 무슨 발자국 소리냐고 물었을 것입니다. 지나가는 사람들이 가르쳐 주었습니다. "나사렛 예수가 지나간다." 예수가 지나간다는 소식을 듣는 순간 이들에게는 혁명적인 생각이 들어오기 시작했습니다. 이들이 지금까지 돈 몇 푼 얻으려고 했던 그런 기대감은 간 곳 없이 사라져 버리고 새로운 생각과 충격이 번개처럼 그들의 마음을 사로잡았습니다. 예수가 지나간다는 그 순간에 그들은 돈을 잊어버렸습니다. 구걸하려는 생각도 잊어버렸습니다. 이것은 천지개벽할 사건입니다.

본문을 자세히 보면 이런 추측이 가능합니다. 맹인 거지 바디매오와 그의 친구가 소망 없는 우울한 삶을 살던 어느 날 그들은 나사렛 동네에 이상한 젊은 청년이 나타났다는 소문을 들었을 것입니다. 맹인이 눈을 뜨고, 문둥병이 낫고, 귀신이 나가고, 바다가 잔잔해지고, 오천 명이 먹고 남는다는 소문을 이 맹인 거지 바디매오도 들었음에 틀림없습니다. 그 많은 소문 가운데 이 맹인에게 제일 관심 있는 소식은 맹인이 눈떴다는 소문이었음을 우리가 쉽게 생각할 수 있습니다.

응급환자와 같은 심정으로

이 사람들도 분명히 예수님을 한 번 만나보고 싶었을 것입니다. 그러나 지금까지 예수님을 못 만난 것을 보면 이들이 예수님을 만날 만한 형편과 처지가 되지 못했다는 것을 알 수 있습니다. 거지인 데다 맹인이었고 이 사람들을 예수님 앞으로 데려다 줄 사람도 없었을 것입니다. 예수님을 만나고 싶었으나 만날 수 없었습니다. '우리 같은 거지가 어떻게 예수를 만날 수 있겠는가? 그리고 아무리 그래도 맹인이 눈뜬다는 것이 사실일 수 있겠는가?'라는 생각을 하면서 그들은 어제와 똑같이 오늘도 여리고 한 길목에서 구걸하는 삶을 살았을 것입니다.

그런데 동전이나 몇 푼 더 얻을 만한 기쁜 소식인 줄 알았던 발자국 소리가 예수님이 지나가시는 행차 소리라는 것을 듣는 순간, 이 사람들은 구걸이 문제가 아니었을 것입니다. 체면이 문제가 아니었을 것입니다. 일생 일대 절호의 찬스였습니다. 이것이 바로 예수가 지나간다는 말을 듣는 순간 거지 맹인의 마음에서 일어났던 변화였으리라고 믿습니다.

맹인들이 이 소식을 들었을 때 어떤 반응을 보였습니까? 예수가 지나가신다 함을 듣고 소리 질렀다고 했습니다.

"주여 우리를 불쌍히 여기소서 다윗의 자손이여."

이런 결정적인 순간에도 아주 점잖게 지성적으로 기도하는 사람이 있습니다. 소리 질러 기도하면 천하다고 생각합니다. 응급환자가 무슨 지성을 찾습니까? 지금 교통사고 나서 죽게 됐는데 소리를 질러야지 "제 병을 좀 고쳐 주실 수 있겠습니까?"라고 차분하고 지성적으로 말할 수 있습니까? 인생이란 응급환자와 같습니다. 죽게 된 사람이 무슨 지성이 필요합니까? 무슨 이성이 필요합니까? 그 영혼이 지금 죽게 되었는데, 체면을 차릴 때가 아닙니다. "주여 우리를 불쌍히 여기소서 다윗의 자손이여"라는 소리는 예수님의 귀에까지 들릴 만큼, 그 많은 사람의 시끄러운 소리를 뚫고 나갈 수 있을 만큼 아주 커다란 외침이었습니다.

여기서 우리는 바디매오가 구원을 받고 눈뜨는 기적을 체험하게 된 첫걸음은, 기회가 왔을 때 놓치지 않았다는 것임을 배우게 됩니다. 결정적인 순간에 그는 모든 것을 포기하고 뛰어들었다는 것입니다. 우리에게 이런 축복이 있기를 바랍니다. 아직도 예수 그리스도를 체험한 일 없이 그저 교회만 왔다 갔다 하는 정도로 끝났다면, 하나님이 우리의 머릿속에만 남아 있다면, 복음이라는 것이 하나의 교양으로 남아 있다면, 예수 그리스도를 만나는 결정적인 기회를 꼭 가지기를 바랍니다.

예수님을 교양으로 믿는 사람들, 하나의 도덕으로 믿는 사람들은 하나님을 대개 자기와 같은 존재로 생각합니다. 하나님이 자기보다 크다는 생각을 못 합니다. 자기의 이성과 상식으로 이해되는 하나님, 자기 세계에 갇혀진 하나님을 찾고 있습니다. 그 하나님은 참 하나님이 아닙니다. 하나님은 우리보다 크신 분입니다. 우리의 생각보다 크며 우리의 지성보다 크며 우리의 능력보다 큰 분이 하나님이십니다.

오늘 그리스도가 지나가신다는 소식은 곳곳에서 들을 수 있습니다. 새벽기도 나오다가 들을 수 있고, 구역예배 드리다가 들을 수도 있습니다. 어느 순간에 그리스도가 우리의 인생 전체에 성령을 통해 역사하실 때가 있습니다. 우리가 곤궁에 빠졌을 때 하나님이 역사하시기가 쉽습니다. 우리가 질병으로, 불치병으로 절망 속에 있을 때 하나님은 가까이 오고 계십니다. 이 맹인은 그 기회를 놓치지 않았습니다.

절박한 두 번의 외침

무리가 꾸짖어 잠잠하라 하되 더욱 소리 질러 이르되 주여 우리를 불쌍히 여기소서 다윗의 자손이여 하는지라(마 20:31).

"무리가 꾸짖어 잠잠하라 하되"라고 했습니다. 이 말씀에서 우리는 내가 믿음의 선택을 했을 때, 주님에게 가까이 갔을 때 방해세력이 나타난다는 사실을 알게 됩니다. 우리가 예수님에게 충성하기 위해서 예수님의 뜻을 저버릴 때가 있을 수 있습니다. 예수님의 관심은 창녀에게, 맹인에게, 거지에게, 세상으로부터 버림받은 사람에게 있었습니다. 그러나 우리가 예수님의 뜻에 정반대로 행동할 때가 있습니다. 이 사람들도 마찬가지였습니다. 어느 불청객의 외침이 들려왔을 때 그것을 예수님의 행차를 방해하는 사건으로 규정한 것입니다. 그리고 사람들은 "조용하라, 시끄럽다, 입 다물어라" 하는 말로 그를 무수히 박해했을 것입니다. 무리가 꾸짖었고 잠잠하라고 했습니다.

그때 이 맹인들의 태도는 어떠했습니까? 31절에 '더욱 소리 질러'라고 되어 있습니다. 다시 말하면 방해하는 세력이 어떤 세력이든지 굴복하지 않았다는 것입니다. 우리가 주님에게 나아가는 기회를 포착할 때 마귀가 찾아와 방해하고 주위 세력과 환경이 방해하지만 절대로 이 방해하는 세력에 지지 말아야 합니다.

마가복음 10장 48절에서는 '그가 더욱 크게 소리 질러'라고 했고, 누가복음 18장 39절에서도 '그가 더욱 크게 소리 질러'라고 했습니다. 첫 번째 소리 지른 것은 소리였고, 두 번째 소리 지른 것은 원어로 보면 비명에 가까운 말이라는 의미가 내포되어 있습니다. 거지들은 "야, 아무리 우리가 거지지만 창피하다. 조용하자." 이렇게 스스로 말할 수도 있었을 것입니다. '아니, 우리 같은 거지가 주님의 행차를 방해할 수 있겠는가?'라는 자책감도 있었을 것입니다. 그러나 맹인 거지 바디매오나 그 친구는 지금 이런 것을 문제 삼을 때가 아니었습니다. 그들은 더욱 소리를 질렀습니다. 그들은 더욱 비명에 가까운 몸부림을 친 것입니다. "주여 우리를 불쌍히 여기소서 다윗의 자손이여."

아마 그들은 있는 힘을 다해 소리를 질렀을 것입니다. 저는 이 두 번의 외침을 통해 이런 반성을 해봅니다. '우리는 신앙을 갖는 일을 너무 안이하게 생각하지 않았는가? 너무 쉽게, 너무 간단하게, 교회 몇 번 나오는 것으로 하나님이 내 인생을 책임져 주시리라고 여긴 일은 없는가?'라고 말입니다. 우리가 얼마나 무릎 꿇고 기도했습니까? 우리가 바친 헌신이 얼마나 됩니까?

교회 왔다 갔다 하는 정도로 우리가 만족할 수 있겠습니까? 시간과 정성을 얼마나 드렸습니까? 물론 하나님이 우리가 바친 대로 주신다는 것은 아닙니다. 은혜로 주시고 공짜로 주시고 무조건 주시는 것이 하나님의 사랑입니다. 그러나 우리의 신앙을 돌이켜보면 너무나 안이하지 않았는가, 너무나 이기적이지 않았는가 반성해 보게 됩니다.

'우리를 불쌍히 여기소서'

맹인 거지 바디매오의 외침에서 두 가지를 더 생각해 보겠습니다. 첫째는 그가 하나님에게 간구하는 말 중에 참 중요한 말이 있습니다. "우리를 불쌍히 여기소서." 얼마나 겸손한 말인지 모릅니다. "오, 주여. 나를 긍휼히 여겨 주시옵소서." 이것은 가난한 과부의 기도와 같습니다. 헌금을 내면서도 부끄럽습니다. 그러나 마음이 가난하지 않은 사람은 '나는 부끄러워서 이 헌금 내기가 하나님에게 죄송하지만 불쌍히 여겨 주시고 이 헌금을 받아 주시옵소서'라는 말을 못 합니다. 자기가 무엇이 있다고 생각하는 사람은 자기 의지로, 자기 지식으로, 자기 능력이나 젊음으로 하나님에게 뭘 해줄 수 있다고 생각합니다. 그런 사람은 자기를 불쌍히 여겨 달라는 말을 할 수 없습니다. "주님, 나는 가진 것이 아무것도 없습니다. 내가 할 수 있는 것은 아무것도 없습니다. 과거에는 내가 무엇이 있는 줄 알았는데 나를 들여다보니 아무것도 없습니다. 하나님 앞에 나는 드릴 것도 없습니다. 하나님 앞에 요구할 것도 없습니다. 당신의 자비와 긍휼밖에는 나는 기다릴 것이 없습니다." 이 얼마나 겸손한 기도입니까? 이런 기도를 하고 싶지 않습니까?

"주님, 우리 가정에 긍휼을 베풀어 주시옵소서. 나는 내 힘으로 내 가정을 끌어갈 능력이 없습니다. 나는 내 아내를 이끌어갈 능력이 없고, 내 자식을 이끌어갈 능력이 없습니다. 내가 아무리 해도 변화시킬 능력이 내게는 없습니다. 나를 불쌍히 여겨 주옵소서." 교회도 이런 기도를 해야 합니다. "주님, 우리가 어찌 이 교회를 부흥시킬 수 있단 말입니까? 주여, 우리 교회 사역을 우리가 어찌할 수 있다는 말입니까? 주여, 우리를 불쌍히 여겨 주시고 당신이 주시는 힘으로 하게 하여 주시옵소서." 통일을 어찌 우리 힘으로 할 수가 있겠습니까? 하나님의 자비와 불쌍히 여기심이 있을 때만이 이 민족이 통일될 줄로 믿습니다.

바디매오의 외침에서 또 하나 생각할 것은 이 맹인은 예수님에 대한 지식이 별로 없었다는 것입니다. 사실 이 사람이 무슨 공부를 했겠습니까? 무슨 율법 공부를 했고, 누가 이 사람에게 율법을 가르쳤겠습니까? 이 사람이 알고 있는 것은 소문에 의하면 예수가 다윗의 자손이라는 정도밖에 없었습니다. 그래서 그가 외치는 것은 "우리를 불쌍히 여기소서 다윗의 자손이여"일 뿐입니다. 베드로처럼 "주는 그리스도시요 살아 계신 하나님의 아들입니다"라는 고백도 못 했습니다. 비록 믿음이 없고, 성경 지식이 없고, 예수님에 대해 아는 것이 없다 해도 괜찮습니다. 이 맹인 거지처럼 "주님, 나는 당신만 붙듭니다"라는 고백만 있으면 됩니다. "이제부터 배우겠습니다. 하나님, 나는 하나님 없으면 못 삽니다. 하나님, 사랑합니다. 예수님, 나는 잘은 모르는데 가만 보니 예수님이 나의 주님 같습니다. 나를 붙들어 주시고 나를 불쌍히 여겨 주시옵소서." 수천 마디의 화려하고 유창한 입술의 신앙 고백보다 이런 단순한 마음에서 우러나오는 고백이 더 중요합니다. 진실이 더 중요합니다.

우리가 가진 수많은 성경 지식도 그 지식이 믿음으로 합하여 자기 것이 되지 않는 한 지식은 우리를 교만하게 만들 것입니다. 교회에 오래 다녔다는 경력은 우리를 교만하게 만드는 것 외에는 의미가 없습니다. 아무것도 아는 것 없이 예수님이 다윗의 자손 같다는 소문 하나 붙들고 애걸하며 소리 지르는 데서 우리는 맹인 거지들의 순수하고 절박한 믿음을 보게 됩니다.

이들의 외침에 대해 예수님은 어떻게 반응하셨습니까?

예수께서 머물러 서서 그들을 불러(마 20:32).

이 부분이 마가복음에는 이렇게 되어 있습니다.

"예수께서 머물러 서서 그를 부르라 하시니 그들이 그 맹인을 부르며 이르되 안심하고 일어나라 그가 너를 부르신다"(막 10:49).

예수님이 아마 제자를 시켜서 가서 데려오라고 하셨던 것 같습니다. 예수님은 거절하지 않으십니다. 2천 년 역사상 예수님 앞에 왔다가 거절당하고 간 사람을 본 적이 있습니까? 주님 앞에 와서 거절당한 사람은 아무도 없습니다. 예수님은 이 맹인 거지 바디매오와 그 친구의 외침을 듣고 걸음을 멈추셨습니다. 우리의 믿음의 간구를 들으시고 예수님이 그냥 지나가지 않으시고 우리 앞에 서고, 우리 교회 앞에 서시는 것입니다.

구하고 찾고 두드리는 자에게 응답하시는 우리 주님, 상하고 애통하는 마음으로 자기를 찾는 자를 결코 내쫓지 않고 오히려 서서 기다리시는 우리 주님을 여기서 보게 됩니다. 제자들이 이렇게 말했습니다. "안심하고 일어나라. 주님이 부르신다", "자비한 주께서 부르시네. 부르시네. 부르시네"라는 찬송이 있습니다. 우리 주님은 우리를 부르십니다. 우리가 어떤 처지에 있다 할지라도, 주님은 우리를 사랑하시고 이해하시고 눈물을 닦아 주시고 등을 두드려 주시며 상처를 어루만져 주시고 자기 품에 안기기를 기다리십니다.

믿음으로 당당히 요구하라

> 이르시되 너희에게 무엇을 하여 주기를 원하느냐 이르되 주여 우리
> 의 눈 뜨기를 원하나이다 예수께서 불쌍히 여기사 그들의 눈을 만
> 지시니 곧 보게 되어 그들이 예수를 따르니라(마 20:32-34).

예수님이 두 맹인 거지를 만나셔서 던진 첫 번째 질문이 있습니다. "내가 네게 무엇을 해주기를 원하느냐." 저 같은 사람도 왜 이들이 소리를 질렀는지 알겠는데 예수님이 모르셨겠습니까? 알고 계시면서도 그냥 눈을 뜨게 해 주시지 않았습니다. 내가 너에게 무엇을 해주기를 원하느냐고 물으셨습니다. 여기에 또 중요한 교훈이 있습니다. 주님은 우리의 요구를 다 아시지만 우리의 믿음의 요구를 원하신다는 사실입니다. "네가 이 문제를 믿음으로 나한테 요구하기를 원한다"는 뜻입니다.

어떤 사람은 기도할 때 "하나님, 저를 잘 아시지 않습니까? 다 알아서 해 주십시오. 제일 좋은 걸로"라고 말합니다. 이것은 굉장히 순종적이고 믿음 좋은 기도 같은데 사실은 막연한 기대요, 책임을 전가하는 기도입니다. 믿음이 없기 때문에 얼렁뚱땅 넘어가는,

자기가 책임지지 않으려는 기도입니다.

맹인들은 "주여, 눈뜨기를 원하나이다"라고 대답했습니다. "당신은 눈을 뜨게 하실 분인 것을 내가 믿는다"는 신앙 고백이 있는 것입니다. "나를 축복해 주십시오"라는 뜻은 무엇입니까? 하나님이 축복해 주실 수 있는 분이라는 것을 믿지 않고 어찌 우리가 축복을 원하겠습니까? "하나님, 내 병을 고쳐 주십시오"라는 말은 "당신은 내 병을 고칠 수 있는 분이심을 나는 믿습니다"라는 신앙 고백이 전제되어 있는 것입니다. 예수님은 이 사람에게 지금 이것을 확인시키시고 훈련시키시는 것입니다. 어떤 사람들은 기도하라고 하면 "주님 앞에 내가 이것을 해 드리겠습니다"라는 기도는 잘하는데 자기 기도는 안 합니다. 자꾸 달라고 하니 창피하고 자존심이 상해서 못한다는 것입니다. 또 내가 주님 앞에 오긴 오는데 패자로 오지 않고 승자로 오고 싶다는 사람이 있습니다. 사업에 망해서 오는 것은 자존심이 상해서 못 하겠다고 말합니다. 그러나 주님은 우리가 배고플 때 오고, 망할 때 오고, 병들 때 오는 것을 원하십니다. 건강한 자에게는 의원이 쓸데없다고 하셨습니다. 병든 자에게만 의원이 쓸데 있는 것입니다. 죄인이라고 느끼는 사람에게 예수님이 있습니다. 의인이라고 생각하는 사람이 어찌 예수님을 알겠습니까? 겸손하게 주님에게 오십시오. 그분에게 위탁하십시오. 자비한 주가 우리를 부르십니다.

간절한 소망을 간구할 줄 아는 사람

두 맹인은 "주여, 우리가 눈 뜨기를 원하나이다"라고 간구했습니다. 오늘 이것이 제일 중요한 메시지입니다. 이 사람들은 돈 한 푼 요구하지 않았습니다. 좋은 직장, 좋은 결혼, 좋은 집도 요구하지 않았습니다. "내 평생 먹고 살게 해주십시오." 그런 말도 안 했습니다. 이들은 "보기를 원하나이다" 하고 외친 것입니다. 아주 현명한 사람입니다. 그가 볼 수 있다면 일할 수 있습니다. 그가 볼 수 있다면 돈을 벌 수 있습니다. 그가 볼 수 있다면 모든 걸 다 할 수 있습니다. 그는 가장 중요한 것을 요구했던 것입니다.

우리가 하나님에게 바라는 간절한 기대와 소망은 무엇입니까? 지금 주님이 여기에 나타나셔서 "내가 너에게 무엇을 해줄까?" 물으면 우리는 이 맹인 거지들과 같이 "주여, 내가 이것을 원합니다"라는 말을 할 수 있겠습니까? 우리는 간절한 기대와 신앙적인 열망을 가지고 마음속에 분명한 그림을 그려 확신 있게 간구할 줄 알아야 합니다.

"오 하나님이여, 우리는 이 두 맹인처럼 눈뜨기를 원합니다. 인간에 대해서는 기뻐하기도 하고 슬퍼하기도 하고 분노하기도 하고 예민하게 느끼고 반응하면서도 하나님에게는 돌덩이처럼 무딘 우리가 아닙니까? 오, 하나님이여, 우리를 불쌍히 여기셔서 눈을 떠서 진정으로 볼 것을 보게 해주시고, 느낄 것을 느끼게 해주시고, 들을 것을 듣게 해주옵소서. 하나님, 우리 생애 일대 혁명이 일어나게 하여 주시옵소서." 이렇게 우리가 기도하기를 원합니다. 이것이 두 맹인 거지가 우리에게 주는 교훈입니다.

예수님이 그들을 불쌍히 여겨 맹인의 눈을 만지시니 곧 보게 되었고 그들이 예수를 좇았다고 했습니다. 예수님이 우리의 눈을 다 만져 주시기를 바랍니다. 예수님이 만져 주심으로 육신의 눈을, 감겨 있는 눈을, 비늘을 다 떼시고 신령한 눈을 갖게 되기를 바랍니다. 예수님을 보게 되기를 바랍니다. 그리고 예수님을 따라가기를 바랍니다.